部分文章被评为共青团中央2008—2009年度优秀课题

科学发展观与民族地区共青团工作实践

冯方祥　著

中国人民大学出版社
·北京·

作者简介

冯方祥，男，汉族，1977年4月生，中共党员，工程硕士，中国农业科学院在读博士。现任内蒙古呼伦贝尔市新巴尔虎右旗旗委副书记（正处级）、党校校长。1999年7月参加工作，曾任海拉尔市政府秘书、督察室主任，呼伦贝尔市委办公厅综合处副处长，呼伦贝尔市发展和改革委员会党组成员、副主任，呼伦贝尔市团委书记、党组书记，呼伦贝尔市人大常委会委员，呼伦贝尔市青年联合会主席，团十六大代表。

先后主持编制了《呼伦贝尔市“十一五”规划》、《呼伦贝尔市物流业发展规划》和《呼伦贝尔市第三产业发展规划》；撰写的《实施大兴安岭林区天然林保护“以煤代木”工程研究》、《关于编制呼伦贝尔市“十一五”规划的几个问题》、《关注经济引擎，承接产业转移，有效构筑区域经济一体化格局》、《打造呼伦贝尔经济发展核心区的几点思考》等文章发表在《北方经济》等刊物上；主持完成了《关于呼伦贝尔市资源型城市经济转型情况的调研报告》；主编了《东北三省及蒙东五盟市概况》和《国家部委及东北三省有关振兴东北等老工业基地政策汇编》。

2008年3月任呼伦贝尔市团委书记以来，深入学习实践科学发展观，创造性地将团中央近三年的一系列重要论断运用于呼伦贝尔市共青团工作实践中，提出在民族地区共青团工作中实施基层组织建设年、青年就业创业实践年、作风建设加强年“三年联建”系统工程。三年来，呼伦贝尔市团委荣获第四届“母亲河奖”组织奖、“全国抗震救灾先进团组织”、第七届“中国青年志愿者工作组织奖”、“中国青年丰田环境保护奖”等国家级荣誉，在2008、2009年度内蒙古自治区共青团工作实绩考核评比中排名第一，团市委领导班子连续两年被呼伦贝尔市委评为“工作实绩突出领导班子”，其个人两次被评为“呼伦贝尔市优秀领导干部”。所撰写的《加强基层基础工作，在推进农村牧区改革发展中充分发挥团组织的作用》在内蒙古自治区青年研究会第十届优秀科研成果评选中获一等奖，主持承担的共青团中央2008—2009年度青少年和青少年工作研究课题“共青团干部作风建设研究”被评为优秀课题。

序

内蒙古青年运动走过了波澜壮阔的 91 年。91 年来，全区各族青年的奋斗实践始终与祖国和民族的命运紧密相连。一代又一代有志青年在中国共产党的领导下，在“爱国、进步、民主、科学”的五四精神指引下，为民族的独立与复兴、为国家的建设与发展、为人民的安康与幸福贡献着青春力量，刻下了深深的青春印迹。同全国全区有志青年一样，有着光荣传统的呼伦贝尔各族青年，始终坚持中国共产党的领导，自觉走在时代前列，勇挑历史重担。

新民主主义革命时期，呼伦贝尔大地上的蒙古族、达斡尔族、鄂温克族、鄂伦春族等满怀革命理想的各族共青团员和革命青年，在党领导的争取民族独立和人民解放的伟大斗争中冲锋陷阵，抛洒热血。从 20 世纪初期英勇抗击沙俄外强入侵到抗日战争时期嫩江两岸、兴安山麓燃起抗日烽火，从东北抗联三进呼伦贝尔到解放战争时期扩军、支前、发展生产，诺门罕、敖包山、额尔古纳河、红色交通站……这里的山山水水见证了团的事业作为党的事业的有机组成部分在各个革命战争时期发挥的重要作用。

新中国的成立，为呼伦贝尔各族青年和青年运动开辟了广阔的新天地。广大团员青年提出把青春奉献给祖国的响亮口号，抗美援朝，保家卫国，参军参战。国民经济恢复时期，工业战线的增产节约、技术革新、劳动竞赛，农牧战线的爱国丰产、植树造林，社会主义建设时期，农村的互助合作、牧区的“百母百仔”、学校的勤工俭学、工矿企业的“红色青年突击手”，引领社会风气之先。兴安深处的篝火，嫩江两岸的大豆摇铃，掌子面上的艰辛作业，勒勒车传唱的牧归交响……无数满怀共产主义理想的团员青年忘我劳动，艰苦创业，竭诚奉献，在建设社会主义的伟大实践中焕发出空前的热情，为保卫和建设新中国建树了卓越功勋！

改革开放以来，呼伦贝尔各族团员青年以实现祖国和家乡的繁荣富强为己任，发出团结起来、振兴中华的时代强音，与祖国共奋进，与时代同发展，满怀豪情地投身改革开放波澜壮阔的火热实践。呼伦贝尔团组织抓住了农村牧区改革、城市经济体制改革、经济体制改革试验区建设三次引领、凝聚青年的重要机遇，开创了团的工作新局面。《呼盟牧区团的工作条例》的制定实施，一举使牧区先进支部达到 50 个，鄂温克旗毕鲁图嘎查团支部被团中央命名为“全国红旗团支部”，新左旗白音诺尔苏木团支部被团中央命名为“全国新长征突击队”、“全国优秀青年之家”。时任团中央书记处书记的胡锦涛同志、李源潮同志先后在这里主持召开了全国边疆少数民族地区共青团工作座谈会和全国少先队工作现场会。

近一个世纪以来，呼伦贝尔一大批热血青年艰苦奋斗、不屈不挠；一大批青年勇士不怕牺牲、抛洒热血；一大批青年突击队员冲锋在前、勇挑重担；一大批新长征突击手立足本职、奉献力量；一大批青年人才勤奋刻苦、奋发向上。20 世纪 30 年代高举抗日义旗的苏炳文将军，40 年代只身飞骑送情报的鄂伦春姑娘占柱梅，60 年代为抢救集体牛群而牺牲的蒙古族青年铁龙，70 年代知识青年的榜样张勇、“擒特英雄”布和础鲁，80 年代为抢救落水儿童而献身的达斡尔族姑娘敖英、身残志坚的刘海峰，90年代青年牧民带头人、新左旗白音诺尔苏木团支部书记斯仁达喜及“中国青年五四奖章”获得者、扎兰屯市雅尔根楚中学团委书记郭圣文等，就是呼伦贝尔青年的优秀代表。1979—2008 年，呼伦贝尔有 1 250 人受到市本级的表彰、516 人受到自治区团委的表彰、25 人受到团中央的表彰。一代又一代各族团员青年用火红的青春树立起的人生路标，成为建设呼伦贝尔、发展呼伦贝尔的不竭动力。实践证明，呼伦贝尔各族团员青年在各个历史时期的奋斗历程，是沿着中国共产党指引的方向，与实践相结合，与家乡建设相结合，与人民群众相结合，在中国特色社会主义道路上健康成长、阔步前进的历程。呼伦水千折百回，山丹花映山红遍，多少岁月悄悄流淌，无数青丝变白发，换来了呼伦贝尔经济发展、政治稳定、民族团结、边疆安宁的大好局面。

笔者于 2008 年到共青团工作至今，一方面认真学习共青团工作理论，科学思维，系统谋划，深入践行科学发展观，认真贯彻落实团中央和自治区团委的重大工作部署；另一方面认真研究共青团的历史和现状，积极探索新形势下欠发达少数民族地区共青团工作的新思路。

科学发展观作为马克思主义中国化的最新理论成果，是我国经济社会发展的重要指导方针，是发展中国特色社会主义必须坚持和贯彻的重大战略思想，对于共青团巩固和扩大党执政的青年群众基础、团结带领包括民族地区青少年在内的广大青年为实现中华民族伟大复兴而奋斗具有重大指导意义。《科学发展观与民族地区共青团工作实践》一书将系统化工作思路与科学发展观指导下的呼伦贝尔共青团工作相结合，提炼出基层组织建设年、青年创业实践年、作风建设加强年“三年联建”系统化工作思路，并提出了将这一理论成果应用于实践、推进实际工作的根本途径。

伟大的时代要求我们必须准确把握当代马克思主义理论研究的新进展，准确把握国内改革发展的新形势，准确把握共青团事业发展的新要求，不断研究新情况，提出新观点，解决新问题，努力增强共青团工作理论的时代性、前瞻性和指导性，不断开创共青团工作的新境界，使共青团始终焕发蓬勃的生机和活力。

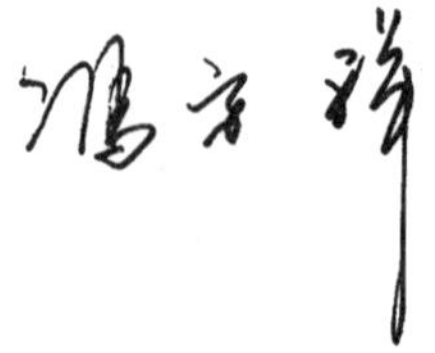

2010 年 7 月 12 日

目　录

上编　科学理论与素质提高

下编　系统思维与实践求索

绪　论

研究背景及意义

当今世界，共有大小 2 000 多个民族，分属于 200 多个国家和地区。中国是一个具有悠久历史、灿烂文化的统一的多民族国家，迄今为止，通过识别并由中央政府确认的民族有 56 个。中国各族人民都为缔造统一的多民族国家，创造悠久灿烂的中华文明，推动中国历史的发展进步，作出了自己的贡献。

1 亿多少数民族人口分布在全国各地，民族自治地方占国土面积的 64%，西部和边疆绝大部分地区是少数民族聚居区。这一基本国情决定了民族问题始终是我们在科学发展观指导下建设中国特色社会主义必须处理的一个重大问题。加快少数民族和民族地区经济发展与社会进步，促进各民族共同繁荣发展，是全面建设小康社会、加快推进社会主义现代化的必然要求，是巩固和发展全国各族人民大团结、确保党和国家长治久安的必然要求，也是开创中国特色社会主义事业新局面、构建社会主义和谐社会、实现中华民族伟大复兴的必然要求。

早在 20 世纪 90 年代，少数民族和民族地区的发展差距问题就引起了广泛关注，经过多年的发展，特别是西部大开发战略实施以来，少数民族和民族地区的经济发展与社会进步取得了巨大成就。但是少数民族和民族地区的发展相对于东部地区而言，仍处于滞后状态，甚至在东部持续发展、中部崛起的全方位发展中形成了新的发展差距。由于地理条件限制、发展基础薄弱、市场开发条件差、自身发展能力弱等原因，民族地区经济发展和社会进步仍然面临着一些突出的困难和问题，同沿海发达地区相比存在相当大的差距。我国民族问题虽然表现复杂多样，但是从根本上说就是少数民族和民族地区迫切要求加快经济文化发展与自我发展能力不足的矛盾，这是我国民族问题的主体，这也决定了民族工作的重心就是各民族共同团结奋斗、共同繁荣发展。从长期发展角度看，如果欠发达民族地区经济发展问题得不到良好解决，必将影响到全国的经济社会发展以及动态的经济社会均衡。欠发达民族地区与一般的欠发达地区有共同的欠发达特征，但又包含了民族问题在内，因此研究欠发达民族地区共青团工作这一课题，既涉及社会发展问题、经济发展问题，又涉及民族问题。

共青团工作是党的工作的重要组成部分。系统辩证学认为，差异孕育着对立和斗争，但绝不等同于对立和斗争，只要从系统整体优化出发，各种要素的差异也会出现协同发展、和谐一致的可能。民族地区共青团工作者义不容辞地肩负着思考与探索如何发挥共青团组织的功能与属性，弥补差距，融合民族分异，推动欠发达民族地区和谐发展、全面发展的责任。共青团要在民族地区共青团工作环境、工作对象、组织文化的交互作用中，探寻因果规律，用科学发展观武装和团结各族团员青年，为民族兄弟携手奋斗、蓝天碧水相映增辉作出贡献。

研究思路

要研究欠发达民族地区共青团工作，就必须首先明确民族工作的内涵，对科学发展观指导下的民族地区共青团工作内容、系统要素等规律性的相关内容进行分析研究。呼伦贝尔市是我国最为典型的民族地区之一，除蒙古族之外，还有鄂伦春、鄂温克、达斡尔等人口较少民族长期聚居。本书将理论研究与实证研究结合起来，第一，从整体性原则出发，把民族地区共青团工作放到整个党团组织特定关系的范畴中考察，在大系统中探讨局部存在的意义与价值。第二，从相互联系的原则出发，不仅研究共青团工作基本职能的相互关系，而且研究该系统内部诸要素，尤其是核心要素——干部的能力和作风，同时注重把团的工作放在民族地区促发展、调结构、保民生的整体格局中思考、定位。第三，从最优原则出发，不仅进行具体工作推动的研究，而且进行共青团工作在民族地区展开的特殊性和普遍规律性探究。例如，在运用系统论观点确定“三年联建”工作思路的研究中，既整合团内工作项目，又结合重点工作推进；既强调作风建设的长远，又注重锤炼团干部系统工作能力。这种最优化的研究也即是综合性研究的过程，或是多种研究的综合。

本书按以下逻辑顺序展开：科学发展观指导下的民族地区发展分析与民族地区共青团工作研究——科学发展观对共青团工作的根本要求与民族地区共青团工作的形势任务——共青团组织素质提升与职能践行的思考——系统化工作思路在共青团工作中的实践与探索。

本书具体包括以下几个部分：

（1）第 1 章概述了我国民族地区经济社会发展脉络，具体分析了欠发达地区与民族地区的地域交叉导致的区域问题，阐述了马克思主义民族观在我国民族地区发展中的现实意义。

（2）第 2 章综合考虑呼伦贝尔经济社会发展现状及所处地理位置，并结合近年来呼伦贝尔共青团工作，阐述了共青团在农村牧区改革发展和沿边开放中的作用；分析了当前民族地区青年人才队伍现状，揭示了民族地区青年人才培养和成长规律；阐述了团干部作风建设、能力建设对民族地区共青团工作乃至民族地区发展的重要意义，提出了加强民族地区共青团干部作风、能力建设的根本途径。

（3）第 3 章阐述了科学发展观对民族地区共青团工作的指导意义和呼伦贝尔共青团运用科学发展观研究问题、谋划思路、推动工作的实践。

（4）第 4 章阐述了五四精神赋予民族地区共青团工作与当代青年的历史重任，提出民族地区团组织和广大青年要把五四精神与时代特点相结合，继承精神财富和文化传统。

（5）第 5 章记述了呼伦贝尔共青团系统化工作思路的初步形成及在共青团工作各领域不断完善的过程。

（6）第 6、第 7 章阐述了“三年联建”系统化思路的基本形成和取得的阶段性成果，提出了将这一理论成果应用于实践、推进工作的根本途径。

（7）第 8 章全面总结了过去八年呼伦贝尔共青团工作实践与基本经验，指出了科学发展观指导下的新时期呼伦贝尔共青团的历史使命、总体要求和今后五年共青团工作思路。

上编　科学理论与素质提高

1. 我国民族地区发展分析

1.1 我国民族地区的分布

我国少数民族人口主要分布在东北、西北、西南等内陆边疆地区，这些地区自然环境条件较差，人口稀少。但由于民族地区范围广阔，各地自然环境、社会经济发展条件有显著差异，因而人口分布极不均衡。从分布的地理位置来看，辽宁、吉林、黑龙江、内蒙古、甘肃、新疆、西藏、云南、广西、海南这 10 个边境省区居住着占全国近 70% 的少数民族人口，仅西北、西南地区就集中了全国少数民族人口的 50%。就自然环境来说，少数民族人口以深居内陆的高原山区为主，寒冷、干旱的荒漠占了相当大的比重。我国民族地区大多远离海岸线，距离海岸线越远人口越多，越近人口越少。在垂直分布上，少数民族人口主要集中在山地、高原，如藏族即为世界驰名的高原民族，最高的居民点已达到海拔 4 880 米，为世界所罕见。

我国民族地区大多地广人稀，人口密度很低。2003 年，我国民族自治地方的人口密度大约为每平方公里 28.07 人，约为全国人口密度每平方公里 135 人的 1/5。[①] 各民族地区之间及民族

---

① 参见 http://www.drcnet.com.cn/DRCnet.common.web/DocView.aspx?DocID=1853144&LeafID=1290&ChnID=417。

地区内部，人口分布也很不均衡，如青海70%以上的人口集中在占总面积4%的东部农业区，新疆西北部也是人口集中地区。各民族地区的人口密度也有很大差异，如2003年贵州和广西每平方公里分别为223人和205.81人，而新疆和青海每平方公里分别为11.72人和4.44人，人口密度最低的西藏每平方公里仅为2.11人。①

从地域分布来看，我国的少数民族地区大致可以分为五个部分：

1. 东北、内蒙古民族地区

东北、内蒙古民族地区，包括内蒙古自治区全部和东北黑、吉、辽三省内的1个自治州、13个自治县。

内蒙古自治区由东北向西南，横跨我国东北、华北和西北三大区，面积118.3万平方公里，占全国总面积的2.3%。东部与黑龙江、吉林、辽宁三省毗连，北部、东北部与蒙古国、俄罗斯接壤。国界线长4 221公里，满洲里和二连浩特两个边境城市是连接俄罗斯、蒙古国和东欧各国铁路干线的枢纽，是我国北方重要的陆路口岸，地理位置和经济、政治及战略地位十分重要。

内蒙古在历史上的每个时期都和内地构成一体，是我国领土不可分割的组成部分。在不同时期其行政区范围经历了不同的变化。1947年5月1日建立的内蒙古自治区，是我国第一个少数民族区域自治的省级地区。现在自治区行政区划包括呼伦贝尔市等12个盟市。

内蒙古自治区是以蒙古族为主体的多民族地区。2005年末，全区总人口2 386.4万人，共有49个民族，其中汉族占

---

① 参见葛忠兴、郑京平主编：《中国民族统计年鉴·2004》，247页，北京，民族出版社，2004。

78.38%，其次为蒙古族，占 17.65%。蒙古族人口聚居程度很高，集中了全国蒙古族总数的近 80%，其他还有满、回、达斡尔、鄂温克、朝鲜、鄂伦春等少数民族。人口密度每平方公里 20.12 人。城镇人口有 1 126.2 万，占人口总数的 47.2%。①

东北地区也是我国满、朝鲜、赫哲等族的主要聚居区，而且蒙古、锡伯、鄂伦春、达斡尔等民族的聚集程度也很高。

2. 西北民族地区

西北民族地区位于祖国的西北边疆。北与蒙古国、俄罗斯为邻，西隔帕米尔高原、喀喇昆仑山与阿富汗、巴基斯坦接壤，南与西藏、青海、四川、陕西等省区毗邻，东与内蒙古自治区相接。西北民族地区是我国仅次于青藏区的第二大民族地理区，在行政区划上主要包括新疆维吾尔自治区、宁夏回族自治区及甘肃的甘南藏族自治州、临夏回族自治州和张家川回族自治县、天祝藏族自治县、肃南裕固族自治县、积石山保安族东乡族撒拉族自治县，总面积达 177 万平方公里，占全国总面积的 18.4%。

西北民族地区地广人稀，总人口 2 201 万，仅占全国总人口的 1.9%，平均每平方公里 12.5 人，只相当于全国平均人口密度的 1/9，是我国人口最稀少的地区之一。就区内而言，差异更大，宁夏和临夏地区人口密度分别高达 87.91 人/平方公里、198 人/平方公里，而新疆和甘南分别仅为 11.72 人/平方公里、11.5 人/平方公里，相差近 8 倍。②

西北民族地区民族众多，除汉族外，还有维吾尔、回、哈萨克、藏、东乡、蒙古、柯尔克孜、塔吉克、锡伯、土、乌孜别

---

① 参见 http://www.stats.gov.cn/tjgb/rkpcgb/dfrkpcgb/t20060321_402312139.htm。

② 参见葛忠兴、郑京平主编：《中国民族统计年鉴·2004》，247 页。

克、裕固、保安等40多个少数民族，人口达1 221万，占西北区总人口的55.5%[①]，是维吾尔、哈萨克、东乡、柯尔克孜、塔吉克、乌孜别克、保安等民族的最主要分布地区。

3. 中南、东南民族地区

在行政区划上，中南、东南民族地区包括广西壮族自治区、海南省和湘西、鄂西两个土家族苗族自治州及广东、湖南、湖北、浙江境内的13个民族自治县。本区民族地方（自治县未计算在内）面积32万平方公里，占国土总面积的3.3%，是我国面积最小的民族区，但也是唯一濒临海洋的民族区。

本区地狭人多，总人口5 469万，占全国总人口的4.8%，人口密度高达每平方公里171人，是全国平均水平的1.45倍。其中，海南每平方公里193人，广西每平方公里178人[②]，在全国省一级民族地区分别居第一、第三位。

本区民族众多，共有汉、壮、土家、瑶、黎、苗、侗、仫佬、毛南、回、京等40多个民族。据第五次全国人口普查，少数民族人口为2 079万，占全国少数民族总人口的22.8%，是我国少数民族人口最集中的地区之一。其中以壮族和土家族最多，分别占26%和4%，其他民族共占8%。[③] 毛南、仫佬、黎、壮、京、瑶、土家等民族高度聚居于本区内。

4. 西南民族区

西南区作为民族地理区划，指云南省、贵州省及四川省的三个自治州。它位于我国西南边陲，地处长江上游，东临中南区，西连青藏高原，北接西北区，西南与缅甸、老挝、越南等国为邻。面积86.5万平方公里，占国土总面积的9%。据第五次全

---

①②③ 参见 http://www.stats.gov.cn/tjgb/rkpcgb/qgrkpcgb/t20020331_15434.htm。

国人口普查，人口总数为 7 750.7 万，其中少数民族人口为 2 793.4 万，占全区人口总数的 36.04%。本区是个多民族聚居区，境内世居民族有 30 多个。[①] 新中国成立后，区内先后成立了 14 个自治州。在西南边陲的国界线一带几乎全部是少数民族聚居区。

5. 青藏民族区

青藏民族区在地理区划上包括西藏自治区与青海省。青藏民族区地处祖国的西南边疆，北与新疆、甘肃相连，南与印度、尼泊尔、不丹、缅甸等国为邻，西与克什米尔地区接壤，东与四川、云南毗连。面积 192 万平方公里，占国土总面积的 1/5，是我国面积最大和少数民族人口比重最高的民族地理区。青藏区总人口 573.23 万，其中少数民族人口 438.95 万，占总人口的 76.57%。[②] 就区内而言，西藏少数民族人口的比重高达 95.93%，青海也达 42.1%，其比重在全国各省区中分别居第一、第三位。但由于地域辽阔，人口稀少，青藏区平均每平方公里只有 2.9 人[③]，仅相当于全国平均人口密度的 1/46，是我国人口密度最低的地区。其中，青海省总人口 314.97 万，人口密度为每平方公里 4.44 人；西藏总人口 259.21 万，人口密度为每平方公里 2.11 人。[④] 青藏民族区民族众多，除世居的藏族外，还有汉、回、蒙古、土、撒拉、门巴、珞巴等 40 多个民族。其中，藏族人口最多，占总人口的 45.2%；其次是汉族，占 40%；其他民族仅占 14.8%。[⑤] 藏族分布的地区最广，主要集中在西藏各

---

① 参见 http://www.stats.gov.cn/tjgb/rkpcgb/qgrkpcgb/t20020331_15434.htm。

② 参见葛忠兴、郑京平主编：《中国民族统计年鉴·2004》，281 页。

③④ 参见上书，247 页。

⑤ 参见 http://www.seac.gov.cn/gjmw/ssmzx/2005－08－21/1176019928739106.htm。

地和青海6个民族自治州；汉族主要分布在青海西宁市和海东地区；回族主要聚居在青海化隆、门源回族自治县和西宁市；蒙古族主要居住在青海海西蒙古族藏族自治州与河南蒙古族自治县；土族、撒拉族主要分布在青海互助土族自治县和循化撒拉族自治县；门巴族、珞巴族主要聚居在西藏东南部的墨脱、米林、林芝、错那等县。

表1—1　　少数民族分布的主要地区

民族	分布的主要地区	2000年人口数（人）
蒙古族	内蒙古、辽宁、吉林、河北、黑龙江、新疆	5 813 947
回族	宁夏、甘肃、河南、新疆、青海、云南、河北、山东、安徽、辽宁、北京、内蒙古、天津、黑龙江、陕西、贵州、吉林、江苏、四川	9 816 805
藏族	西藏、四川、青海、甘肃、云南	5 416 021
维吾尔族	新疆	8 399 393
苗族	贵州、湖南、云南、广西、重庆、湖北、四川	8 940 116
彝族	云南、四川、贵州	7 762 272
壮族	广西、云南、广东	16 178 811
布依族	贵州	2 971 460
朝鲜族	吉林、黑龙江、辽宁	1 923 842
满族	辽宁、河北、黑龙江、吉林、内蒙古、北京	10 682 262
侗族	贵州、湖南、广西	2 960 293
瑶族	广西、湖南、云南、广东	2 637 421
白族	云南、贵州、湖南	1 858 063
土家族	湖南、湖北、重庆、贵州	8 028 133
哈尼族	云南	1 439 673
哈萨克族	新疆	1 250 458
傣族	云南	1 158 989
黎族	海南	1 247 814
傈僳族	云南、四川	634 912
佤族	云南	396 610
畲族	福建、浙江、江西、广东	709 592

续前表

民族	分布的主要地区	2000 年人口数（人）
高山族	台湾、福建	4 461
拉祜族	云南	453 705
水族	贵州、广西	406 902
东乡族	甘肃、新疆	513 805
纳西族	云南	308 839
景颇族	云南	132 143
柯尔克孜族	新疆	160 823
土族	青海、甘肃	241 198
达斡尔族	内蒙古、黑龙江	132 394
仫佬族	广西	207 352
羌族	四川	306 072
布朗族	云南	91 882
撒拉族	青海	104 503
毛南族	广西	107 166
仡佬族	贵州	579 357
锡伯族	辽宁、新疆	188 824
阿昌族	云南	33 936
普米族	云南	33 600
塔吉克族	新疆	41 028
怒族	云南	28 759
乌孜别克族	新疆	12 370
俄罗斯族	新疆、黑龙江	15 609
鄂温克族	内蒙古	30 505
德昂族	云南	17 935
保安族	甘肃	16 505
裕固族	甘肃	13 719
京族	广西	22 517
塔塔尔族	新疆	4 890
独龙族	云南	7 426
鄂伦春族	黑龙江、内蒙古	8 196
赫哲族	黑龙江	4 640
门巴族	西藏	8 923
珞巴族	西藏	2 965
基诺族	云南	20 899

注：根据第五次全国人口普查统计数据列示。

1.2 欠发达地区与民族地区的地域交叉

民族地区主要指广西壮族自治区、新疆维吾尔自治区、内蒙古自治区、宁夏回族自治区、西藏自治区5个自治区，以及云南、贵州、青海3个少数民族较多的省份，此外还包括湖南省湘西土家族苗族自治州、湖北省恩施土家族苗族自治州、吉林省延边朝鲜族自治州和上述8省区以外的一些民族自治县。

1. 民族地区与西部欠发达地区的地域交叉

民族地区与西部欠发达地区关系紧密。西部地区包括内蒙古、广西、重庆、四川、贵州、云南、西藏、陕西、甘肃、青海、宁夏、新疆。首先，所有民族省区均在西部地区；其次，民族地区占西部地区总面积大部分（82.49%），民族地区人口占西部地区总人口也超过一半（2004年末达51.03%）。因此，民族地区是西部重要的组成部分，民族地区成为西部大开发战略的重要实施对象。

2. 民族地区与边疆欠发达地区的地域交叉

我国的少数民族大都聚居在边疆地区，民族8省区大部分边境线都很绵长。在全国135个边境县（旗、市、市辖区）中，民族自治的占107个；在2 100万边境总人口中，少数民族人口占48%。①

西藏自治区位于中国的西南边疆，与缅甸、印度、尼泊尔等

---

① 参见 http://www.seac.gov.cn/gjmw/mzjj/2004-07-06/1168929053870779.htm。

国接壤，形成了中国与上述国家边境线的全部或一部分，全长近4 000公里。边境线最长的是新疆维吾尔自治区，与蒙古国、哈萨克斯坦、吉尔吉斯斯坦、塔吉克斯坦、俄罗斯、阿富汗、巴基斯坦、印度8个国家接壤，边境线长达5 600公里。云南与缅甸、老挝、越南接壤，边境线总长为4 060公里。内蒙古自治区北边与俄罗斯和蒙古国接壤，边境线长达4 221公里。吉林省为边疆近海省，东部与俄罗斯接壤，东南以图们江和鸭绿江为界同朝鲜毗邻，边境线长1 447公里。黑龙江省与俄罗斯接壤，边境线长3 300公里。广西与越南接壤的陆地边境线长达1 020公里。辽宁省隔鸭绿江与朝鲜半岛相望，边境线长200多公里。

1.3 我国民族地区经济社会发展的历史

1.3.1 少数民族进入社会主义的历史起点

新中国成立前，我国各少数民族地区的社会经济制度并不平衡，分别处于前资本主义各种社会发展阶段。各民族以不同的历史起点进入社会主义社会。总结我国少数民族地区的社会发展状况，主要呈现出如下三种局面：

1. 多种落后的经济制度同时并存

（1）原始公社制度。

1949年新中国成立之前，我国有十多个民族尚处于原始社会末期。居住在云南边疆山区的独龙、怒、傈僳、基诺、布朗、景颇、佤和拉祜等民族，以及西藏高原的珞巴族、内蒙古高原的鄂温克族、黑龙江的鄂伦春族、海南岛的部分黎族等（一共70

多万人，约占全国总人口的0.12%)①，不同程度地保留着原始公社制度或正向阶级社会过渡。

这些民族保留的原始公社制度，主要表现为土地的原始公有制和产品的平均分配。各民族地区生产力发展水平不同，公有制的形式也不一样，有的民族以家庭公社公有制为主，有的民族则以村寨（村社）土地公有制为主。生产资料的公有制和集体劳动，决定了劳动产品的平均分配形式。

我国这些直至新中国成立前还保留着原始公有制的各少数民族，由于受其他民族的影响，特别是铁制工具的传入，使生产力得到较大发展，渐渐出现了个人单独经营的土地耕作、生产资料的私有制、个体劳动以及对劳动产品的剥削。

（2）奴隶制的经济制度。

居住在四川和云南大小凉山地区的部分彝族以及珞巴族、景颇族、西盟地区的佤族等民族（近100万人，约占全国总人口的0.17%)②，到新中国成立时仍然较完整地保持着奴隶社会制度，分家长奴隶制和奴隶占有制两种。

珞巴族、景颇族、西盟地区的佤族等民族就实行家长奴隶制，奴隶的来源主要是收养的孤儿、债务奴隶和战争的俘虏。家长奴隶制是在亲属关系的掩盖下产生的，具有家庭成员资格的奴隶可以参加各种社会活动和宗教活动。

从家长奴隶制向奴隶占有制的过渡，是生产力提高、社会分工发展的结果。居住在四川、云南两省交界的大小凉山地区的彝族，在新中国成立前完整地保留着奴隶占有制度。在这种制度下，奴隶主对奴隶实行了最野蛮、最残酷的阶级统治。

（3）封建主义的经济制度。

---

①② 参见 http://www.seac.gov.cn/gjmw/ssmzx/M3004index_1.htm。

占全国人口6%的少数民族中，有30多个民族（包括蒙古、回、满、苗、朝鲜、壮、白、侗、水、布依等民族的一部分）共3 000多万人（约占全国总人口的5%），处于与汉族大致相同的封建地主经济阶段，其中有些民族不同程度上产生了一些资本主义因素；在大部分藏族及部分傣、维吾尔、哈尼等民族地区（一共有400万人，约占全国总人口的0.67%），存在着封建农奴制。①

2. 经济文化分散多样

（1）采集渔猎经济文化类型：包括山林狩猎型和河谷渔捞型。主要分布在东北大小兴安岭的森林地区及黑龙江、松花江、乌苏里江的交汇处，其中包括了讲阿尔泰语系满—通古斯语族诸语言的赫哲族、鄂伦春族和部分鄂温克族。

（2）畜牧经济文化类型：包括苔原畜牧型、戈壁草原游牧型、盆地草原游牧型和高山草场畜牧型。主要分布在东起大兴安岭西麓，西到准噶尔盆地西缘，南到横断山脉中断（云南省中甸县）的关大地区内。属于这个类型组的有蒙古族、哈萨克族、裕固族、塔吉克族、藏族及部分鄂温克族和达斡尔族。

（3）农耕经济文化类型：包括山林刀耕火种型、山地耕牧型、山地耕猎型、丘陵稻作型、绿洲耕牧型和平原集约农耕型。主要分布在从帕米尔高原东坡到台湾，从黑龙江到海南岛的辽阔地域里。

3. 生产方式落后

原始社会经济制度中从事农业的各民族，在新中国成立前都使用自制的石制、木制、骨制、竹制工具，铁制工具很少、种

① 参见 http://www.seac.gov.cn/gjmw/ssmzx/M3004index_1.htm。

类不多、质量低下，主要是从汉族地区换得。在耕作方法上，主要采用“刀耕火种”、“轮歇抛荒”式的原始粗放的锄耕作业。

奴隶制经济制度中以个体家庭为主要生产单位，农业生产力水平很低，粮食亩产不过几十至百多斤；畜牧业不发达，手工业也未能从农业中分离出来；劳动过程中的分工，主要采用自然分工的形式。

处于封建制度下的各民族，手工业已经从农业中分离出来，社会分工有了一定的发展。在许多地区出现了铁器、铜器、造纸等专业生产，商品经济有了一定发展。

整体来说，民族地区的社会分工程度还是很低的，在各少数民族地区，商品货币关系极不发达，自然经济一直占主导地位。

1.3.2 民族地区的社会改革

中华人民共和国一成立，就把在少数民族地区进行社会改革，使少数民族地区过渡到社会主义阶段，作为中国共产党和中央人民政府的一项重大任务。

1951年，各民族地区先后进行社会制度的改革。中国少数民族的社会制度改革，根据不同地区和不同民族的情况，分为四种类型：在封建地主制地区，采用和汉族地区土地改革大体相同的办法；在奴隶制和封建农奴制地区，采用和平协商的方式进行民主改革，也就是采用自上而下的方法，和少数民族上层人士协商，只要他们接受改革，国家就采取适当办法，使他们在改革以后的政治地位和生活水平不致降低；在处于原始公社制末期的地区，采取向社会主义直接过渡的办法，不搞没收分配土地和生产资料，不搞斗争，大力帮助和支持群众发展生产，建立集体经济，从而过渡到社会主义社会。

民主改革和社会主义改造是少数民族地区的社会改革的两个重要步骤。民主改革以土地改革为主要内容，主要是消灭前资本主义的阶级剥削和阶级压迫，解放生产力。社会主义改造主要是消灭私有制，建立社会主义集体所有制和全民所有制，把各族人民引上社会主义道路，发展生产力。

少数民族地区的社会改革的基本指导思想是"一切从实际出发，实事求是"，实行"慎重稳进"的方针。由于各少数民族的社会历史条件差别很大，必须从实际出发，依照各民族的发展特点，根据本民族人民群众及与人民有联系的公众领袖的意愿，对不同民族、不同地区、不同情况，在不同的时间，采取不同的方针、政策、步骤进行改革。因此，在少数民族地区采取了"稳、宽、长"的方针，也就是与汉族地区的改革、改造相比，采取了更为慎重稳妥的措施和步骤，对少数民族剥削阶级，特别是民族、宗教上层人士，采取了更为宽大的政策，改革延伸时间也更长一些。

少数民族地区的社会改革主要是采取和平改革的方法，就是依靠当地各族劳动人民，团结一切可以团结的力量，采取比较和缓的方式来完成社会改革。如和平协商、和平赎买、直接过渡等。

在社会经济结构与汉族相同或基本相同的少数民族地区，如壮族、朝鲜族、回族、维吾尔族地区和蒙古族的农业区，采取与汉族地区土地改革大体相同的做法，即充分发动群众，与地主阶级进行面对面的斗争，没收地主土地分给农民。贯彻执行"依靠贫农、雇农，团结中农，中立富农，有步骤地有分别地消灭封建剥削制度，发展农业生产"的土地改革总路线。在时间上，东北及内蒙古地区的蒙古族、满族、朝鲜族于1947—1948年就已实现了民主改革，壮族、回族、维吾尔族、布依族、白族、侗族、苗族、瑶族、土家族地区及傣族、哈尼族、纳西族、彝族的部分地区于1950—1954年完成了土地改革，废除了封建地主土地所有制，使2 000多万无地或少地的少数民族农民获得了土地。新疆地区在土改中，没收地主和征收富农、小土地出租者、商人兼地主的土地共737万亩，没收耕畜7万头、农具40余万件、房屋20余万间，还有大量粮食和财物。有65.1万多户、345万多人分得了土地和其他生产生活资料。①

在这些地区的改革中，根据各民族的不同情况，也采取了一些特殊政策。如西北少数民族的土地关系中，交织着极为复杂的民族与宗教关系，宗教机构的上层人物在群众中有着广泛的影响。因此，在甘肃、青海、宁夏等地区采取了有利于民族团结的政策和措施，当地本民族干部一定要先做好各民族上层和宗教人士的工作；斗争地主，一定要由本民族群众自己去做；对宗教界人士采取团结教育的政策。在划分阶级时，对宗教界上层人士一律划定为宗教职业者，对清真寺、拱北原有土地采取不征收政策。对地主出身的民主人士和开明绅士，采取不算旧账、不诉苦、不斗争政策，从而彻底孤立了地主阶级和一切反动派，使土地改革得以顺利进行。

在还保留农奴制和奴隶制的彝族和藏族地区的民主改革中，"坚持以和缓的方式，通过和平协商，实行民主改革"。一方面充分发动群众，提高群众的阶级觉悟，使其自己起来解放自己；另一方面与那些和人民群众有联系的爱国的、接受党和政府政策的上层人士进行充分协商，帮助他们认清形势，争取他们的同意后再去进行。对农奴主、奴隶主多余的浮财、耕畜、农具、粮食、

---

① 参见 http://tzb.sanya.gov.cn/nationreligion/200403150008.shtml。

房屋不予征收，实行和平赎买，由政府购买后，分配给农奴和奴隶。对农奴主和奴隶主，只要他们愿意放弃对劳动人民的压迫和剥削，接受改革，政府就采取适当办法使他们的政治待遇和生活水平在改革后不致降低。对于守法、爱国的上层人士，政治上给予适当的照顾。对于藏区寺庙采取更为慎重的政策，如寺庙的耕地不动，群众对寺庙的劳役负担政府不予干预，但寺庙也不能强迫群众去做。

改革过程中，一部分农奴主和奴隶主不甘心放弃剥削和野蛮统治，发动武装叛乱，反对民主改革，人民政府就不得不先平叛后改革。西藏的反动僧俗领主撕毁中央人民政府与原西藏地方政府签订的和平解放西藏的协议，于 1959 年发动了武装叛乱，党和政府予以坚决的平息，并边平叛边改革。在西藏民主改革中对民族和宗教上层实行了宽松的赎买政策，到 1960 年西藏也完成了民主改革。

牧区民主改革实行了“三不两利”政策。我国牧区主要是废除封建特权和封建剥削，根据牧区经济特点，主要政策和措施是：保护牧场、保护畜群，实行牧场公有，放牧自由；“不斗、不分、不划阶级”，“牧工牧主两利”；帮助贫苦牧民发展生产。这一政策是根据牧区的经济性质、生产特点等实际情况制定的。

在保留原始公社制度残余的少数民族地区，党和国家根据其社会基本特点，不进行系统的民主改革，而是在国家和先进民族的帮助下依靠广大劳动人民，团结一切和本民族广大群众有联系的上层领袖人物，采取说服教育的方式，团结改造剥削分子，发展互助合作，帮助他们发展生产和文化事业，逐步改造原始落后的状况和旧有的生产关系，使之直接过渡到社会主义。

少数民族地区完成了民主改革后，紧接着开始了社会主义改造。广大少数民族农村基本上和汉族地区一样，开展了互助合作运动，组织了互助组、变工队，并进一步建立了农业生产合作社，到1956年基本完成了对农业的社会主义改造。与此同时，在少数民族城镇完成了对手工业和资本主义工商业的社会主义改造。在这个过程中，特别注意了少数民族地区的实际情况和民族特点。例如，我国南方一些民族有种植麻田的习俗，即女儿婚前，父母分给其一块田地，用来种麻或蓝靛以置备嫁妆，俗称“姑娘田”，因而规定蓝靛地、麻园地予以保留，不入社。在牧区，主要是牧民在自愿互利的原则下，实行牲畜入股，由牧业生产合作社统一经营；根据各地的具体情况确定社员自留畜，一般占集体牲畜的15%。对牧主经济采取了和平改造方式，与汉族地区对民族资产阶级的赎买政策相似，大都举办了公私合营牧场或加入国营牧场。对手工业和私营工商业的社会主义改造也基本与汉族地区相同，同时，特别注意少数民族的特点，注意贯彻民族政策，使少数民族地区的社会主义改造顺利完成。

少数民族地区的社会改革的完成，消灭了封建地主制度、封建农奴制度、奴隶制度，彻底获得了政治上和经济上的解放，处于原始社会末期阶段的民族也一跃几个社会发展阶段进入了社会主义，广大群众真正成为社会的主人，各民族迸发出极大的建设社会主义的热情，为建设祖国和自己的家乡而奋斗。各民族从不同的社会发展阶段进入社会主义也为增强民族团结，建立平等、团结、互助的社会主义民族关系打下了基础，同时为更好地实施民族区域自治创造了条件。

1.4　民族地区经济社会发展现状

1.4.1　我国民族地区发展取得的成就

新中国成立前，少数民族地区生产力水平低下，经济、社会、文化发展相当落后。新中国成立后，由于大力推行民族区域自治，少数民族当家做了主人，民族地区顺利实现了民主改革和社会主义改造的历史任务，并经过多年社会主义建设，民族自治地方的各族人民，在国家和发达地区的大力帮助和支援下，发挥自身优势，自力更生，奋发图强，不断增强自我发展能力，取得了巨大的成就。

1. 经济快速增长、人民生活水平显著提高

据统计，2003年，中国民族自治地方国内生产总值（GDP）完成10 381亿元人民币，首次突破万亿元人民币大关。1994—2003年，民族自治地方GDP年均增速为9.87%，高于全国平均水平近1个百分点。民族自治地方GDP占全国的比重由1994年的8.5%上升到2003年的8.9%。1994年民族自治地方人均GDP相当于全国人均GDP的63.5%，2003年升至66.3%。2003年，民族自治地方农村居民家庭平均每人纯收入为1 895元人民币，比1994年增加了1.31倍。新疆农村居民家庭平均每人纯收入为2 106.19元人民币，相当于全国农村居民家庭平均每人纯收入的80.32%；西藏农村居民家庭平均每人纯收入为1 690.76元人民币，相当于全国农村居民家庭平均每人纯收入的64.48%。①

① 参见中华人民共和国国务院新闻办公室：《中国的民族区域自治》白皮书，2005，载新华网。

2. 基础设施明显改善

2003年，民族自治地方全社会固定资产投资完成4 733.93亿元人民币，比1994年增加了2.7倍，其中基本建设投资完成2 837亿元人民币，比1994年增加了3.2倍。2003年末，民族自治地方固定电话用户达到2 273万户，其中城市电话用户1 532万户；移动电话用户达到2 307万户。2003年民族自治地方国有铁路营运里程1.51万公里，比1952年增加了近3倍；公路通车里程54.78万公里，比1952年增加了20倍。内蒙古、宁夏、新疆等地城市化水平已高于全国平均水平。①

3. 文化、教育、卫生事业得到长足发展

现在，中国55个少数民族都各自有了一部文字记载的简史。在中国的55个少数民族中，除回族、满族使用汉语外，其余53个民族都有自己的语言。2003年，少数民族专任教师已由1978年的43.3万人增加到154.11万人；55个少数民族都培养了自己的大学生，其中10多个少数民族每万人拥有大学生数超过了全国平均水平。根据2000年第五次全国人口普查，朝鲜、满、蒙古、哈萨克等14个民族的受教育年限高于全国平均水平。2003年底，民族自治地方共有卫生机构15 230个，比1952年增加了12倍。医疗事业的发展，使少数民族人口的预期寿命明显提高，其中有13个少数民族高于全国71.40岁的平均水平，有7个少数民族高于汉族73.34岁的水平。②

1.4.2 我国民族地区与发达地区仍有较大差距

改革开放以来，我国国民经济持续高速发展，民族地区经济

① 参见葛忠兴、郑京平主编：《中国民族统计年鉴·2004》，296页。

② 参见上书，417、556页；http://www.stats.gov.cn/tjgb/rkpcgb/qgrkpcgb/t20020331_15434.htm。

也得到了很大的发展。但由于西部民族地区底子薄，基础设施落后，从国家发展的总体和全局的角度来看，东部与中西部相比较，内陆地区和沿海地区相比较，我国少数民族地区自身的发展存在严重的缺陷，与东部还有很大的差距。

如果把民族地区与全国的发展水平相比，民族地区的生产力水平、文化发展水平、群众生活水平相对落后的状况没有根本改变。

1. 生产力水平相对落后的局面没有根本改变

我国是处于社会主义初级阶段的发展中国家，生产力水平低且发展不平衡是我国最基本的国情。而其最集中的体现便是民族地区的生产力水平低且与东部发达地区存在巨大的差距。

民族地区历史上就不发达，现在的发展速度又相对较慢，与全国特别是发达地区的差距越来越大。这些地区的产业结构、产品结构本来就不合理，财政、资金又十分困难，市场发育不健全。虽然民族地区也有一定的优势和潜力，但受交通、能源、通信等基础设施滞后的制约，一时还发挥不出来。第一产业过重，第三产业发展迟缓，第二产业中资源输出仍占主导地位，高科技产业发展滞后。农村非农产业发展不足，从事农林牧渔业生产的劳动力高达90%以上，从事工业、建筑业及商业、服务业的劳动力不及10%。城市里的工业企业主要是20世纪60年代国家“三线备战”建设起来的，属备战型，灵活性差，改革力度不够，创新能力不强。工业集中在采掘工业、原材料工业、能源工业，属资源开发型，技术含量低，资源浪费严重，并导致生态环境恶化。发展现代企业所需的资金、技术、人力资源、知识等要素贫乏。所有这些不利因素相互作用，恶性循环，使民族地区生产力发展水平难以有新的突破。

2. 文化发展水平相对落后的局面没有根本改变

尽管我国少数民族地区有着优秀而丰富的本土文化，但就教育科学文化这个角度而言，民族地区与东部地区存在巨大的差距。西部民族地区无论与全国平均水平相比，还是与东部地区相比，知识发展差距远大于经济发展差距与人类发展差距，知识发展差距已成为制约西部民族地区发展的最大因素。1997 年，在 6 岁及 6 岁以上人口的文化构成中，具有大专以上学历的，东部占 3.08%，西部只有 2.21%；具有高中以上学历的，东部占 11.23%，西部是 8.48%。而在 15 岁及 15 岁以上文盲半文盲人口中，东部占 15.58%，西部却高达 21.03%。根据 2000 年《中国统计年鉴》数据，西部民族地区尚有 14.3%的村没有学校，50%的村不通电话，14.8%的村看不上电视节目，交通不便、信息闭塞等不利条件，直接阻碍着西部民族地区与外界的文化交流。民族地区人民获取知识、吸收知识、交流知识的能力以及提高运用和传播知识与信息的能力亟待提高，知识的落后不仅使少数民族观念保守，而且直接决定了他们难以获得新的劳动技能以改善自我发展条件，只能长期传承延续父辈们的生产经验，更不用说适应现代工业体系及信息社会对高技术、创新型人才的知识结构的要求。

3. 群众生活水平相对落后的局面没有根本改变

改革开放以来，我国人民生活水平得到不断提高，但仍有不少贫困人口存在。从贫困人口分布情况看，他们高度集中在少数民族人口较为集中的中部特别是西部省份。1996 年，全国少数民族人口占总人口的比重不到 10%，但少数民族贫困人口为 3 200 万，占全国贫困人口的 40%。全国共有 592 个贫困县，其中少数民族地区有 257 个，占总数的 44%。截至 2004 年末，西部地区农村绝对贫困人口为 1 305 万，占全国农村人口的比重为

5.7%；西部地区的低收入人口为2 396万，占该地区农村人口的比重为10.5%。其中绝大多数是在民族地区。① 西部民族地区基础设施薄弱，公路、学校、卫生所、电力设施等最基本的生活需要普及不足。2006年，未通电农户比例刚刚降到8%以下。生存条件恶劣、产业结构单一，西部民族地区是我国地区发展差距最大、最贫穷落后的欠发达地区，除新疆、内蒙古等省区属于中等收入类型地区外，其余各省区均属于低收入类型地区。民族地区人民的生活水平、社会发展和东部地区相比滞后多年。

民族地区的生产力水平、文化发展水平、群众生活水平相对落后是民族地区最大的实际。因此，以胡锦涛同志为总书记的党中央以此为依据和最根本的出发点，制定和实施了一系列的政策措施，并形成了发展少数民族地区经济的一系列战略思想。

4. 自然资源不能被合理开发、科学利用

矿产资源、森林草原资源、冰山河流资源以及旅游资源，这些都是民族地区的优势，可谓得天独厚，但由于受政策的制约，再加上措施不力，缺乏有计划的科学采掘、加工，附加值低，资源优势难以转化为经济优势。素有"聚宝盆"美称的柴达木盆地矿产资源潜在经济价值约15万亿元②，但总体而言，该地区由于基础薄弱，市场开发条件差，庞大的自然资源只有少部分得以开发利用，大部分还处于自然封存状态，并且现有的开发手段较落后，资源加工能力不强，占主导地位的仍然是资源输出型经济模式，资源优势难以转化为市场效益优势。

---

① 参见中华人民共和国国家统计局：《2004年中国农村贫困状况监测公报》，载中国网。

② 参见 http://www.qh.xinhuanet.com/old/qinghai/cdm/physical.htm。

从民族自治地方和少数民族聚居地区的基本状况可以看出，经济地理意义上的西部地区在发展能力方面与东部地区的比较差距是综合性的，自然地理特点和工业化发展程度等诸多方面都与内地和东部地区存在显著差距。

1.5 发展民族地区的必要性和紧迫性

新形势下推动少数民族地区的发展不仅是一个重要的经济问题，也是一个重大的政治问题。

2009 年 9 月 29 日，胡锦涛在国务院第五次全国民族团结进步表彰大会上的讲话指出：我国是统一的多民族国家，民族问题始终是我们坚持和发展中国特色社会主义必须处理好的一个重大问题，民族工作始终是关系党和人民事业发展全局的一项重大工作。

1. 发展民族地区是社会主义本质的要求

社会主义是共产主义的过渡阶段，或称为初级阶段。在这一阶段中，需要逐步创造和完善共产主义制度建立的物质条件——生产力高度发达、三大差别消除、人民的物质文化生活极大丰富。正如邓小平所说，社会主义的本质是解放生产力，发展生产力，消灭剥削，消除两极分化，最终达到共同富裕。对于一个多民族的社会主义国家来说，共同富裕无疑指的是各民族人民的共同富裕，而实现这一目标，关键的问题就是发展生产力，发展经济。

民族经济是我国社会主义国民经济的重要组成部分，但是，众所周知，民族地区经济的发展在全国经济发展的链条上还处于比较薄弱的环节，经济发展的整体落后性还没有得到改变。改革开放以来，随着东部沿海地区经济社会的高速发展，民族地区的发展水平与全国及沿海发达地区之间的差距呈现逐步扩大的趋势。收入差距过大，已经对少数民族地区经济发展和社会稳定产生了消极的影响。如果不加快发展民族地区经济，逐步缩小差距，发达地区会愈来愈富，少数民族地区会愈来愈穷，两极分化就会产生，这就违背了社会主义的根本原则，“社会主义的目的就是要全国人民共同富裕”。因此，在我国目前所处的社会主义初级阶段，缩小甚至消除地区发展差距，实现在经济高速发展的基础上的各地区、各民族的共同富裕，是当前和今后相当长的一个时期中民族经济工作的主要奋斗目标，是社会主义本质特征的要求。正如江泽民在 1999 年中央民族工作会议上所指出的：“加快少数民族和民族地区的发展，是我国社会主义事业的本质要求在民族工作上的体现，也是党的民族政策的基本出发点和归宿。”

2. 发展民族地区是解决我国社会主义时期民族问题的根本途径

我国社会主义时期的民族问题，是社会主义革命和社会主义建设总问题的一部分，由于社会主义时期的民族问题主要是各民族劳动人民之间的问题，因此，民族问题主要表现为各民族历史上遗留下来的经济文化等方面的落后性，以及由此造成的实际生活中存在的不平等问题。现阶段我国的民族问题则主要表现为少数民族和民族地区迫切要求加快经济文化的发展。

在长期的历史发展中，由于社会因素和自然地理条件的制约，少数民族和民族地区的经济文化发展滞后。新中国成立以来，特别是改革开放以后，尽管少数民族和民族地区有了长足的发展，但与全国特别是东部沿海地区相比，发展的差距还是拉大了。进入 20 世纪 90 年代，关于如何缩小我国东西部发展差距的问题已引起中央的高度重视，因为东西部发展差距问题实质上是各民族的发展差距问题，它关系到民族平等团结、互助合作、共同繁荣局面的形成、巩固和发展。中央提出了使少数民族地区社会经济发展逐步与全国发展相适应的指导思想。党的十六大以来，根据新世纪新阶段我国民族工作面临的新形势新任务，党中央确立了各民族共同团结奋斗、共同繁荣发展的民族工作主题，强调促进民族团结、实现共同进步是民族工作的根本任务，作出一系列加强和改进民族工作的重大部署，我国各族人民大团结不断巩固和发展，我国民族团结进步事业焕发出新的生机与活力。我国各民族在经济上的共同富裕和文化事业上的共同繁荣，是新时期各民族共同发展、繁荣的重要内容和重要标志，也是解决民族问题的根本途径。

3. 发展民族地区是发展边境地区、巩固边防的需要

我国的陆地边境线长达2.2万公里，其中少数民族地区1.9万公里，这些少数民族地区与十几个国家接壤，山水相连，并有多个民族跨境而居，甚至有一些民族在三个以上国家跨境居住，形成了在婚姻、集市、放牧、互耕等方面的密切联系。他们自然要对国与国之间的政治、经济状况作比较，这就有一个谁影响谁的问题，甚至会因此决定人心向背。如果邻国的经济建设和人民生活状况比我们好，外部的吸引力就大，边境的安宁就会受到影响；相反，我国的边境地区建设好了，人民丰衣足食，内部吸引力、凝聚力就大，边疆就能安定。而搞社会主义建设，实现四个现代化，必须要有一个安定团结的政治局面，必须要有一个和平的国际环境和安全可靠的边防。边防的巩固少不了少数民族人民的积极努力。因为真正的铜墙铁壁，不是别的，而是千百万真心实意拥护革命的群众，在边疆，就是少数民族群众。那么，怎样才能稳定边疆少数民族地区，进而巩固我们的边防呢？唯一的办法就是加速发展边疆少数民族地区的经济文化事业。因为只有经济发展了，人民生活富裕了，上述一切才能建立在雄厚牢靠的物质基础上。试想，如果边疆少数民族地区的经济文化长期得不到发展，人民生活长期处于贫穷困难的状态，那怎么能搞好汉族和少数民族的关系，怎么能加强民族团结，怎么能稳定民族地区的社会秩序进而巩固、发展全国的安定团结，怎么能有充分的物质去搞好战备，建设巩固的边防呢？因此，加快发展少数地区的经济文化事业直接关系到我国边疆地区的稳定和边防的巩固，其边防战略地位十分重要，正如朱镕基所指出的，发展少数民族地区经济“对于扩大内需、推动国民经济持续增长，对于促进各地区经济协调发展，最终实现共同富裕，对于加强民族团结、维护社会稳定和巩固边防，都具有十分重要的意义”。

4. 发展民族地区是维护各民族大团结、振兴中华的需要

民族团结是指在四项基本原则指导下，在各民族平等的基础上，在实现现代化大业根本利益和奋斗目标一致的基础上，各民族相互尊重、相互体谅、和睦相处的民族关系。我国是一个多民族国家，民族自治地方总面积617万平方公里，占国土总面积的64%。民族地区的经济社会发展状况，关系到各民族间的凝聚力、向心力，关系到国家能否长治久安，关系到人民的团结和安居乐业，关系到国家、人民的前途和命运。从国际上看，非单一民族组成的国家，处理好各民族的关系，包括政治、经济、文化等各方面的关系，主要是经济利益关系，直接影响到这些国家的安定、繁荣和发展。能妥善处理民族关系，则政治稳定、经济发展、科学文化繁荣；反之，民族关系处理不当，则经济长期停滞、混乱，民族矛盾和隔阂加深，甚至引发政治动荡，陷入内战甚至分裂，我们应该引以为戒。毛泽东也指出：“国家的统一，人民的团结，国内各民族的团结，这是我们的事业必定要胜利的基本保证。”我国的民族团结主要表现为汉族与少数民族的团结，同时也表现为各少数民族之间的团结。加强民族团结是全国各族人民的根本利益和共同愿望，而经济发展是民族团结进步的物质基础。民族地区要在国家的支持和经济发达地区的帮助下，通过扩大改革开放，发挥自身优势，增强经济发展活力，逐步缩小与经济发达地区的差距，实现共同富裕。

在 2005 年 5 月的中央民族工作会议上，胡锦涛发表重要讲话强调：民族问题始终是我们建设中国特色社会主义必须处理好的一个重大问题，民族工作始终是关系党和人民事业发展全局的一项重大工作。必须从党和人民事业发展全局的高度深刻认识做好民族工作的重要性和紧迫性，进一步增强做好民族工作的责任感和使命感，不断巩固和发展平等、团结、互助、和谐的社会主义民族关系，促进各民族共同团结奋斗、共同繁荣发展。

在 2009 年 9 月 29 日召开的国务院第五次全国民族团结进步表彰大会上，胡锦涛在讲话中指出：“我国民族团结进步事业，是中国特色社会主义事业的重要组成部分。我国各民族团结进步是中华民族的生命所在、力量所在、希望所在。几千年来，我国各族人民在祖国大地上自强不息、团结拼搏，共同创造了悠久灿烂的中华文化，共同建设了幅员辽阔的锦绣河山，共同缔造了统一的多民族国家。在长期发展进程中，我国各民族密切交往、相互依存，形成了中华民族多元一体的格局。我国每一个民族都是祖国大家庭不可或缺的重要成员，我国每一个民族都为中华民族发展壮大作出了重要贡献，我国每一个民族都是全面建设小康社会、加快推进社会主义现代化、坚持和发展中国特色社会主义的重要力量。只有 56 个民族拧成一股绳，中华民族才能拥有强大民族凝聚力，才能不断创造历史伟业，才能战胜各种困难和风险挑战，才能维护祖国统一安全，才能巍然屹立于世界民族之林。我国民族团结进步事业反映了全国各族人民共同意志，符合全国各族人民根本利益。要大力增强我国各民族对中华民族的归属感、对中华文化的认同感、对伟大祖国的自豪感，大力促进我国各民族在社会主义大家庭中和衷共济、和睦相处、和谐发展，不断形成实现国家兴旺发达、人民幸福安康的强大力量，不断形成实现社会和谐稳定、国家长治久安的强大力量，不断形成实现中华民族伟大复兴、为人类作出更大贡献的强大力量。"

1.6 欠发达民族地区的特殊性

第一，多样性。我国有55个少数民族，各民族的社会生产力发展水平存在极大差异，至今仍既有用游猎、游牧方式获取生活资料的少数民族，也有经济文化发展水平接近或相当于汉族的少数民族。我国少数民族不同的历史遭遇在不同的环境条件下形成，反映民族特征的心理因素通过语言、文字、节日庆典等民族的物质文化和精神文化表现出来，各民族独特的历史和文化传统构成了各民族的多元文化特征。

第二，封闭性。主要是地理环境、自然经济和民族心理等因素，构成封闭性。由于历史的原因，原处在农耕条件较好地区的少数民族逐渐被排挤、驱逐、融合，形成了少数分布在山区、荒漠干旱和草原的封闭地域之内。民族共同体有强烈的稳定性，通常都对本民族的物质文化和精神文化有强烈的感情。有些民族虽然居住地、共同的经济生活和语言都发生了很大变化，但民族意识依然存在，并且有强烈的民族自尊心，容易在民族内部形成超稳定的社会经济系统，形成比较完备的“隔绝机制”，因而产生封闭性。

第三，不平衡性。我国各少数民族进入社会主义时期的历史起点差距很大，社会发展很不平衡，这种不平衡表现在各个方面，如生产中刀耕火种、牛耕手锄和拖拉机耕作同时并存；流通形式的原始交换、定期集市贸易同现代商业网点并存；婚姻制度的公房制、母系家庭、父系家庭和一夫一妻制并存；宗教思想中原始宗教、佛教、伊斯兰教、基督教和无神论并存；等等。

1.7 全面正确地认识民族问题

加快民族地区的经济发展，促进各民族共同繁荣和进步，是我们党和国家一贯坚持的政治原则，也是我们党和国家在解决如何发展少数民族地区经济这一问题时的根本立场。

1.7.1 马克思主义民族观的基本观点

我国是一个统一的多民族国家，在社会主义历史时期，民族和民族问题将长期存在。要做好民族地区共青团工作，不断促进各民族共同团结奋斗、共同繁荣发展，首先必须从马克思主义民族观出发，全面正确地认识民族问题。

（1）民族问题的长期性。首先，民族是一个历史范畴，它不是从来就有的，也不是永恒存在的。它的形成是人类社会生产力发展到一定阶段的产物。民族一旦形成，就将长期存在。只有社会生产力发展到了产生民族的诸种因素完全消失以后，民族才会经过不断融合而自然地消亡。其次，有民族就有民族问题。既然民族问题与民族形成、发展和消亡相伴随，那么它就具有长期性的特点。社会主义制度的建立消灭了阶级压迫和阶级剥削，为民族矛盾和民族问题的彻底解决提供了必要的前提。但是，这并不意味着民族问题的彻底解决。在整个社会主义历史阶段，民族问题依然存在。社会主义历史阶段不是民族问题消亡的时期，而是各民族在社会主义民族关系中共同团结进步、共同繁荣发展的时期。随着我国经济、政治、文化和社会的发展，各民族相互学习、相互影响、相互帮助，共同因素会不断增多，但民族特点和民族差异、各民族在经济社会发展上的差距将长期存在。这是马克思主义民族观关于民族问题长期性的观点。坚持这一观点，对于做好新形势下的民族地区共青团工作有着特别重要的意义。

（2）民族问题的普遍性。它是指民族问题在世界上广泛存在，涉及政治和社会生活的方方面面，贯穿当今世界主要矛盾的始终。首先，人类社会自从进入文明社会形成民族以来，无论何种社会形态都存在一定的民族问题，它普遍地存在于人类社会的各个发展时期，存在于所有多民族的国家。其次，民族问题不是单纯的政治、经济、社会、文化等某一方面的问题，而是普遍地存在于社会生活的各个方面。因为民族问题本身依附于社会问题，故当民族问题发生后，它可能会涉及政治问题，或者涉及经济问题，或者涉及文化问题，也可能同时涉及社会生活的多方面。最后，大凡民族问题都可能会危及众多民族成员的社会生活，牵涉到民族的利益。一个地方发生的问题，可能会波及许多地方，往往彼此联结，相互呼应，成为一时一地的普遍性问题。

（3）民族问题的重要性。它是指民族问题对于社会发展的各个领域、对于国家的现实和未来都有着重要而深刻的影响。历史表明：国家统一、民族团结，则政通人和、百业兴旺；国家分裂、民族纷争，则丧权辱国、人民遭殃。首先，民族问题总是同各种社会问题交织在一起，构成社会总问题的一部分。在国家的经济、政治、文化、社会问题中，只要是涉及民族的有关问题而不能得到及时、正确的处理，就易起民族间的矛盾和冲突，影响社会的安定和经济的发展。其次，我国的少数民族地区大多数位于祖国边疆，在地理位置上有极其重要的战略意义；少数民族地区地大物博，资源富集，是社会主义现代化建设的重要资源基地。对于我们这样一个多民族国家来说，民族问题关系到国家主权、领土完整、社会稳定、边防巩固、经济发展和国内各民族的团结。

（4）民族问题的复杂性。它是指民族问题往往与诸多社会问题交织在一起。民族问题的复杂性主要是由民族问题在社会问题中的特殊地位决定的。马克思主义民族观的首要观点认为，民族问题从来就不是孤立存在的，它是社会发展总问题的一部分，是无产阶级革命和社会主义建设总问题的一部分，是关系到国家前途命运的重大问题。随着社会的发展，它也不断地发生变化。民族问题反过来也会对社会的发展产生直接的影响。我国各民族经济社会发展很不平衡，且又大杂居小聚居，信仰不同的宗教，诱发民族之间的矛盾与问题的因素很多，加之民族分裂主义的影响以及国外敌对势力的挑拨与煽动，更增加了我国民族问题的复杂性。在现实生活中，我国的民族问题往往表现为经济问题与政治问题、现实问题与历史问题、民族问题与宗教问题、国内问题与国际问题交织在一起。

（5）民族问题的国际性。它是指一国内部的民族问题往往引发国际性的问题，甚至导致国际关系恶化，但民族问题的国际性不等于民族问题的国际化。首先，民族问题的国际性与民族的跨国分布相关。由于国家与民族的变化，原来生活在相同疆域的同一民族跨国而居，由于不同国家同一民族有相同的称谓、相同的民族文化传统、相同的语言和宗教信仰，民族成员间仍然相互往来，深厚的民族情感依然联系着生活在不同国度的人们，甚至有些依然保存着血缘的联系。这种情况所带来的结果是：一个国家发生的民族问题，必然引起另一个国家的同一民族的关注，并会作出种种反应。其次，经济全球化导致了国际社会频繁和便捷的联动，一个国家的民族问题不仅会对其自身的经济发展和社会稳定产生影响，而且还会波及和影响到周边国家、整个地区乃至全球的稳定。

社会主义时期的民族问题是一个长期的存在，作为与中国社会主义初级阶段和世界民族过程相对应的民族问题在我国并没有、也不会得到完全的解决。由少数民族和民族地区迫切要求加快发展和自身发展能力不足这一主要矛盾所决定的民族间的发展差距问题，由随现代化推进和民族意识抬升所决定的民族间的利益矛盾和文化摩擦，以及由国外敌对势力所支持的各种分裂活动对国家安全和民族团结的威胁，在我国都将长期存在。

1.7.2 中国共产党在民族问题上的基本观点和基本政策

中国共产党把马克思主义的民族理论同我国的民族实际相结合，坚持各民族平等、团结、互助和共同繁荣的原则，坚持实行民族区域自治制度，在几十年的实践中，形成了一系列基本的观点和政策。主要有以下几个方面：

（1）民族的产生、发展和消亡是一个漫长的历史过程，民族问题将长期存在。

（2）社会主义阶段是各民族共同繁荣兴旺的时期，各民族间的共同因素在不断增多，但民族特点、民族差异将继续存在。

（3）民族问题是社会总问题的一部分，民族问题只有在解决整个社会问题的过程中才能逐步解决。我国现阶段的民族问题只有在建设社会主义的共同事业中才能逐步解决。

（4）各民族不分人口多少、历史长短、发展程度高低，都对祖国的文明作出了贡献，都应该一律平等，应该加强各民族人民的大团结，维护国家的统一。

（5）大力发展经济是社会主义的根本任务，也是我国现阶段民族工作的根本任务，各民族要互相帮助，实现共同进步和繁荣。

（6）民族区域自治是中国共产党对马克思主义民族理论的重大贡献，是解决我国民族问题的基本制度。

（7）努力造就一支宏大的德才兼备的少数民族干部队伍，是做好民族工作和解决民族问题的关键。

（8）民族问题和宗教问题在一些地方往往交织在一起，在处理民族问题时，还要注意全面正确地贯彻落实党的宗教政策。

1.7.3 新中国成立以来政府关于发展少数民族地区经济的思想

党的十三届四中全会以来，对于少数民族地区经济的发展，我们党不仅认为它是一个重要的经济问题，而且把它提升到一个重大的政治问题来重视，采取重大优扶政策，大力推进少数民族地区经济发展；加强少数民族地区软硬件基础设施建设，营造良好的经济发展环境；充分利用少数民族地区自身的优势，发展特色经济；采取加快少数民族地区经济发展的措施，实施协调发展战略；坚持和完善民族区域自治制度，为少数民族地区经济发展提供更有力的制度保障。

党中央这些重要战略思想和一系列具体措施，在各少数民族地区实践中取得了可喜的成绩，体现着党和国家在解决少数民族地区经济发展问题上的根本立场和成功经验，也是“科学发展观”在民族工作上的重要体现。这些战略思想，是对马克思主义民族理论宝库的丰富和发展。全面研究我党关于发展少数民族地区经济的战略思想，对于加快我国少数民族地区经济的发展，促进各民族共同繁荣和进步，全面建设小康社会，早日实现四个现代化，具有十分深远的战略意义。

党和国家历来十分重视少数民族地区的发展和进步。帮助少数民族地区发展生产和经济，是中国共产党历来的政治主张。

1. 党的第一代中央领导集体关于发展少数民族地区经济的思想

以毛泽东为核心的党的第一代中央领导集体对加快民族地区的经济发展提出了真知灼见。早在1931年中华工农兵苏维埃第一次全国代表大会通过的《关于中国境内少数民族问题的决议案》中，就强调要特别注意少数民族自治地方内的“生产力的发展”。抗日战争时期，毛泽东又指示全党，“必须帮助各少数民族的广大人民群众，包括一切联系群众的领袖人物在内，争取他们在政治上、经济上、文化上的解放和发展”①。新中国成立后，毛泽东提出了关于社会主义建设大局的十大关系，其中包括汉族和少数民族的关系、东部沿海工业和内地工业生产力布局的关系等事关西部民族地区发展的重大问题。对于如何处理好这些关系，加速民族地区经济发展，毛泽东在《论十大关系》中强调指出，要“好好地利用和发展沿海的工业老底子，可以使我们更有力量来发展和支持内地工业。如果采取消极态度，就会妨碍内地

① 《毛泽东选集》，2版，第3卷，1084页，北京，人民出版社，1991。

工业的迅速发展”①。这些思想在“一五”计划时期和“二五”计划前期基本上得以实行。但随着美国对越南战争的逐步升级、苏联插手新疆伊犁地区的民族分裂事件及在中苏边境陈兵百万、中印局势未得到缓和等国际因素的出现，在“要准备打仗”的战略思想指导下，在没有考虑经济发展规律作用的情况下，利用行政手段试图把中西部民族地区建设成为一个部门比较齐全、工农业协调发展的强大战略后方，从而使其经济发展走上了一条“嵌入”式道路。毋庸置疑，国家的“嵌入”式开发，对于改变中西部民族地区极差的基础设施、交通、能源和农业发展起到了一定的作用，在一定程度上改变了我国生产力布局不均的局面，使内地民族地区建立起了一批初具规模、部门较为齐全的工业基础，促进了民族地区的经济发展，在一定程度上缩小了各地区间的经济差距。但“嵌入”式战略也引发了一些严重的问题，它是在计划经济体制下，为了备战而人为地把资金、设备、人才等生产要素大规模地移植到西部民族地区，不惜代价地把东部经济效益较好的企业迁移至内地。这样消极地对待东部沿海地区，既抑制了其发展步伐，从而使得东部地区在世界新技术革命浪潮中丧失了一次大发展的机遇，也扩大了整个国家同发达国家间的经济差距，进而牵制了内地民族地区经济的进一步发展。从某种意义上讲，这是一条对民族地区经济发展、对国家综合实力增强均不利的“双输”之策，但为第二代中央领导集体调整战略思想提供了一个极好的参照物。

2. 党的第二代中央领导集体关于发展少数民族地区经济的思想

以邓小平为核心的党的第二代中央领导集体在肯定“和平与

① 《毛泽东著作选读（下册）》，724 页，北京，人民出版社，1986。

发展”已成为时代两大主题的背景下，历史地、辩证地分析和总结了第一代中央领导集体关于民族地区经济发展的经验教训，并借鉴国外发达国家发展落后地区的经验，提出了“优先重点发展沿海地区、兼顾带动内地民族地区”的“渐进”式战略。“渐进”式发展民族地区经济的精髓是“先富到后富再到共富”。邓小平说：“我们提倡一部分地区先富裕起来，是为了激励和带动其他地区也富裕起来，并且使先富裕起来的地区帮助落后的地区更好地发展。”① 这里的先富地区指的就是东部沿海地区，落后地区就是中西部民族地区。为了实现“先富”，早在 20 世纪 80 年代，邓小平就高瞻远瞩地提出：“沿海地区要加快对外开放，使这个拥有两亿人口的广大地带较快地先发展起来，从而带动内地更好地发展，这是一个事关大局的问题。内地要顾全这个大局。”② 对于如何拉动民族地区的发展，邓小平在 1980 年指示，西部民族地区要解放思想、实事求是、因地制宜地立足于自身的条件，多搞些适合本地情况、经济收益好、群众实惠多的东西。1983 年他又提出，东部与西部民族地区可以联合“搞经济协作区”。“搞经济协作区，这个路子是很对的。我主张不只是搞上海和山西两个经济协作区，也不要老是试点。”③ 为使先富地区更好地支援民族地区发展，1990 年，他又提出对口支援措施，他说：“可以由沿海一个省包内地一个省或两个省，也不要一下子负担太重，开始时可以做某些技术转让。”④ 在这些思想的指导下，中央实施了各项优惠政策，使东部沿海地区的经济快速发展起来了，且成为推动我国国民经济持续、快速、健康增长的最重要的

① 《邓小平文选》，第 3 卷，111 页，北京，人民出版社，1993。

② 同上书，277～278 页。

③ 同上书，25 页。

④ 同上书，364 页。

助推器，也在一定程度上带动了内地民族地区的经济发展。东部的大发展是集全国之力促成的，其中中西部民族地区为服从、服务于“第一个大局”作出了巨大的贡献。“第二个大局”是解决民族地区经济差距、渐达富裕的有效途径。面对这种差距的不断扩大，邓小平明确指出，“社会主义的目的就是要全国人民共同富裕，不是两极分化。如果我们的政策导致两极分化，我们就失败了”①，并进一步指出，当东部沿海地区“发展到一定的时候，又要求沿海拿出更多力量来帮助内地发展，这也是个大局。那时沿海也要服从这个大局”②。他还对全面帮助民族地区经济发展，解决地区差距的具体条件和时间作了科学的预见。他说：“什么时候突出地提出和解决这个问题，在什么基础上提出和解决这个问题，要研究。可以设想，在本世纪末达到小康水平的时候，就要突出地提出和解决这个问题。”③“一个大局”思想，已达到预期目标。中西部民族地区的经济发展从纵向看，取得了一定的进步，但从横向比，则与东部沿海发达地区的差距拉得越来越大。

3. 党的第三代中央领导集体关于发展少数民族地区经济的思想

缩小民族地区经济差距，实现邓小平的“第二个大局”战略成了以江泽民为核心的党的第三代中央领导集体的首要任务。中西部民族地区与东部沿海地区经济差距的过分拉大，一是严重制约了我国现代化进程；二是不利于社会主义市场经济条件下的全国统一、有序市场体系的形成和完善，不利于国家整体竞争力的

---

① 《邓小平文选》，第3卷，110～111页。

② 同上书，278页。

③ 同上书，374页。

提高；三是加剧了地区间经济发展不平衡的矛盾，导致社会心理失衡，助长了地方保护主义和地方民族主义倾向，不利于民族团结、边境稳定和祖国统一。党的第三代中央领导集体充分认识到这一差距所带来的上述问题，同时也清醒地意识到解决此差距的重要性、复杂性和长期性。江泽民指出："要用历史的辩证的观点认识和处理地区差距问题。一是要看到各个地区发展不平衡是一个长期的历史的现象。二是要高度重视和采取有效措施正确解决地区差距问题。三是解决地区差距问题需要一个过程。应该把缩小地区差距作为一条长期坚持的重要方针。"① 于是，中共中央十四届五中全会明确提出了加快中西部民族地区经济发展的战略方针。江泽民在会上指出，解决地区发展差距，坚持区域经济协调发展，是今后改革和发展的一项战略任务。接着，在十四届五中全会闭幕时作的《正确处理社会主义现代化建设中的若干重大关系》讲话中，他专门论述了"东部地区和中西部地区的关系"，指出必须认真对待、正确处理我国中西部民族地区与东部地区经济发展中出现的差距过分扩大问题。根据上述指示，国家在制定"九五"计划时明确提出了"坚持区域经济协调发展，逐步缩小地区发展差距"这一重大战略思想。在以上战略思想指导下，第三代中央领导集体采取一系列重大优扶政策，加强少数民族地区软硬件基础设施建设，发展民族特色经济，实施协调发展战略，促进了少数民族地区的发展。可以说，第三代中央领导集体的"协调"式发展战略，是建设一个经济繁荣、社会进步、生活安定、民族团结、山川秀美的中西部民族地区和保持全社会的政治稳定、加强中华民族大团结、振兴中华民族、基本实现现代化的有力保证，是一条跨世纪的各民族共同繁荣富裕的"双赢"

---

① 《江泽民文选》，第1卷，466页，北京，人民出版社，2006。

之策。

4. 以胡锦涛同志为总书记的党中央关于发展少数民族地区经济的思想

新形势下，以胡锦涛同志为总书记的党中央全面贯彻党的十七大和十七届三中、四中全会精神，高举中国特色社会主义伟大旗帜，以邓小平理论和“三个代表”重要思想为指导，深入贯彻落实科学发展观，认真贯彻党的民族政策，正确认识和把握新形势下的民族问题，扎扎实实做好民族工作，奋力开创我国民族团结进步事业新局面。胡锦涛在中央民族工作会议暨国务院第四次全国民族团结进步表彰大会上指出，实现各民族共同繁荣发展，是全面建设小康社会的重要目标。21 世纪头 20 年，是我国发展的重要战略机遇期，也是加快少数民族和民族地区经济社会发展、实现各民族共同繁荣发展的重要战略机遇期。加快少数民族和民族地区经济社会发展，是现阶段民族工作的主要任务。党的十六大提出了我国 21 世纪头 20 年的奋斗目标，即集中力量全面建设惠及十几亿人口的更高水平的小康社会。目前，由于地理条件限制、发展基础薄弱、市场开发条件差、自身发展能力弱等原因，民族地区经济社会发展仍然面临着一些突出的困难和问题，同沿海发达地区相比存在相当大的差距。2004 年，民族自治地方人均国内生产总值只有全国平均数的 67.4%，农民人均纯收入只有全国平均数的 71.4%。从这个情况看，民族地区实现全面建设小康社会的目标，需要付出更大的努力。我们要采取更加得力的政策措施，加快少数民族和民族地区经济发展与社会进步，逐步缩小发展差距，实现区域协调发展，最终实现全国各族人民共同富裕。这是党的民族政策的根本出发点和归宿，是我国社会主义制度的本质要求，也是加强民族团结、巩固祖国边防、维护祖国统一的必然要求。我们要切实落实民族地区全面建设小康社会的各项任务，使民族地区的面貌更快地得到改变，让改革发展的成果更好地惠及各族群众。

1.7.4 我国政府对民族地区的经济政策

民族地区的经济政策是党和国家民族政策的一项重要内容。早在1931年《关于中国境内少数民族问题的决议案》中就重视和强调生产力的发展和经济建设。1949年《中国人民政治协商会议共同纲领》明确规定："人民政府应帮助各少数民族的人民大众发展其政治、经济、文化、教育的建设事业。"1952年颁布的《中华人民共和国民族区域自治实施纲要》也规定："上级人民政府应帮助各民族自治区发展其政治、经济、文化、教育和卫生事业。"1954年新中国的第一部《宪法》同样强调："帮助各少数民族发展政治、经济和文化的建设事业。"1982年通过的《宪法》进一步指出，"国家根据各少数民族的特点和需要，帮助各少数民族地区加速经济和文化的发展"。1984年《中华人民共和国民族区域自治法》颁布实行，其中就帮助少数民族发展经济方面的问题作了较为全面、系统的规定。可见，党和国家一直很重视少数民族地区的经济建设，采取了一系列行之有效的方针、政策。具体归纳为：(1) 必须进一步改革开放，积极稳妥地向社会主义市场经济体制转轨。(2) 要充分利用少数民族和民族地区的优势，搞好沿边开放，抓住机遇，大力促进民族地区经济的发展。(3) 必须坚持国家帮助和少数民族自力更生相结合的方针。(4) 国家帮助少数民族发展经济和开发利用少数民族地区自然资源时，必须坚持国家利益和当地民族的实际利益相结合的原则。(5) 根据国家的总体发展布局和规划，民族地区依据本地方的特点和需要，制定经济建设的方针措施。(6) 实行对口支援，帮助民族地区发展经济生产。(7) 要采取有利于民族地区经济发展的政策、措施，等等。1991 年李鹏总理在中央民族工作会议上指出："加快民族地区经济和社会的发展，主要靠三条：一是国家的继续扶持；二是经济比较发达地区的对口支援；三是民族地区自身的奋斗。"

2004 年的中央经济工作会议提出："促进区域经济协调发展是结构调整的重大任务。实施西部大开发，振兴东北等老工业基地，促进中部地区崛起，鼓励东部地区率先发展，实现相互促进、共同发展。要进一步发挥市场机制在区域发展中的重要作用，发挥各地区的比较优势，加大对欠发达地区和困难地区的扶持力度。"2005 年的中央经济工作会议提出："加大国家对欠发达地区的政策倾斜"，"完善扶持革命老区、民族地区、边疆地区和贫困地区经济社会发展的政策措施"。

1. 民族贸易政策

民族贸易是一个历史概念，起源于新中国成立初期的随军贸易，是伴随着中国人民解放军解放大西南、大西北少数民族地区而形成的，对稳定党的基层政权，有效打击不法奸商、封建土司头人高利盘剥、强取豪夺、压榨少数民族群众，起到了积极的作用。新中国成立以来，党和人民政府为了体现我国民族地区商品物流形式的特殊性，结合各少数民族不同的社会形态，给予了一些特殊的政策扶持，逐渐形成了一整套民族贸易的政策体系。

在第五次全国民族贸易工作会议之后，1963 年，"民族贸易三项照顾政策"概念正式提出，即利润留成（民族贸易企业利润留成为 80%，比一般企业高 30 个百分点）、自有资金（批发企业自有资金 50%、零售企业 80%，不足部分由财政拨补）、价格补贴（实行城乡同价，对送货到边远地区的企业给予运费补贴）。

1981 年，国务院批转了国家民委等十一个部门的《全国民族贸易和民族用品生产工作会议纪要》，结合改革开放的新形势，对民族贸易政策作了调整，出台了利率优惠、减免税收、专项投资、运费补贴、专项商品和物资供应等优惠政策。

1991 年，国务院批转了国家民委、商业部、轻工部、纺织部四部委《关于加强民族贸易和民族用品生产供应工作的意见》，重申了对民族贸易和民族用品生产的优惠政策。

1997 年，国务院对国家民委的请示进行了批复，出台了《国务院关于“九五”期间民族贸易和民族用品生产有关问题的批复》，重申了有关优惠政策，加大了扶持力度。一是加强了全国民族贸易和民族用品生产联席会议指导、协调、监督、服务的工作力度，增加国家经贸委、体改委、外经贸部、供销总社为联席会议成员单位；二是对工商银行、农业银行承担的民族贸易和民族用品生产流动资金贷款实行月息低 2.4 厘的政策，由中国人民银行补贴，改变了“八五”期间由农行消化 1/3、工行自行消化的办法；三是主要对企业上缴的中央税种进行减免；四是中央专项贴息贷款，从“八五”期间的每年 4 000 万元增加到每年 1 亿元等。

2. 鼓励外商投资西部的政策

第八届全国人民代表大会第四次会议通过的《中华人民共和国国民经济和社会发展“九五”计划和 2010 年远景目标纲要》中提出，要“加快中西部地区改革开放的步伐，引导外资更多地投向中西部地区”。为此，国家在加强产业和地区政策引导等方面做了大量的工作。在国家计划安排中，注意了向中西部地区的倾斜，有 60%～70%的国外中长期优惠贷款用于中西部地区。与此同时，为了加强对外资投向的引导，鼓励外资投向中西部地区，提高中西部地区对外资的吸引力，促进中西部地区的开发开放，促进地区经济合理布局、协调发展，国家计委、国家经贸委和外经贸部发布了《外商投资产业指导目录》，于 1998 年 1 月 1 日起开始实施，并于 2007 年进行了修订。

我国的少数民族地区主要集中在中西部。在国家政策的引导下，随着包括民族地区在内的广大中西部地区投资环境的进一步改善，对外资吸引力将不断提高，中西部地区的对外开放将会不断取得新的进展。

3. 国家促进东西部协调发展的政策

促进东西部协调发展是我国经济建设的一个重要原则。西部地区主要是少数民族地区，促进东西部协调发展对促进民族地区发展有直接的推动作用。

促进东西部协调发展的措施包括：引导地区经济健康发展，促进全国经济合理布局。按照统筹规划、因地制宜、发挥优势、分工合作、协调发展的原则，正确处理全国经济总体发展与地区经济发展的关系，正确处理建立跨省（区、市）的具有特色的区域经济与发挥各省（区、市）积极性的关系，正确处理地区与地区之间的关系。东部地区要充分利用有利条件，多利用一些国外资金、资源和市场，进一步增强经济活力。大力发展外向型经济，依靠高新技术、集约经营，重点发展资源消耗少、附加价值高、技术含量高的产业和产品，同时建立比较发达的农业。在深化改革、转变经济增长方式、提高经济素质和效益方面迈出更大的步伐，促进经济又好又快地发展，为全国提供新的经验。中西部地区，要积极适应发展市场经济的要求，加快改革开放步伐，加强水利、交通、通信建设，充分利用现有的经济技术基础，发挥资源优势，大力发展农林牧业及其加工业，开发能源和矿产资源，积极发展优势产业和产品，提高加工深度，使资源优势逐步变为经济优势。

八届全国人大四次会议通过的《中华人民共和国国民经济和社会发展“九五”计划和 2010 年远景目标纲要》提出：国家要采取有力措施，支持中西部不发达地区的开发，支持民族地区、贫困地区脱贫致富和经济发展。措施有：实行规范的中央财政转移支付制度；优先在中西部地区安排资源开发和基础设施的建设项目；积极鼓励国内外投资者到中西部地区投资；理顺资源性产品价格体系；有步骤地引导东部某些资源初级加工和劳动密集型产业转移到中西部地区。东部经济发达地区要采取对口支援等多种形式帮助中西部地区和民族地区发展经济。

《中华人民共和国国民经济和社会发展“九五”计划和 2010 年远景目标纲要》指出：“九五”期间，要更加重视支持中西部地区的发展，积极朝着缩小差距的方向努力。国家采取的政策措施包括：加强中西部地区资源勘查；优先安排资源开发和基础设施建设项目；逐步增加财政支持和建设物资；调整加工业的布局，引导资源加工型和劳动密集型产业向中西部地区转移；理顺资源性产品的价格，增强中西部地区自我发展的能力；改善中西部地区的投资环境，引导外资更多地投向中西部地区；加强东部地区与西部地区的经济联合与合作，鼓励向中西部地区投资，引导人才向中西部地区流动。

党的十七大报告指出：“推动区域协调发展，优化国土开发格局。缩小区域发展差距，必须注重实现基本公共服务均等化，引导生产要素跨区域合理流动。要继续实施区域发展总体战略，深入推进西部大开发，全面振兴东北地区等老工业基地，大力促进中部地区崛起，积极支持东部地区率先发展。加强国土规划，按照形成主体功能区的要求，完善区域政策，调整经济布局。遵循市场经济规律，突破行政区划界限，形成若干带动力强、联系紧密的经济圈和经济带。重大项目布局要充分考虑支持中西部发展，鼓励东部地区带动和帮助中西部地区发展。加大对革命老区、民族地区、边疆地区、贫困地区发展扶持力度。”

4. 国家鼓励对口支援的政策

对口支援是中央为加快少数民族地区经济发展而采取的一项重要措施。中央在1979年召开的全国边防工作会议上确定：北京支援内蒙古，河北支援贵州，江苏支援广西、新疆，山东支援青海，上海支援云南、宁夏，全国支援西藏。为了保证这项政策的长期贯彻，有关部门制定了一系列相应政策。1991年12月16日，国家民委转发了《全国部分省、自治区、直辖市对口支援工作座谈会纪要》，指出对口支援不同于一般的经济技术协作和横向联合，它是有领导、有组织、有计划的，不以赢利为目的而以帮助少数民族地区加快发展作为已任的一项既有经济意义又有政治意义的工作，应按照“支援为主，互补互济，积极合作，共同繁荣”的原则进行。即对口支援首先应强调支援性，经济发达省、市发扬风格，多讲贡献，使少数民族地区得到更多的支援和帮助。在此基础上，少数民族地区也应照顾到支援方的利益，也要讲互惠互利，使经济发达省、市在支援过程中自身也得到应有的补偿和发展。

对口支援以科学技术支援和人才培训为主，提高经济效益，促进智力开发；对口支援要以开发资源为重点，增强民族地区的经济实力；把对口支援的重点放在帮助民族地区发展农业、交通、运输、能源、原材料，以及具有本地优势和特色的加工工业上，通过联合办厂、联合开发资源、补偿贸易等办法，把沿海地区的一些高耗能和资源短缺的产品扩散到能源充足、资源富集的民族地区，还可采取挂靠名优产品、加入企业集团等办法，促进民族地区产业结构的调整，使其形成自己的支柱产业和拳头产品，增强自身的经济实力；对口支援要促进民族地区的对外开放。利用民族地区的区位优势，积极帮助边疆民族地区发展边境贸易，联合建设出口商品基地，帮助做好内陆边境开放城市和地区的选择、论证、规划等前期工作。同时，沿海省市应继续欢迎民族地区到沿海城市联合生产、经营具有民族特色的产品和商品，有条件的地方联合办一些“三资”企业，使民族地区对外开放迈出更大的步子；对口支援和扶贫工作结合起来，提倡把技术支援、人才支援等对口支援项目和扶贫资金结合，使资金发挥更大的效益，促进民族地区群众解决温饱，逐步脱贫致富；对口支援也着眼于发挥社会各界力量、各方面的积极性。既强调支援地区与被支援地区的两个积极性，又调动部门之间、行业之间、企业之间的积极性。既发挥经济部门的作用，也发挥文化、教育、医药卫生等非经济部门的作用。继续发挥各民主党派、工商联的力量，开展以经济技术咨询和智力支边为主的活动。要进一步发挥工会、有关协会、学会等各方面的力量，形成多层次、多渠道、多形式的对口支援工作新局面。

5. 国家对少数民族特需金银饰品的政策

鉴于少数民族群众使用金银饰品的特殊性，即花色、质地、重量、式样、纹饰等具备显著的特色，不仅有成色的要求，而且用途上也存在差别，在婚嫁及节庆需要的金银饰品与汉族也有不同之处，国家一直采取特殊的供应方式和渠道给以满足，在计划经济时代，国家在价格上还给以优惠；在贷款上，实行金银专项指标控制；在供应上，采取专供的方式。改革开放以来，国家在继续坚持满足供应的同时，考虑到商品经济的特点，经慎重研究，在1993年对少数民族特需金银实行了与市场接轨的价格体制，但在需求数量上给以保证供应。根据国务院有关文件规定，“九五”期间继续对少数民族特需金银给以照顾，在指标上每年分配少数民族特需黄金约1吨、白银约10吨，作为专项指标，供应少数民族。根据国务院的要求，每年由国家民委向中央银行申请金银指标，商贸、轻工主管部门共同发放。计划外指标，由企业经主管部门同意适时申请，由国家民委综合后向中国人民银行提出申请，基本满足企业的特殊需要。

1.7.5 科学发展是解决我国现阶段民族问题的根本途径

当代中国民族问题说到底是民族发展的问题，即少数民族和民族地区强烈发展的愿望与自身发展能力不足的问题，与发达地区发展差距进一步拉大的问题，以及如何加快民族地区经济社会全面和谐发展、实现各民族共同繁荣的问题。发展是党执政兴国的第一要务，是解决我国所有问题的关键，也是解决民族地区困难和问题的关键。

目前，由于地理条件限制、发展基础薄弱、市场开发条件差、自身发展能力弱等原因，民族地区经济社会发展仍然面临着一些突出的困难和问题，同沿海发达地区相比存在相当大的差距。这种差距是多种因素作用的结果，也是地区经济非均衡发展规律的必然反映，尤其是在我们这样一个幅员辽阔且情况多样的国家是难以避免的。但是，政治是经济的集中体现，经济发展一旦出现严重失衡就势必在政治上有所反映。若长期对这种差距缺乏正确的认识或不积极采取切实可行的措施去缩短，甚至使差距继续拉大，一旦超过各少数民族心理承受能力，经济问题就可能转化为政治问题、社会问题，影响民族团结、社会稳定、边防巩固、现代化建设，甚至国家的统一。加快少数民族和民族地区经济社会发展，是巩固和发展平等、团结、互助、和谐的社会主义民族关系的需要，是现阶段党的民族工作的主要任务，是解决我国现阶段民族问题的根本途径。

少数民族和民族地区经济社会发展，关键要坚持以科学发展观统领经济社会发展全局，科学确定发展思路和发展目标，充分发挥民族地区自身优势，集中各族干部群众的智慧和力量，聚精会神搞建设，一心一意谋发展，着力解决当前少数民族和民族地区发展遇到的困难和问题，把发挥社会主义制度和民族区域自治制度的优越性落实到发展先进生产力、发展先进文化、实现各族人民的根本利益上来。

2. 民族地区共青团工作

2.1 加强民族地区共青团工作的重要性

共青团民族工作是党的民族工作的一个重要组成部分，也是全团工作的一个重要方面。团中央曾于 1984 年、1992 年、1994 年先后召开了全国边远地区少数民族共青团工作座谈会、共青团民族工作会议和共青团民族宗教工作座谈会，对共青团民族工作进行专题部署，这充分说明团中央对民族地区共青团工作的重视。做好民族地区共青团工作，对于开创全团工作的新局面，广泛调动各族团员青年建设有中国特色社会主义的积极性，推动民族地区经济、政治、文化、社会的发展，加快我国全面建设小康社会的新步伐，都有着极其重要的意义。

新中国成立后，党和国家始终把民族问题放在一个极其重要的位置。党和国家三代领导核心毛泽东同志、邓小平同志、江泽民同志都对正确处理民族问题、切实做好民族工作作出了深刻论述，提出了一系列重要思想，制定了一系列促进各民族共同繁荣发展的方针政策，领导我国走出了一条具有中国特色的处理民族问题的正确道路。新世纪新阶段，胡锦涛总书记针对民族工作提出了共同团结奋斗、共同繁荣发展的主题。共同团结奋斗，就是要把各族人民的智慧和力量凝聚到全面建设小康社会上来，凝聚到建设中国特色社会主义上来，凝聚到实现中华民族伟大复兴上来。共同繁荣发展，就是要牢固树立和全面落实科学发展观，切实抓好发展这个党执政兴国的第一要务，千方百计加快少数民族和民族地区经济社会发展，不断提高各族群众的生活水平。“两个共同”为做好民族工作指明了前进方向，也提出了更高要求。这同时又是对民族地区共青团工作的更高要求，要求共青团紧紧围绕党在民族地区的工作中心，团结带领各族团员青年，为促进民族地区经济、政治、文化、社会的繁荣发展而奋斗。

当前，我国发展站在了一个新的历史起点上。党的十七大全面把握国内国际发展大势，提出了实现全面建设小康社会奋斗目标的新要求，描绘了在新的历史条件下继续全面建设小康社会、加快推进社会主义现代化的宏伟蓝图。夺取全面建设小康社会新胜利、开创中国特色社会主义事业新局面，是全党全国各族人民的奋斗目标，也是广大青年的奋斗目标。这给民族地区共青团工作带来了新机遇和严峻挑战。民族工作的成功与否，对于促进现代化建设，实现各民族共同繁荣发展有着重要的作用；民族问题解决得好坏与否，是一项涉及全局、关于国家兴衰的大事。因此，全面正确地认识和对待民族问题，明确民族地区共青团工作的重要性，掌握民族问题的重要原则和思想，对于进一步做好民族地区共青团工作具有十分重要的意义。

2.1.1 民族地区共青团工作的重要意义

1. 做好民族地区共青团工作，是加快民族地区经济社会发展、促进各民族共同繁荣发展的需要

加快少数民族和民族地区经济社会发展，是现阶段民族工作的主要任务。青年是现代化建设的生力军，在经济社会发展中发挥着越来越重要的作用。在加快民族地区经济社会发展中，各族青年是一支十分重要的力量。当前，民族地区迎来了加快发展的重要历史机遇，这为共青团团结带领各族青年为民族地区的发展作贡献提供了广阔舞台。把各族青年的生力军和突击队作用充分发挥出来，把各族青年的力量凝聚到为加快民族地区经济社会发展作贡献上来，是民族地区共青团工作的职责所在。

2. 做好民族地区共青团工作，是促进民族团结、确保国家长治久安的需要

这些年来，我国之所以能战胜前进道路上的各种困难风险，保持改革、发展、稳定的大局，其中一个很重要的原因就是在党的领导下，我国确立了平等、团结、互助、和谐的社会主义民族关系，各族人民同呼吸、共命运、心连心，这是我们克服艰难险阻，从胜利走向胜利的坚强保证。同时，我们也要清醒地认识到，西方反华势力和民族分裂势力利用所谓民主、人权、民族、宗教等问题，在我国一些民族地区不断进行分裂活动。这些地区的青少年处在反分裂斗争的前沿，是境内外敌对势力和民族分裂势力重点争夺的对象。近年来，国内外敌对势力和民族分裂势力加紧了对青少年的渗透，通过各种渠道和途径，企图对青少年施加影响。2008 年初拉萨“3·14”事件就为我们敲响了警钟。因此，加强民族大团结教育，努力增强各族青少年维护祖国统一和反对民族分裂的自觉性和坚定性，与民族分裂势力进行针锋相对的斗争，确保民族地区的团结稳定，确保国家的长治久安，也是民族地区共青团工作的职责所在。

3. 做好民族地区共青团工作，是实现中华民族伟大复兴的需要

江泽民同志曾指出：“全国各族青年，代表着我们祖国和民族的未来，代表着我们事业兴旺发达的希望。社会主义现代化的宏伟事业需要你们去建设，中华民族的伟大复兴将在你们手中实现。”实现中华民族的伟大复兴需要全国各族青年共同团结奋斗。

青少年是祖国的未来、民族的希望。民族地区的青少年在全国青少年中占有相当大的比例。没有民族地区的现代化，就谈不上全国的现代化，没有民族地区青少年的奋斗和努力，也不能实现中华民族的伟大复兴。民族地区青少年和其他地区青少年一样，他们的成长和祖国的未来，和永葆中华民族的生机与活力紧紧地联系在一起。

总之，我们不能仅仅把民族地区共青团工作看做是地区性、局部性的工作，而应把它时时刻刻放在我国社会主义现代化建设的全局中去认识，放在共青团工作的全局中去对待。做好民族地区共青团工作，是加快民族地区经济社会发展、促进各民族共同繁荣发展的需要，是促进民族团结、确保国家长治久安的需要，也是实现中华民族伟大复兴的需要。

2.1.2 当前民族地区共青团工作面临的问题

当前，国际形势继续发生深刻变化，我国改革发展进入关键阶段，共青团工作面临的形势更加复杂、任务更加繁重。从国际看，经济全球化深入发展，全球和区域合作方兴未艾，各国交往程度日趋加深，青年的思想认识和价值追求更趋多元化。特别是西方敌对势力一刻也没有放弃对我国实施“西化”、“分化”的政治图谋，把青年一代作为争夺的重要对象，通过各种手段和途径进行渗透，西方的政治制度、价值观念和各种思潮对青年造成了消极影响。从国内看，贯彻落实党的十七大精神、夺取全面建设小康社会新胜利，极大地鼓舞和激励着青年，做好共青团工作面临着难得的机遇。同时社会结构、社会组织形式、社会利益格局发生深刻变化，对当代青年的价值取向、价值目标、价值评判、价值实践等带来深远影响，使共青团工作更具复杂性、挑战性、艰巨性。从青年自身看，当代青年具有强烈的爱国主义情感，衷心拥护党的领导，对党提出的一系列方针政策和战略决策坚决拥护、认真贯彻。同时受各种思想观念影响的渠道明显增多，当代青年思想活动的独立性、选择性、多变性、差异性明显增强。从民族地区共青团工作看，经过近年来的探索和努力，积累了不少成功经验，但部分基层组织不健全、基础弱化，吸引力和凝聚力不强的问题十分突出，老办法不管用、新办法不会用的问题普遍存在。

1. 共青团工作环境变化带来更多压力和挑战

改革开放以来，特别是实施西部大开发战略以来，民族地区坚定不移地实施优势资源转换战略，大力推进改革开放和现代化建设，经济社会发展取得巨大成就，经济实力明显增强，各项事业蓬勃发展，人民生活水平不断提高，进入了历史上发展与稳定的最好时期，同时也迎来了缩小同内地和沿海省市差距、真正实现后来居上的最佳时机，这些都对民族地区团的工作具有重要的意义。经济全球化的深入发展，科学技术的突飞猛进，思想文化的相互激荡，也对民族地区团的工作产生重要影响。

党建带团建面临新情况。一方面，虽然党建带团建工作出台了一系列的举措和办法，形成了一些工作机制，但更多的还是局部的，针对单项的或应急性工作，还没有形成使基层党建带团建工作经常化、规范化、制度化的系统完善的工作机制，特别是还缺乏有效的工作载体和督促落实的工作举措，常常使党建带团建工作仅仅停留在文件中，难以得到很好的落实。另一方面，由于“两新”组织、城市社区、民办学校等组织形式、管理体制方面的特殊性，团建工作面临很大困难，团的基层组织覆盖率与党的基层组织覆盖率还有差距。总的来说，党组织覆盖的一些领域，团组织还没有及时跟进，团的理论创新远远落后于党的理论创新，团内民主建设落后于党内民主建设的步伐，党建带团建的长效机制还有待于进一步建立和完善。

行政管理体制改革进一步加快。党的十七大报告指出："支持工会、共青团、妇联等人民团体依照法律和各自章程开展工作，参与社会管理和公共服务，维护群众合法权益。"这对做好新形势下的民族地区共青团工作提出了新的更高的要求。近年来，政府职能的转变和行政管理体制改革的不断加快，对共青团工作带来了深刻的影响。一方面，在政府职能转变中，政府把越来越多的社会事务交给人民团体和社会组织承担，需要共青团增强承担政府青少年事务的意识和能力；另一方面，行政管理体制改革目前仍然在不断深化的过程中，特别是在社会管理和公共服务领域，有关职能部门和团体也在进一步探索发挥作用的方式和项目，这必然对团的工作带来影响。

互联网已成为青少年重要的生活方式和成长环境。随着互联网的高速发展，未成年人中的新生网民不断涌现并呈增长趋势。中国互联网络信息中心发布的第 22 次中国互联网络发展状况统计报告指出，截至 2008 年 6 月底，中国网民数量达到 2.53 亿，居世界第一位，其中网民主体是 40 岁及以下的年轻群体，占到网民总数的 88.7%。大多数青少年网民把互联网作为主要信息来源。网络正以它巨大的亲和力与影响力改变着青少年的知识结构、人际交往、思维方式和行为模式，已成为青少年重要的生活方式和成长环境。更为重要的是，网络实际上改变了新形势下动员组织青少年的方式。

民间社团组织和青年自组织广泛兴起。民间社团近年来发展很快，其组织成员主要是青年，也大多面向青少年开展工作。青年自组织的迅速兴起，是近年来出现的突出现象。民族地区青年自组织与内地发达省市相比，发展水平较低，规模数量较小，类型较为单一，影响力和活动范围不是很大。但它们依托网络平台，突破地域、资源限制，提供了满足青年多样需求的载体、展示自我的舞台、全面发展的空间，因而受到青年的欢迎和接受，组织发展迅速，影响日益增大。民间社团和青年自组织的兴起反映了经济社会的发展和青年成长的需要，对满足青年多样化的需求有积极的作用，也必然对共青团团结凝聚青年的工作产生影响。

2. 青年问题社会化、社会问题青年化趋势日益明显

经济社会发生的深刻变化必然体现到青年群体中来。更加务实、更加重视自身价值的实现，是当前民族地区青年思想的一个显著特征。

青年流动性加大，向城市和经济发达地区集中。城乡和地区之间的差距及青年发展产生的强烈愿望，造就了蔚为壮观的青年流动潮。青年流动的规模、范围进一步扩大，流动的频率进一步加快，在流向上主要是向城镇、经济发达地区集中。据统计，在全国 1.5 亿农村富余劳动力中，在全国 1 亿多进城务工经商人员中，向非农领域转移和进城务工的主要是青年。大规模的流动改变了青年的群体分布，出现了进城务工青年和“两新”组织员工两大青年群体。青年的职业分布更加广泛，越来越多的青年从第一、第二产业向第三产业转移。青年的社会角色转换进一步加快，大量农村牧区青年面临从农村人向城市人，从农民、牧民向工人的角色转换，大批白领青年面临不同职业、不同体制间的工作角色转换。青年群体分布的变化、流动带来的新问题，对调整团的工作布局、创新工作方法提出了新要求。

青年思想日益多样，利益更加明确具体，行为更加务实进取，更重视自身价值的实现。社会生活和社会思想的日益丰富，以及青年群体的变化，反映到青年的思想中，就是青年思想更加多样，不同群体、不同层面的青年思想认识的差异性比较大。同时，青年思想更加务实、更加重视自身价值的实现，关注自身成长发展，行为注重实效。增收致富、就业成长成为当前民族地区青年最迫切的愿望。团的工作要取得实效，就必须把握青年的思想特点，更好地结合青年的实际。

青年成长和发展压力普遍增大，就业成为青年最大的问题。青年就业关系到青年的发展，关系到和谐社会的构建。随着经济转轨、体制转型，就业形势越来越严峻。最新统计数据显示，2008 年全国毕业生达 532 万人，全国平均就业率为 70%。大学生在就业和职业发展上仍存在观念误区，加之部分学生家长的传统思想，使大学生对于职业发展缺乏长远考虑，特别是缺乏自主创业精神和社会实践能力。青年就业问题是共青团工作必须长期面对的问题，为青年的就业服务是当前共青团工作非常重要的任务。

青少年维权意识明显增强，未成年人权益保护工作形势依然严峻。随着我国民主法制建设的不断加强，青少年的法律意识和依法维权意识明显增强，越来越多的青少年运用法律武器维护自身权益。但是，侵害青少年权益的现象仍然时有发生，部分青少年群体的维权需求仍然比较迫切。流浪乞讨未成年人、农村牧区留守未成年人、社会闲散青少年、孤残少年儿童等群体的权益容易受到侵犯。专门针对未成年人的犯罪、网上未成年人权益维护等问题，都需要引起重视。

3. 共青团自身建设面临的新情况

在团的工作环境和工作对象发生深刻变化的条件下，团的建设也面临一些新的问题。

（1）团员队伍建设面临新情况。随着市场经济的迅速发展和城镇化的快速推进，民族地区团员青年分布“三多三少”的趋势越来越明显，即进城务工的团员在增多，农村牧区的团员在减少；非公有制经济组织中的团员在增多，国有企业中的团员在减少；社区流动团员在增多，机关事业单位的团员在减少。青年作为生产要素，在市场杠杆的调节下向大中城市、经济发达地区集中，游离于团组织之外的流动团员青年逐年增多，使传统领域团组织“有组织、无青年”现象更为普遍。而传统的城乡二元结构，使这些流动团员青年处于流出地与流入地的“空隙”当中，增加了管理服务的难度，团组织难以做到完全、有效的覆盖。

（2）团基层组织建设比较薄弱。团的组织体系中，基层组织建设相对比较薄弱，面临的情况和问题也比较多。主要表现在：大量团员青年外出务工，农村牧区基层团组织工作开展困难；城市社区团建比较薄弱，存在建团率不高、工作不活跃的问题；“两新”组织面广、量大，成立速度很快，团建工作跟进困难，建立后不易巩固。基层组织是团建的基础，加强团的基层组织建设是当前团建的一个重大课题。

（3）团干部队伍建设面临新情况。团干部队伍建设中面临的问题主要是基层团干部配备和专职团干部转岗存在一定的困难。民族地区由于自身的经济、地理环境等客观原因，在吸引年轻人才方面不具备优势，加之受机构改革、精简编制、专职团干部转岗困难等影响，基层团干部队伍老化的趋势日益严重。同时，团干部年龄偏大，难以与广大团员青年及时有效地沟通，无法准确把握当代青年的思想脉搏，更缺乏创新精神，影响了共青团事业的创新发展；团干部兼职现象突出，兼职过多，致使很多团干部心有余而力不足，无暇顾及团的日常工作，甚至主次颠倒，严重影响团的工作正常开展。

（4）团的服务能力建设面临新情况。青年日益增长的服务需求和团的服务能力之间的矛盾比较突出。一方面，随着民族地区经济社会的快速发展，各族青年的需求日益多样化，在学习、创业、就业、维权等领域需要服务的内容日益增多，对团组织的服务要求也不断提高。另一方面，团组织服务青年的能力还十分有限，与新形势的要求还有差距，工作方法陈旧、服务青年手段单一、工作经费不足、活动阵地薄弱等问题，严重制约着团的服务能力。

综上所述，在改革开放和社会主义现代化建设的伟大历史进程中，民族地区青年和共青团工作遇到一些新情况新问题，有一定的历史必然性，是前进中的问题，发展中的问题，它们不仅从一个侧面反映了30多年来民族地区改革开放和共青团工作的深入发展，同时也为大力推进民族地区共青团工作的开展提出了新的课题。面对这些新情况新问题，各级团组织既要实事求是，高度重视，又要满怀信心地努力工作，抓住有利契机，加快解决这些问题。

2.1.3 民族地区共青团工作的特点

民族地区共青团组织必须从本地区的实际出发，创造性地开展各具特色的团工作。做好民族地区共青团工作的关键在于将党的工作重点与民族地区共青团工作的具体开展相结合，将全团工作的共同性与民族地区共青团工作的特殊性相结合，在工作中解决问题、总结经验、抓出特色，寻找共青团民族工作的规律。本书所述民族地区概以呼伦贝尔市为例。

1. 呼伦贝尔市共青团工作的环境

呼伦贝尔是一个历史悠久、资源富集的边境城市。呼伦贝尔市位于内蒙古自治区东北部，得名于境内的呼伦湖和贝尔湖，其中呼伦湖是全国第四大淡水湖之一，也是全国为数不多面积较大且未被污染的内陆湖。2001年10月，国务院批准撤销呼伦贝尔盟，设立地级呼伦贝尔市，实行市管县行政管理体制。呼伦贝尔市具有以下几个特点：

（1）地域广大。呼伦贝尔总面积25.3万平方公里，是全国土地面积最大的“市”，在国内相当于山东、江苏两省面积的总和，在国外相当于英国或新西兰的面积。中北部是8.46万平方公里的大兴安岭森林，西部是约10万平方公里的呼伦贝尔大草原，东部是广袤的松嫩平原黑土地。

（2）生态良好。呼伦贝尔是典型的原生态地区，境内森林、草原、湖泊基本保持了原始风貌。大兴安岭森林、呼伦贝尔草原以及大面积的湿地等生态系统构筑了东北、华北地区重要的天然生态屏障。全市活立木蓄积量9.3亿立方米，相当于全国的1/10，森林草原面积占全市总面积的83%。全市共有3 000多条河流、500多个湖泊，水资源总量317亿立方米，人均占有量是全国的5.4倍。全市一级良以上天数为358天，是国家级生态示范区，被誉为“绿色净土”、“北国碧玉”。

（3）矿产资源富集。境内海拉尔盆地和大兴安岭、得尔布干成矿带蕴藏丰富的煤炭、石油、有色（贵）金属资源，已发现的矿产有9类65种，矿点370多处。煤炭探明储量1 000亿吨，石油远景储量10亿吨。资源组合条件好，适宜资源重点开发和转化。

（4）旅游资源得天独厚。呼伦贝尔是全国旅游资源最丰富的地区之一，它以草原、森林、湿地、冰雪、历史文化、民族文化等自然和人文旅游资源得天独厚的组合优势，被列为全国旅游二十胜景之一和全国六大景区之一，其中呼伦贝尔草原以全国最美的草原被列为全国草原旅游重点开发区。2003年，呼伦贝尔市被国家旅游局批准为地级中国优秀旅游城市，被一些畅销书列为人一生要去的世界66个地方之一。2006年，呼伦贝尔市荣获

“CCTV2006 年度中国最佳民族风情魅力城市”称号，满洲里市荣获“CCTV2006 年度中国十佳魅力城市”称号。

呼伦贝尔是一个边远地区多民族聚居的城市。呼伦贝尔位于中、俄、蒙三国交界地区，边境线长 1 723 公里。在长期的政治、经济、文化交往中，呼伦贝尔市与俄、蒙毗邻地区建立了密切的合作关系。市内有 7 个国家一、二类通商口岸，其中满洲里是全国最大的陆路口岸。市辖 1 区 7 旗 5 市，总人口 272 万。全市共有 31 个民族，其中少数民族人口 50 万左右，占总人口的 18%。现有青年（14～35 岁）约 46.7 万，共青团员 17.3 万，团员在青年中占比为 37%，其中少数民族青年 9.2 万，占青年总数的 19.7%。全国仅有的 3 个少数民族自治旗——莫力达瓦达斡尔族自治旗、鄂温克族自治旗、鄂伦春自治旗都在呼伦贝尔市。内蒙古自治区 19 个民族乡（苏木）中呼伦贝尔市占 14 个。各民族共同团结奋斗，共同繁荣发展，形成了民族和谐的良好局面。

呼伦贝尔是一个站在新的历史起点上的城市。改革开放 30 多年来，呼伦贝尔在全区的发展中经历了引领潮流的辉煌，承受了发展滞后的阵痛，也迎来了全面振兴的希望。从 20 世纪 80 年代初以来到 1990 年，呼伦贝尔经济总量始终居于全自治区之首。“九五”时期，由于产业转型、体制转轨、“天保”政策实施以及东北地区经济低迷等因素的影响，呼伦贝尔出现了发展缓慢、低速徘徊的被动局面，国内生产总值年均增长 7.6%，低于全区平均水平 3.5 个百分点。呼包鄂地区借着西部大开发的重要机遇迅猛发展，经济总量超过呼伦贝尔市。呼伦贝尔在全区的位次下降到第 6 位。“十五”前三年，呼伦贝尔经济有所回升，生产总值年均增长 9.3%，但“十五”后两年，特别是进入“十一五”以后，随着产业架构、开放格局、投资拉动、发展环境等方面的逐步突破，尤其是振兴东北等老工业基地战略的实施，呼伦贝尔经济发展出现了重大转折，2004—2007年，全市经济年均增速达到20.5%，高于全区平均水平1个百分点，走上了速度较快、效益较好、结构优化的发展道路，经济社会发展呈现出大好形势。

呼伦贝尔是一个科学发展的和谐城市。为全面贯彻党的十七大精神，市委、市政府围绕进一步解放思想、深入落实科学发展观的新要求，确定了坚持不懈地走生态文明建设之路，坚持不懈地走又好又快发展之路，坚持不懈地推进党的建设新的伟大工程的发展战略。

（1）坚持抢抓机遇，跨越发展。紧紧抓住并用好国家实施西部大开发、振兴东北等老工业基地、扶持少数民族和民族地区发展及扩大对俄蒙友好合作等综合机遇，力争实现经济总量大的跨越、经济结构质的转变、社会建设新的和谐，在优势特色领域确立领先地位，争取成为经济后发地区实现美丽与发展双赢的示范区。

（2）坚持有退有进，科学发展。处理好生态保护与经济建设的关系，实现美丽与发展双赢。“退”就是恢复自然生态，拓展可持续发展空间，实现更好发展。“十一五”期间，合理压缩旱作农业，将不适宜耕种的土地退耕还林还草；适度控制草原畜牧业，把草原自然载畜量从600万头只减到400万头只；稳定减少森林采伐量，把森林采伐量从700万立方米降为200万立方米左右，生长量每年大于1 000万立方米；坚决关停低水平工业企业，确保环境保护和节能减排任务全面完成。“进”就是发挥生态优势，发展新型特色产业，加速推进新型工业化进程，高度重视新型农牧林区建设，着力扩大新型边境区域合作，积极扶持新型服务业发展，使更多的劳动力从原始粗放的种养业中解放出来，从对森林、草原、耕地的过度索取中解放出来，使呼伦贝尔的自然生态环境得到有效的保护和修复。

(3) 坚持关注民生，和谐发展。坚持把富裕人民作为经济更好更快发展的出发点和落脚点，全面实施“六个一”幸福指数工程，努力使各族群众有一个稳定的工作，有一份较高的收入，有一套舒适的住房，有一个优良的环境，有一个良好的素质，有一个愉悦的心情，建立协调发展、优势互补、互利共赢的民族关系、城乡关系、边境区域关系和地企关系，积极构建和谐呼伦贝尔。

新经济、新群体、新事物、新思想、新潮流的不断涌现，为呼伦贝尔共青团工作带来了新机遇，也带来了新挑战。如何使团的组织和影响迅速有效地进入新经济领域，巩固党在青年中的执政基础，推动呼伦贝尔的全面振兴，成为呼伦贝尔团组织在新时期面临的新课题、新任务。

2. 呼伦贝尔市共青团组织概况

共青团呼伦贝尔市委员会负责全市共青团工作，领导少先队呼伦贝尔工作委员会，指导呼伦贝尔市青年联合会，并承担呼伦贝尔市未成年人保护委员会办公室和呼伦贝尔市综治委预防青少年违法犯罪工作领导小组办公室的工作。团市委机关设组宣部、学少部、青工农牧部、权益部、办公室、社团联络中心 6 个部室，行政编制 15 人。辖直属团委 23 个。到 2007 年末，呼伦贝尔市共有青年（14～35 岁）46.7 万人，团员 17.3 万人，基层团委 624 个，团总支 1 722 个，团支部 7 578 个；有少年儿童 25 万名，少先队员 16.6 万名，少先队大队辅导员 278 名；有青年志愿者协会 29 个，志愿者服务站 122 个，注册青年志愿者 69 756 名；管理青年社团 8 个：呼伦贝尔市青年联合会、呼伦贝尔市青年企业家协会、呼伦贝尔市青年就业创业促进会、呼伦贝尔青年保护草原促进会、呼伦贝尔市青年志愿者协会、呼伦贝尔市青年摄影家协会、青年美术家协会、青年书法家协会等。近年来，团市委带领各级团组织和广大团干部，全面落实科学发展观，深入学习贯彻党的十七大、团的十六大和自治区十二次团代会精神，充分发挥“四大作用”，以加强能力建设为切入点，努力建设体现先进性和群众性，具备服务力和凝聚力的共青团组织；努力建设团结务实、忠诚奉献、严谨高效、活泼幸福的共青团机关。团结带领广大团员青年争当实践科学发展观的排头兵，为呼伦贝尔在科学发展中崛起、实现共青团事业新发展作出了积极贡献。

3. 民族地区共青团工作必须坚持的原则

一是坚持党的领导，牢牢把握正确的政治方向。只有坚持以科学理论为指导，在思想上、政治上、行动上同党中央保持高度一致，坚决贯彻落实党中央的决策部署，以高度的政治责任感完成好党交给的团结教育各族青年的任务，民族地区共青团工作才能保持正确的政治方向，带领各族青年坚定不移地走中国特色社会主义道路。

二是坚持抓好爱国主义教育、民族大团结教育，坚决反对民族分裂。只有用伟大的民族精神构筑各族青少年的思想灵魂，奠定反对民族分裂、维护祖国统一的牢固基石，才能不断巩固和扩大各族青少年共同团结进步的良好局面。

三是坚持服务于民族地区经济社会发展，实现各民族共同繁荣发展。只有把服务少数民族和民族地区经济社会发展摆在青年民族工作的首位，把实现和维护各民族共同繁荣和共同进步作为一切工作的出发点和落脚点，共青团民族工作才能在发展中创新，在创新中发展，民族团结进步事业才能焕发出蓬勃生机。

四是坚持竭诚服务青年，不断巩固党的青年群众基础。只有坚持把竭诚服务青年作为全部工作的出发点和落脚点，把服务各族青年贯穿于工作的全过程，切实维护好青年的具体利益，帮助青年解决学习、工作、生活中的实际困难，才能把各族青年团结凝聚在党和政府的周围，把他们的积极性和创造性保护好、引导好、发挥好。

五是坚持解放思想，改革创新，科学发展。这是民族地区共青团争先创优、永葆生机的不竭动力。只有充分尊重基层和青年的首创精神，深入挖掘蕴藏其中的巨大潜能，继续解放思想、勇于创新、科学谋划，才能保持共青团事业的蓬勃生机与青春活力。

4. 民族地区共青团工作要注重做结合的文章

一要把原则性与灵活性结合起来。民族地区在经济、社会、文化、历史、地理、宗教影响等方面的特殊性，决定了这一地区各项工作的特殊性。呼伦贝尔地处祖国北疆，总面积 25.3 万平方公里；全市共有 31 个民族，全国仅有的 3 个少数民族自治旗——莫力达瓦达斡尔族自治旗、鄂温克族自治旗、鄂伦春自治旗都在呼伦贝尔市，各个民族在语言、文化、生活方式、风俗习惯等方面都存在差异；经济类型多样，有城市经济、农区经济、牧区经济、林区经济和口岸经济，这是有别于内地的较突出的特点。开展民族地区团的工作，就必须充分考虑这些特殊性，不能一刀切，要根据不同的情况区别对待，把原则性与灵活性结合起来。一方面，民族地区团的工作必须有利于坚持党的领导和中国特色社会主义道路，有利于民族的团结和国家的统一，有利于党的民族政策的贯彻落实，有利于促进民族地区的稳定和经济社会发展，有利于各族团员青年的成长成才。另一方面，在开展工作时可根据民族地区的实际情况和民族青年的不同特点，创造性地开展工作，把上级的精神具体化、地方化，使当地青年能够理解、乐于接受。对青年一时不理解或不接受的，采取灵活的态度，需要耐心等待的则耐心等待，需要变化角度的则变换角度，把工作做到嘎查（村）里、青年农牧民家里、青年的心里。

二要把集中示范与分散活动结合起来。民族地区幅员辽阔，居住分散，交通不便，不宜开展经常性的、大型的集中活动。在这种环境和条件下，应扬长避短，把握“因地制宜、实事求是”的原则，采取集中示范与分散活动相结合的方法。选择适当的时机，集中时间，集中人力，就团的工作的某一主题，在一定的范围内组织示范活动，使各族团员青年能从中受到启发，得到锻炼。比如，可以利用重大活动、重大事件、重大节庆纪念日等契机，深入开展形式多样、内容丰富的主题教育活动。组织这类活动，目的要明确，准备要充分。分散活动，主要是团的上级机关把组织活动和开展工作的权力下放给基层团组织，只提基本要求，不作硬性规定，发挥基层团干部的主观能动性和创造精神，鼓励和支持他们从实际出发，从团员青年的实际出发，发挥自己的优势，化整为零分散开展活动。此外，团的上级机关要走下去，实行面对面的具体指导。这既节省时间，又能避免人力财力的浪费，还可增强基层的自转能力。

三要把经常抓和重点抓结合起来。民族地区长期项目和重点项目内容不宜过多，活动不宜过频。没有长期项目，工作缺乏基础；不抓重点项目，工作缺少分量；内容过多，落不到实处；活动过频，难以有实效。因此，要立足于抓一些长期项目，比如“我与祖国共奋进，我与草原同发展”主题教育活动、保护母亲河、青年志愿者等，同时适当增加一些重点项目，比如适时组织“万名青工岗位练兵，千名能手技术比武”活动。

四要把内力启动与外力推动结合起来。呼伦贝尔作为祖国北疆的经济欠发达地区，远离国内大市场，距离次经济中心哈尔滨有近 1 000 公里，运距长；气候寒冷，全年只有 100 天无霜期适合搞生产建设。还有一个重要的问题，就是人才紧缺。在这种条件下搞生产建设就需要把内力启动与外力推动结合起来。启动内力就是去努力营造人才培养的环境，借助外力就是寄希望于国家的科技扶贫、人才扶贫计划，寄希望于国家在政策资金等方面的倾斜，但是关键还在于自身发愤图强、持之以恒地去努力。做好民族地区团的工作，固然需要大城市和发达地区的支持，但要从根本上解决问题，关键还在于民族地区的团组织依靠内力启动，焕发内部活力，发扬自强、奋斗的精神，有不怕困难、积极向上的精神状态。而这并不排斥外地团组织的支持帮助和借鉴先进经验。只靠自己，工作难以有突破；闭门经营，工作上不了等级。因此，民族地区团的工作在依靠内力启动的同时，还应当积极对外开放，通过走出去，请进来，学习、借鉴外地团的工作的先进经验，寻求大城市和发达地区团组织的支持和帮助，借他人之长补己之短，拿外地经验为本地所用。

五要把工作热情和科学态度结合起来。共青团是一个充满理想、朝气蓬勃的组织，共青团事业是一项面向未来、着眼长远的事业，共青团岗位是一个“聚是一团火，燃烧激情”的岗位，没有理想和激情，是做不好共青团工作的。这需要各族团干部永葆激情之风，充分展现青年一代蓬勃向上的青春朝气，用激情点燃服务青年、服务建设的烈火，以青年人特有的热情投入工作、学习、创造和奉献中。同时，民族问题的特性及“两个共同”主题，决定了推动民族地区共青团工作的发展必然是一个任重道远的过程，是一个面对复杂情况、繁重任务的长期的艰苦奋斗过程。这就要求各族团干部在工作中不能单凭个人热情和勇气盲干蛮干，而是要把工作热情和科学态度结合起来，既要发挥主观能动性，发扬大胆创新精神，保持旺盛的工作干劲、高度的工作热情和工作责任感，又要有严肃的科学态度，严格按客观规律办事，相信和依靠科学知识，讲求效率，注重实效。

2.1.4 民族地区共青团工作的根本职能

党的要求和青年的使命始终决定着共青团的职责。在不同历史阶段，由于党的中心任务和青年的历史责任不断发展，决定了共青团的职责有着不同的表现形式。当前，我党已经从领导人民为夺取全国政权而奋斗的党，成为领导人民掌握全国政权并长期执政的党。在这样的历史条件下，共青团最根本的职责就是要不断巩固和扩大党执政的青年群众基础，团结带领广大青年为实现中华民族的伟大复兴而奋斗。

民族地区共青团要紧紧围绕履行根本职责，坚持先进性与群众性的统一，充分发挥党的助手和后备军作用、国家政权的重要社会支柱作用、党和政府联系青年群众的桥梁和纽带作用；从增强共青团在青年中的吸引力和凝聚力入手，做好组织青年、引导青年、服务青年和维护青少年合法权益的工作。

1. 坚持不懈地用马克思主义中国化的最新成果教育、武装各族团员青年，引导各族团员青年树立正确的世界观、人生观和价值观，坚定不移跟党走中国特色社会主义道路

理想信念是行动的先导，是人生的精神支柱和动力源泉。各族团员青年只有树立远大理想和崇高信念，才能经受住各种困难和风险的考验，始终保持正确的前进方向。坚定的理想信念必须建立在对科学理论和社会发展规律深刻认识的基础之上。

一要用马克思主义中国化的最新成果武装各族团员青年。通过教育培训和实践锻炼等深入细致、扎实有效的方式，不断提高各族团员青年的思想政治素质、政策理论水平、创新能力、实践能力和组织协调能力，带动各族团员青年成长为坚定的马克思主义者。引导各族团员青年把深入学习贯彻中国特色社会主义理论体系、着力用马克思主义中国化最新成果武装头脑作为首要的政治任务，通过认真学习邓小平理论、“三个代表”重要思想和科学发展观，认真学习党的十七大重要文件，深刻认识中国特色社会主义理论体系的时代背景、实践基础、科学内涵、精神实质、历史地位和重大意义，努力掌握贯穿其中的马克思主义立场、观点、方法，做到真学、真懂、真信、真用，自觉用发展着的马克思主义指导客观世界和主观世界的改造，牢固树立正确的世界观、人生观、价值观，构筑起强大的精神支柱。充分认识科学发展观在中国特色社会主义理论体系中的重要地位，积极开展深入学习实践科学发展观活动，深刻理解和全面把握科学发展观的科学内涵、精神实质、根本要求，深刻领会科学发展观是我国经济社会发展的重要指导方针，是发展中国特色社会主义必须坚持和贯彻的重大战略思想，不断增强贯彻落实科学发展观的自觉性和坚定性。使各族团员青年通过扎扎实实的学习贯彻，使理论武装的成效切实转化为高举中国特色社会主义伟大旗帜的坚定意志，转化为对共产主义远大理想和中国特色社会主义共同理想的坚定信念，不断增强对中国共产党领导、社会主义制度、改革开放事业、全面建设小康社会目标的信念和信心。要适应新形势，改进教育方式，增强教育的针对性和时效性，增强亲和力和感染力，体现科学教育青年的要求。以上团课、读书班、专题辅导、集中交流、理论研讨、演讲赛、知识竞赛等多种形式和切实措施，深入贯彻落实科学发展观。切实抓好青少年思想政治和学习教育工作，引领广大青少年成为创建学习型社会的主力军。远大的理想和坚定的信念，从来都是与时代的需要、与祖国和人民的事业紧密相连的。在新的历史条件下，要引导教育各族团员青年确立胸怀祖国、服务人民的高远志向，自觉把个人的理想抱负与国家的前途命运紧密结合起来，把个人的事业发展与人民群众的根本利益紧密结合起来，始终与时代同步伐、与祖国共命运、与人民齐奋斗，在报效祖国、奉献社会、服务人民的追求中，实现人生的最大价值。

二要深入开展马克思主义民族观、党的民族政策的教育活动。马克思主义民族观是共产党员党性的重要表现。共青团是党的助手和后备军，是紧跟党为实现共产主义远大理想而奋斗的青年先锋队，是广大青年在实践中学习中国特色社会主义和共产主义的学校，而共产主义运动是以马克思主义为指导的。作为团干部尤其是民族地区的团干部，必须自觉树立起马克思主义民族观，从而正确地坚持、发展马克思主义民族理论，有力地贯彻党的民族政策。

三要进行马克思主义民族观、党的民族政策教育活动。通过教育活动使各族团员青年深刻认识中华民族的全面振兴有赖于各民族的紧密团结和共同繁荣，从而牢固树立汉族离不开少数民族、少数民族离不开汉族、各少数民族之间也相互离不开的思想，正确掌握马克思主义民族观和党的民族政策。要使各族团员青年尤其是团干部主要了解：(1) 社会主义阶段是各民族共同团结奋斗、共同繁荣发展的时期，各民族间的共同因素在不断增多，但民族特点、民族差异将继续存在。(2) 民族问题是社会总问题的一部分，只有在解决整个社会问题的过程中才能逐步解决，我国现阶段的民族问题只有在建设中国特色社会主义的共同事业中才能逐步解决。(3) 各民族不分人口多少、历史长短、发展程度高低，都应该一律平等，他们都是人类物质财富的创造者，都为人类文明的发展作出了贡献。(4) 民族区域自治是中国共产党人对马克思主义民族理论的重大贡献，是解决我国民族问题的基本制度，是建设中国特色社会主义政治的重要内容。

四要深入开展爱国主义和民族大团结教育。主要应该体现在两个方面：第一，维护祖国统一，反对民族分裂。爱国主义是凝聚各族人民维护祖国统一和民族团结、抵御外来侵略和推动社会进步的一面光辉旗帜，在革命战争年代，无数不同民族、不同信仰的仁人志士，为了国家的主权和民族的尊严，谱写了一曲又一曲爱国诗篇。中国、外国的历史和现实都表明，国家统一、民族团结，则政通人和、百业俱兴；国家分裂、民族纷争，则丧权辱国、人民遭殃。因此，今天讲爱国，就要以中华民族的团结和祖国统一为最高利益，坚决反对任何分裂祖国的企图，并同一切破坏国家统一、损害民族团结、妨碍社会稳定、危害社会主义事业的行为作坚决的斗争。第二，改变贫穷面貌，建设富裕家乡。民族的尊严、国家的统一，都是以繁荣和富强为条件的。贫穷必然受辱，落后就要挨打，这是近百年来我国历史得出的一条重要结论。各族团员青年要在各自的岗位上，用智慧和辛勤的汗水改变祖国面貌，把家乡建设得更加美好。

五要引领各族团员青年在树立社会主义新风尚中勇于争先。“正身为本，修身为基。”青年的道德风貌，在很大程度上体现和决定着一个社会、一个民族的文明素养。各族团员青年要担负起时代赋予的重任，不仅要掌握丰富的知识、过硬的本领，还要具备高尚的情操、良好的品德。团组织要引领各族团员青年按照建设社会主义核心价值体系的要求，主动站在开创社会文明新风尚的最前列，大力弘扬民族精神和时代精神，自觉遵守社会基本道德规范，模范践行以“八荣八耻”为主要内容的社会主义荣辱观，分清是非荣辱、明辨善恶美丑，自觉加强社会公德、职业道德、家庭美德、个人品德修养，自觉履行法定义务、社会责任、家庭责任，积极推进社会主义先进文化建设。要切实加强思想道德修养，坚决抵制拜金主义、享乐主义和极端个人主义等腐朽思想的侵蚀，不断提升道德境界，陶冶高尚情操，塑造健全人格，努力成为中华民族传统美德的传承者、社会主义道德规范的实践者、良好社会风尚的倡导者。要注意培养健康向上的生活情趣，保持高尚的精神追求，正确选择个人爱好，明辨是非、克己慎行，着力弘扬新风正气。要引领各族团员青年坚持马克思主义唯物论和无神论，在各族群众中大力宣传科学思想，提倡科学方法，共同营造崇尚科学、反对迷信的良好风气，建立科学、文明、健康的生活方式。要大力倡导和谐精神，积极参与志愿服务，热情关心帮助他人，着力构建平等友爱、团结互助的人际关系，推动全社会形成“我为人人、人人为我”的良好氛围。

六要坚定不移地用改革开放以来取得的伟大成就感召青年。改革开放以来，我国经历了从高度集中的计划经济体制到充满活力的社会主义市场经济体制、从封闭半封闭到全方位开放的伟大历史转折，可谓发生了翻天覆地的变化。改革开放已走过30多年的历程。广大团员青年要继续解放思想，坚定不移地推进改革开放。以深入开展团员青年解放思想大学习、大讨论活动为重点，用生动的事实、伟大的成就、成功的经验对广大青年进行坚持改革开放的教育，帮助各族青年深刻理解，改革开放是决定当代中国命运的关键抉择，是发展中国特色社会主义、实现中华民族伟大复兴的必由之路，只有改革开放才能发展中国、发展社会主义、发展马克思主义。要教育青年真正懂得，只有以改革的办法破除体制障碍，以开放的心态融入世界潮流，以创新的举措破解发展难题，才能促进经济社会又好又快发展。要使各族青年进一步坚定走中国特色社会主义道路、坚持中国特色社会主义理论体系的信心和决心。

2. 围绕中心，服务大局，组织动员各族团员青年为推动民族地区科学发展大显身手，为促进社会和谐发挥作用

一要组织动员广大青年为民族地区经济又好又快发展作贡献。增强发展协调性，努力实现经济又好又快发展是党的十七大对全面建设小康社会、加快推进社会主义现代化建设提出的新任务新要求。坚持围绕中心、服务大局，是共青团工作的基本方针。团组织要组织动员广大青年投身经济建设的主战场，凝聚各族各界青年为加快民族地区经济发展建功立业。

（1）深化青春建功新农村新牧区行动。着力培育和扶持农村青年专业合作组织，培育有文化、懂技术、会经营的新型农村牧区青年带头人。引导青年农牧民学习掌握科学技术，用先进实用技术改造农牧业，用先进经营方式发展农牧业，推动传统农牧业向现代农牧业转变。以“百万青年出草原”行动为载体，推动农村牧区青年富余劳动力向第二、第三产业和城镇转移就业、自主创业，努力打造青年劳务输出品牌。鼓励进城务工青年带技术、带资金、带信息返乡创业，带领群众改变家乡面貌。深入实施农村牧区青年增收成才行动，围绕农村牧区经济结构调整，大力开展农业实用技术和企业技能培训，提高他们的致富本领和就业创业技能。要广泛开展“送科技下乡，送金融知识下乡”活动，为农村青年提供技术服务、金融服务，帮助农村青年科技致富。围绕农村牧区扶贫开发，开展捐赠物资、援建项目、吸纳就业、志愿服务等活动，帮助农村牧区贫困青年脱贫致富。

（2）深入实施青年创新创效行动。以“万名青工岗位练兵，千名能手技术比武”活动为载体，扎实开展青工创新创效行动，引导青年职工学习掌握新知识、新技术、新技能，立足岗位发明创造，在工作中创新创效，培养造就一批具有较强创新意识和创造能力的青年人才。与有关部门联合举办青年科技创新论坛和青年科技创新奖的评选活动，为青年科技工作者交流研究成果、孕育创新思想、传播科技知识提供舞台。开展“青年安全监督示范岗”创建活动，强化青工安全生产意识、加强企业安全生产管理等环节。

（3）全面实施保护母亲河行动。围绕实施可持续发展战略，以倡导生态文明理念为核心，进一步加强青少年生态园建设和环保实践活动，组织青少年积极参与造林种草、水土保持、绿化美化环境等活动，建设祖国北疆生态屏障。扩大草原青年促进会影响范围，使广大青年积极投入到“保护环境，关爱共同家园”活动中来。广泛开展“节能减排我先行”活动，开展每天节约一度电、一张纸、一分钱、一滴水“四个一”节约资源活动，推动爱护环境、厉行节约的良好风尚形成。

（4）发挥青联、青企协组织优势。开展青年企业家经贸交流活动，促进区域经济合作。加强与外省市青联、青企协的联络，缔结友好协议，组织开展互访、考察活动，学习其他城市的优秀企业经营管理成功经验，增进协会之间交流与合作。围绕全市建设发展的重点产业、重点项目，发挥青联、青企协组织优势，通过举办“项目推介会”等形式，深入细致地做好项目对接、跟踪服务工作，务求实效，为延伸优势产业链和青年企业家事业发展推波助澜。

（5）抓好智力开发。要紧紧抓住“两个共同”主题，围绕科教兴国战略，大力开发青年智力，组织各族团员青年向新科技革命进军，积极参与科技创新，使人人有事可做，个个有所作为，为加快少数民族和民族地区经济社会发展作贡献。首先，要传播科技信息。团组织要发挥自己联系面宽、工作手臂长等优势，通过各种渠道构建平台，为青年传授科学知识，传播科技信息，使广大青年从中开阔眼界，受到启迪，提高科学技术的利用率，使更多的科技成果转化为现实的生产力，帮助贫困地区摆脱贫困，发展经济。其次，要开展科技培训。科技培训是智力开发的关键性环节，是提高民族地区青年劳动者素质的重要措施。团组织要进一步抓好岗位培训和实用技术培训，培养一批“青年星火带头人”，促进区域经济发展。大中专学生的社会实践活动，也要和科技培训结合起来，充分发挥大中专学生的智力优势，同时又能使他们学到更多的实用技术。再次，要做好科技开发。科技培训是引导青年学习科技，科技开发则是组织青年进行科技实践。一方面，要组织和动员民族地区青年人才承包各种项目，发展乡镇企业和科技服务体系，促进科技成果向现实生产力转化。另一方面，要发挥青联、青企协的作用，从内地和发达地区引进技术、资金和管理，积极参与民族地区经济社会发展。

二要组织动员各族团员青年积极参与社会主义民主政治建设。党的十七大报告指出：人民民主是社会主义的生命。发展社会主义民主政治是我们党始终不渝的奋斗目标。强调必须从各个层次、各个领域扩大公民的有序政治参与。各级团组织要发挥好联系青年的桥梁和纽带作用，为发展具有强大生命力的社会主义民主政治发挥积极作用。

（1）从学校团队工作抓起，加强青少年法制教育。教育青少年自觉学法、懂法、守法、用法。要开展各种讲座、主题实践活动，帮助青少年形成正确的民主观念，增强公民意识，树立社会主义民主法治、自由平等、公平正义理念。

（2）充分发挥共青团和青联组织在人大、政协中代表青少年的作用，积极建言献策，反映青少年诉求。发挥未成年人保护委员会办公室和预防青少年犯罪领导小组办公室的作用，进一步完善未成年人保护工作机制，代表和维护青少年合法权益，优化青少年成长环境。

（3）组织青年积极有序地参与民主选举、民主决策、民主管理、民主监督等民主实践。发展壮大青年爱国统一战线，推动不同民族、不同职业、不同信仰、不同阶层青年的大团结、大凝聚，为维护国家统一、民族团结和社会稳定贡献力量。

（4）引导青年深刻认识中国特色社会主义政治发展道路是历史的选择、人民的选择。帮助青年增强民主意识、法制意识、公民意识和国防、国家安全观念。

三要引领广大青年为民族地区文化大发展大繁荣作贡献。党的十七大强调了加强文化建设、提高国家文化软实力的极端重要性，对推动社会主义文化大发展大繁荣作出了全面部署。文化塑造青年，青年创造文化。在全球化、信息化和现代传媒迅速发展的今天，文化对青年的影响、青年对文化的推动作用都十分巨大。大力发展以青年为主体，融时代性、创造性、开放性于一体的青年文化，在社会主义先进文化建设中有着十分重要的驱动和导向作用。要引导青年充分认识发展先进文化对民族地区经济发展、社会进步的重要意义，正确处理好文化继承与发展先进文化的关系，以创新的精神积极投身中华民族先进文化建设，在大力弘扬本民族优秀文化传统的同时，主动吸收其他民族和世界各国的先进文化成果，积极学习和掌握现代科技文化知识，努力做到取其精华、博采众长，取长补短、推陈出新，共同提高全民族的科学文化素质。

（1）把引导青少年学习践行社会主义核心价值体系融入青少年教育和青年文化建设的全过程，使之成为各族青少年普遍理解接受、自觉遵守奉行的价值理念。要把建设社会主义核心价值体系的要求贯穿于青少年思想教育的全过程，坚持不懈地用马克思主义中国化的最新成果武装全团、教育青年，引导广大青少年进一步坚定中国特色社会主义的共同理想，大力弘扬民族精神和时代精神，自觉践行以“八荣八耻”为主要内容的社会主义荣辱观，努力形成奋发向上的精神力量。

（2）深入推进“我与祖国共奋进，我与草原同发展”主题教育实践活动，通过举办座谈会、研讨会等，引导广大青少年充分认识改革开放的伟大成就和宝贵经验，从而更加自觉地拥护改革、支持改革、参与改革。

（3）结合民族团结教育月活动，巩固青少年民族团结教育工作成果，通过手拉手、结对子、学双语、主题队会、夏令营等活动形式，使青少年在心灵上得到交流，从真情上实现融合，让“三个离不开”思想牢牢内化于心、外化于行。

（4）大力弘扬传统文化中有利于社会和谐的积极因素，在春节等传统节日期间，开展各种符合传统美德和时代风尚的节庆文化活动，倡导文明和谐的理念，引导健康向上的节庆文化。

（5）组织青少年积极参与少数民族传统民俗文化的保护和继承工作，使青少年成为优秀传统民俗文化的继承者、传播者。

（6）广泛开展读书节、文化节等健康向上、形式多样、充满活力的青年文化活动，引导各族青少年积极建设和谐文化、倡导良好风尚。要组织青年积极投身社区文化、农村文化、企业文化、军营文化、网络文化等文化阵地建设，不断拓展青年文化建设的覆盖面，使“青春草原”这一文化品牌在各族青年心中形成持久的影响力。要在青少年中大力开展科学普及和体育健身活动，弘扬科学精神，倡导和实践健康文明的生活方式。

（7）进一步发展壮大青年文化事业和文化产业，重视培养青年文化人才，努力为民族地区文化繁荣注入活力。加强青年文化现象与发展规律研究，培养一批专兼职相结合的职业青年文化工作者队伍。

（8）推进青少年网络建设工程，科学引领青少年的网络生活。青少年网络建设决定着共青团履行职能的效率和成效，是共青团适应信息化社会深入发展的必然要求。要大力加强青少年网络建设，充分尊重广大青少年网络的使用者和建设者的主体地位，在互联网上唱响思想文化的主旋律，提高青少年网络文化和服务的供给能力，加强网上思想舆论阵地建设，完善青少年网络建设、管理、使用的工作机制，积极探索网上开展共青团工作的新途径、新方法，为促进青少年健康成长创造良好的网上舆论氛围。

四要组织动员各族团员青年为民族地区社会和谐作贡献。团组织应围绕加快推进以改善民生为重点的社会建设，把服务青年与服务社会结合起来，动员各族青年为民族地区社会和谐作贡献。

（1）教育广大青年正确对待改革和发展中出现的矛盾和问题，合法理性地表达自身的利益诉求，自觉维护全区改革发展稳定的大局，争做促进社会和谐的建设者。

（2）组织广大青年深入开展普法宣传、法律援助等实践活动，在全社会传播法律知识，弘扬法治精神，提供法律服务。发挥好维护青少年合法权益的作用，着力加强专兼职团干部维权工作队伍和社会化青少年维权工作队伍建设，进一步培育和壮大青少年维权的工作力量。加强青少年自护教育，帮助他们提高维护自身合法权益的意识和能力。及时了解掌握青少年苗头性问题特别是敏感问题的舆情动态，引导青少年以理性、合法、有序的形式表达利益需求。配合有关部门，开展专项治理，净化青少年的成长环境，积极营造有利于维护青少年权益的良好社会氛围，促进和谐社会建设。

（3）大力开展青年志愿者、手拉手、青年文明号等群众性精神文明创建活动，引领青少年自觉参与和谐家庭、和谐校园、和谐乡镇、和谐社区、和谐单位创建活动。

（4）广泛动员青年积极参与社会建设与管理，引导他们依法有序参与民主政治建设，积极参与社会治安综合治理，努力在村民自治、城市居民自治、企事业单位民主管理和维护社会稳定中建言献策、发挥作用。

（5）教育引导青少年保护环境、善待自然，倡导绿色文明，树立节约意识，大力促进资源节约型和环境友好型社会建设，努力实现人与自然的和谐共处。

（6）继续教育和引导青年树立正确的就业观念，积极自主创业，勇于自谋职业。要积极开展青年就业培训，搭建就业平台，拓宽就业渠道，努力帮助青年解决就业难的问题。要坚持以创业促进就业，尽力为青年成功创业提供信息、技术、资金等帮助。

（7）以进城务工青年、城镇流浪青少年、农村牧区留守少年儿童、残疾青少年等特殊困难青少年群体为重点，扎实开展“真情助困进万家”、“送温暖，献爱心”等活动，为他们办实事、办好事、解难事，让他们真切感受到全社会的关爱，共享改革发展成果。要深化希望工程、济困助学等活动，为帮助家庭经济困难学生接受教育、完成学业提供服务。

3. 要针对各族青少年的实际需要，努力服务青少年成长成才，维护青少年的合法权益，切实增强团组织的吸引力、凝聚力

心中有青年，服务无止境。竭诚服务青年是共青团全部工作的出发点和落脚点。各级团组织要把青年所思所想所盼作为第一信号，把促进青年全面发展作为第一职责，把解决青年最关心、最直接、最现实的利益问题作为第一选择，把青年满意作为第一追求，进一步做深做细做实服务青年的工作。切实提高服务水平，务求服务实效，通过服务赢得青年、凝聚青年，让更多青年感受到团组织的关爱，感受到党和政府的温暖。

一要服务青年学习成才。学习是成才的条件和手段，成才是学习的目的和动力。青年时期是学习的黄金时期，学习成才是青年的强烈愿望。要引导青年牢固树立终身学习的观念，勤奋学习，不断求知，全面提高综合素质。开展形式多样的读书学习活动，帮助青年多读书、读好书，学习新知识，掌握新技能。开展岗位学习活动，引导青年干一行、钻一行，掌握过硬本领，成为本职工作的行家里手。引导青年把学习书本知识与投身社会实践相结合，在实践中受锻炼、长才干。要继续实施“青少年新世纪读书计划”，深入开展“网上知识竞赛”、“征文比赛”等青少年读书活动，引导青少年多读书、读好书。广泛开展少先队员“雏鹰争章”实践体验活动，提高在校学生的综合素质。关注和服务青少年学生心理健康，建设“12355”热线和网站，宣传普及心理卫生与精神健康知识。

二要服务青年就业创业。当前，青年的就业创业需求非常紧迫。青年就业创业工作不仅关系到广大少数民族青年的民生问题，还牵动着民族地区的社会稳定问题。

（1）继续深化服务农牧林区青年转移就业创业活动。以“百万青年出草原”行动为载体，引导他们向二、三产业和城镇转移，不断拓宽增收渠道。加强与社会培训、劳务中介机构的合作，为青年转移就业创业提供具体支持。积极争取有关部门支持，深化青年创业小额贷款项目，扶持支持青年创业。加强与劳动保障、工商、税务、金融等部门的配合，积极反映各族青年呼声，落实有利于青年就业创业的政策，为广大青年就业创业提供良好环境。

（2）整合团的外围组织的资源。发挥青联、青企协等团属外围组织的作用，依托青企协会员企业建立青年就业创业实践基地，挖掘适合青年的就业岗位；组织青年企业家与创业青年结对，为创业青年进行创业指导；组织青年企业家走进大中专院校进行立志演讲，开展职业生涯设计讲座等活动。通过青企协平台，把握企业人才需求，及时进行信息对接，通过招聘会、单线推荐等途径，为待业失业青年和大学毕业生搭建就业桥梁。同时建立与外地青企协稳定的联系渠道，加强青企协会员之间及会员企业与其他企业之间的联系，以企业为主阵地、主渠道，拓宽青年就业创业平台。

（3）发现和培养青年典型。用不同层次、不同类型的榜样激励青年。要全面开展青年职业生涯教育，指导青年做好职业生涯规划，学会从社会发展和自身的实际出发，科学地设计未来，开创有价值的人生。帮助青年树立“先就业，再择业”的观念，主动面向市场，参与就业竞争。从社会的需要和个人条件的结合中确定比较客观的择业标准，帮助青年了解和掌握实用择业技巧。

（4）加大科技推广工作的力度。科技素养差、技术不达标是影响许多青年职业选择的关键问题。培养青少年的科学精神和科技创新意识，提高他们的创新能力。要加强与科技部门、教育机构以及社会各界的配合，更多地组织、扶持青少年的科技探索、科学探索活动，把青少年的求知欲望更多地引向科学技术领域。要把青少年活动阵地开辟为青少年学科技、用科技、从事科技发明创造活动的殿堂，走出传统的琴棋书画的单一教育模式，扩大青少年活动阵地的科技含量。

三要促进青年身心和谐。青年身心和谐是社会和谐发展的重要内容。要应对青少年成长环境的深刻变化，广泛开展青少年身心健康教育活动。关注和服务青少年心理健康，建设好心理咨询服务室和心理热线，宣传普及心理卫生与精神健康知识。开展适合青少年特点的群众性体育活动，提高青少年体能健康素质。高度重视农民工子女、单亲家庭子女、流浪未成年人、失足青少年、残疾青少年等特殊青少年群体，为他们提供切实有效的服务，引导他们保持良好心态，促进身心健康。

四要服务困难青少年群体。广泛开展“真情助困进万家”活动、“手拉手”活动，积极为贫困学生的学习和生活提供帮助。开展“青年志愿者助残行动”、“法律援助志愿者服务行动”，帮助农村牧区贫困青少年、残疾青少年等群体解决学习、工作和生活的实际困难。深化希望工程工作，开展“希望工程募捐”活动，逐步探索一条依托社会、持续发展的社会化工作之路。要继续实施“进城务工青年发展计划”，帮助进城务工青年提升自身素质，实现角色转换。经常性地为社区下岗失业青年、农村牧区留守少年儿童、残疾青少年等弱势青少年群体开展帮扶活动，发挥好服务青年的作用。

五要维护青少年合法权益。在社会主义民主法制建设不断推进、青少年权益意识明显增强的形势下，团组织要深入实施青少年维权工程，继续坚持法制化、规范化，更好地代表和维护青少年合法权益。

（1）采取多种形式进行普法宣传教育。大力宣传贯彻《中华人民共和国未成年人保护法》、《中华人民共和国预防未成年人犯罪法》，努力营造有利于青少年成长的良好社会环境。深入实施“为了明天——预防青少年违法犯罪工程”和开展未成年人保护行动，开展“青少年远离网瘾”、“青少年远离毒品”、“青春红丝带”主题活动，不断提高青少年的自护意识和自护能力。

（2）健全优化维权工作网络。加强维权工作队伍建设，在各级团组织尤其是企业团组织中增设维权委员。深化优秀青少年维权岗创建活动，在与青少年权益维护相关的企业单位、法律服务机构、社团组织等领域中实现重点创建，拓展维权网络新领域。加强对青少年维权岗的管理工作，继续开展青少年维权岗复查工作和市级优秀青少年维权岗评选表彰活动。联合相关部门针对影响青少年健康成长的突出问题进行集中整治，构建“青少年维权网络单位”。

（3）开展青少年心理健康关爱行动。扩大“12355”青少年服务台的影响力和服务范围，促进服务台健康有序发展。继续推进青少年法律援助中心、青少年心理健康教育基地两个工作阵地和咨询热线、短信平台建设。组织开展送心理健康进校园进社区活动，定期举办青少年心理健康辅导课及讲座，服务青少年心理健康。

（4）积极参与青少年法律和政策制定。团组织要加强与人大、政府、新闻媒体等有关部门的联系，通过参与执法检查、开展社会监督、发挥舆论监督等方式，推动和监督青少年法律法规、政策决策的贯彻实施。要探索建立向人大代表、政协委员的信息专报、定期汇报和“人大代表、政协委员与全市少年儿童代表面对面”活动长效机制等。充分发挥共青团和青联界别人大代表、政协委员的作用，积极向人大、政协等有关部门有重点、有计划、分步骤地建言献策；协调其他界别人大代表、政协委员参与青少年事务，了解青少年的实际需求，代言青少年利益，提出反映青少年诉求的可行性议案，畅通青少年诉求表达渠道。

2.2 共青团在农村牧区改革发展中的作用①

农村牧区团的工作是党的农村牧区工作的重要组成部分。进一步推进农村牧区团的基层组织建设和基层工作，切实增强对广大农村牧区青年的吸引和凝聚，对于加强党的农村牧区基层政权建设、不断巩固和扩大党执政的青年群众基础，具有重要意义。

① 此部分内容摘自作者《在农村牧区改革发展中充分发挥团组织的作用》一文，此文曾发表于《内蒙古工作》2009年第六期，获内蒙古自治区青年研究会第十届优秀科研成果一等奖。

2.2.1 呼伦贝尔农村牧区改革开放30年成就①

呼伦贝尔市农村牧区经济在党的十一届三中全会春风的沐浴下，经过全市各族人民的艰苦创业和不懈努力，各项事业蓬勃发展。农牧业生产发展跨上了历史性的新台阶，实现了规模、速度、结构的协调和可持续发展。特别是“九五”、“十五”时期是全市农村牧区经济高速发展的重要时期，农林牧渔业全面发展、农牧业综合生产能力明显提高，粮食产量大增、畜牧业生产成绩斐然，不仅确立了“三农、三牧”在全市经济发展中的重要地位，也为30年后的今天打造内蒙古自治区经济发展新的增长极奠定了坚实的基础。

1. 农林牧渔业全面发展

2008年，全市农林牧渔业总产值（现价）达到235.44亿元，比改革开放初期的1980年增长55.19倍，年平均增长15.48%（现价，下同），其中“十五”时期年平均增长15.6%。全市第一产业增加值占全市地区生产总值比重早在20世纪90年代初期曾连续多年超过40%，不仅高于全区平均水平，而且是全国平均水平的2倍，从“十五”初期的2001年起才开始降到30%左右。第一产业比重下降，第二、三产业比重上升，经济结构得到合理调控。

2. 农牧业综合生产能力明显提高

呼伦贝尔市的农牧业生产经历了百余年的历史，长期以来，这种生产一直以追求产量增长为目的，经过改革开放30年的开发与建设，特别是党中央新农村建设目标的确立，以及市委市政

① 参见《改革开放30年呼伦贝尔农村牧区经济飞速发展》，载http://www.nmg.gov.cn/nmdt/ArticleContent.aspx?id=36644&ClassId=171&ChannelId=137。

府对发展“三农、三牧”、推进全市“乳肉草”产业健康发展措施的制定，全面促进了农牧业生产能力不断提高，使全市的农村牧区经济进入了一个崭新的发展时期。

（1）粮食产量大幅度提高。改革开放初期前 10 年全市粮食生产始终徘徊在 20 亿斤左右，到了改革开放的中期，进入 90 年代以后，随着科技投入的不断增加，粮食总量开始以每年 6.5％的速度递增。统计资料显示：2008 年全市粮食总产量达到 83.42 亿斤，比“九五”时期末的 2000 年整整翻了一番，比改革开放初期的 1978 年增长 6.5 倍，30 年时间，年平均增长 7％。其中大豆总产量 18.4 亿斤，马铃薯总产量 11.71 亿斤，分别比 1978 年增加 17.58 亿斤和 10.7 亿斤，增长 21.44 倍和 10.59 倍。经济作物中油料总产量 4.74 亿斤，比 1978 年增加 4.67 亿斤，增长 66.71 倍；甜菜总产量 1.84 亿斤，比 1978 年增长 37.3 倍。①

（2）种植结构更加合理。全市农业生产紧紧围绕“稳粮、增油、扩经”的指导方针。在保证粮食生产稳定增长的前提下积极发展效益好、适应市场需要的经济作物和其他农作物。特别是市场化的浪潮，不断地推动着农产品的市场化、社会化和产业化的进程。市场前景好、农民收益高的经济作物成为结构调整的重点。在全市农作物总播面积中，粮食作物、经济作物和其他农作物的比重由 1978 年的“90.1∶3.2∶6.7”调整到 2008 年的“83.8∶13.2∶3.0”。尤其是“十五”初期全市各地大力发展“两高一优”，增加科技投入，发展订单农业，种植绿色、特色经济作物，农作物的品种、结构和质量效益有了明显的改善。大力发展出口创汇基地和无公害瓜果等各种粮食、经济作物基地的建

① 参见呼伦贝尔市统计局：《呼伦贝尔市 2008 年国民经济和社会发展统计公报》，2009-03-25。

设和发展，对加快农业产业化，发展特色农业，促进农民增收起到重要作用。农作物种植结构整体优质率增加，优势作物品种继续向调特、调高方向发展。

（3）牲畜规模扩大。2008 年全市牲畜总头数达到 1 446.43 万（牧业年度），比 1978 年的 357.11 万纯增 1 089.32 万，增长 3.05 倍，年平均递增 4.77％。其中大牲畜存栏 158.52 万头，比 1978 年增加 93.79 万头，增长 1.45 倍，年平均递增 3.03％；羊存栏 1 184.94 万只，比 1978 年增加 929.66 万只，增长 3.64 倍，年平均递增 5.3％。2002 年，呼伦贝尔市委市政府提出全市经济要实现大跨越、大发展，要实现超常规跨越式发展的战略思想后，农牧民生产的积极性空前高涨，2002—2007 年五年间，全市牲畜总头数的年平均增长速度达到了 16.83％，到“十五”时期末，全市牲畜总增率和总资产增长率分别达到 49.51％和 36.78％，创历史新高。

（4）畜禽产品产量增加。随着市场经济的发展，农牧民的经营观念不断更新，逐步走出了昔日片面追求牲畜存栏数量的误区，开始由数量型向效益型畜牧业转变，力求达到量质并举。牲畜大量出栏使全市畜产品可供量大幅度增长。2008 年全年奶类总产量 133.01 万吨，比 1978 年增长 39.26 倍，年平均增长 13.87％；肉类总产量 21.60 万吨，比 1978 年增长 10.02 倍，年平均增长 8.3％；禽蛋产量 3.07 万吨（上报数），比 1978 年增长 9.2 倍，年平均增长 8.06％。

（5）牲畜出栏增多。在实现传统畜牧业向现代畜牧业转变的过程中，畜牧业走向市场的步伐不断加快。“十五”时期初，市委市政府提出要“转变作风　狠抓落实　实现乳肉草产业超常规跨越式发展”的战略目标，全市形成了岭东抓规模、岭西抓调整，农区、牧区、林区、垦区、郊区一起上，“抓数量更要重质量，数质并举”的畜牧业发展格局。2008 年全市牲畜出栏总数为 760.03 万头只，比 1978 年增长 14.75 倍，“十五”时期牲畜出栏率年平均递增 6.5%。畜群结构比例由 1978 年的“18.1∶71.5∶10.4”发展到 2008 年的“10.95∶81.91∶7.14”。

3. 农业基础设施等生产条件明显改善

（1）农业生产的综合机械化作业水平显著提高。农牧业机械化水平是农牧业生产条件改善的明显标志。农牧业机械作为一种先进的生产工具，直接影响着农业生产的效率。2008 年全市农牧业机械总动力达到 344.6 万千瓦时，比 1978 年增加 343.46 万千瓦，增长 301.28 倍，年平均增长 20.97%，其中大中型拖拉机 106 789 台，比 1978 年增长 27.3 倍，年平均增长 11.8%。出农牧业机械拥有量的成倍增长，提高了农牧业生产的现代化程度，提高了劳动生产率。目前农牧业机械在农牧业生产各个环节的应用，不仅减轻了农牧民的劳动强度，也使全市机械化作业面积不断增加。统计资料显示：2008 年全市机械化作业面积为 6 229.5万亩，其中机耕面积 1 606 万亩以上，占农作物总播面积的 70.4%；机播面积达到 1 880 万亩，占农作物总播面积的 82.4%；机收面积 1 330 万亩，占作物总播面积的 58.3%。农业生产的综合机械化作业水平达到 90.99%，达到历史最好水平。

（2）水利事业蓬勃发展，农田水利化程度提高。“水利是农业的命脉”，2008 年全市有效灌溉面积达到 17.9 万公顷（上报数），节水灌溉面积 18.26 万公顷（上报数），分别比“九五”末期的 2000 年增长 91%和 141%，年平均增长 8.42%和 11.62%。喷灌和低压管灌面积 17.67 万公顷，比 2000 年增长 1.4 倍，年平均增长 11.5%。已配套机电井数量 15 158 眼，比 1980 年增加 6 967 眼，年平均增长 8%。

（3）农牧业科学技术得到推广和应用，农牧业经济效益提高。改革开放以后，各级政府不断努力，狠抓“科学种田、科技兴农”战略，农业实用技术得到大面积的推广和应用，农业生产的科技含量不断增加。2008年呼伦贝尔市不仅有了自己的农业机械化管理机构，进行农业机械化培训24 479人次，而且13个旗市区中有10个旗市区有农业机械服务管理机构，其中乡镇级农机科技人员上百人。自治区实施科技兴农兴牧战略，农牧业科技人员下乡进村帮助农牧民进行科学种田、科学养殖。2008年全市化肥施用量15万吨，比1978年增长9.3倍，年平均增长8.4%，每亩播种面积施用化肥由1978年的0.81公斤发展到2008年的6.7公斤，年平均增长7.3%；农村用电量比1978年增长6.1倍。科学技术的推广和应用，对全市粮食再夺高产起到了十分重要的作用。在畜牧业方面，畜牧科研部门在加大畜牧业生产的同时，加强“种子工程”建设力度，注重牲畜品种改良，积极引进澳大利亚细毛羊和半细毛羊等优良品种，增强牲畜胚胎冷冻移植技术的应用和推广，加快了牲畜改良步伐（2003年“呼伦贝尔羊”正式命名），经过技术、品种改良，牲畜良种及改良种牲畜比重和基础母畜比重均大幅提高。

2010年1月1日，呼伦贝尔市委下发一号文件，对推进全市农村牧区改革发展作出重要决定。[①] 文件指出，全市农村牧区改革发展的基本目标任务是，到2020年，农村牧区经济体制更加健全，城乡经济社会发展一体化体制机制基本建立；现代化农牧业建设取得显著进展，农牧业综合生产能力明显提高；农牧民人均纯收入比2008年翻一番以上，消费水平大幅度提升，绝对贫困现象基本消除；农村牧区基层组织建设进一步加强，嘎查村

① 参见《呼伦贝尔市委下发一号文件推动农村牧区改革发展》，载http://www.nmrb.cn/Item/217719.aspx。

民自治制度更加完善，农牧民民主权利得到切实保障；城乡基本公共服务均等化明显推进，农牧民基本文化和教育权益得到更好落实，农村牧区基本生活保障、基本医疗卫生制度更加健全，社会管理体系进一步完善；资源节约型、环境友好型农牧业生产体系基本形成，农村牧区人居生态环境明显改善，可持续发展能力不断增强。在完成上述基本目标的同时，努力实现“两个转变”，即由农牧业大市向农牧业强市转变、生态环境由初见成效向明显改善转变；建设“三个基地，一个屏障”，即把呼伦贝尔市建设成为全国优质农产品基地、畜产品基地、农畜产品加工基地和祖国北疆重要生态屏障。

文件指出，当前，全市农村牧区改革发展工作的重点是以土地草场流转为突破口，以新型合作组织为主要载体，以发展现代农牧业为方向，以改革经营体制、改变生产方式、改善生活条件、建设社会主义新农村新牧区为主要内容，推动农村牧区又好又快发展。文件要求，今后，要大力推进农村牧区经营体制改革；大力发展现代农牧业；加快农牧业产业化经营步伐；加强农牧业基础设施建设；发展农村牧区社会事业；提高农牧民生活水平。文件还从完善领导农村牧区工作体制机制、加强农村牧区基层政权建设、加强农村牧区基层干部队伍建设、加强农村牧区党员队伍建设、加强农村牧区实用人才队伍建设、加强农村牧区党风廉政建设、形成全社会支持农村牧区改革发展的合力七个方面提出加强对农村牧区改革发展的组织领导。

2.2.2 农村牧区共青团工作的切入点

一是必须充分认识推进农村改革发展的重大意义，深刻领会推进农村改革发展的总体思路，全面把握推进农村改革发展的战略举措。

二是必须从改革开放30年的历史背景出发，站在改革发展的全局高度统一思想，提高认识，推动工作。

三是必须把学习贯彻十七届三中全会精神与开展深入学习实践科学发展观活动结合起来，切实把科学发展观贯彻落实到农村牧区共青团工作和建设之中。

四是必须把学习贯彻十七届三中全会精神与履行团的根本职责、实现团的各项职能结合起来，努力做好农村牧区青年工作，巩固和扩大党执政的青年群众基础，团结动员广大农村牧区青年为建设社会主义新农村新牧区而努力奋斗。

五是必须把学习贯彻十七届三中全会精神与推动团的基层组织建设和基层工作结合起来，积极探索增强农村牧区基层团组织活力的新途径，扩大农村团组织覆盖面，增强农村团的工作活力。

六是必须把学习贯彻十七届三中全会精神与服务农村牧区青年特别是促进农村牧区青年就业创业、实现劳动力转移的新举措结合起来，带领青年增收致富。

七是必须以农村牧区青年不甘于现状、敢闯敢试、渴望有新的发展为根本动力，引导和鼓励农村牧区青年带头参与农村制度创新，带头干事创业，带头转变观念，倡导新的生产生活方式，在农村牧区改革发展中充分发挥生力军作用。

2.2.3 共青团要帮助农村牧区青年就业创业

大力发展现代农牧业，是繁荣农村牧区经济、增加农牧民收入、建设社会主义新农村牧区的重要任务。各级团组织要针对农村牧区青年渴望致富成才的重点需求，扎实推进农村牧区青年就业创业工作，积极协调有关方面提供政策、项目、信息、资金等支持，引导和帮助农村牧区青年走出一条以创业促就业、以就业带增收的发展路子。

一要大力扶持和鼓励农村牧区青年就地创业。立足发展现代农业，抓住项目、技术、资金、信息等关键环节，鼓励和帮助农村牧区青年充分利用各种强农惠农政策，以多种方式参与农村牧区土地流转，大力发展种植、养殖、农产品加工和农村牧区服务业。联合有关部门，组织农业专家、科技人员，加强农业技术推广普及，开展农业技术服务，帮助农村牧区青年学用科技。动员一大批农村牧区青年创业致富带头人、涉农青年企业家，依托其产业、技术和项目，创建农村牧区青年创业培训基地、孵化基地、示范基地，扶持带动农村牧区青年创业。引导一批企事业单位，到农村牧区扩大产业、开拓市场，实现创业项目和农村牧区青年的对接、公司和农户的双赢。

二要引导农村牧区青年有序外出就业。立足基层，面向农村牧区青年，以灵活、便捷、有效的方式，开展职业技能培训，提高农村牧区青年的就业能力。推动用工企业与农村牧区青年的岗位对接，大力培养农村牧区青年劳务经纪人、转移就业带头人，为农村牧区青年提供就业信息。充分利用社会培训、劳务中介等机构的力量，搭建共青团服务平台，为农村牧区青年提供社会化、市场化服务。要切实做好农村牧区留守未成年人、闲散青少年教育和服务等工作，为外出务工青年解决后顾之忧。要关注进城务工青年的工作和生活状态，通过权益维护、开展文体活动等方式，力所能及地帮助他们解决困难和问题。

三要扶持外出农村牧区青年返乡创业。农村牧区外出的务工青年、高校毕业生、复转军人等是推进农村牧区改革发展的重要力量。要以地缘、业缘、亲缘为纽带，加强与外出农村牧区青年的情感联络和信息沟通，鼓励和动员外出农村牧区青年返乡创业。优化创业环境，营造创业氛围，为外出农村牧区青年返乡创业提供有效帮助。

2.2.4 共青团要服务农村牧区社会事业发展

一要引导农村牧区青少年投身生态文明建设与又好又快发展。进一步推动保护母亲河行动在农村牧区的实施，创新宣传教育方式，引导农村牧区青少年增强环境保护、资源节约意识。扎实推进青少年绿色家园建设，动员青少年开展植绿护绿、涵养水源、节约资源等生态环保实践。广泛联系、凝聚一批青少年生态环保社团、绿色志愿者队伍。引导农村牧区青年不断改善卫生条件和人居环境，践行健康文明的生活方式。鼓励和引导农村牧区青年积极参与节约型农业、循环农业、生态农业发展，带头节约土地，防治农村牧区工业、生活污染和农业面源污染，为农业可持续发展贡献力量。

二要加强乡村青少年文化建设。围绕社会主义核心价值体系建设，坚持用中国特色社会主义理论体系武装团员、教育青年。在农村牧区青少年中深入开展理想信念、形势政策、国情乡情教育。广泛开展乡村青年文化节、才艺展示、乡村青年文化名人评选等农村牧区青年乐于参与、便于参与的文体活动，传承优秀传统文化，培养一批乡村青年文体骨干，满足农村牧区青年精神文化需求。积极参与文化科技卫生“三下乡”、农家书屋建设，丰富农村牧区文化生活。

三要促进农村牧区社会和谐稳定。积极参与文明村镇、文明集市、文明户等群众性精神文明创建活动，促进农村牧区青年思想道德素质的提高和良好社会风尚的形成。积极帮助农村牧区家庭经济困难学生，针对不同地区的实际情况，深化和拓展希望工程。深入推进青年志愿者行动、少先队“手拉手”等工作，广泛开展扶贫济困、支教支医、敬老助残、预防青少年犯罪等活动。引导农村牧区青年树立民主法治观念，积极有序地参与农村牧区基层民主实践，理性合法地表达利益诉求，带头参与农村牧区社会治安综合治理，在和谐农村牧区建设中发挥作用。

2.3 共青团在沿边开放中的作用

党的十七大指出，在新的历史时期，我国要拓展对外开放的广度和深度，提高开放型经济水平，要把“引进来”与“走出去”更好地结合起来，扩大开放领域，优化开放结构，提高开放质量，完善内外联动、互利共赢、安全高效的开放型经济体系，形成经济全球化条件下参与国际经济合作和竞争新优势。针对沿海、内地与沿边不同的外向型经济发展水平，报告明确提出不同的发展目标，即深化沿海开放，加快内地开放，提升沿边开放。

作为党联系青年的桥梁和纽带，共青团组织切实履行团组织的职能，围绕中心，服务大局，团结带领各族青年在提升沿边开放中作出新成绩，这是新时期赋予共青团组织的重要任务和历史使命。

2.3.1 我国实施沿边开放政策概况

1. 第一轮沿边开放

1992 年，我国改革开放和现代化建设进入蓬勃发展的新阶段，各地区、各部门积极性空前高涨，改革开放的步伐全面加快。1992 年 5 月 16 日，中共中央政治局会议通过《中共中央关于加快改革，扩大开放，力争经济更好更快地上一个新台阶的意见》。[①] 这是中共中央为贯彻落实邓小平重要谈话精神而制定的第一个专题方案，作为当年中央第四号文件下发。文件指出要进一步扩大对外开放，并提出了具体措施，包括：以上海浦东开发为龙头，进一步开放长江沿岸城市；逐步开放沿边城市，形成周边的对外开放格局等。1992 年 3 月以来，我国先后开放黑龙江省黑河市、绥芬河市，吉林省珲春市，内蒙古自治区满洲里市、二连浩特市，新疆维吾尔自治区伊宁市、塔城市、博乐市，云南省瑞丽市、畹町市、河口市，广西壮族自治区凭祥市、东兴镇等 13 个市、镇。同年，国务院又决定进一步对外开放重庆、岳阳、武汉、九江、芜湖 5 个长江沿岸城市，哈尔滨、长春、呼和浩特、石家庄 4 个边境、沿海地区省会（首府）城市，太原、合肥、南昌、郑州、长沙、成都、贵阳、西安、兰州、西宁、银川 11 个内陆地区省会（首府）城市，实行沿海开放城市的政策。至此，我国全方位对外开放的新格局已初步形成。

经过十一届三中全会以来多年的探索，我国的对外开放形成了经济特区——沿海开放市——沿海经济开放区——内地这样一个包括不同开放层次，具有不同功能的梯度推进格局。

1992 年，国务院作出进一步开放沿边、沿江和内陆地区部分城市的决策，就是要在 80 年代已形成的沿海开放基础上，将对外开放由南向北、由东向西推进，在更大的范围和更深的层次上前进一步，使广大内陆地区为我国经济发展发挥更大作用。

2. 第二轮沿边开放

党的十七大报告提出“深化沿海开放，加快内地开放，提升沿边开放，实现对内对外开放相互促进”，对新时期、新阶段进

① 参见《中华人民共和国大事记（1949 年 10 月—2009 年 9 月）》，载中国新闻网，2009-10-03。

一步优化对外开放布局、提升开放质量和水平提出了新要求。以此为标志，2008 年 10 月启动了第二轮沿边开放。①

(1) 国家调整政策，继续支持沿边开放。1996 年出台的边境经贸政策，核心是国家对边境小额贸易进口关税和进口环节增值税按法定税率减半征收，即进口税收“双减半”政策。它对促进边境经贸合作发挥了重大作用，但亦渐渐不能适应新的形势。2008 年出台了新的边境经贸政策，其要点是：加大对边境贸易发展的财政支持力度，采取专项转移支付的办法替代进口税收“双减半”政策；提高边境地区边民互市贸易进口免税额度；优先在边境地区扩大以人民币结算办理出口退税的试点；对边境特殊经济区基础设施建设项目贷款实施财政贴息政策；清理涉及边境贸易企业的收费；支持边境口岸建设等。国家的新政策，一方面是转型的政策，即由税收优惠为主转为财政转移支付为主。另一方面又是一个全面配套的政策。它涵盖财政、税收、金融和行政管理，涉及边境小额贸易和边民互市贸易、边境特殊经济区和口岸建设等有关主要方面。它延续并将进一步扩大以前政策对边境经济贸易的优惠和支持，给边贸企业发展注入强大的动力和活力，将对改善优化环境，提升沿边开放水平产生全面和深远的影响。

(2) 发展区域合作，深化沿边开放。近几年，沿边各省区逐步明晰了对外开放的思路和市场定位，完成了由单一的边境贸易向发展区域合作转变，实现了贸易、经济合作与投资相结合，“引进来”与“走出去”相结合。黑龙江省提出“南联北开”、全方面开放的战略，定位于“我国开拓俄罗斯与东欧市场的桥头堡”、发展与东北亚国家经贸关系的“平台”；内蒙古确定了“东

---

① 参见崔玉斌：《沿边开放的新趋势新特点》，载搜狐财经，2009-12-07。

联、北开、西出”的开放思路；新疆坚持“东联西出、西来东去”的方针，欲把新疆建设成为我国向西开放的“重要门户”、向西出口加工的基地和商品集散地、国家能源资源陆上大通道；云南省则是面向东盟、南亚，定位于连接中国、东南亚和南亚三大区域、三大市场的“大通道、桥梁和枢纽”。区域市场在沿边省区开放型经济中的地位不断提升，作用越来越大。2008年，黑龙江省的对外贸易总额中，包括对俄在内的东北亚五国市场所占份额为55.2%；内蒙古对俄、蒙贸易占全区46.5%；新疆与中亚等周边国家的外贸额占全区外贸的80%多；云南省与东盟和南亚的贸易占全区近40%等。沿边省区的区域经济合作，在规模上，新疆的贸易总量最大，为176亿美元；黑龙江省对外投资总量最大，截至2007年该省累计对外直接投资7.11亿美元，列全国各省市第八位。在合作项目上，黑龙江省的优势是对俄、蒙森林和矿产资源开发，吉林省的亮点是日韩新劳务，新疆首推油气等能源合作，云南省主要是工程承包等。

（3）实施大项目工程，支撑沿边开放。在沿边各省区年度新上项目中，大型项目在总投资中的比重不断上升，大部分已达70%～80%。这些项目类型各异，既有境内项目，也有跨境项目。呈现如下特点：其一，对外开放功能区项目打造“增长极”。如黑龙江省的对俄铁路和界桥项目、石化和重大装备项目；广西在建的千万吨炼油项目、林浆纸一体化项目、钢铁和核电项目等。其二，支柱和新兴产业项目构建经济大省。如吉林省规划的2008—2012年产业结构优化升级的目标是做大做强支柱产业：年产200万辆汽车、百万吨乙烯、百万吨化醇、千万吨玉米深加工等。2007—2008年，三大产业投入的资金位列招商引资实际投向的前三名。吉林省还计划投资200亿元建设长白山旅游度假区，为省域经济发展打造新的引擎。其三，优势特色产业项目做大特色经济。如内蒙古把煤炭、风能和农产品加工等作为中期产业结构优化升级的目标，加大投资力度；云南省把烟草、电力、冶金和医药等作为投资的重点目标。

(4) 做大会展经济，助推沿边开放。沿边省区的会展经济始于20世纪90年代。到2008年，已经形成了遍布东北、西北和西南三大区域的五个国家级会展。近几年，这五大会展的规模不断扩大，质量不断提升，作用不断增强。第一，贸易增长方式转变的步伐加快。国内外的经济合作与投资额超过外贸额，二者的比率，第五届“中国—东盟博览会”为8.5∶1，第二十届“哈洽会”为1.5∶1，第五届“东北亚博览会”为32.8∶1。第二，区域合作的主题突出。各大会展从展位分配、活动项目到签约额，国内参展机构都唱主角。第三，区域外开放稳步推进。各大会展中，区域外的国家或地区由最初的十几个增加到几十个，现已扩展到欧盟、美洲、非洲等；企业由上百户发展到几百户；贸易、经济合作与投资的签约额也在不断增加。第四，对内开放发展迅猛。2009年的五大会展中，对内签约总额与对外签约总额的比率，“内外相近”的有2个，即“中国—东盟博览会”和“哈洽会”；“内大外小”的有2个，即“乌洽会”(3.8∶1)和“东北亚博览会”(7.5∶1)。其中五个会展的引资额都是“内大外小”的格局：“中国—东盟博览会”1.4∶1；“哈洽会”1.6∶1；“东北亚博览会”9.0∶1；“昆交会”3.4∶1；“乌洽会”2.4∶1。通过会展这个窗口可以看到，在沿边省区全方位开放体系中，对内开放的作用在强化。

2.3.2 沿边开放以来青年工作发展基本情况

改革开放尤其是沿边开放以来，青年工作从传统的单一的群众工作模式向国家社会事务管理和更广泛的社会生活领域延伸。

多年来，青年工作主要是作为执政党的群众工作的一个重要组成部分而受到各级党委、政府和社会有关方面关注和重视的，并在此基础上形成了自己一套独特的工作原则、目标和方法及组织系统。群众工作模式形成于战争年代和革命时期，一度是长期居主导地位的我国青年工作的基本模式。多年实践证明，这种模式有其产生和存在的特定的社会条件和群众基础，也曾取得了良好的工作成效，为中国共产党领导的各项革命和建设事业作出了重要贡献，青年成为中国革命和建设事业中的重要生力军。

把青年工作作为党的群众工作的一个特殊领域，实行党对青年工作的直接领导，与把青年工作纳入社会管理范畴，通过国家或政府的社会工作行政加以管理，两种模式相互比较，可以说互有利弊。① 从有利的方面看，前者具有广泛而深厚的群众基础，强大的社会组织、宣传和动员力量，加之执政党的社会地位和影响，使青年工作比较容易得到社会各界舆论和基层群众在道义和情感上的支持，党的路线、方针、政策也能够通过特定的组织形式在广大青年中得到宣传、贯彻和实施，因而也有利于密切党与广大青年的联系，使青年成为党实现自己的纲领任务和最终奋斗目标的一支现实的社会力量。就后者来说，其严密而有序的行政管理职能，把青年事务与其他诸种社会事务一起进行综合平衡、统一协调和统筹办理，作出职能明确的社会分工，并辅之以比较科学、规范、具体的工作方法，协助青年获得与社会环境更佳的交互适应，从而达到维护一定的社会秩序和巩固一定的社会制度的目的，这不能不说是青年工作在现代社会条件下所取得的一个重要进步。但是，前者游离于国家或政府对青少年事务的行政管

---

① 参见田杰：《改革开放 30 年青年工作的发展过程与趋势》，载《中国青年研究》，2009 (7)。

理职能之外，与现代社会强化各项管理、明确职能分工的发展趋向显然是不相适应的。同样，后者的弊端也是显而易见的。忽略青年工作的群众基础，重在社会问题的预防和治理而疏于积极的教育、引导，强调个案工作中技术方法的运用而轻视思想教育工作效用等，这些都是后者比较容易产生或普遍存在的问题。

继承和发扬党群众工作的优良传统和作风，继续发挥共青团组织作为青少年核心组织在教育、引导、带领青少年方面的作用，同时加强政府对青少年事务的统一协调和宏观管理，借鉴和运用社会工作的科学理论、方法和技术手段，使青年工作在群众化、社会化、科学化方面取得重要进展，建立起适应现代社会生活，与社会主义市场经济体制和国家社会管理体系相配套的青年工作新体制，或者简要说，克服青年工作既有体制的缺陷与不足，使既有体制进一步发展、完善，从而形成既区别于已往的传统做法又不同于一般意义上的社会工作体制的青年工作新体制，是我国青年工作发展必须跨出的重要一步。我国社会制度的特点和特定的历史传统，决定着青年工作具有作为执政党的群众工作和属于国家社会管理体系中青年事务部分的二重属性。经过多年的探索、实践，我国青年工作模式的转型已基本完成，形成了群众工作、社会管理与社会工作三元并存的新局面。

一是“大青年工作”的格局初步形成。[①] 所谓“大青年工作”，是相对于传统的群众工作的单一模式而言的。社会管理和社会工作理念及其相应的制度、政策措施、工作方法的引入，使我国青年工作传统的单一模式和僵化格局得以改变。改革开放以来，国家和各级人民政府、人大对青年工作的直接介入明显增

① 参见田杰：《改革开放30年青年工作的发展过程与趋势》，载《中国青年研究》，2009 (7)。

多。青年教育、文化、就业、社会服务等事务均有相关政府机构的直接参与。在中国政府提交联合国的《中国21世纪议程》中专门列有青少年参与可持续发展的内容。国务院妇女儿童工作委员会的组成单位有33个部委和社会团体。各级人民法院、检察院和公安部门直接参与青少年犯罪预防和治理工作。绝大多数省市都成立了由地方行政主管领导牵头负责的青少年工作协调机构。许多涉及青少年事务的政策性法规或文件，都由多家政府部门联合发布。国家和各级政府部门颁布的青年政策，在青年工作中发挥越来越重要和明显的作用。有的地方政府成立了青少年事务专门机构。青年工作在某种意义和程度上已纳入国家战略和地方政府发展规划。青年工作的社会参与度越来越高，各种基金会、中介机构、专业团体、社团组织等通过各种途径和渠道介入青年工作领域。“大青年工作”格局在我国初步形成，“大青年工作”观念在逐步确立。

二是青年工作逐步走上制度化、法制化、专业化建设的轨道。1984年上海少年法庭的建立，可以被认为是我国青年工作走向制度化的一个标志。少年法庭本属于司法范畴，受相应法律制度的制约，但作为涉及青少年保护的一项重要法律措施，它的意义远远超出法律本身。1987年上海颁布《青少年保护条例》，与少年法庭的先行建立和探索不无关系，并由此推动了全国范围内的青少年立法工作。近些年来，一些地方先后推出成人教育仪式、青年志愿服务等地方性法规，有的地方曾经进行（或提出）青少年工作、青少年社会教育、社区青少年工作、促进青年就业等立法活动（或动议）。从一般社会政策（包括部分法律）中分离出青年政策，再将青年政策上升为一般社会政策，是青年政策发展演化的一般规律，也是青年工作实现制度化、法制化的一般过程。目前我国青年工作正在经历这一过程，从青年政策、法律到一般社会政策、法律，从青年事务和青年服务到一般社会事务和公共服务，既标志着国家社会管理总体水平的发展和进步，同时也必然推进青年工作的不断发展和进步。社会工作专业方法的介入，是近些年来我国青年工作领域发生的一个重大变化。教育学、心理学、社会学、管理学等学科领域的专业知识和专门人才，对青年工作的开展起着越来越重要的推动和促进作用。

三是青年工作的出发点和落脚点正在回归青年本身。青年工作的出发点和落脚点是什么？是青年本身，还是在青年之外？这个在今天看似简单的问题，却长期困扰着我国的青年工作。群众工作也要求“关心群众生活，注意工作方法”，但群众工作的根本属性，是为动员群众、组织群众、领导群众实现某种更长远的社会目标和理想而采取的一种政治策略（“群众”本身即是一个特定的政治概念），因而在群众工作中，“群众”既不可能是出发点，更不可能是落脚点。中国的改革开放和以经济建设为中心、建立社会主义市场经济体制目标的提出，动摇了传统群众工作的社会基础和群众基础，“群众”的概念更多地为公民、自然人、个人、群体等概念所替代，群众的“生活”、“利益”也更多地为公民权利、合法权益、民生福利、社会保障、公共服务等概念所替代，“群众”不再仅仅是某种政治指向的对象，而成为自由、自主、自立的独立个人的概念集合。在青年人身上这种变化最为明显，青年人一度被看做是以自我为中心的叛逆者，是传统群众工作模式最大胆的挑战者，共青团组织凝聚力和向心力曾一度下降，“青年不跟团走”，则是这种挑战的直接结果。1988 年共青团十二大提出自身改革的问题，而逐步明确青年工作服务青年的职能则是团的改革的一个重大突破。共青团十五大将服务青年提到了决定全团发展的核心战略地位，要求把竭诚服务青年作为全部工作的出发点和落脚点，不断巩固党的青年群众基础。适应市场经济条件下青年和社会的发展变化，将青年工作的出发点和落脚点回归青年本身，以青年为本，既是青年工作取得成效的必然要求，也是保证党的群众工作能够有效开展，加强党执政的群众基础的必然要求。在青年工作的其他各领域，服务青年的各项工作则逐步细化，从学校到社区，从文化娱乐到健康教育，从就业指导到危机干预，从心理辅导到应急救助、法律援助等，都按照有关政策法律和专业规范的要求有序展开。

四是共青团组织的青年工作取得新发展。“大青年工作”格局的形成，社会管理和社会工作的介入，使我国青年工作的传统模式发生重要变化。但党对青年工作统一领导这一基本原则没有变，共青团组织作为党的助手和后备军、党联系青年的桥梁和纽带，及其作为青少年核心组织的地位和作用没有变。共青团组织继续承担着党的青年群众工作的重要职能，而且这一职能在青年工作取得其他社会力量和社会资源大力支持的情况下，将能够得到更充分、更有效的履行。在工作方法上，共青团工作更走向务实，更注意贴近青年，坚持眼睛向下、重心下移，坚持以正确思想教育引导青年，弥补了一般社会管理和社会工作在青年教育方面的不足。另外，共青团工作在总体规划上较过去有很大进步，这对于把握我国改革开放进程和现代化建设的各阶段性特征，适时作出青年工作的战略性调整和布局，有着非常重要的意义。

2.3.3 呼伦贝尔沿边开放20年成就①

呼伦贝尔市毗邻俄罗斯和蒙古国，拥有满洲里陆运铁路、公

---

① 参见金昭：《加快推进向北开放　做大做强口岸经济——纪念改革开放30周年和沿边开放20周年》，载《俄罗斯中亚东欧市场》，2008（7）。

路口岸，黑山头、室韦、阿日哈沙特、额布都格口岸和海拉尔东山机场航空口岸 7 个国家一、二类通商口岸。1988 年国家批准呼伦贝尔市为改革开放试验区之后，呼伦贝尔市拥有了对外贸易经营权，确立了“以改革促开放、以开放促发展，改革、开放、开发三位一体”的方针，提出了“打通两端，网开一面，振兴呼伦贝尔，服务全国”的战略，边境贸易进入了一个全新的历史发展期。从呼伦贝尔市边贸发展的格局看，仍以满洲里市为主，海拉尔区、额尔古纳市、新巴尔虎右旗、新巴尔虎左旗为辅；商品则以进口为主，出口为辅；贸易国以俄罗斯为主，蒙古国为辅。改革开放以来，经过 20 年的沿边开放，特别是 2000 年以后的快速发展，呼伦贝尔的边境贸易经历了从小到大、从弱到强蓬勃发展的历史进程。2007 年全市边境贸易进出口总额为 26.97 亿美元，同比增长 26.7%，占全区进出口总额的 30%，是 2001 年撤盟设市前的 2.6 倍；实际利用外资 4 924 万美元，同比增长 34.5%，是撤盟设市前的 8.8 倍；对外承包工程，劳务合作合同总金额 5 251 万美元，同比增长 42%；全年口岸进出境货运量完成 2 423 万吨，同比增长 10%；客运量完成 231 万人次，同比增长 30%；累计对外投资总额 8 536 万美元。

呼伦贝尔市沿边开放取得的辉煌成就，得益于以下几方面的有利条件：

一是振兴东北地区老工业基地。2007 年，根据国务院指示，国家发展改革委会同东北四省区（黑龙江、辽宁、吉林及内蒙古自治区的东部五盟市）和国务院有关部门研究编制了《中国东北地区老工业基地与俄罗斯远东地区合作规划纲要》。《规划纲要》以“十一五”时期为重点，提出了中俄地区合作的指导思想、合作原则和重点合作领域，对指导中俄毗邻地区合作具有重要指导意义。呼伦贝尔市于 2007 年被国务院划入东北地区振兴范围，这必将在整合区域经济、各种重大项目的审批、优惠政策享受等诸多方面得到国家的支持。

二是兴边富民行动。国家民委1998年倡议发起了兴边富民行动，帮助少数民族地区尽快摆脱贫困落后状况，得到党中央和国务院的支持。在全国2.2万公里陆地边境线中，有1.9万公里在少数民族地区。在2 100万边境总人口中，少数民族占48%。“边境兴则边疆兴，边境地区的发展，不仅是一个经济问题，而且是一个政治问题。”呼伦贝尔市的五个边境城市（满洲里、陈旗、额尔古纳、新巴尔虎左旗、新巴尔虎右旗）均享受到了这一政策，对促进边境城市的发展产生了积极的影响。

三是全面建设小康社会。继党的十六大提出全面建设小康社会宏伟目标后，党的十七大提出了全面建设小康社会的目标体系。其一，增强针对性，不求面面俱到。我国发展已经呈现出新的阶段性特征，在经济、政治、文化、社会发展方面都取得新的成就，同时也呈现出新的矛盾。我们党必须从全局出发，准确判断所处的历史方位，紧紧抓住和解决主要矛盾，才能顺利突破发展的阶段性瓶颈制约，推动我国发展跃升到新水平。要从抓住和解决主要矛盾的角度，理解党的十七大提出新的更高要求的现实指向和重要内涵。其二，从基本国情出发，使目标具有可行性。我国的发展取得了举世瞩目的成就，但我国仍处于并将长期处于社会主义初级阶段的基本国情没有变，人民日益增长的物质文化需要同落后的社会生产之间的矛盾这一社会主要矛盾没有变。对全面建设小康社会奋斗目标提出新的更高要求，既要适度超前，鼓舞人心，也要从实际出发，量力而行，确定的奋斗目标必须完成，提出的要求必须实现。

四是中俄战略协作伙伴关系的确立。苏联解体后，中国同俄罗斯特别是俄罗斯的西伯利亚与远东地区的边贸合作快速发展。[1] 据海关统计，2006 年中俄经贸额为 334 亿美元，同比增长 15%。另据《中华人民共和国 2006 年国民经济和社会发展统计公报》公布的数字，2006 年中国对俄出口 158 亿美元，同比增长 19.8%；从俄进口 176 亿美元，同比增长 10.5%。根据中方统计，截止到 2007 年 3 月 1 日，中国在俄罗斯的投资项目达到 736 个，累计投资额超过 10 亿美元。双方边贸也呈现良好的发展态势，1983 年两国边贸额仅为 1 000 万美元，2006 年已增加到 70 亿美元，边贸额在双边贸易额中所占的比重也从 1983 年的 1.5%提高到 2006 年的 20%。中国对俄边贸出口的商品主要以生活必需品为主，其中服装、鞋帽、纺织品、果蔬、日用百货、家电产品等约占边贸出口总额的 70%。近年来，随着我国经济的快速、持续发展，中国出口商品的质量和档次也在逐步提高，越来越受到俄罗斯人的青睐。中国对俄边贸进口仍以资源和原材料为主，其中木材、石油、化肥、钢铁等商品约占边贸进口总额的 80%。中国与俄罗斯邻近的三省（黑、吉、辽）、两区（内蒙古与新疆），截至目前，边境已开通的陆运、水运、国际航空港口岸共 22 个，其中内蒙古 5 个（全部分布在呼伦贝尔市）、黑龙江省 15 个、吉林省 2 个。呼伦贝尔市同俄罗斯远东地区有1 048 公里边境线相连，双方在旅游、文化、教育、劳务、矿产资源开发、房地产开发、森林采伐、农牧业、口岸基础设施建设合作等领域取得了重大突破。

五是中蒙邦交正常化。中蒙建交 50 多年来，尤其是近 10 年来，两国关系发展迅速，成果显著。1994 年，双方重新签署

---

① 参见金昭：《加快推进向北开放 做大做强口岸经济——纪念改革开放 30 周年和沿边开放 20 周年》，载《俄罗斯中亚东欧市场》，2008 (7)。

《中蒙友好合作关系条约》，为两国关系健康、稳定发展奠定了政治、法律基础。2003 年 6 月，胡锦涛主席对蒙古进行国事访问，双方宣布建立中蒙睦邻互信伙伴关系，并发表联合声明。2004 年 7 月，蒙古总统巴嘎班迪对中国进行国事访问，双方发表中蒙联合声明。2005 年 11 月，蒙古总统恩和巴雅尔对中国进行国事访问，双方发表中蒙联合声明。近年来，两国互利合作不断扩大，中国已成为蒙古国最大的贸易伙伴和投资国。在国际事务中，双方在许多问题上有着相同或近似的看法，相互支持，有效合作。蒙古国是呼伦贝尔的重要邻国，与呼伦贝尔市有 675.82 公里边境线相连，地处中俄两国之间，地理位置独特。多年来，呼伦贝尔坚定不移地对蒙古国奉行睦邻友好政策。2005 年 3 月，应呼伦贝尔市政府的邀请，由蒙古国东部区长官、东方省省长策·詹拉布为团长，苏赫巴特省、肯特省省长率队的政府代表团对呼伦贝尔市就经贸合作进行了工作访问，呼伦贝尔市政府与蒙古国东部三省签署了《关于加强经贸合作和友好往来的会谈纪要》，主要合作项目有矿产、石油、农牧业、教育、文化、旅游等，为中蒙两国企业加强区域间经贸合作奠定了基础。

2.3.4 共青团在沿边开放中大有可为

青年是改革开放和现代化建设的生力军。我国改革开放的进一步提速、升级，为共青团组织施展才华提供了广泛的空间，特别是“深化沿海开放，加快内地开放，提升沿边开放，实现对内对外开放相互促进”的提出，对共青团组织提出了更高的要求。具体到呼伦贝尔市，共青团组织必须准确把握当代青年成长和共青团工作环境发生的深刻变化，认真研究共青团工作面临的许多新情况和新问题，找准切入点、着力点，争取主动，抢抓机遇，在服务沿边开放、推动经济社会又好又快发展中有所作为。

1. 呼伦贝尔市在第二轮沿边开放中迎来的重大历史机遇

2008年8月，李克强副总理在呼伦贝尔市考察时指出，蒙东地区既属于西部又紧邻东北，既是内陆地区又是沿边地区，地域辽阔，市场容量和增长潜力大。要紧紧抓住西部大开发和振兴东北老工业基地的双重机遇，找准定位，在更高层次上利用两个市场、两种资源，多元拓展国际市场，进一步扩大国内需求，积极承接国内外产业转移，不断壮大经济实力。

2009年7月，中共中央政治局委员、国务院副总理王岐山来内蒙古自治区调研边境贸易、旅游工作，在呼伦贝尔市考察了满洲里国际公路口岸、中俄互市贸易区、新国际货场。他指出，要从战略和全局高度，认真落实中央兴边富民的政策措施，大力发展边境贸易和旅游产业，促进边疆地区经济繁荣、边境和睦、民族团结和社会稳定。王岐山强调，发展边境贸易对当前保增长、兴边富民、促进沿边开放，都具有十分重要的意义。当前，最重要的是认真落实中央关于促进边境贸易发展的一系列政策措施，科学制定发展规划，推动边境贸易转型升级。加大政策支持力度，加快推进边境地区人民币结算试点。加强边境地区交通运输、物流、口岸等基础设施建设，做好通关便利化、进出口检验检疫等工作。边境地区要加强与接壤国家地方政府间合作，支持企业走出去，延伸深加工链条，进一步提升边境地区经济技术合作的层次。

党和国家领导人对呼伦贝尔市寄予厚望，同时，呼伦贝尔市加快沿边开放的外部条件不断成熟，一系列重大发展机遇接连出现。

一是中俄毗邻地区合作升级提速的机遇。2007年3月，中俄两国元首就加强中俄地区合作达成重要共识。两国有关部门开始组织编制《中华人民共和国东北地区与俄罗斯联邦远东及东西伯利亚地区合作规划纲要（2009—2018年）》。2008年，中俄双方经过两轮工作磋商，形成了正式文件，完成了外交换文。9月，《规划纲要》经中俄两国元首正式批准实施。《规划纲要》正文涉及口岸及边境基础设施建设与改造、地区运输合作、园区合作、劳务、旅游、人文、环保合作等8个领域，共有65个合作项目，呼伦贝尔市重点推进的额尔古纳河水体、景观以及生物多样性保护工作，满洲里、黑山头、室韦等口岸改造项目均在其中。文件附件中，双方提出的招商引资重点合作项目200多项，覆盖了矿产、能源、农业、林业、渔业、机械、建筑、建材等产业，其涉及领域之广、项目之多、内容之实，在中俄以往批准和签署的文件中堪称首例。《规划纲要》的出台，极大地丰富和充实了中俄经贸合作，把中俄地方经贸合作推向了新的发展阶段。与以往的合作相比，现阶段的中俄地方合作具有以下新的特点：其一，合作层面提升。把地方合作提高到国家层面，纳入两个国家的战略的组成部分，提升为国家行为。其二，合作领域拓宽。《规划纲要》立足于全面合作，涵盖了产业布局、区域布局和基础设施建设等。其三，合作时限长远。这是中俄第一次规划十年期限的地方合作，给各级政府和企业以较大的活动空间，更有利于长期、大型项目的筹划和实施。其四，边境地区地位作用凸显。国家配置了较多的政策资源，摆放了较多的项目，赋予了更多的任务和责任。《规划纲要》批准、实施以来，在两国合作发展中产生了深远影响，对毗邻地区的经济社会发展产生了巨大的推动作用。

二是东北等老工业基地振兴转段提速的机遇。① 在实施东北

---

① 参见崔玉斌：《我省沿边开放迎来重大历史机遇分析》，载《黑龙江日报》，2010-01-25。

等老工业基地振兴战略取得重要阶段性成果之际，2008 年 9 月国务院出台了《关于进一步实施东北地区等老工业基地振兴战略的若干意见》。文件对新形势下东北地区等老工业基地的经济社会发展和改革开放的一系列重大问题进行了全面部署。建立东北四省区行政首长协商机制，其中内蒙古自治区被列入的重大项目有：推进尼尔基水库下游灌区重大水利工程建设；开工建伊尔施—阿日哈沙特铁路；加大对内蒙古东部地区的高速公路和“村村通”公路建设投资力度；组织编制大小兴安岭林区生态保护与经济转型规划；加强湿地保护与恢复、沙化土地治理等生态工程建设；推进内蒙古东部地区与东北三省的产业对接和合理分工。《意见》作出的上述部署，体现了沿海与沿边的互动、区域内外的互动、国内外的互动，设计了多层次合作的体系，为呼伦贝尔市的发展和开放创造了有利条件，为企业提供了巨大的市场商机。

三是满洲里保税区获批的机遇。2009 年 5 月，满洲里启动申报国家综合保税区工作。首先，满洲里是国内陆路最大货物通运口岸，但其地位却受到了冲击。2009 年 1—7 月，满洲里口岸货运量 1 290.1 万吨，进出口总额 4.5 亿美元。而同期新疆阿拉山口岸运货量达到了 1 280 万吨，绥芬河边境经济合作区进出口总额 16.3 亿美元。一东一西，夹击着满洲里陆路第一货运口岸的地位。同期，满洲里地区生产总值仅完成任务的 40.7%，财政收入完成 44.2%，固定资产投资完成 47.2%，外贸进出口总额完成 31.1%。木材加工产业一向是满洲里的支柱产业，每年从满洲里口岸进口的俄罗斯木材量达到 800 万方，占全国木材进口量近 1/3。满洲里 71 家规模以上企业中，木材加工企业就有 43 家，而 2009 年 1—3 月，这 43 家中有 15 家停产观望。在外贸和内需都有压力的情况下，仅靠满洲里地方政府出台的扶植政策，显然力度太小。其次，2008 年底，商务部取消了边境贸易中小额贸易的双重抵扣的税收优惠，随后为了减少对中小企业的冲击，又出台了对边境贸易地区贷款政策贴息的措施——国家有关部门每年拨出一定资金，用于边贸企业贷款贴息和边境经济合作区的贷款贴息。这一贷款贴息，需要有一个城市投资公司为载体接纳。目前全国 14 个边境经济合作区中，仅丹东拥有城市投资公司，大多数边境经济合作区无法享受政策贷款贴息。要进一步完成这些项目所需的配套设施和基础设施建设，还需要更多的资金投入。最后，商务部、林业部等部门对木材进出口，尤其是原木进口等给予一定的政策补贴，但是获得补贴资金的企业必须先从商务部获得相应的认证资格。目前，满洲里大多数木材加工企业都是民营企业，没有这个资格。在此情况下，满洲里认为申报综合保税区是发展突围的最有效途径。《对满洲里市申请建立综合保税区的调研报告》已经由内蒙古自治区报国务院批准，标志着满洲里综合保税区争取工作取得了阶段性成果，满洲里有望成为继广西凭祥、黑龙江绥芬河之后，第三个边境综合保税区。建立综合保税区后，企业园区内交易可以免税，大宗货物存放可以保税。以木材加工业为例，成立保税区后，从俄罗斯进口初级加工的板材，就可以保税进行深加工再转销国外。同时，进口商可以在国内市场行情不好时，将大宗货物储存于保税区仓库，待行情好转再卖。应抓住建立综合保税区这个机遇，吸取我国现有保税区的成功经验，结合实际，实现沿边开放又好又快发展。

四是俄罗斯逐步推进远东地区开发计划的机遇。近年来，俄罗斯在加强与中国的经济合作方面也采取了积极而又务实的外交政策，这与我国当前的“提升沿边开放”战略、振兴东北老工业基地的政策不谋而合。例如，2004 年 9 月中俄总理第九次定期会晤期间，两国领导人提出：到 2010 年，双边贸易额要达到

600亿～800亿美元；2010年实现中国累计对俄投资120亿美元的目标。再如，2005年12月，俄罗斯政府宣布，批准建立6个经济特区①，其目的是进一步扩大对外开放，进而吸引外资与国外先进技术。《中俄睦邻友好合作条约》的签订、中俄战略协作伙伴关系的确立、2006年和2007年中俄互办"国家年"等，使中俄关系处于历史最好时期，两国高层领导的多次互访，使得双边贸易成倍增长，促进了边境毗邻地区的合作与发展。

2. 共青团组织在沿边开放中的实践探索

在提升沿边开放的新形势下，共青团组织有必要在以下几方面作努力：

一是进一步注重工作创新。

胡锦涛同志曾指出：要深入研究社会管理规律，加强社会管理体制的建设和创新，完善社会管理体系和政策法规，整合社会管理资源，建立健全党委领导、政府负责、社会协同、公众参与的社会管理格局。胡锦涛同志还指出：各级政府要进一步完善社会管理和公共服务的职能，改善公共服务质量，提高依法管理社会的能力和水平，推动建立政府调控机制同社会协调机制互联、政府行政功能同自治功能互补、政府管理力量同社会调节力量互动的社会管理网络，形成对全社会进行有效覆盖和全面管理的体系。在"深化沿海开放，加快内地开放，提升沿边开放，实现对内对外开放相互促进"的新形势下，必须以此作为青年工作体制创新和构建青年工作新体制的基本指导思想，进一步创新思路、方法、手段，引领团员青年为经济社会发展作贡献。为此，共青团组织要重点抓好以下几个方面的基本建设：

① 参见黄安年：《俄罗斯普金政府振兴经济改革之路》，载学术交流网，2006-11-17。

（1）青年信息与规划中心建设。有关青年的信息工作是保障青年工作的科学性、有效性和可控性的基础性工作。长期以来，共青团的信息工作并没有真正受到应有的重视。团的十五大提出了适应新情况、新趋势，大力加强信息化建设，提高全团信息化水平的要求。但从各地开展信息化建设的情况看，更多地还是停留在诸如信息传播、数字技术、网站建设以及相关设备的使用上。实际上，“信息化”只是信息工作的一个方面，而且更多的是指信息手段的应用，而信息工作的基本内容是信息的收集、整理、加工、分析、应用。这里所说的信息包括数据、文献、档案、报告、消息、势态、研究成果（著作、文章等）等各种包含“意义”的信息形式。信息工作的目的是用信息来“消除不确定的因素”，或“消除随机不定性的东西”，所以信息被定义为“确定性的增加”。信息工作对青年工作具有特别重要的意义，因为青年不仅人口数量众多，而且流动性大，发展变化快，因而“不确定的因素”、“随机不定性的东西”更多。信息收集难度大，信息处理要求高，所以信息中心的建设需要投入较大的财力和专门人才。信息工作与规划工作密切联系，这里所说的规划包括长期的，也包括中短期的。近年来从团中央到地方提出诸多有关青年工作的各种规划，这在工作方法和思路的转变上看是好事，但从绝大多数规划文本上看，信息基础薄弱极为明显，许多规划更像动员报告，既缺乏可操作性，也无法检验其实效性。[①] 加强信息工作，建设青年信息中心，进行科学规划，是发展我国青年工作的一项基础性工作，也是共青团服务沿边开放的有效手段。

---

① 参见田杰：《改革开放 30 年青年工作的发展过程与趋势》，载《中国青年研究》，2009（7）。

（2）青年事务咨询中心建设。青年事务具有社会事务性质，其内部结构和外部形式都非常复杂，牵涉个人、家庭、社会各个方面，也是社会管理中的一个难点。我国目前没有建立政府部门青年事务管理专门机构，也没有独立、专门的青年政策体系或系统。共青团组织协助政府管理青年事务，更多的是承担办理一些具体事项。鉴于目前这种状况，在团的领导机关建立青年事务咨询中心，在信息中心提供信息服务的基础上，为各级政府部门及社会有关方面提供青年事务咨询服务尤为必要，也非常可行。咨询中心需要有专家系统的支持，日常工作也要由政策水平较高的专业人员主持。

（3）青年工作协调中心建设。青年事务管理涉及诸多政府部门和社会组织，建立青年事务协调机制，能够形成管理青年事务的合力，更好地促进青年工作的开展。推动青年事务协调机制的建立，是共青团青年工作的一项重要任务。目前，在许多（特别是省、市一级）团委机关中，已设有诸如青少年教育、德育、违法犯罪治理等由党委、政府牵头成立的领导小组。有的地方已成立青少年工作联席会议，常设办事机构设立了团组织。团中央也提出，有条件的地方要推动建立党委和政府领导、相关部门共同参与、团组织具体运作的青年事务协调机构；积极与有关政府部门联合开展工作，共同推动青年事务管理的发展；探索建立青年工作联席会议、青年工作委员会等青年事务协调机制。这为青年工作协调中心建设提供了一个现实的和良好的基础。

（4）青年项目评估中心建设。青年项目，既包括青少年文化活动场所等基础设施建设项目，也包括一些活动项目、服务项目等。青年项目评估则既包括这些项目的立项论证，也包括项目完成后的资金使用、质量监督、使用效果、管理过程等方面的监管与评估。评估可以在有关部门授权下进行，也可以在各级党委和政府的支持下独立进行。评估的对象可以适当扩大，对涉及青少年事务的一些场所、设施、活动等，按照有关政策法规的要求进行监测、调查，提出政策性建议或意见，与监测、调查结果一并报有关部门。青年项目评估涉及国家或政府以及社会组织青年项目投入的科学性、有效性、管理水平和青少年切身利益等重要内容，在青年事务管理中占有重要地位。

（5）青年组织管理中心建设。青年组织既是青年工作和社会管理的对象，也是青年工作所要依靠的基本社会力量和主要实践者。随着改革开放和社会民主化建设进程的推进，青年组织大量出现，愈益活跃，既包括依法登记的青年社团，也包括大量的所谓“自组织”。青年组织内部结构复杂，组织目标各异，组织类型繁多，活动形式多样，规模或大或小，管理难度较大，而且政策性较强。按照国家有关规定，共青团组织承担部分青年社团的管理职能。共青团十六大报告指出：各级团组织要“高度关注青年自组织……加强同青年自组织沟通联系，配合有关部门做好对青年自组织的引导和管理，同时要主动培育和发展具有自组织特点的青年社团”。建立青年组织管理中心，将青年组织管理工作纳入社会管理层面进行规范管理，有利于青年组织的健康发展和规范运作，同时对社会稳定与和谐发展有重要意义。

（6）推动共青团工作的体制机制创新。以上各中心建设的设想，是从未来一个时期建构“大青年工作”新格局以及青年工作纳入社会管理范畴的趋势特征角度提出的。这与共青团工作本身并不矛盾，更不是要以此取代一般意义上的共青团工作。改革开放 30 年来，共青团工作取得了许多重要进展，也审时度势作出了一些工作思路、方法上的调整，但共青团的改革仍然没有大的进展，体制机制创新不够。要改变这种局面，固然不能浮躁冒进，但也应大胆尝试，有条件的地方团组织可以先行一步，从社会管理入手，则是良好的突破口。共青团组织自身的建设，团的活动的开展，团干部和团员素质的提高，增强团的凝聚力和向心力，以及团的政治地位巩固和作用发挥，都可能从中受益良多。

实现以上设想，团的机关工作要做到以下转变：

（1）从单纯组织开展活动转到注重日常管理上来。以活动为舞台，以阵地为依托，是共青团工作多年来形成的基本模式和实践经验。活动一直是检验共青团的工作和组织活力的最重要的标准。在以往的群众工作中，特别是宣传群众、组织群众、动员群众上，活动是必要的，也是卓有成效的。但在社会事务管理上，需要更注重按政策法律和行政规范行事，日常事务和计划管理是办理社会事务主要的和常规的工作。管理不可能在“阵地”上进行。因此，单纯以开展各项活动作为青年工作的实践形式，不适应社会管理工作的需要和要求。团的机关工作要转变，要有必要的“行政化”，要学会并善于做行政工作。同样，这也并非意味着共青团工作放弃活动的舞台和阵地，而是要求团的机关能够履行社会行政职能，适时适度地从“阵地”转到机关事务上来，做好青年事务管理工作。

（2）从过渡性岗位转到职业化方向上来。团的机关人员流动性大，团的工作属于过渡性工作岗位而非某种职业。因此，对团的机关干部来说，没有职业规范要求，当然也就不存在职业理想追求。从共青团组织作为党的助手和后备军这一性质来说，干部流动是必然的。但从共青团协助政府管理青年事务的要求来看，这种流动无疑会给工作带来不利影响，而职业化建设则是其必然要求。如何解决这一矛盾，从表面看是个难点，但从实际情况出发，问题并不难解决，可以在团的机关内部调剂人员向青年事务管理的职业方向转变。①

(3) 从直接服务青年转到通过服务社会实现服务青年上来。如果说服务青年是青年工作的出发点和落脚点的话，那么，服务社会则是其价值、效益、效率的增长点。服务社会应包括服务于各级党委和政府的青年工作宏观决策、财政预算、政策导向、资源配置等与青年工作有关的党政事务。对团的各级领导机关来说，这项工作应在其日常工作中占有重要地位，应成为团的机关事务的重要方面。共青团组织服务青年的工作，包括直接的和间接的服务。而对于团的机关，做好间接服务工作，抓好务虚的一面，优化青年工作政策环境，协调社会资源配置，行使监督检查职能，应是其首要的任务。直接服务青年的工作，主要由团的基层组织和社会有关机构来承担。

(4) 从"团务"思维转到"管理"思维上来。所谓"团务"思维，是指共青团工作围绕团的事务长期形成的一种思维定式。"团要管团"本身是对的，但团的职能变化和扩展要求共青团工作突破团的局限，走向更广泛的社会生活领域，介入到社会管理层面，因此"团务"思维的转变势在必行。只有转变思维方式，才能转变工作方法，才能突破既有体制机制的局限创造性地开展工作，适应青年工作新格局的变化，切实履行协助政府管理青年事务的职能。

二是进一步加强青少年思想引导工作。

改革开放促进了中西文化相互交融。随着改革开放向纵深方向发展，一些崭新的伦理道德观念在中华大地生发开来，效益观念、契约观念、自主意识、民主要求等，已成为青年一代中国伦

---

① 参见田杰:《改革开放30年青年工作的发展过程与趋势》，载《中国青年研究》，2009 (7)。

理道德体系中的可贵成分，充实、改善着既有道德体系。这给青少年在未来参与国际竞争所具备的各种素质的获得提供了较好的社会环境和文化氛围。这些新变化作为一种精神资源和精神动力，有助于青少年较早地养成独立、自强、民主、平等、公平、进取等优秀品格。

首先，要探索青少年思想政治教育内容的创新。就受教育者应该成为什么样的人来说，参与国际竞争与合作的"游戏规则"及其特性映射出经济全球化态势下人才素质要求的新走向，当前，公平性、公开性、公正性等观念将渗入人们的潜意识中。在一个共同规则约束之下，当代青少年既要有与国际竞争相适应的开放心灵、合作素质、社会责任感，又要有凭借自己实力公平竞争的意识和创新能力。因此，青少年思想政治教育在继续进行马列主义、毛泽东思想、邓小平理论教育，党的基本路线、基本方针、基本纲领教育，爱国主义、集体主义、社会主义教育，世界观、人生观、价值观教育的同时，还要根据形势的发展而进行相应的教育活动。

(1) 培养青少年的社会责任意识。在我国源远流长的传统文化中，社会责任意识占据着十分重要的地位，它是中国古代伦理道德的优秀传统。在对 21 世纪人才的主要特征的看法中，各国教育家也无一例外地把理想、信念和责任感摆在了第一位。缺乏责任感的人将越来越不适应国际竞争对人才素质的要求，越来越为人们所不齿，但当前青少年的社会责任感如何呢？一方面，他们有一定的社会责任心和爱国情感；另一方面，在现实选择中，他们却把追求自我价值和个人的利益放在突出的地位。在他们看来，个人事业的成功、个人才能的培养和发挥才是最重要的，他们中有的人更加重视个人价值而轻视社会价值，有的人崇尚个人利益和社会利益兼顾、奉献与索取并存。这种自我意识的增强与膨胀，使得很大一部分青少年的集体主义观念淡薄，社会责任感缺乏。调查发现，有相当一部分青少年缺乏集体观念和参加集体活动的应有热情，甚至不愿当班干部，唯恐因集体活动频繁而影响了自己的学业。这种社会责任感的缺失还表现在他们的理想信念方面，当前相当一部分青少年有羡慕实惠、追求现实化的倾向。关于青少年价值观的问卷调查显示：学生中把成为“拥有丰裕生活的富人”作为理想的占了24.5%，学习目的在于“报答父母，争取考上大学，将来能有一份既清闲又挣钱的工作”的占了36%，不少学生干脆回答“现在读书就是为了将来挣大钱”，其坚定程度令人惊讶。① 在一些中学生心目中，重要的是以后能否挣到大钱，共产主义理想、社会责任等都是遥远的事情。面对新挑战，21世纪中国的发展需要一大批对人类、对祖国、对社会、对事业具有强烈责任感和义务感的人。因此，在当今大力加强青少年的思想品德教育之时，应把青少年的社会责任意识的培养放在首位，引导青少年把个人人生价值的追求同对社会和人类的责任感、使命感紧密联系在一起。

（2）培养青少年诚实守信的道德品质。国际公平贸易原则要求现代人具备以下素质：在尊重与维护自己的利益的同时，尊重他人的利益，以公平的心态、互惠的原则处理事务，谋求共同发展；尊重各种文化的价值，作为世界公民平等地与处于不同文化中的人打交道，在与别国交往过程中重诚意与守信用。诚信是现代人应具备的重要素质，市场经济条件下也要求建立以诚信为核心的道德秩序。而平等意识、自主人格、虔敬态度、责任能力则是贯彻诚信必备的素质。那么当前青少年的诚信状况如何呢？调

① 参见毛小玲：《迎接入世挑战　实现青少年思想政治教育内容和形式的创新》，载《思想政治课教学》，2002（10）。

查发现，大部分青少年认为诚信是一个人必需的道德修养，在回答“在你的交友观中，朋友是否诚实可靠重要吗”这一问题时，有96%的受访者认同这一点，这个数字无疑是令人振奋的。然而，在认识到诚信重要性的同时，竟有52%的受访者对贯彻诚信应具备的素质一知半解，更有12%的人认为“在关键时刻，诚信是可以割舍放弃的”。事实上，在纯洁的校园里，不诚信的行为比比皆是，大至考试作弊，小至抄袭作业，更别提司空见惯的欺骗、说假话了。这样的状况又怎么能在素有信用竞争的市场经济中严守诚实法线，在各种国际规则中游刃有余、立于不败之地呢？因此，诚信教育应刻不容缓地纳入当前青少年的思想政治教育内容之中。

（3）培养青少年“进取型”的道德个性。当前中国面临着政治格局多样化、经济发展一体化、科学技术信息化时代，平均主义的桎梏已被打碎，社会资源占有的差异，市场机会把握能力的强弱，利益、效率的倾斜，都要靠人们的锐意进取，这就要求我们的思想政治教育培养青少年“进取型”的道德个性，这种良好的道德个性有以下特征：具有竞争意识和创新能力，成为一个主动的学习者和研究者，勇于创新，不唯上不唯书，不盲目迷信权威，具备一种对未知领域锐意进取、勇于创新的探索精神；具备不怕挫折和失败、锲而不舍的顽强意志，不畏艰险、百折不回地追求真理、献身科学的精神，持之以恒、坚韧不拔的心理品质。韩国著名教育家、世界人类学会副会长赵勇植先生认为，教育所肩负的更为重要的使命是陶冶人性，教育的根本任务在于培育真实的人、名副其实的人，这种人应能够适应各种生活环境，不拒逆境，具有智慧和意志品格。提升沿边开放，意味着国家之间的竞争将在全球范围内进一步深入下去，而国家之间的竞争从根本上说是科技和教育的竞争。“科教兴国”战略对教育提出的要求就是培养具有这种竞争意识和竞争能力的“进取型”的人才，这种人才首先必须具有创新精神，因为没有创新就没有技术的进步、市场的开拓，就会在激烈的国际竞争中处于劣势。因此，培养具有竞争、创新精神的“进取型”的道德个性应是新时期青少年思想政治教育的重要内容。

（4）引导青年做创新观念的先行者。解放思想是党的思想路线的本质要求，是在马克思主义指导下打破习惯势力和主观偏见的束缚，研究新情况、解决新问题、开拓新局面的强大思想武器，是发展中国特色社会主义事业的一大法宝。近年来，团市委先后举办“继续解放思想，推动科学发展，全力打造自治区新的经济增长极”大学习大讨论活动、全市团员青年解放思想大学习大讨论论文评选等一系列形式多样、内容丰富的学习交流活动，广大青年发扬敢为人先的精神，围绕呼伦贝尔经济社会发展、青年肩负的使命及团的自身建设，积极投入大学习大讨论活动之中。针对提升沿边开放的新形势，共青团组织还需通过主题团日、大讲坛、专题培训、青年人才论坛、青年创新创造创业等系列活动，努力解决青年中存在的“不敢、不愿、不会”解放思想的问题，使其更新思想观念，转变思维方式，把青年的积极性、主动性和创造性最大限度地激发出来，让青年的建设热情和创造活力最大限度地迸发出来，努力排除前进道路上的风险和障碍，勇于冲破体制转型过程中的禁锢和束缚，积极投身沿边开放的洪流，为推动创新实践和改革开放进程作出贡献。

（5）带领青年做沿边开放的推动者。当代青年是在改革开放的环境下成长起来的一代，深深打下了改革开放的时代烙印。广大青年不仅是改革开放的受益者、见证者，更是改革开放坚定的拥护者和积极的参与者、推动者。共青团组织要多渠道引导青年毫不动摇地坚持改革方向，在完善社会主义市场经济体制、推进行政管理体制创新、加快重要领域和关键环节改革步伐等方面积极探索、大胆实践。要深刻认识经济全球化深入发展和我国开放力度不断加大的新发展，以国际眼光和全球视野，准确把握世界发展大势，善于发挥自身优势，积极参与国际经济、贸易、金融、投资和文化等方面的交流与合作，努力学习和运用西方先进的科学技术和管理经验，借鉴人类文明的一切优秀成果。引导广大青年进一步树立开放意识，把握开放技能，在创新开放中收获价值；要充分发挥开拓开放、敢想敢干的优良传统，以更大的决心、更大的气魄推进工作创新。特别是当前，要按照市委的要求，积极参与俄、蒙区域青年合作交流，促进资金、项目、人才、技术向呼伦贝尔市集聚，服务招商引资工作，努力推动呼伦贝尔市开放型经济发展。

（6）创造沿边开放的舆论氛围。第一，共青团组织要激发广大青年投身沿边开放的使命感，使之认识到多区域合作是呼伦贝尔市面临的宝贵发展机遇，抓住了机遇，就可能抓住成功。第二，要激发广大青年参与多区域合作的自信心。人的自我成长需要依托社会进步，而把握机遇、顺应时势的青年则是实现快速成长的捷径。第三，采取多种形式宣传形势和政策，冷静面对现实中的矛盾、困惑，并贯之以“团结、稳定、鼓劲”的高昂旋律，为第二轮沿边开放打开新的经济建设局面，创造蓬勃向上的舆论氛围。第四，要帮助广大青年掌握更多的关于汇率、利率、税率、多边贸易规则、国际惯例、法律、知识产权、进出口等多方面的知识，能对错综复杂的新的经济现象作出敏锐的反应和深刻的分析。要建立健全青年创业服务机制，吸引广大青年以高度的热情参与到呼伦贝尔多区域合作的生动实践中，使青年实现更大的人生价值。

其次，要探索教育引导青少年的方式方法的创新。教育引导青少年的最终目的是使社会主义核心价值体系被青少年所接受、所实践，也就是要不断提高教育引导的针对性和实效性。面对当代青少年成长环境、思想观念、价值取向和行为方式的巨大变化，做好青少年教育引导工作的关键在于改进方式方法，尤其要注重以下六个方面：

（1）要坚持循序渐进。人无论处于什么社会制度背景下，也不论生活在什么样的发展阶段，一个时期的发展任务完成得好，个体与他人、社会、自然等外部关系就会和谐，个体的生存状态就会流畅快乐；反之就会面临许多障碍和困难。同样，不同成长阶段的青少年的心智水平、认知方式和人生课题都有所不同，不能人为地超越成长阶段。因此，在用社会主义核心价值体系教育引导青少年的过程中首先就要坚持循序渐进的原则[①]，具体来说包括两方面的基本含义：一是时间过程中的循序渐进，体现在科学地规划和设计不同年龄阶段青少年教育引导的目标、内容和方法上，当前尤其要把学校期间的教育引导摆在更加突出的基础性战略地位，遵循青少年的成长规律，系统规划共青团、少先队对青少年的教育培养工作，以思想教育和成长服务为重点，着力构建从小学到大学的团、队一体化分层教育体系；二是内容层次上的循序渐进，体现在对青少年的教育引导要求应该是从社会主义荣辱观要求的日常道德行为习惯养成做起，再到培养中国特色社会主义共同理想，到弘扬民族精神和时代精神，最后坚持马克思主义指导，构成一个由浅入深、由小到大、由内及外的层次结构。

（2）要加强分类指导。人口流动的日益频繁是当今中国社会的一个普遍现象，而青年则是流动人口的主体。2005 年，14～

① 参见李骥：《论共青团用社会主义核心价值体系教育引导青少年的意义和方法》，载人民网理论频道，2010-02-09。

35 岁的青年流动人口为 7 639 万，占总流动人口的 52%。近年来，青年群体跨地域、跨职业、跨产业的流动规模、范围进一步扩大，日益向城镇、学校、经济发达地区集中。越来越多的青年从第一产业、第二产业向第三产业转移，从国有企事业单位和机关到金融、法律、IT 等新兴行业就业，青年的职业分布更加广泛。与此相对应的是青年思想的独立性、选择性、多边性、差异性也明显增强。① 因此，教育引导青少年，就不能不面对这个基本客观事实，也就必然不能采用统一、单调的内容和方法，而要根据不同青少年的不同特点、不同状况和不同需求开展有针对性的工作，实施分层教育，加强分类指导，使思想教育有的放矢、取得实效。尤其是要坚持把先进性要求和广泛性要求结合起来，既要坚持马克思主义指导思想的一元化，又要尊重差异、包容多样；既要善于从全体青少年的共性出发，提炼面向全体青少年的标准和要求，又要根据不同群体青少年的实际特点和需求，提出个性化的标准和要求；既要通过实施“青年马克思主义者培养工程”等方式，下工夫培养一批重点骨干，又要在广大青少年中广泛开展各种形式的教育活动，最大限度地凝聚他们的思想共识。

（3）要务以青年为本。强调被教育者的主体性，是现代教育的核心理念。在传统的思想道德教育中，我们习惯于把正确的价值体系作为一种理念和思想传递、灌输给青少年，并常常在不自觉中从整体事业的视角，把青少年作为一个受教育的被动客体，使主流价值观的教育与青少年个体社会性的发展需求相脱离。因此，必须按照科学发展观“以人为本”的要求，尊重青少年的主体地位。一方面，教育引导要从青少年的视角出发，充分体现青

① 参见李骥：《论共青团用社会主义核心价值体系教育引导青少年的意义和方法》，载人民网理论频道，2010-02-09。

少年意愿，满足青少年需求，多运用青少年熟悉的语言，多采用青少年喜闻乐见的形式，使教育引导的目标和内容符合青少年情、富有青少年味、贴近青少年心。另一方面，要善于主动引导青少年进行自我教育，尊重青少年的自我选择和自我决定权利，使受教育成为青少年的内在追求和需要，变被动接受为主动学习，改“把真理交给青少年”为“带领青少年去寻找真理”。

（4）要注重实践育人。青少年的认识水平和习惯决定了他们更喜欢把抽象的理论和概念与现实的生活和实践相联系，习惯于从具体事实中升华理论。实践是理论联系实际的必然和最佳渠道，也就是让青少年把社会主义核心价值体系中的理论和概念与现实生活相联系，从而为提高认识、深化理解、坚定信念创造条件。比如，社会主义共同理想的确立，必须建立在对改革开放进程和社会主义初级阶段基本国情的了解基础之上。再比如，青少年的良好行为习惯显然不是通过课堂教学和理论说教就可以养成的，必须在日常生活中、在实践中、在具体的体验和行为中去培养和强化。因此，共青团要发扬实践育人的传统和优势，进一步拓展实践方式，拓宽实践渠道，建立长效机制，让青少年心目中确立的社会主义核心价值体系建立在真实的现实社会基础之上。

（5）要回答焦点问题。青少年认知方式的一个显著特点是“以问题为中心”。问题，就是紧密联系现实生活的，青少年有兴趣并主动思考和探究的，既包括青少年成长过程中都会追寻的生活的意义、我是谁、人际关系怎样建立等普遍性问题，也包括与生动鲜活、快速变化、充满矛盾的生活现实相联系的困惑和疑问。比如，富家子弟在海外被害，是该痛剿罪犯还是给他们及其家庭以道德上的拷问？四川汶川地震中的“范跑跑”是给予理解还是谴责？离开这些与青少年生活息息相关的问题，教育引导的时效性就很难提高。教育引导青少年，要强调贴近生活，就要针对经济社会发展的客观需要和青少年的实际生活需求阐析事理，使教育引导工作充满生活色彩，富有生活气息。特别是要敢于和善于把现实道德领域中的一些新的挑战放进核心价值体系的建设之中，增强现代社会道德价值辨析，在社会思想多元化的背景下，发挥青少年自主认知的功能，引导青少年自己寻找解答。

（6）要运用网络手段。以互联网和移动通信为核心的社会信息化不仅已经成为时代发展不可逆转的潮流，自从互联网诞生以来，短短 10 年时间里迅速渗透到社会生活的方方面面和角角落落，也迅速成为青少年的重要生活方式和成长环境。网络既是青少年最主要的信息来源渠道、学习平台、娱乐工具，也深深影响着青少年现实的人际交往。据统计，在我国 2.53 亿网民中，30 岁以下的青少年网民占 68.6%，每天上网的青少年网民高达 78.7%，每次上网 3～4 小时的青少年占 34.8%；以 BBS、博客、播客、网络杂志、手机报刊、网络电视、微视频等为代表的新型网络媒体，正在吸引着越来越多的青少年。网络的发展也早已引起思想政治教育学界的重视，学者们纷纷对网络的特征、功能作用和怎样利用好网络这一新的载体做好新时期思想政治教育进行了积极而富有成效的探索。有一点可以肯定，就是对青少年的教育引导只有掌握了网络等先进的技术手段，才能占领制高点，掌握主动权。新时期，用社会主义核心价值体系教育引导青少年也必须主动运用网络工具和手段。就呼伦贝尔共青团来说，就是具体做好以下几个方面的工作：着力打造呼伦贝尔共青团网、呼伦贝尔少先队网站以及各旗市区共青团网站、网页等一批骨干网站，占领网络阵地；发挥网络媒体的聚焦效应和即时扩展优势，善于把科学理论武装、先进文化传播、形势政策宣传教育等方面的内容“搬”到网上，创新青少年思想教育的途径、手段和载体；建立一支青少年网络人才队伍，广泛团结青年网络从业人员，培养自己的意见领袖和网络精英，围绕青年关注的热点问题，开展网络评论，引导网上舆论；开发多种形式的、易于青少年接受的网络视频、网络歌曲、网络游戏、网络动漫等网络多媒体产品，满足青少年多元的网络文化需求；制定和推广青少年网络行为规范，倡导健康、文明上网，防范和减轻网络色情、暴力等有害内容对青少年的危害；充分利用互联网、手机短信等新型手段，影响和覆盖更多的青少年，逐步建立一个多层次、全覆盖、效率高的青少年组织动员新体系。

三是全面推进与毗邻地区的合作交流。

当前中国的发展正处于重要历史时期，国家的发展强大为外交工作提供了前所未有的机遇。同时，呼伦贝尔对外交往日益频繁，沿边开放进一步深化，为共青团走在最前线实现“服务党政工作、服务社会，促进青年成长成才”提供了广阔舞台。共青团组织必须不断提高应对国际局势和处理国际事务的能力，提高科学判断国际形势和进行战略思维的水平，增强同国际社会交往的本领，把握历史机遇，提升工作水平，发挥工作优势，为推进青年交流与合作捕捉机会和创造平台。

（1）加大与毗邻地区的务实合作。要加大对外交往的广度和深度，全面推进涉及青年教育、环保、经贸等领域的实质性合作。加强与日本、韩国、俄罗斯、蒙古等东北亚地区的交流合作，大力宣传呼伦贝尔改革开放的成果，扩大呼伦贝尔影响，服务呼伦贝尔沿边开放。要在形式多样、内容丰富的外事活动中，宣传呼伦贝尔的科技成果，介绍呼伦贝尔的投资环境及相关政策。不断加大外派出访团组的数量，选派优秀青年和青年干部到毗邻地区考察，学习国外先进经验，增强国际化意识、素质和能力。要进一步增强出访团组的专业性和专题性，让更多青年参与青年外事工作并从中受益。

（2）加强青年组织间的沟通与联系。以青年社团为载体，积极发展与毗邻地区青年和青年组织的友好关系。团内可以青联为核心机构组织活动，责成切实履行青年外事管理职能，为加强与毗邻地区青年组织的沟通、联系提供组织、人员和经费等方面的保障。制定青年外事工作管理规定，建立健全青年外事工作机制，打造科学化、规范化、制度化的青年外事工作管理体系，建立长效机制，确保青年外事工作总体保持活跃和发展的态势。每年邀请一定数量的毗邻地区大学生来呼伦贝尔留学、参观或实习。加强与毗邻地区青年侨胞的联系，为他们回呼伦贝尔发展、来呼伦贝尔创业牵线搭桥、提供支持。

（3）为青年间的交流与合作搭建平台。近年来，呼伦贝尔市共青团组织注重从边境地域特点出发开展工作，联合外事、旅游、教育等部门与俄罗斯、蒙古国、韩国边境省份相关部门共同开展了形式多样的青少年友好交流活动，呼伦贝尔少年代表团先后 8 次出访俄罗斯、蒙古、韩国、日本等国家；先后举办中蒙少儿大联欢、中俄蒙国际青年节、中国—东盟青年领袖会议、中俄蒙国际选美大赛、中俄蒙国际冰雪节、青少年“手拉手”联谊活动等，通过文艺晚会、民族民俗文化巡游、中俄蒙三国艺术作品展、中俄蒙三国青年艺术论坛等丰富多彩的活动，极大地提高了呼伦贝尔的知名度和美誉度，为呼伦贝尔市青少年开阔视野、提升素质提供了广阔舞台。特别是 2009 年，团市委、市青联先后选派金鑫鑫、王成石、李晓明、其木格、汪国峰等青年代表 40 余人出访韩国、日本、俄罗斯、蒙古等国家；2009 年 7 月 8—17 日，受团中央委派，笔者作为中国政府青年代表团副总团长出访韩国。这种经常化、阵地化和务实化的交流活动，增进了与不同国家间青年的友谊互信，为中国青年外事交流拓展新领域作了有益探索。新形势下，共青团组织要在增强互信、增进友谊的基础上，把青年的友好交流进一步拓展到与各国青年企业家的交流合作、青年培训等全方位的合作，努力实现从务虚的友好交流向务实的开放合作转变。筹建毗邻地区青年企业家交流促进会，筹措资金为中国与毗邻地区青年企业家的深层次交流提供物质保障。举办“中国—毗邻地区青年企业家创新论坛”等专业专项活动，努力形成中、俄、蒙毗邻地区青年企业家交往的长效机制和活动品牌。深入研究青年社团、中介组织、高新技术企业青年和归呼留学人员的需求和特点，切实帮助他们解决困难，以扎实有效的服务赢得他们的信任，不断壮大青年爱国统一战线，拉长青年合作链。

四是切实加强青年技能培训。

目前，呼伦贝尔市正全力构建集约型能源化工、生态型绿色农畜产品、开放型进出口产品加工基地，强力推进新型工业化、新农牧林区建设、新型边境区域合作、新型服务业发展，全面加快小康社会建设步伐。预计到 2012 年，全市进出口总额年均增长 18.2%，达到 60 亿美元，直接利用外资 9 580 万美元。依托口岸优势，推进石油、木材、有色金属等进口资源落地加工，推动机电产品、农副产品和蔬菜等出口加工基地建设实现新突破。在呼伦贝尔市进一步加强与俄蒙毗邻地区的友好合作，开拓俄蒙市场，扩大贸易往来，调整出口结构，转变外贸增长方式，发展外向型经济，实施“走出去”战略的实践中，共青团组织要切实服务青年就业创业，促进青年外出就业创业。

（1）培养相关产业劳动力。目前，呼伦贝尔市对俄口岸物流、市场交易、展览展示、海关监管保税等岗位人才匮乏，尤其是物流企业竞争实力不强。各级团组织要在这些相关行业人才需求上多谋划、多思考、多作为。针对当前部分青年中还存在追求享乐、不肯吃苦、不愿学知识学技术的现象，各级团组织要发挥优势，培养造就适应时代发展，适应沿边发展战略的青年人才队伍。首先，大力开发青年人力资源，变人力为人才。开发人力资源，就是要变一般劳动力为适应时代发展的人才。根据呼伦贝尔市的口岸经济发展需求，要在积极开发高科技人才的同时，重点加强外贸人才、企业经理、高级技术工人和农村青年人才的培养和开发；要抓紧培养通晓 WTO 规则、外语、贸易法规，并具谈判能力的外贸人才；要努力把呼伦贝尔市的厂长、经理培养成为真正的企业家、合格的 CEO。其次，要全面提高农村青年科技致富的本领。针对俄、蒙对呼伦贝尔市的蔬菜、食品方面的贸易需求，各级团组织要充分利用青年创业基地和小额创业基金项目等阵地和项目作用，通过提供技术培训、资金支持，引导他们领办科技项目，加快适应口岸经济的发展步伐。

(2) 加强劳务输出工作。广大青年群体是呼伦贝尔市各行各业的中坚和骨干力量，呼伦贝尔的又好又快发展能否实现，在一定程度上取决于能否激发广大青年创业的热情。当前，呼伦贝尔市正在全力发挥沿边开放的优势，提升开放水平，同时深入实施工业立市战略，促使呼伦贝尔经济水平达到一个新的层次，这些都为青年创新创业提供了广阔平台。据统计，从 2007 年 1 月至 2 月 10 日，经满洲里口岸赴俄劳务输出人员已达 5 000 余人次，较上年同期增长了 15%。在出国从事种植、建筑、砍伐等传统行业的同时，赴俄劳务人员还向餐饮、理发、修鞋等服务性行业拓展，赴俄劳务输出呈多样化发展。针对俄、蒙需要大量劳务人员的情况，各级团组织要协调政府部门，加大劳务输出力度，深入动员广大青年发扬自强不息、开拓开放、创新创业精神，积极赴俄、蒙创业致富。要在口岸涉外企业发展中，引导青年企业家提高企业的研发能力，在引进外来先进技术的同时，把科研院所、高校科研资源与企业自身发展实行对接，加大企业的研发投入，努力把科研成果用到企业生产实践当中，在呼伦贝尔沿边开放进程中起到先锋作用。

（3）打造引智项目品牌。要将引资引智作为共青团和青年工作的重要内容，通过团的建设、体制创新和改革发展，主动适应推进政府管理经济的方式、企业经营机制、经济运行规则的深刻变化，真正服从和服务于党政工作大局。团干部要参与和学会引资引智，参加重要招商活动，努力成为青年引资引智的行家里手。各级团组织可充分利用共青团的组织系统，发挥青联、青企协、青促会等社团的优势和作用，广泛团结和凝聚不同领域、不同行业、不同层次的青年人才，形成团结协作、齐抓共管、相互促进、相得益彰的工作格局。要把青年引资引智与部门业务工作有机结合起来，以团的重点活动为载体，组织和引导广大青年人才到改革开放和经济建设第一线砥砺磨炼，在更广阔的领域中施展才华，建功立业。依托少年宫、青年就业创业培训基地等团内阵地，借助企事业单位培训机构和职业技术院校，建立青年引资引智培训基地，分类分批地选派团干部和现代管理人员、企业家、科研开发人员进行培训。选配精兵强将到引资引智前沿阵地工作，让他们在实践中学习提高；有计划地对在岗人员进行强化培训和带资深造，以适应当前工作的需要；进一步搞好干部交流，选派干部到开发区、示范区、发达地区和企业挂职锻炼，增强开放意识，提高业务能力。

五是组建高素质青年志愿者队伍。

近年来，呼伦贝尔市各级青年志愿者组织围绕党政工作重心，广泛开展扶贫济困、社区服务、环境保护等内容丰富、形式多样的志愿服务工作，已形成政府、社会、个人多方面组织参与的主体格局。广大青年志愿者在首届中俄蒙国际青年艺术节、

"中国·俄罗斯年"大型系列活动等一系列国际赛会的筹办、实施过程中，展示呼伦贝尔青年的崭新精神面貌，树立呼伦贝尔新形象，提高呼伦贝尔知名度，成为推介呼伦贝尔的一个有效方式。在呼伦贝尔沿边开放的新阶段，各级团组织要有计划、有步骤地将青年志愿者按各自的职业、地域、年龄和兴趣分为不同类别和层次，界定各自活动范围，在全市建立以青年志愿者协会为枢纽，以青年志愿者为连接，以青年志愿者服务站为终端的青年志愿者服务网络。要加强青年志愿者招募和培训工作，调动其参加志愿服务的积极性，充分发挥其内在的潜能，提高大型赛会服务能力，在沿边开放中作出应有的贡献。

（1）加大志愿者招募力度。要整合社会资源，壮大志愿者队伍，扩大志愿者工作的社会影响力，进一步做大做强呼伦贝尔市志愿者工作。把志愿者招募的范围推广到全社会，坚持公开招募、自愿报名、集中选拔、统一培训的原则，通过现场报名、网络报名、组织报名等渠道广泛吸纳具有强烈社会责任感、热心社会公益事业和具有一定的外语水平的志愿者加入志愿者队伍，为国际性赛会提供服务。制定《呼伦贝尔市青年志愿者章程》和《呼伦贝尔市青年志愿者规范管理暂行规定》，明确各类志愿者组织的设置、活动内容、范围及开展活动应遵循的原则，保证青年志愿者行动顺利实施。

（2）强化志愿服务意识。志愿精神体现为自愿参加推动人类发展、促进社会进步的活动，体现为满腔热情地为社会提供服务，体现为以积极的精神实践生命的价值。各级志愿者组织应牢固树立政治意识、大局意识、责任意识，引导广大青年志愿者承担起历史责任，把"奉献、友爱、互助、进步"的志愿服务精神深深根植于心，内化为一种自觉行动和时尚追求，通过志愿服务，不断获得心灵的感动、精神的升华、境界的提高、思想的成熟，成为志愿服务精神的践行者。

（3）提升志愿服务本领。当前，共青团倡导的青年志愿者事业在全社会得到了广泛颂扬，志愿服务更加深入人心，也引发大家对志愿服务事业更多理性的思考。就呼伦贝尔市国际赛会志愿者而言，工作任务繁重，服务对象众多，服务内容广泛，专业领域分工较细，不仅需要具有志愿精神，还需要提供优质服务的能力。各级志愿者组织要加强服务理念与基础知识、行为规范、现场服务、交通服务等相关知识培训，进一步提升服务本领，增强团队意识、合作意识和纪律观念，形成一支素质高、能力强、服务优，适应呼伦贝尔市沿边经济发展需要的志愿者队伍。

六是加强涉外单位青年文明号创建工作。

青年文明号创建活动是共青团中央为适应社会主义市场经济的发展，服务全党、全国工作大局而实施的青年文明工程。口岸及涉外单位是面向中外商旅服务的窗口，更需要岗位创优、文明服务、展示形象，这正切合了青年文明号倡导职业文明的特点。

共青团组织要在口岸及涉外单位开展以倡导职业文明为核心，以行业管理规范为标准，以科学管理为手段，以岗位建设、岗位创优为重点，以先进典型为导向的青年文明号创建活动，引导广大青年弘扬良好的职业道德，创造一流的工作业绩。通过创建活动，培养一批管理人才、技能人才，实现青年工作与口岸经济发展有机结合，争取经济效益、社会效益、人才效益的最大化。要加强对青年的教育、引导、管理，为他们的成长成才指路引路，创造良好的环境条件。要围绕口岸及涉外单位如何把共青团工作和青年工作做实、做细、做好，如何通过团组织的积极努力有效提高文明服务水平进行深入探讨研究。要加大口岸及涉外相关单位团员文明示范岗创建活动力度，加强对青年员工的教育、引导、管理，切实发挥共青团组织在培养青年人才方面的积极作用。

2.4 民族地区青年人才成长规律①

呼伦贝尔地处祖国北疆，属于欠发达少数民族地区。所谓“欠发达”是一种特定的发展状态，它隐含着潜在的、目前还未被发掘的发展趋势。每个经济体都曾经一度是欠发达的，那些现在被认为是发达的经济，在历史上都曾经历过一个加速积累的过程。因此，呼伦贝尔市要在新的历史条件下，努力培养和发展自身的核心竞争力和竞争比较优势，加快缩短与发达地区之间的差距，就必须高度重视人才这一重要优化条件，牢固树立和落实科学的发展观和人才观，从欠发达市情和少数民族聚居的客观实际出发，因时因地制宜，推进本区域的人才队伍建设。

2.4.1 少数民族青年人才对民族地区发展的重要意义

1. 欠发达地区人才和人力资源基本特征

纵观国内外不发达地区，它们具有共同特征：一是经济发展水平低；二是二元经济结构；三是社会发育程度低；四是少数民族集中分布；五是资源富集；六是自然环境恶劣，区域开发成本高；七是经济关系上具有依附性；八是人力资源匮乏。在我国，欠发达地区的人力资源现状主要表现为：人才总量不足，我国欠

① 此部分内容系作者 2009 年 5 月 21 日在呼伦贝尔市委组织部少数民族人才成长规律研究座谈会上的发言要点。

发达地区占国土总面积的71%，但各类专业技术人才仅为全国总量的15.5%，东部发达地区占国土总面积的11%，却集中着全国43.2%的各类专业技术人才。人才质量不高，在欠发达地区现有人才中，普遍存在高级职称人才偏少、学历层次偏低的问题。据统计，欠发达地区每百万劳动者中仅有中专以上学历及初级以上职称人员92人，与东部相比，尚不足其1/10。一是人才分布不平衡，城市人才多，农村牧区人才少，工业建筑和文化教育行业人才多，农林牧渔和商业服务、娱乐行业人才少；人才“能级错位”现象比较严重。二是人才产出效益低，由于一些地区和部门人才相对集中及人才使用不当，致使欠发达地区部分具有较高水平的专业人才发挥不上应有作用，人才群体势能下降。整体水平与东部沿海相比，相差若干个数量级。三是人才流失严重，随着地区经济差距的扩大，欠发达地区人才“孔雀东南飞”、“一江春水向东流”的现象日趋严重，加剧了欠发达地区人力资源总体恶化。此外，由于产业体系的不发达，对人才的容量很有限，进入公务员序列和事业单位成为各类院校毕业生就业的主要渠道，所以在人才去向和就业方式上，形成了“千军万马争过独木桥”的现状。呼伦贝尔作为欠发达地区，与发达地区之间的差距不仅表现在经济总量、产业结构优化、资本要素的数量和质量、城镇化建设水平、技术创新能力等方面，而且还表现在人力资本严重短缺、人才流失现象突出，尤其是高级人才和高技能劳动力严重短缺、低技术的劳动力大量过剩等方面。

2. 呼伦贝尔打造新的经济增长极的重要优化条件

纵观新中国成立以来呼伦贝尔的发展历程，既有勇立潮头的辉煌，也经历了发展滞后的阵痛。市委二届十一次全委会议深刻指出，呼伦贝尔目前仍存在经济总量小，工业化程度低，中心城市吸引力、辐射力不强的基本市情；城乡居民生活水平和质量不高，就业和再就业压力很大，部分群众生活还很困难，一些因素仍然影响着社会稳定，等等。归根结底，这些现象和问题是当前呼伦贝尔地区处于欠发达发展阶段的表象。为了摆脱困境，市委、市政府审时度势，进一步明确了呼伦贝尔的发展思路、发展定位和发展战略，提出了“抢抓机遇、跨越发展，有进有退、科学发展，突出主体、共谋发展，关注民生、和谐发展”四大历史任务，并在此基础上确立了打造自治区新的经济增长极的奋斗目标。所谓经济增长极，其基本思想是指某些主导部门或有创新能力的企业或行业集中于特定的地区或城市，形成一种资本与技术高度集中、具有规模经济效益、自身增长迅速，并能对附近地区产生强大辐射作用的区域。打造经济增长极的过程，是研究经济和社会因素在地区间的分布和变动规律，付诸实践，指导工作的过程，也就是呼伦贝尔作为欠发达地区走出困境的过程。增长极形成的条件有三：一是具有创新能力的政府组织和成长性良好的企业以及包括优秀企业家群体、优秀党政人才在内的庞大的人力资源队伍；二是产生规模经济效益的能力；三是适合的周围环境的配合。其中最重要的优化条件是“人”。尤其是那些具备良好的人品，在博学广识的基础上有所专长，做事效率高、讲方法，能吃苦耐劳，有创造性思维和较高情商的人，也就是“人才”。

3. 少数民族青年人才在打造新的经济增长极中具有重要占位

少数民族青年人才应该是具有一定文化知识、专业技能，在促进民族地区经济社会发展，促进各民族共同团结奋斗、共同繁荣发展的实践中实现自身价值的少数民族青年。呼伦贝尔现有31个民族，其中少数民族人口50万左右，约占全市总人口的18%；14～35岁的青年约46.7万，占总人口的17%，其中共青团员17.3万，团青占比为37%；少数民族青年9.2万，占青年总数的19.7%；专兼职团干部1 482人，其中少数民族团干部

367人，占比为24.8%。呼伦贝尔市的工矿企业、农村牧区、教育卫生、文化科技等各个领域都有少数民族青年人才。这些少数民族青年已成为推动呼伦贝尔市经济社会发展的重要力量，是促进地区民族团结和发展进步的中坚力量。在他们中间培养一批忠诚于党和人民事业、能够担负起团结和带领各族群众发展经济社会事业的少数民族人才队伍，是呼伦贝尔作为边疆少数民族欠发达地区实现赶超、刺激发展、缩小差距的关键所在。

2.4.2 全方位多角度培养少数民族青年人才

青年人才对社会价值和人生价值实现的渴求与需要是一种创造性、能动性的需要，这种需要的实现有时还会创造出新的需要。青年人才特有的多重需要是其成长动力的源泉，但其多重需要特别是高层次需要，如成就需要、创造需要、自我实现需要等，只能在社会实践或相关的青年工作、各种活动中形成和产生。青年人才会在实践中产生新的创造动力，社会实践的多样性也会不断唤起青年人才新的需要。共青团组织正是从这种互动的关系出发，把需要看做同满足需要的手段是一同发展的，并且是依靠这些手段发展的，为青年人才尤其是少数民族青年人才的成长提供了载体、平台和组织服务。

1. 典型育人，为少数民族青年人才成长营造良好的环境

一是选树青年典型。2000年以来，先后与组织部、宣传部、人事局、劳动局及政法系统相关部门选树了“五四青年奖章”、“十大杰出青年”、“杰出青年卫士”、“青年创业奖”、“青年岗位能手”、“优秀进城务工青年”、“青年星火带头人”等青年典型861人次，其中少数民族青年357人次，占34.5%。二是形成人才氛围。通过与呼伦贝尔电视台、电台联合开办《连通生活——青年风采》等专题栏目，在《呼伦贝尔日报》、《呼伦贝尔青年》

期刊、共青团网上开辟《青年才俊》栏目等，宣传各族青年成才、创业典型，营造了处处需要人才、人人皆可成才的舆论氛围，激发带动了广大青年发奋成才。三是优化培训机制。推广了阿荣旗小剪刀美容美发学校等“两新”组织的典型经验，采取社会化运作方式，根据不同地区、不同民族、不同行业、不同层次青年成才的需求，选择实用性强、市场需求量大、耗资较少且有新前景的培训项目和技术，与公益事业相结合挖掘社会资源，与有一定规模的经济实体联合培训。2000—2009 年，全市各级团组织为各族青年开办烹调、缝纫、美容、电脑等多种免费培训班 300 多场次，培训青年农牧民 15 000 余人次。

2. 载体育人，在实践中培养造就高素质少数民族青年人才

共青团组织围绕组织、引领、服务和维权四项职能，以丰富的主题活动为载体，帮助少数民族青年人才脱颖而出。一是开展主题教育活动。2000 年以来，以改革开放 30 周年、三少民族自治旗旗庆和全市那达慕大会等为契机，在少数民族青年聚集地区开展了覆盖面广、影响力大的活动 90 余次，为少数民族青年提供了学习展示的平台。二是培养致富带头人。2000 年以来，全市各级团组织共培养青年星火带头人 3 158 人，创建青年科技示范基地 41 个。涌现出道日诺、满达呼巴雅尔等一大批少数民族青年致富带头人。三是服务各族青年就业创业。通过建立就业创业见习基地、创办青年就业创业网络指导中心、实施青年创业小额贷款项目、开展“一对一”结对帮扶等措施，为各族青年就业创业提供了实实在在的帮助。2009 年，已培训青年 3 691 人次，其中少数民族青年 885 人次，占 24%；开展“一对一”帮扶青年创业 44 人，其中少数民族青年 18 人，占 41%；发放小额贷款 127 笔，总金额 181 万元，其中少数民族青年获得小额贷款 66 万元，占 36%；建设青年就业创业见习基地 78 家，其中牧业四旗和鄂伦春旗、莫旗共16家，占21%。四是加强基层团干部队伍建设。2000年以来，充分利用自治区团校和中央团校轮训的平台，累计培训团干部1 107人，其中基层少数民族团干部264人次，占24%；市委组织部还多次组织青年干部学习培训和挂职锻炼，少数民族青年团干部赴北京、青岛、大连、海口等地学习交流和挂职工作70余人次。

3. 组织育人，拓宽少数民族青年人才的培养、举荐渠道

努力搭建工作平台，不断推进优秀少数民族青年人才的凝聚和举荐工作。一是完善青年社团建设。充分发挥各社团联系面广的优势，不断把少数民族青年人才吸收到市青年联合会、市青年企业家协会、保护呼伦贝尔草原青年促进会、市青年志愿者协会等组织中来，发现、培养、储备了一大批优秀少数民族青年人才。现有一届青联委员273人，少数民族93人，占34%；青年企业家协会会员138人，少数民族26人，占19%。市保护呼伦贝尔草原青年促进会荣获第四届中国“母亲河奖”。二是积极输送后备人才。2000年以来，先后有12名少数民族团干部走上了县处级领导岗位，有35名少数民族团干部担任各旗市区乡镇苏木的主要负责人。三是不断巩固党执政的青年群众基础。2000年以来，累计为党组织输送优秀团员青年2 934人，其中少数民族青年632人，占推优入党人数的22%。全市116名优秀团干部荣获自治区级以上表彰，73个共青团组织和青年集体荣获国家级荣誉。

2.4.3 少数民族青年人才成长规律

通过多年来共青团工作实践，我们清醒地看到，尽管组织人事部门做了许许多多的工作，为少数民族青年人才提供成长成才的机会，但囿于专业基础知识、道德修养、社会适应能力、团队合作精神、工作态度、责任心、持续学习能力、组织管理能力、刻苦踏实精神、创新能力、人际交往能力、实践经历等方方面面因素的差异和个体行为的区别，致使少数民族人才队伍建设及个体成长仍存在不同程度的问题和不足，主要表现在：一是少数民族青年人才队伍建设仍欠缺有力的制度保障和政策支持；二是对少数民族青年人才的培育方式还不够丰富，尚不能完全满足青年需求；三是对少数民族青年人才的开发利用还不够充分，不同层次人才的闲置、供需失衡现象广泛存在；四是缺乏对少数民族青年人才状况的动态管理机制。

破解这些难题是呼伦贝尔市作为欠发达地区培育和发展自身的核心竞争力，实现赶超和跨越式发展目标的第一位的基础工作。共青团系统在青年人才工作中必须破除轻视人力资源能力建设工作、重物轻人、论资排辈、求全责备等陈旧观念，确立以人为本、人人都可以成才的人才观和人力资源建设的新观念，尤其是要用发展的眼光、务实的眼光正确看待和处理党对共青团的根本要求与少数民族青年人才和人力资源建设之间的辩证关系。

第一，自身修养是少数民族青年成才的立身之本。少数民族青年要把党性修养和个人修养结合起来，把自身修养和伟大实践结合起来，坚持不懈地用马克思主义中国化的最新成果来武装自己，不断学习吸收新经验新思想，增强科学精神和创新精神，敢于和善于创造性地开展工作，才能在服务人民和奉献社会的实践中实现人生价值。

第二，刻苦学习是少数民族青年成才的基本要求。知识是人类进步的阶梯。学习是青年人才在新世纪生存和发展的需要，是青年人才成长的客观要求和提高素质的基本途径。少数民族青年要想有所作为，就要始终保持一种勤奋学习的状态，把学习当做一种追求、一种境界、一种生命趣味。通过学习，全面提高自身的理论素养、知识水平、业务本领和领导能力，达到立德、增智、学以致用。

第三，实践锻炼是少数民族青年成才的根本途径。历史和现实证明，实践不仅是人们获得知识、经验的主要源泉和检验真理的唯一标准，而且是人们把所掌握的知识和经验内化成职业素质和工作技能的根本途径。少数民族青年要担当重任，就必须在艰苦的环境中砥砺思想，磨炼意志，增长才干。

第四，严格自律是少数民族青年成才的重要保证。当今社会，经济全球化迅猛发展，各种文化思潮相互激荡，少数民族青年面临着各种各样的考验，能否经受住考验，关系到青年人才的健康成长与党和国家的长远发展。少数民族青年人才尤其要时刻做到自重、自警、自省、自励。

第五，社会环境是少数民族青年成才的重要因素。离开一定的社会环境，少数民族青年就是无源之水、无本之木。少数民族青年成长的社会土壤主要包括独特的时代需要、深厚的地域文化、和谐的家庭生活、良好的学校教育、民主的政治环境、安定的政治局面、和谐的工作氛围、健康的社会舆论等诸多因素。

第六，组织培养是少数民族青年成才的关键环节。良好的组织环境是少数民族青年成长必不可少的基础条件。能否正确对待组织的培养，既是影响和制约少数民族青年人才成长进步的一个重要外因，也是检验少数民族青年人才是否成熟的重要尺度。

人才的成长是一个长期的过程。少数民族青年人才的健康成长以社会制度为中介，依赖于党的民族政策和民族干部制度，并与人民群众保持着密切联系。同时，少数民族青年人才成长遵循着人才成长的共同规律。综合起来，主要有以下五个方面：

第一，顺势成才。人才学有一个重要的成才规律，叫顺势成才律，其含义是讲，凡顺应社会发展需要，确定和调整成才目标，并相应调节智能结构，不断作出成才努力者，就能成功。这一规律具有普遍意义，也是少数民族人才成长的一个重要规律。欠发达地区对中央政府、对发达地区在人力、财力、物力上的依附性以及地区分工、商品交换等方面的不平等性明显存在，比如工业发展水平较低、两头在外的尴尬使得非资源性产业发展举步维艰；输出初级资源性产品的市场指向主要在发达地区，即使是在价格扭曲、存在“双重价值流失”的交易格局下，不平等的区际贸易仍然发生。市委市政府因应打造自治区新的经济增长极的新要求，提出的“115535”奋斗目标，既是现代工业经济内在发展的需要，更是强调社会与经济效益、增加开发的科技含量、注重产业结构合理组合与调整、促进人与自然协调发展的现代理念与思维。这就是今天呼伦贝尔本土人才面临的“势”。顺势成才，从本质上讲，就是使自己的主观努力同客观要求相适应，把自己的成才志向和努力建立在全局需要的基础上。青年创业致富带头人王延年、何文、满达呼巴雅尔等青年人才的奋斗历程对此作了最好的诠释。

第二，聚焦成才。其核心内容是目标始终如一，长期坚持不懈。太阳的光芒照射在一个焦点上，会产生燃烧现象；人的精力集中在一个目标上，就容易在成才的路上取得成功。聚焦成才的规律告诉我们，无论选择人生的成才目标还是一个时期的成才努力，应该把主观愿望和客观实际结合起来选准成才目标，并把自己的精力、智慧和潜能集中于既定的方向，专心致志地加以努力，就像通过凸透镜把众多光束集中到一个焦点引起燃烧一样，这样才能使自己的聪明才智聚集成突破性的成才能量，获得理想的成才效益。对于青年来说，走聚焦成才之路，最基本、最有效的途径就是立足本职，干一行、爱一行、专一行，在平凡的岗位上干出不平凡的业绩。

第三，积累成才。知识和经验的积累，是一个人成才的基础和前提。只有不断学习和吸取前人、他人的知识，总结自己的实践经验，在丰厚的知识积累中完善自己的知识结构和能力基础，才能获得巨大的创造能量，促进成才目标的实现。人们经常看到这样一种物理现象，物体抬举得越高，势能就越大。同样，人才的知识积累越多，他内含的创造势能就越大。滴水成河，聚沙成塔，知识和经验的日积月累，必然会产生厚积薄发的成才效应。青年成才，一要善于积累，不断增强积累的针对性；二要勤于积累，坚持积累的经常性。

第四，互动成才。人才群体之间的合作互动往往是事业成功的关键因素，少数民族青年只有融入到群体成才的环境中，其成才的概率和速度才能有大幅提升。少数民族青年要走上成才之路，必须投身到群体协作、集智攻关的行列中，在个体成才努力与群体合作支持的双重作用下，不断提高创新能力，逐步成长为高素质新型人才。这就是群体互动成才的规律。未来的创造发明，几乎都离不开集体智慧的结晶。

第五，实践成才。实践出真知，实践出才干，实践效应是人才素质最具潜力的增长极，实践是少数民族青年成才的必由之路。实践成才，其实质就是在承担和完成党与人民赋予的任务中奋发实践，不断积累经验，吸纳知识，增长才干，最大程度地激发自身的潜能和才智。辩证唯物主义认为，实践是认识的基本前提，是检验认识是否正确的唯一标准，是获取知识的最好课堂，也是实现知识向能力转化的唯一途径。事实证明，任何人才都是在社会实践中，在实际任务牵引下，不断学习、攻关，不断积累经验而逐步成长起来的。

2.4.4 少数民族青年人才队伍建设基本思路

共青团组织具有聚才、育才、树才、荐才的独特优势，需要进一步突出特色，注重实效，为青年人才特别是少数民族青年人才成长搭建更好的平台。

一要牢固树立科学的少数民族青年人才观念。一是坚持“以人为本”的青年人才开发观。广泛调动青年人才，尤其是少数民族人才参与社会发展的积极性，努力为青年人才发挥作用创造各种有利条件，推动青年人才各尽其能。二是树立人力资源是第一核心资源的观念。充分认识人力资源开发在经济社会发展中的基础性、战略性、决定性作用，积极主动协助党组织做好培养少数民族青年人才的工作，建立完善各类青年人才工作制度，教育引导少数民族青年增强使命感和责任心，把自己的人生与事业融入到地方发展与民族振兴的大业中来。三是树立“青年人人可以成才”的观念。青年既是生力军，也是主力军；既是现实，也是未来。在青年人力资源开发中，要打破常规，不唯学历、不唯职称、不唯身份，不求全责备，坚持德才兼备原则，真正做到不拘一格选才用才，让一切青年人才的聪明才智得到充分涌流，为打造自治区新的经济增长极提供坚实人才保障。

二要正确把握少数民族青年人才的培养方向。一是进一步提高广大少数民族青年的思想政治素质，坚定广大少数民族青年永远跟党走中国特色社会主义道路的理想和信念。二是进一步提升广大少数民族青年的学习实践能力，通过开展青少年新世纪读书计划等，引导帮助少数民族青年学习新知识、新技能，掌握学习新方法；通过开展“青工素质工程”、“大学生素质拓展计划”等活动，帮助广大少数民族青年提高素质和能力；通过开展丰富多彩的社会实践活动，引导少数民族青年把学习书本知识与投身社会实践结合起来，在实践中经受锻炼，增长才干。三是进一步提高青年的创新能力，支持鼓励少数民族青年创新理论、创新技术、创新体制和创业发展。

三要突出少数民族青年人才培养重点。第一，要以提高创新能力和弘扬科学精神为核心，加快培养造就一批少数民族青年专业技术人才。第二，要以能够熟练掌握先进技术、工艺、技能为核心，加快培养造就一批能够吸收和消化引进先进技术的优秀青年技能人才和农村牧区实用技术人才队伍。第三，要以党放心、青年满意为标准，大力培养造就一批忠诚党的事业、热爱团的岗位、竭诚服务青年、具有丰富知识的优秀少数民族团干部。

四要完善少数民族青年人才工作机制。第一，要建立长效的培育机制，拓展培训项目，改进培训方式，丰富培训内容，树立共青团的培训品牌。第二，要构建科学的管理机制，建立动态开放的青年人才信息库，为青年人才工作提供数据分析、决策参考和发展预测。第三，要完善有效的激励机制，激励对开发有惊人的原动力，要不断改进青年人才评价、考核标准和奖励办法，制定评审、表彰、奖励条例，并努力争取将其纳入党政社会评价表彰体系之中；设立各种青年人才奖励基金，奖励各类青年人才和引导支持青年人才创新创业，形成青年人才竞展才华的良好环境。第四，要建立合理流动机制，充分发挥市场在人才流动配置中的基础性和导向性作用，促进少数民族青年人才在不同地区、产业、职业间的合理流动和高效重组。第五，要建立开发联动机制，成立专门的领导机构、研究机构和专家咨询机构，定期就青年的学习、就业、教育培训等具体问题和发展规划进行研究磋商。政府职能部门要确保政策、规定的制定、完备、及时、到位，突出宏观性、政策性、方向性和预测性，逐步建立包括青年人才培养、引进、使用、流动、保障等方面在内的配置体系，为青年人才成长铺路。

五要积极搭建青年人力资源开发的实践平台。人才培养，贵在实践。与实践相结合，与人民群众相结合，是青年成长成才的基本途径，也是青年人才开发的必由之路。当前，应围绕市二次党代会以来提出的奋斗目标，在打造自治区新的经济增长极的伟大实践中，在有进有退、实现美丽与发展双赢的实践中，培养造就少数民族人才。第一，引导青年人才在推进新型工业化，再造呼伦贝尔产业基础中施展才华；第二，引导青年人才在推进社会主义新农牧林区建设中发挥作用；第三，引导青年人才在发展新型服务业、自主创新中有所作为；第四，引导青年人才在推进新型边境区域合作、完善全方位多层次宽领域对外开放中建功立业；第五，引导青年人才在服务生态文明建设中作贡献；第六，引导青年人才在服务和谐呼伦贝尔建设、实施“六个一”幸福指数工程中作贡献。

2.4.5 加强少数民族团干部队伍建设

马克思主义认为，要使各民族充分行使当家作主的权利，就必须大力培养和使用少数民族干部，这是无产阶级政党的一项重要的民族政策，是促进少数民族发展、协调民族关系、解决民族问题的关键。少数民族干部的状况是衡量一个民族发展水平的重要标志，少数民族干部是无产阶级政党做好民族工作的骨干力量。

胡锦涛总书记在 2005 年中央民族工作会议暨国务院第四次全国民族团结进步表彰大会上指出：少数民族干部，是党和政府联系少数民族群众的重要桥梁和纽带，是做好民族工作的重要骨干力量。做好培养、选拔、使用少数民族干部的工作，建设一支政治坚定、业务精通、善于领导改革开放和社会主义现代化建设、深受各族群众拥护的高素质的少数民族干部队伍，对于加快少数民族和民族地区经济社会发展、推进我国民族团结进步事业、维护祖国统一和社会稳定，具有决定性意义。

共青团要团结带领全国各族青年，为夺取全面建设小康社会新胜利而奋斗，其关键在于培养一大批少数民族团干部。这项工作的意义是：政治上有利于民族区域自治的实施，实现民族平等、民族团结；经济上有利于各少数民族自力更生、脱贫致富，实现民族繁荣发展；文化上有利于保持和发扬各少数民族优秀文化传统，使中华民族为人类文明作更大贡献；民族关系上有利于防止大民族主义和地方民族主义，使我国成为平等、团结、互助、和谐的社会主义民族大家庭。就共青团来讲，有利于团的工作更加活跃，团的活动更加扎实，团的事业更加发展。

1. 做好培养少数民族干部工作，是坚持和完善民族区域自治制度的需要

中华人民共和国成立后，党把马克思主义的基本原理同中国的实际相结合，大力推行了民族区域自治制度。贯彻实施这一重要制度的关键，在于培养选拔少数民族干部。少数民族干部了解本民族的历史，懂得本民族语言和风俗，有振兴本民族的强烈愿望，能够充分反映民族群众的意愿和要求。他们在解决民族问题上，在处理民族地区局部利益与国家整体利益的关系上，在维护民族地区和少数民族群众的各项合法权益方面，有着不可替代的作用。培养选拔少数民族干部，还会使广大少数民族群众切身感受到，民族区域自治制度不是空洞的形式，而是有实实在在内容的。

2. 做好培养少数民族干部工作，是巩固和发展团结、稳定政治局面的需要

当前，国际形势复杂多变，一些国家和地区动荡不安、政局不稳，不少是源于民族矛盾引起的纷争。我国是统一的多民族国家，民族问题处理得好不好，直接关系到国内政治环境的稳定。要处理好民族问题，确保社会主义现代化建设有一个稳定的政治环境，必须要有得力的干部去做工作。就民族地区来说，必须要有一支坚决执行党的路线方针政策，在任何时候、任何情况下都能同党中央保持高度一致的少数民族干部队伍。通过他们的工作，把广大少数民族群众凝聚在一起，使少数民族和民族地区的各族人民在党中央的统一领导下，团结一心，步调一致，经受住各种政治风浪的考验。

3. 做好培养少数民族干部工作，是加快少数民族和民族地区经济社会发展的需要

全国经济的发展，离不开民族地区的经济振兴。少数民族人民勤劳、勇敢、智慧，有强烈要求改变现状、缩小经济社会发展差距的愿望；民族地区有极为丰富的资源，尚待进一步开发和利用；我国 2 万多公里的陆地边境线，大多在民族地区，民族地区是我国对外开放的前沿，有着广阔的发展前景。这些都是振兴民族经济的有利条件。能不能利用好这些条件，充分挖掘潜力，把握住当前的有利时机，加快少数民族和民族地区经济社会发展，关键要靠党的政策引导，要靠人才。毛泽东同志说过："政治路线确定之后，干部就是决定的因素。"① 当前，党中央关于加速发展中西部的战略方针已经确定，只要培养一支德才兼备的少数民族干部队伍，带领各族群众共同团结奋斗，就一定能够更好地促进民族地区的生产力发展，逐步缩小差距，实现各民族共同繁荣发展。

总之，进一步加强少数民族青年人才队伍建设，必须从各族青年人才全面发展的角度出发，从各族青年人才在学习、生活和

---

① 《毛泽东选集》，2 版，第 2 卷，526 页，北京，人民出版社，1991。

工作中遇到的具体问题入手，整合力量，在狠抓落实上下工夫，在务求实效上做文章，在不断创新中求发展。团市委将在少数民族青年人才成长工作中不断总结，摸索规律，查找不足，努力开创新形势下共青团青年人才工作新局面，为打造自治区新的经济增长极作出新贡献。

2.4.6 青少年学生人文素质教育规律及关键问题①

团中央书记处第一书记陆昊同志在团的十六大报告阐述关于“用社会主义核心价值体系教育引导青年问题”时指出，社会思想越是多样化，越需要在青年思想教育中唱响主旋律。共青团要旗帜鲜明地弘扬社会主义核心价值体系，引导青年确立正确的价值取向。在边疆民族地区，用中国特色社会主义共同理想教育引导青年，要帮助青年充分了解我国改革开放和社会主义现代化建设的伟大成就，全面认识基本国情，正确看待改革发展过程中的矛盾和问题，进一步坚定对中国共产党领导、社会主义制度、改革开放事业、全面建设小康社会目标的信念和信心，在各族青少年中加强民族团结教育，引导青少年自觉促进各民族共同团结奋斗、共同繁荣发展。要遵循青少年的成长规律，科学设计教育引导的内容，深化未成年人思想道德建设工程，引导青少年增强忧患意识，大力弘扬爱国主义精神，帮助青少年树立正确的世界观、人生观、价值观。要认真分析青少年的思想意识，坚持贴近实际、贴近生活、贴近青少年，充分发挥文化的育人作用，加强素质教育，全面提高人才质量，是世界各国育人发展的趋势。在新世纪新阶段，注重青少年学生思想道德素质、文化素质、业务

① 《青少年学生人文素质教育规律及关键问题》一文曾获内蒙古自治区青年研究会第十届优秀科技成果优秀奖。

素质和身心素质等各个方面全面提高，是把先进性要求和广泛性要求结合起来，把思想认知和具体实践结合起来，把解决思想问题和解决实际问题结合起来，把教育引导和人文关怀、心理疏导结合起来的有效途径。

1. 当前青少年学生人文素质现状与成因

国内教育理论界普遍认为，文化素质教育的重点是人文素质教育。所谓人文素质，是指人格、气质、修养，是人的相对稳定的内在品格。开展人文素质教育的目的，一方面是把人类优秀文化成果通过知识的传授、环境的熏陶，使其内化为人格，教会学生“如何做人”。其中包括如何处理人与人、人与自然、人与社会的关系，以及人自身的理智、情感、意志、态度等方面的优化问题。另一方面是培养科学的思维方式，教会学生如何认识自然与社会，从而获取科学知识。

在面向21世纪的特殊历史时期，强调青少年学生的人文素质教育有其深刻的主客观原因。就主观而言，这是由当前青少年学生整体文化素质还不够高的现状决定的。表现在：（1）人文知识贫乏，人文素质提高的幅度远远落后于业务素质提高的幅度；（2）文化品位不高、审美能力不强；（3）哲学素养缺乏、汉语修养层次不高；（4）人文精神缺乏、社会适应能力不够强等。

青少年学生人文知识和人文精神的贫乏决定了当前强调人文素质教育的主观必要性，而造成青少年学生人文素质整体较低的原因，构成了加强人文素质教育的客观因素。从国家的教育体制看，长期以来，我国教育形成的一整套在计划经济体制下人才培养工作的体系和教育观念，造成了忽视系统教育过程，单方面为知识而知识，从而使品质的培养、理想情操的陶冶都较为薄弱。理科教学则因没有合理的人文素质教育定位，过分强调专业教育，忽视学生综合素质的提高和全面和谐的发展，造成科学教育和人文教育的长期分离。以学校教学模式来看，长期推行中小学“应试教育”是造成青少年学生人文素质不高的重要原因之一。从中学开始，许多中学生在考试指挥棒的影响下，过早的文理分科，形成了一条不成文的学习准则——考什么就学什么，忽视了其他方面知识的学习和涉猎。从社会角度看，由于我国正处在经济转轨、社会转型的特殊历史时期，受市场经济大潮的冲击，人们的价值观念发生着急剧的变化，急功近利思想盛行，导致部分青少年学生受到市场利益驱动的负面影响，一些人以能否赚钱作为衡量一切行动的出发点。价值观的滑坡现象，导致了其精神生活的失衡。

2. 青少年学生人文素质教育的功能

人文素质教育的主要功能是“教化”。它是一种教养，对文化素质中的价值观念、理想人格、行为规范、思维方式等因素具有积极影响。具体而言，人文素质在人才的素质培养中具有升华、益智、审美和导向等功能。

（1）人文素质教育的升华功能。发挥人文素质教育的升华功能，有助于培养健康的人格。大教育家蔡元培先生曾经指出：“教育者，养成人格之事业也。”加强人文素质教育，可弥补在专业人才培养上存在的某些思想道德素质方面的缺陷，借助于文化手段，使人的情绪得以宣泄、痛楚得以安抚、愁绪得以消除、心态得以平衡、紧张得以松弛、冲突得以缓和，从而抑制、克服消极乃至邪恶的情感，在此基础上使情感得以丰富，精神得以充实，并向积极、健康的方面转化，向更高的境界升华。在这一过程中，各种心理功能和思维机制得到充分发挥和协调发展，使人的心理健康、心态稳定、人格健全。

（2）人文素质教育的益智功能。发挥人文素质教育的益智功能，有助于形成全面的知识结构和科学方法。各类人文知识源远流长、内容丰富、蕴意深刻，它可以启发人的智力，完善人的知识结构，进而提高学生的整体素质。如文学艺术、文化成果熏陶而生的人文素质，可启发人的潜能，促进人们的智力开发；人类千百年的历史经验和教训，有助于学生认识自己、认识他人、认识社会；而哲学作为一门“智慧的科学”，更能启迪学生的理论思维，给学生以方法和智慧。正如美国学者怀特赫在其著名论文《教育目的》中所指出的：没有人文教育的技术教育是不完备的，高等教育只有十分重视各学科之间的相互作用和相互渗透，才能在科学研究上有所创新，也才能培养出既精通技术又了解社会，适应性强，有创造力的复合型人才。

（3）人文素质教育的审美功能。发挥人文素质教育的审美功能，有助于培养学生美的鉴赏力，养成美的心灵，激发美的创造。人文素质教育的审美功能既表现在美化学生的心灵、言语及形象，提高学生的审美能力，塑造学生的灵魂等方面，又表现在人文素质的养成过程中，人文知识、人文精神等要素使学生在赏心悦目中得到美的享受，并在美的思想影响下潜移默化地养成美的行为、美的语言、美的人格和美的创造。

（4）人文素质教育的导向功能。发挥人文素质教育的导向功能，有助于帮助学生树立正确的世界观、人生观和价值观。人文素质如人生需要、人生理想、政治观念、价值观念、道德信念等，都能影响学生的价值倾向、行为选择以及活动的目的、方向和范围等。

3. 当前青少年学生人文素质教育的关键问题

加强新世纪新阶段的青少年学生人文素质教育，首先就要透过现象看本质，正确认识和把握如下三个关键问题，明确其教育的特殊性和针对性。

（1）关于人文素质教育的定位问题。人文素质教育在整个人才培养中必须有一个准确的定位。进入新世纪，社会对人才培养提出了加强人文素质的新要求。在青少年教育中必须全方位嵌入人文素质教育，使之与科学教育有机结合，从而培养出既有深厚的专业知识，又有广博的人文社会科学知识、高尚的道德修养的复合型人才。当前青少年学生人文素质教育的定位应是：第一，人文素质教育应是既有中国特色，又符合民族文化传统的素质教育。学校要明确育人最根本在于爱国，要热爱党领导下的社会主义中国，要热爱历史悠久的中华民族。用中华民族悠久的文化传统培养学生的高尚情操，使他们具有走中国万水千山的信心和气魄。要通过系统的、广泛的文化素质教育，让学生热爱集体、学校、家乡以至祖国。第二，人文素质教育是内在因素的“素质教育”，即它不是一种仅仅停留在人文科学知识传授层次上的“知识教育”，而是一种关注学生综合能力（即综合智力因素、非智力因素和心理因素）的“能力教育”，是一种重视那些能够使学生在未来社会实践中真正成才和作出创造性贡献的具有基础性、共同性、长期性和潜在性特点的内在因素的“素质教育”。也就是说“教是为了不教”。那么，文化素质教育应该使学生不仅要选择文化、继承文化、传递文化，而且应该创造文化、发展文化——能自我发展、自我创新，这才是最高教育目标。第三，人文素质教育必须坚持高品位，在应用类的人文知识（如技术经济、政策法规、组织管理、社会交往知识）和新兴的交叉学科（如科技哲学、科技法学、信息科学、科学学、数学逻辑、工程经济、人工智能等学科）的教育结合上下工夫。

（2）关于人文素质教育与学校精神文明建设的关系问题。首先，对青少年学生进行人文素质教育体现了学校精神文明建设的根本；精神文明建设的根本任务是培养社会主义的“四有”新人。而开展人文素质教育有利于坚定学生的政治信念，增强道德修养，提高文化素质，内化纪律观念，为优化教育目标发挥积极作用。其次，人文素质教育丰富了学校精神文明建设的内容和方法。人文素质教育用社会主义核心价值体系武装了青少年学生；以爱国主义为中心的中国历史与传统文化教育用高尚的精神鼓舞了青少年学生；以集体主义为主线的人生价值、道德观教育用正确的思想引导了青少年学生；以拓宽视野为主线的复合型人才教育用人文社会科学文化知识的综合塑造了青少年学生。再次，精神文明的方向性和全面性要求人文素质教育在指导思想上坚持主旋律和多样化的统一。在多样化的人文素质教育实践中，要大力倡导有利于弘扬社会主义文化的思想和精神，尤其是要加强中华民族优秀传统文化和外国优秀文化素质类的人文素质教育，使健康向上的精神产品占领校园文化阵地，促进学校精神文明建设的健康发展。文化的传承和发展必然具有包容的相互性。1988 年 1 月，世界诺贝尔奖获得者在巴黎集会上发表宣言的第一句话说：如果人类要在 21 世纪生存下去，必须回首 2 500 年去汲取孔子的智慧。

(3) 关于人文素质教育与思想政治教育的关系问题。思想政治教育是教育学生应成为一个什么样的有用之才，而人文素质教育则是从修养的角度去教育学生应怎样把自己塑造成为一个有用之才。从根本上讲，二者是一致的。当然，就主要的任务而言，思想政治教育是对学生进行马列主义、毛泽东思想、邓小平理论、“三个代表”重要思想和科学发展观的立场、观点和方法的理论灌输，以帮助学生树立起正确的人生观、世界观、价值观。人文素质教育则主要在于引导学生有选择地汲取人类历史的优秀文化成分，使学生自觉“修身”，唤起他们的“爱心”。这是二者的根本区别，但又相辅相成。就内容而言，人文素质教育中确实有不少内容包含思想政治教育的成分。抓好了青少年学生的人文素质，也就大大加强了思想政治教育。在对学生进行理论辅导的同时，必须适当地利用人文素质教育寓教于美、寓教于乐、潜移默化的特点，使之成为思想政治教育的有效补充。

4. 加强青少年学生人文素质教育的主要途径

（1）转变教育观念，服务育人。首先，当前的一个重要任务是转变单一的专业教育观和过重的功利主义教育观。由于知识的增长与分化以及社会的分工与行业的要求，学校教育具有很强的专业性。但现代科学的发展既高度分化，又高度综合，新兴学科不断涌现，因而，专业教育需要宽厚文化背景的支撑。其次，由于人文素质教育侧重于“如何做人”和“如何做事”的全面素质培养，而不是侧重于人文社会科学方面的基础知识教育。要看到一方面教育是面向未来的事业，另一方面又为眼前的需要所左右。因此，应当兼顾社会近期和远期要求，满足个人目的和今后发展需要，不能完全陷入眼前功利主义的泥淖，而应树立起全面的素质教育观。需要强调的是，在转变观念的过程中，首先需要转变各环节干部、各级领导的观念，需要各级领导、全体老师满腔热情地来大力推进文化素质教育的进程。此外，加强文化素质教育是个长期任务，不可能一蹴而就，对个人而言，是个终身过程，师生应有充分的心理准备。

（2）构建青少年学生人文素质课堂体系，教书育人。加强人文素质教育的课堂建设是世界教育发展的趋势。有资料表明，国外许多大学的人文社科课程占总学时的20％～25％，远远高于我国的8％～15％。可见我们的确需要顺应时势，构建合理的人文社科课程体系。当前我国许多学校的人文素质教育课基本上采取选修课的形式。因此，必须在“两课”作为必修课不变的情况下，以学科为核心构建课程体系，以校级选修课形式开课，并对学生提出一定的选课要求和成绩规定。如要求学生每一学期均要至少选择一门“人文、艺术类”课程。坚持下来，长此以往必见功效。

这里需要注意以下三个问题：第一，突出中国文化的成分，弘扬中华民族优秀传统文化。文化素质教育的目的是要造就学生成为现代的中国人。要使学生爱国，首先就要使学生热爱中国文化，确立中国文化的主体意识，树立对中国文化的自尊和自信。第二，加强基础，注重文化经典及经典著作的学习，如开展“三应”教育（即应读书目、应知艺术作品、应会艺术作品）等。第三，注重理论和实践相结合。加强文化素质教育，最根本的落脚点是要让学生身体力行，所谓“学至于行之而止矣”，这就要注重学生的社会实践和行为修养，并且体现在日常生活中。

（3）营造良好的人文环境、活动育人。人文环境是指与人的生存发展紧密相关的文化、文明条件和氛围。学校要加强对人文环境的营造，实现第一与第二课堂的结合，在活动育人上至少要做好以下五个方面的工作：

第一，应举办内容丰富、题材广泛的系列讲座。人文社科和艺术教育涉及多学科、多层次，内容丰富而时间紧张，仅靠课堂讲授难以满足学生需求，为此应举办内容丰富、题材广泛的人文社科、艺术及自然科学系列的专题讲座。方法可以是定题和约题两种。由学生就自己感兴趣的各类问题向有关校内专家学者约题，由校团委、学生会、团总支轮流组织。这种开放型、自主型的活动必须充分发挥学生的主动性，拉近他们与前沿学术的距离。

第二，开展丰富多彩的校园文化艺术活动。通过开展与人文素质教育有关的讲演、征文、文艺演出、话剧汇演、朗诵、展览及文体活动，发挥这些活动的文化功能，把文化素质教育渗透到丰富多彩的生活中去，使学生在健康的校园文化环境中受到教育和陶冶，提高修养。比如举办“五四青年节系列文化活动”、“校园文化艺术节”、“国庆颂”系列活动、辩论赛、演讲赛等。这样一来，既丰富了学生的课外生活，开阔了他们的视野，陶冶了他们的情操，又为他们未来的发展奠定了坚实的基础。

第三，成立各种活动中心，创办文化素质教育有效载体。由于我们所提倡的文化素质教育是一个全方位的培养学生的价值观念、理想人格、思维方式的过程，这就需要寻找有效的教育载体。除课堂之外，成立各种活动中心是有效的方式。如成立学生艺术活动中心、国防教育中心、学生计算机指导中心、导读导评中心、学生勤工俭学助学中心、心理咨询中心、信息调研中心、健身健美中心等等。要注重使每个中心都担负普及和重点培养两项目标，这样一来，人文素质教育就落到了实处，向阵地化建设迈出了一大步。

第四，重视社会实践，探索社会实践的人文性。社会实践活动是对学生开展世界观、人生观教育的重要举措，但在文化素质教育的过程中要实现两个转变、四个结合。“两个转变”是：一是由过去单纯的社会调查、参观访问，逐步变为社会考察、科技服务、咨询、市场调查相结合，使学生了解社会，了解社会需要什么样的人。二是由过去单一的开展寒暑假阶段性社会实践活动，逐步转变为把社会实践活动贯穿于学生整个学习过程，从而不断完善学生的知识结构、能力结构。“四个结合”是：一是利用人文资源把社会实践活动与日常学生思想教育结合起来。二是从解决特困生生活入手，把社会实践活动与勤工助学活动结合起来，既解决了学生生活上的后顾之忧，同时又磨炼了他们的意志，培养了他们艰苦奋斗的精神，使他们体验了社会和人生。三是以经济建设为中心，把社会实践活动与科技服务结合起来。四是请专业教师参加，把社会实践活动与教师科研项目结合起来。

第五，加强舆论宣传，注重人文教育的导向作用。运用各种媒体优化舆论环境，弘扬真善美，贬斥假恶丑，用正确舆论引导青少年学生，大力弘扬时代主旋律，形成积极向上的舆论氛围。还可为学生提供一份刊物，供学生在上面讨论、争鸣，谈观点、谈看法、谈见解，这些对于人文素质教育从思想到行动都是大有裨益的。

（4）全面统筹，提供保障，制度育人。文化素质教育认识上去了，设想构建起来了，就需要坚强有力的保障。至少应提供以下三个方面的保障：

一是组织保障。真正推动文化素质教育的进程，绝不能只停留在传达上级文件、组织讨论会上，而是需要坚强有力的组织保障。一方面要有强有力的领导集体，另一方面要有一个团结协作的工作班子。应成立校级素质教育领导组，由校党委副书记或副校长挂帅，成员由教务处、团委、学生处等部门负责人组成。

二是制度保障。要制定一系列规章制度，如例会制，每学期召开本学期的工作计划研究会，期中召开工作总结会，每月召开一次的碰头会等。还要有完整的激励机制、详细的目标责任制和严谨的经费使用制。这里尤其需要指出的是，学生在人文素质方面的学习活动应作为学生综合测评、各项评优的重要指标。

三是经费保障。用一定数量的经费来保证活动的顺利进行是必然的，能不能为素质教育拨出一笔经费很重要。尤其是一些临时组织的大型活动，能否再拨计划外的专款给予扶持，这都要求我们不能只尚空谈，而无行动。

对于已经参与世界经济发展和竞争大循环的中国来说，随着国际资本和资金的规模扩大、流动速度加快，21 世纪意味着在社会生活的各个领域的国际竞争更加激烈。谁要想在激烈的竞争中获得成功，谁就必须培养出一批一流的、高素质的、高水平的各类专门人才，国家之间如此，地区之间如此，部门之间也如此。大力开展文化素质教育势在必行。

2.5 民族地区共青团干部作风建设①

干部作风是指干部在工作、学习和生活中表现出来的稳定的态度和行为。干部作风是干部世界观、人生观、价值观、权力观和荣辱观的综合体现和反映。干部作风的内容包括思想作风、学风、工作作风、领导作风、生活作风等五个方面。如果把概念落实到具体工作和现实生活之中，作风是一个人的内在灵魂，也是一个人政治品格、文化修养、道德情操和能力素质的集中展现。团的作风是共青团与时俱进良好形象的集中展示，是青少年高举团旗跟党走的一面旗帜，它事关团的荣辱兴衰。团干部队伍是党的干部队伍中的重要组成部分，是推动共青团事业和谐发展的决定因素，也是党的事业兴旺发达的希望所在。因此，团的作风的核心是团干部队伍的作风。

2004年以来，胡锦涛总书记曾三次在中纪委全会上论述领导干部作风问题，总书记的几次讲话，首先从"点"上倡导了求真务实的作风，接着从"面"上倡导"八风"，最后上升到党性的高度，从"根"上系统论述干部作风问题，一次比一次全面，一次比一次深入，真正抓住了加强领导干部作风建设的实质，即"领导干部作风问题，说到底是党性问题。党性纯洁则作风端正，党性不纯则作风不正"。总书记的重要讲话，以邓小平理论和

① 此部分内容系作者主持承担的共青团中央2008—2009年度青少年和青少年工作委托研究课题——共青团干部作风建设研究的最终成果，有删节。

“三个代表”重要思想为指导，从贯彻落实科学发展观、构建社会主义和谐社会、加强党的先进性建设和执政能力建设、做好反腐倡廉工作的战略高度，深刻阐述了全面加强新形势下领导干部作风建设的极端重要性和紧迫性，具有很强的针对性和指导性，对于进一步提高党的执政能力、保持和发展党的先进性，具有重大的现实意义和深远的历史意义，也为共青团干部加强作风建设指明了努力方向。2007年3月7日胡锦涛总书记看望出席全国政协十届五次会议的工会、共青团、青联、妇联界的全国政协委员，参加联组讨论时发表的重要讲话和2008年6月14日同团中央新一届领导班子成员、团十六大部分代表座谈时发表的重要讲话精神，对共青团组织寄予很高的期望。① 团中央也先后出台关于加强共青团作风建设的意见和决议，就加强共青团作风建设提出要求，作出部署。

2.5.1 党对共青团作风建设的论述

(1) 1949年4月11—18日，中国新民主主义青年团第一次全国代表大会在刚刚解放的北平举行。中共中央十分重视这次会议，会议开幕时特地向大会发出贺电，指出：过去和现在的经验都证明，青年团是党的有价值的助手和后备军。毛泽东主席不仅在驻地北平香山亲切会见部分会议代表，还亲笔为大会题词：“同各界青年一起，领导他们，加强学习，发展生产。”② 朱德总司令出席了大会的开、闭幕式并且发表了热情洋溢的讲话，同时还为大会题词：“由于人民解放战争即将在全国范围内取得完全

① 参见《共青团中央关于进一步加强团干部作风建设的决议》（中青发［2007］12号）第一部分。

② http://www.gqt.org.cn/695/gqt_tuanshi/gqt_ghloc/tszl/。

胜利，领导青年群众积极参加恢复和发展工业与农业生产，已日益成为新民主主义青年团的头等重要的任务。”① 中共中央军委副主席周恩来在协助毛泽东完成人民解放军渡江战役的部署后，于 4 月 22 日接见已经开完会的全国团代会代表，并且围绕青年团的作风问题发表了重要讲话。

（2）1964 年 6 月 11—29 日，在国民经济出现全面好转和在政治思想文化方面“左”倾错误进一步发展的形势下，中国共产主义青年团第九次全国代表大会在北京举行。党和国家领导人毛泽东、刘少奇、周恩来、邓小平等人出席了开幕式，接见了全体代表，并且同代表中的部分青年模范人物进行了亲切的交谈。会议期间，邓小平代表中共中央向大会作了政治报告。他要求共青团要依靠团员，依靠进步青年，按照不同青年的特点和志趣，采用多种形式，最大限度地把青年团结和组织起来。胡耀邦作了题为“为我国青年革命化而斗争”的工作报告，胡克实作了《关于修改团的章程的报告》，最后选举了新的团中央委员会。这次大会提出了社会主义时期全国青年所面临的历史任务是“要把我国建设成为具有现代农业、现代工业、现代国防和科学技术的社会主义强国”②，号召全国青年“一定要发扬我们革命前辈愚公移山的伟大精神，贡献出一切力量，充当社会主义的突击队”③。大会根据当时共青团建设的实际情况，强调指出，坚持共青团的先进性，加强同青年群众的密切联系，是增强团的战斗力的两个基本条件。大会提出的“朝气蓬勃、实事求是”的作风，既概括了共青团干部的优点和特点，也针对了“大跃进”以来干部作风存在的问题，这对共青团作风建设有着重要的指导意义。

---

①②③ http://www.gqt.org.cn/695/gqt_tuanshi/gqt_ghlc/tszl/。

(3) 2007年1月9日，中共中央总书记胡锦涛在中央纪律检查委员会第七次全体会议上发表重要讲话。他强调，切实抓好领导干部作风建设，使领导干部始终保持振奋的精神和良好的作风，始终坚持党的根本宗旨，是党在执政过程中必须面对的考验。要从党和人民事业兴衰成败的高度，从全面建设小康社会、构建社会主义和谐社会的全局出发，充分认识加强领导干部作风建设的极端重要性和紧迫性，切实把加强领导干部作风建设放在更加突出的位置，下决心抓紧、抓实、抓出成效。2007年3月17—18日，团中央召开常委（扩大）会议，深入学习贯彻胡锦涛总书记在中央纪委第七次全体会议上的重要讲话精神，认真研究新形势下的团干部作风建设问题。团中央书记处第一书记胡春华传达了胡锦涛总书记的重要讲话精神，突出强调了新形势下加强团干部作风建设的重要性和紧迫性，全面剖析了当前团干部中存在的一些突出的作风问题，对深入学习胡锦涛总书记重要讲话精神、切实加强新形势下团干部作风建设提出了明确要求。会议对加强新形势下团干部的作风建设提出了八个方面的要求：一是要胸怀理想，忠诚党的事业；二是要力戒浮躁，树立正确的成才观；三是要深入青年，竭诚为青年服务；四是要加强学习，提高自身综合素质；五是要谦虚谨慎，不断加强自身修养；六是要真抓实干，务求工作取得实效；七是要防微杜渐，保持艰苦奋斗的精神状态；八是要率先垂范，做团员青年的表率。要通过坚持不懈的努力，全面加强思想作风、学风、工作作风、领导作风、干部生活作风建设，发扬光荣传统，弘扬新风正气，解决突出问题，引导广大团干部忠诚党的事业、热爱团的岗位、竭诚服务青年，建设一支党放心、青年满意的团干部队伍，为做好新形势下党的青年群众工作提供有力保障。会议一致通过了《共青团中央关于进一步加强团干部作风建设的决议》。

(4) 2007 年 3 月 7 日下午，胡锦涛总书记看望出席全国政协十届五次会议的工会、共青团、青联、妇联界的全国政协委员，参加了联组讨论，并发表重要讲话。胡锦涛总书记的重要讲话，站在时代和全局的高度，科学分析了当前的形势，深刻阐述了广大人民群众在构建社会主义和谐社会中的主体地位，着重强调了在改革开放进入关键时期的新形势下加强和改进群众工作的重要性和紧迫性，第一次全面系统地对工、青、妇组织在构建社会主义和谐社会中发挥积极作用提出了明确要求。

(5) 2008 年 6 月 14 日，党和国家领导人胡锦涛、李长春、习近平同团中央新一届领导班子成员和团十六大部分代表座谈。胡锦涛总书记发表重要讲话强调，广大青年要认清历史使命，勇担时代重任，用坚定的信念、顽强的意志、持续的奋斗，为夺取全面建设小康社会新胜利、开创中国特色社会主义事业新局面贡献更大力量、赢得更大光荣。① 胡锦涛指出，完成党的十七大确定的各项战略任务，需要包括广大青年在内的全国各族人民共同努力。党中央对青年一代充满期待、寄予厚望。胡锦涛向全国广大青年提出四点希望：一是要坚定理想信念；二是要勤奋刻苦学习；三是要勇于艰苦创业；四是要培养高尚品德。胡锦涛强调，在现阶段，党需要共青团更好地团结带领广大团员青年，为实现全面建设小康社会的奋斗目标而不懈努力。各级团组织一定要发扬“党有号召、团有行动”的优良传统，不断完善工作思路，全面履行职能作用，大力加强自身建设，力争使团的基层组织网络覆盖全体青年，使团的各项工作和活动影响全体青年，把广大青

① 参见《关于认真学习胡锦涛总书记在与团中央新一届领导班子成员和团十五大部分代表座谈时的讲话的通知》(中青发〔2003〕19 号)。

年紧紧团结在党的周围，为实现党的任务努力奋斗，保证党的事业兴旺发达、后继有人。胡锦涛说，团干部队伍是共青团工作的骨干力量。要推动共青团工作再上新台阶，关键是要按照“让党放心，让青年满意”的要求，建设一支高素质的团干部队伍。胡锦涛对团干部提出三点要求：一是政治上要过硬，始终忠于党、忠于人民，坚持用中国特色社会主义理论体系武装头脑，努力做共产主义远大理想和中国特色社会主义共同理想的坚定信仰者，认真实践科学发展观，自觉地为党的事业而奋斗。二是作风上要扎实，切实增强事业心和责任感，深入基层、深入青年，踏踏实实地工作，努力在团的岗位上作出实实在在的业绩。三是自律上要严格，着力加强自身修养，从严要求，防微杜渐，经得住诱惑，管得住小节，切实走好人生的每一步。

2.5.2 当前团干部作风方面存在的问题及根源分析

1. 团干部作风方面存在问题的主要表现①

一是怕吃苦，图享受，工作上存在畏难情绪，“娇、骄”二气较重，缺乏吃苦耐劳、艰苦奋斗的精神，不善于创新工作思路，缺乏开拓进取的精神；二是学习和研究工作的风气不浓，浅尝辄止，一知半解，精力没有放在思考工作上；三是注重升迁，要求待遇，讲究条件，攀比心理很重；四是重地位，轻作为，本末倒置，事业心不强，缺乏对团的工作的责任感，善表善上，热衷于做表面文章；五是容易沾染官僚气息，容易沾沾自喜，不能正确评价自己，不谦虚、不谨慎，夸夸其谈；六是作风漂浮，工作不实。这些问题尽管只存在于少数团干部身上，或只是苗头性

① 参见《共青团中央关于进一步加强团干部作风建设的决议》（中青发［2007］12号）第二部分。

问题，但消极影响和后果不可低估。这些不良之风一旦蔓延，势必影响共青团干部的健康成长，损害共青团的良好形象，最终损害党的事业。

2. 团干部作风方面存在问题的根源分析

干部作风存在的问题和其形成一样，是一个多因素影响的过程。既有主观因素，也有客观因素；既有思想根源，也有社会根源。

（1）主观因素。

一是认识不到位。唯物辩证法认为，从实践到认识，又用新的认识去指导实践，是一个循环往复、不断扬弃的过程，人的认识是从实践中来的，但必须用正确的认识去指导自己的工作实践，如果认识不到位，体现到自身的工作作风、思想作风、生活作风上就会产生这样那样的问题，在工作中放松了对自己的要求，降低了标准，一切只求过得去，不求过得硬，干好了夸大成绩，干坏了推卸责任，甚至无所事事，做一天和尚撞一天钟。

二是自我修养、自我改造不够。干部作风的根本问题是自我修养、自我约束、自我改造的问题。因为内因是变化的根本，如果团干部自己重视修养，外因再恶劣也不会改变；反之，如果个人不想改造，外界环境再好、组织再教育都不管用，这是一条铁律。

（2）客观因素。

1）团工作面临着新的环境。一是团的作用弱化，表现为团工作物质基础脆弱，团工作利用的社会资源有限，工作方式创新不够，团员参与热情下降。二是团组织软弱。现代社会不断发展变化，团的工作机制还不够健全和完善，从而使团组织在青年中的凝聚力、号召力明显下降。三是团员意识淡化。一部分团员的团员意识逐渐淡化，团员的政治性、先进性难以体现。在这样的环境下，要想使团工作干得出色，非得花一番大力气不可。

2）社会不良风气的影响。随着经济全球化、信息全球化以及改革开放的深入和市场经济的建立，受思想多元化和西方本位主义、实用主义等不良影响，有些团干部诱发了拜金主义、享乐主义倾向。

3）制度不够健全。我国还处于社会主义初级阶段，社会变革频繁，规范的市场经济法规及与时俱进的干部管理、监督、权力制约等机制体制还不完整、不完善，改革措施还不配套、不彻底；对团干部的教育形式单一，其教育效果也大打折扣。

4）监督不力。干部监督制度虽然比较健全，但没有真正形成公开公正、科学有效的监督机制。如民主决策制度、规范办事程序、干部八小时以外的监督等都要明确怎么监督、监督的效果怎么保障等。

5）团干部队伍建设力度不够。经过调查分析，我们发现团干部队伍建设存在以下问题和不足，导致团干部工作积极性差、效率低，发挥作用不够。

一是党政领导思想观念不够解放，认识片面，团干部选配不力。不少基层单位领导认为加强团干部队伍建设就是选拔几个年轻人装点门面，团的工作有人负责就行了，为配备而配备，因而配备团干部不慎重，想调就调，想换就换，任免的随意性很大，选配的人员要么是综合素质差、工作能力差，要么是选配资历老的中层干部兼任，导致其对团的工作热情不高。一些人总认为如果团干部经验不足、不成熟，就挑不起重担，嫩了顶不住，冲了稳不住，浅了镇不住。由于这些思想的存在，导致团干部队伍建设方面的有关政策有待进一步落实。近年来，上级团组织制定下发的关于团干部队伍建设方面的政策性文件比较多，但从实际情况看，有一些文件贯彻落实情况尚不尽如人意。从现有的团干部队伍建设的政策内容看，主要表现为：团内文件比较多，党团联手文件比较少；原则性意见比较多，实施细则比较少；贯彻要求比较多，执行不力时处理办法比较少，从而导致了政策在执行过程中权威不够、规范不清、职责不明、处罚不力。

二是团干部从事团的工作的时间经常得不到保障，专职团干部专职不专用、兼职团干部兼职过多、团干部超龄、团干部转岗安置没有落实等现象比较普遍。加之思想认识不到位和基层工作任务繁重等原因，相当一部分团干部没有也不能把精力真正放在共青团事业上，对本辖区内共青团事业底数不清，情况不明，贯彻上级决议力度不够。在村一级，由于团干部无报酬，加之农牧业效益低，农村牧区青年大量外出务工经商，大批有一定文化和专长的农村青年离开家乡，使得团干部没有真正发挥作用，甚至找不出合适的团支部书记人选，导致村一级团组织基本上处于瘫痪状态，共青团没有相应的凝聚力、吸引力和战斗力。

三是在改制过程中，一些企业撤销团委机构设置、将团委合并和归属于其他部门的情况也时有发生。

2.5.3 团干部作风建设的现实意义

共青团是党的助手、政府的帮手，是团结带领青年参与社会经济、政治、文化建设的生力军，它代表与维护青年利益，同时又具有教育引导青年的职责。这些职责能否实现，完成得好坏，关键取决于团的各级干部。

一是深入学习实践科学发展观活动的迫切需要。要实现“党员干部受教育、科学发展上水平、人民群众得实惠”的目标，关键问题就是提高干部素质、加强干部作风建设。从这个意义上讲，加强团干部作风建设，既是学习实践科学发展观活动的重要内容，也是巩固学习实践活动成果的重要举措。

二是密切团组织与青年之间联系的必然要求。当前，一些团干部高高在上，不深入基层，不关心青年的生产和生活，不了解基层的真实情况，听不到青年的呼声等情况依然存在。还有的团干部不是以理服人，而是强迫命令，对青年反映的问题相互推诿，不予以解决。所以我们必须高度重视加强团干部作风建设，不断提高服务青年的能力，切实解决好青年反映强烈的突出问题，这样才能以良好的作风，密切团组织与青年之间的关系，维护和谐，服务大局，形成共克时艰的强大合力。

三是加强团干部队伍建设的重大举措。团干部是党的干部队伍的重要组成部分。按照“忠诚党的事业、热爱团的岗位、竭诚服务青年”的要求，努力培养一大批坚定的青年马克思主义者，建设一支党放心、青年满意的团干部队伍，是不断巩固和扩大党执政的青年群众基础的关键所在，也是解决当前在少数团干部中存在的突出问题、提高团干部队伍的整体素质、维护整体形象、增强服务能力的迫切需要。

2.5.4 加强团干部作风建设的方法和途径

加强团干部作风建设是一项战略性政治任务，具有长期性、艰巨性和复杂性。新形势下加强团干部作风建设，必须从思想作风、学风、工作作风、生活作风、领导作风等方面着手。

1. 加强思想作风建设

加强团干部作风建设，必须把思想作风建设摆在第一位，因为在团干部的作风建设中，思想作风是起决定性作用的，不解决思想作风问题，加强团干部作风建设无从谈起。

一要强化竞争意识、创新精神和价值意识。团干部历来是勇于站在时代前列的，能够审时度势，善于探索，敢为人先，是市场经济大潮中的弄潮儿。在市场经济中，优胜劣汰，没有竞争意识，没有创新精神，没有价值观念，是很难有所作为的。团干部要取得成功，就要敢于竞争，勇于创新，才能不断为社会创造更大的价值财富。

二要强化服务意识。心系青年、服务青年是共青团工作的基本要求，更是对团干部工作作风的检验。团干部必须把为青年办好事、办实事作为一切工作的出发点和落脚点。第一，要始终保持与青年的紧密联系。要增进对青年的感情，时刻关注青年，立誓做青年友，不做“青年官”。要经常到青年中去，和青年交朋友，不断拓宽联系青年的渠道，了解青年的所想所需所求。第二，始终坚持为青年服务。深入分析青年的具体需求，开展一系列贴近青年、服务青年的活动，增强服务青年的针对性和有效性。要特别关注贫困学生、生活困难的城市青年、农村牧区贫困地区青年、残疾青年等青年群体，满腔热忱地帮助他们解决实际困难。第三，始终维护青少年的合法权益。关注青少年利益，反映青少年诉求，积极做好青少年矛盾调处工作。依照法律和政策，同侵犯青少年合法权益的行为作斗争，努力为青少年健康成长营造良好的社会环境。

三要坚持解放思想。不同时期的解放思想，有不同的内涵、不同的任务。目前来看，呼伦贝尔与发达地区的差距是多方面的，主要体现在思想观念上。要完成新阶段的各项目标任务，还需要我们在解放思想上有新的境界。团干部要努力克服狭隘视野，树立世界眼光，把思想观念从“就团论团”的框框中解放出来，在深刻认识呼伦贝尔发展面临的机遇和挑战上统一思想，要以海纳百川的胸怀面对青年。要主动承担青少年事务，提高服务和发展能力；要主动做好青年社团工作，发挥核心作用；要在贯彻落实科学发展观的实践中，研究新情况、解决新问题、形成新思路、拿出新办法。要尊重青少年的需求和个性，要对服务对象分层细化，使服务项目化、持久化，努力形成反映青年动态、青年评价的制度体系。

2. 加强学风建设

努力端正学风，是加强团干部作风建设面临的重要课题。当前，学风不正的现象在一些团干部的身上仍然不同程度地存在：其一，缺少学习的兴趣和热情，认为学不学无所谓，强调没时间学，却成天忙于不必要的应酬；其二，学习不刻苦，不钻研，浅尝辄止，满足于一知半解；其三，理论与实际脱节，喜欢在名词、概念上兜圈子，装潢虚饰，做表面文章，一接触实际却束手无策，甚至言行不一；其四，奉行"有用即真理"，任意裁剪理论，搞断章取义，甚至把自己不正确的理解说成是理论的原意和上级的精神①；其五，搞教条主义，不顾实际照本宣科，把理论与实践简单对号，而不去用或者不会用理论武器解决面临的实际问题。

一要加强政治理论学习。深入学习马列主义、毛泽东思想、邓小平理论和"三个代表"重要思想，深入学习科学发展观、构建社会主义和谐社会等重大战略思想，真正学懂弄通，掌握精神实质，提高理论素养，不断加强工作中的理论自觉和理论指导，奠定团干部思想作风建设的基础。学习政治理论的主要形式，应当是在工作实践中去体会，结合国家、社会，结合本职、个人的实践，领会马克思主义、毛泽东思想与邓小平理论。政治理论的深刻内涵，不是从字句上就能体会出来的，而是需要在实践中体会。当人们在实践中有所体会时，对政治理论的精神实质才能逐步把握。每个团干部都应当有这样的自觉意识。

二要深入学习业务知识。加强工作业务培训，提高业务能力

① 参见郭春和：《延安时期干部学风建设的启示》，载《政工研究文摘》，2008 (2)。

和服务质量。团干部业务能力包括组织能力、活动能力、讲演能力、文字能力和科学管理能力，这些能力必须具备，甚至要驾轻就熟。

三要培养进取创新的工作能力。要善于在工作中提出新见解、新方案，开拓新领域，开创新局面。要会出点子，包括做什么的点子和怎么做的点子。要从实际情况出发，找出比较切合实际的好办法，完成任务。要培养创造性的工作能力，团干部就要有创新精神，产生创新精神的前提是永不满足现状，培养创新精神的基础是学无止境。

四要培养熟练的业务技能。要熟悉团青工作的业务知识和专业理论，深知怎样健全团的组织、发展团员，怎样搞好团员管理，怎样认识当代青年的主流和存在的问题等。

五要培养宣传鼓动能力。宣传鼓动能力是教育青年、调动青年积极性不可缺少的条件，它指口头表达能力和文字表达能力两种。团干部要善于用口头语言完美地表达思想，要善于用最朴素、生动的语言表达最美好的情感和最深刻的思想，只有这样，团干部才有魄力，有号召力，才能搞好组织团结、组织协作，带动青年不断前进，完成工作目标，并达到培养教育青年的目的。

六要注重学习综合知识。努力学习党史、国情、哲学、经济、科技、文化、法律等知识，优化知识结构，形成广博的知识体系。要精学经济著作，如马克思《资本论》、萨缪尔森《经济学》、《统计学：在经济和管理中的应用》、《宏观经济学》、《微观经济学》等；要读懂哲学、历史著作，如《庄子》、《四书》、《荀子》、《孙子兵法》、王充《论衡》、冯友兰《中国哲学简史》等；要学习语言学、文学、艺术著作，如刘勰《文心雕龙》、刘义庆《世说新语》、张彦远《历代名画记》、刘熙载《艺概》、《唐诗三百首》、《唐宋诗词》（或《唐宋诗词选》）、王国维《人间词话》等；要了解自然科学著作，如《爱因斯坦文集》、李约瑟《中国科技史》等。

七要向改革开放和现代化建设的实践学习。实践的观点是马克思主义认识论首要的和基本的观点。只有坚持向实践学习，才能深化认识、获得真知，增强本领、提高素质，推动工作。团干部一定要牢固树立实践第一的观点，通过在改革开放和现代化建设的大课堂中学习来提高自己。要深入了解我国社会主义初级阶段的基本国情，把握当前我国经济社会发展的一系列阶段性特征，熟悉本地区、本部门经济社会发展的历史、现状，明确下一步发展的目标要求。要积极投身改革开放和现代化建设的实践，在实践的风浪和考验中砥砺品格，在创造性地贯彻执行党的路线方针政策中深化认识，在破解影响工作的重点难点问题中增强能力，努力使自己的综合素质在实践中不断得到提高。

八要坚持向人民群众学习。毛泽东同志指出："群众是真正的英雄，而我们自己则往往是幼稚可笑的"①。只有不断从广大群众中汲取智慧，才能不断丰富自己、提高自己。各级领导干部一定要牢固树立马克思主义的群众观点，端正对群众的态度，甘当群众的小学生，虚心地、老老实实地向群众学习。要不断增进与群众的感情，眼睛向下，真心实意地听取群众意见，了解群众愿望、情绪和呼声，真正做到想群众之所想、急群众之所急，努力在为人民群众服务中学习他们的优良品质。要尊重群众的首创精神，及时发现群众创造的新鲜经验，集中群众的智慧，并善于加以总结、提炼和概括，形成正确的工作思路和工作方法，用以更好地推动工作。

九要学用结合、学以致用。应当把知识学习与社会实践结合起来，着眼于事关改革、发展和稳定大局的问题的关注与把握，

---

① 《毛泽东选集》，2 版，第 3 卷，790 页。

着眼于新形势下共青团工作的理性思考，着眼于服务大局、服务青年能力的增强，不断提高指导青年工作、解决实际问题的能力。要进一步加强团的基层组织建设和基层工作，增强对青年的吸引和凝聚。当前团的组织建设的主要问题和薄弱环节在基层表现得最为集中，有组织无活力、有青年无组织的情况还较为普遍，部分团支部松散瘫痪，严重影响了团组织的凝聚力和战斗力。各级团组织应从打造“活力工程”、“生命力工程”的高度来认识加强基层组织建设和基层工作的重要性，采取有效措施，强化探索创新，努力扩大组织覆盖，全面提升组织活力。针对互联网、手机等新技术发展趋势，调整团的组织形态。哪里思想最激荡，团组织就应该延伸到哪里；哪里集聚的人气最旺，团组织就应该影响到哪里；哪里矛盾最复杂，团组织就应该发挥作用到哪里。“支部建到互联网上”、“支部建到手机上”等过去未曾实践过的基层组织设置形式，在新形势下都有探索的必要。

3. 加强工作作风建设

对于每个团组织、每个团干部而言，其依法行政、办事效率、服务态度及遵守纪律、办公秩序、使用文明用语、党风廉政等，无一不反映出工作作风的现实状况。因此，加强团干部工作作风建设应当从自身入手，从日常工作的具体方面入手。团干部应从现在做起、从我做起、从小事做起，对自身的工作作风进行认真的对照检查，发现问题，及时改进，从而以良好的工作作风和开拓进取、与时俱进的精神风貌做好本职工作。

加强团干部工作作风建设必须努力做到“四戒”。

一是戒懒。懒，表现为身子发懒、消极怠工，进而精神松懈、工作懒散、行动散漫、无精打采、不思进取。在实际工作中表现为习惯于单凭老方式、老办法想问题，习惯于凭主观意志去办事，工作毫无主动性和创造性。懒惰是工作作风建设的大敌，必须予以克服。克服懒惰，就要克服官僚主义、形式主义的顽疾，树立求真务实、锐意进取、勤于思考、敢于创新的良好风气，以与时俱进的思想观念和奋发有为的精神状态开展工作。

二是戒空。空的本质是空想、空谈、空话连篇，在做人上空口说白话，在工作上空喊口号，在改革上摆空架子，在调查研究上坐而论道，在作风上玩“空手道”。空，表现在政治生活中必然是官僚主义，表现在思想方法上必然是主观主义，表现在工作实际中必然是本本主义，表现在处理问题上必然是形式主义。因此，要克服空洞，提倡实事求是、实话实说，为人实实在在，工作苦干实干，作风实打实、硬碰硬。

三是戒浮。浮的本质是“官本位意识浓厚”，工作漂浮图虚名，瞒上欺下瞎指挥，把群众的利益抛之脑后。浮的突出表现是表面上忙忙碌碌，实际上工作没有成效。因此，必须克服浮躁作风；浮躁作风不止，工作作风难正。就是说，当务之急应把工作重点和主要精力用在抓工作、抓效益、抓落实、促发展上。

四是戒拖。由于拖而引发的形式主义、官僚主义主要表现为：打官腔的人多，高效廉洁、热情为群众办事的人少；拖拖拉拉、难为群众的现象多，关心群众疾苦和安危冷暖的少；应酬接待的多，扎扎实实为民干实事的少。因此，必须克服拖沓的工作作风。克服拖沓作风的关键是力戒脱离群众、不讲效率、不讲成本、不负责任的工作作风，树立对工作不推诿、不怠慢、不摆架子和对问题不推、不拒、不压的工作作风。

当前，就民族地区共青团的情况来说，每位团干部都应进一步增强忧患意识、公仆意识、节俭意识，真抓实干，做“忧青年之所忧，急青年之所急”的公仆。

4. 加强生活作风建设

党的十五届六中全会通过的《中共中央关于加强和改进党的

作风建设的决定》第一次将干部生活作风列为党的五大作风之一；党的十六大再次指出，“着力解决党的思想作风、学风、工作作风、领导作风和干部生活作风方面的突出问题”；党的十六届三中全会进一步指出，“切实加强和改进党的建设，尤其要加强作风建设，做到为民、务实、清廉”。领导干部的生活作风同思想作风、学风、工作作风和领导作风一道，构成了党的作风不可或缺的方面。① 团干部要养成良好的生活作风，关键在于把自己锤炼成毫无自私自利之心的人，应牢固树立和坚持马克思主义的世界观、人生观、价值观。只有从根本上解决好世界观、人生观、价值观的问题，牢固树立群众观点，才能使好的生活作风在思想上真正扎根、在行动上自觉体现。

一要抓教育，要进一步加强共产主义理想信念教育，坚定马克思主义的理想信念，进一步加强党的宗旨教育，要有目的有步骤地开展勤政廉政和警示教育。

二要完善和严格执行现有制度，进一步结合实际，本着可操作和推动工作的目的，在执行中进一步修改和完善相关制度；各单位负责人要认真履行职责，采取有力措施，动真逗硬，切实加大督促检查力度，确保各项制度落到实处。

三要注重制度创新，建立经常性监督制约机制，建立干部个人财产公开制度，建立干部作风建设领导负责制，建立群众定期评议干部制度。

四要发挥各级党委监督主渠道的作用。党委应定期对团干部进行谈话、考核、测评，对生活作风存在问题的人进行严格教育，及时挽救；在选拔使用干部时，应当把个人生活作风作为衡

---

① 参见李海鸥：《加强干部生活作风建设是党风廉政建设的重要环节》，载《前线》，2004（2）。

量干部“德才兼备”的重要内容之一来考察，把真正思想健康、生活作风正派的团干部选拔到领导岗位上来。

五要发挥纪检监察机关监督主体的作用。作为党内专门的监督机关，纪委应采取事前不通知、检查督促情况不与被检查单位领导班子或主要领导通气的方式，只对同级党政主要领导和纪委书记负责。及时将检查结果在辖区内通报，并在当地的报纸、电视台予以公布，接受群众监督。检查督促情况与团干部奖金、福利和干部考核任用挂钩。对检查中发现的团干部生活作风问题，及时立案查处。

六要完善社会监督体系。整合监督合力，如信访举报和民意测验为主的群众监督，法院、检察院的法纪监督，人大常委会及其人民代表的监督，人民政协、民主党派和社会团体的监督，老干部和新闻媒体的舆论监督等，形成对团干部生活作风建设的社会监督网络。

5. 加强领导作风建设

党的地位、任务的变化和人们思想观念的变化，要求党员领导干部加强和改进领导作风。唯我独尊凌驾于群众之上的作风，独断专行凌驾于民主之上的作风，我行我素凌驾于党纪之上的作风，为所欲为凌驾于国法之上的作风，都是应该坚决反对的，对于团干部来讲亦是如此。

加强团干部领导作风建设，关键是要抓住民主集中制、团组织与青年群众的关系、批评和自我批评这个关键。民主集中制是党内生活必须遵循的基本原则。实行民主集中制，积极正确地开展批评和自我批评，是保证团内生活正常化、增强团结、提高战斗力必不可少的重要条件。团干部要广纳良言，闻过则喜，这对自己的进步和提高大有好处，对提高团组织的凝聚力、战斗力也大有好处。

新形势下，团干部既要继承和发扬优良的领导作风，又要在工作实践中努力培养和形成新的具有时代特色的领导作风。要培养开拓进取、勇于创新的领导作风；要培养民主平等、知人善任的领导作风；要培养正直坦荡、勇于批评的领导作风。

一要坚持民主集中制。民主集中制是党和国家的根本组织制度和领导制度，民主集中制的贯彻执行是干部领导作风的具体表现，也是加强领导干部作风建设的制度保证。当前，在贯彻执行民主集中制方面存在的主要问题是“四个不够”，即发扬民主不够、正确集中不够、开展批评不够、严肃纪律不够。① 这“四个不够”在一些地方又表现为独断专行和软弱涣散两种倾向。有的团组织领导班子对重大决策的出台、重要项目的安排和大额度资金的使用搞“一言堂”，独断专行，将个人凌驾于组织之上。有的领导班子软弱涣散，该集中的集中不起来，该坚持的坚持不下去，议而不决，决而不行，内耗严重。克服这两种错误倾向，班子成员都有责任，党组书记是第一责任人，要成为正确执行民主集中制的表率，成为改进领导作风的带头人，就必须胸怀全局，作风民主，多谋善断，做好团结协调工作，当“班长”而不当“家长”；善于总揽全局，分工负责，集体决定，分头去办，秉公用权，总揽而不包揽；善于集中正确意见和集体智慧，周密论证，科学决策，果断而不武断；善于调动和发挥“一班人”的积极性和创造性，知人善任，共同推动形成心齐气顺、风正劲足的局面。

二要掌握领导科学。领导科学是20世纪30年代诞生的一门新兴学科，也称作现代领导科学。现代领导科学的产生有两个显著的标志：一个是决策从日常的生产和管理中独立出来，决策和执行逐渐分离，即决策工作专门化；另一个是咨询从决策中独立出来，“谋”与“断”相对分离，即咨询工作专业化。(1) 把主

---

① 参见李抒望：《大力加强领导干部的五种作风建设》，载《探索》，2007(2)。

要精力放在管方向、管决策上。如果说管理者主要是按照既定的目标完成规定任务的话，那么领导者主要是去寻求和制定这种目标。所以，美国著名领导学专家沃伦·本尼斯认为，管理者的目标是把具体事情做正确，领导者的目标是做正确的大事。要避免使自己陷入日常琐碎的事务之中，忙于应付各种会议、文电等。（2）强化为青年服务意识。领导者的主要任务是做人的工作。传统领导对人的理解是工具性的，而现代领导对人的理解则是价值性的，更关注人的精神和思想，使被领导者正确认识自己在团队中的角色以及对团队发展的巨大价值，将实现个人价值和团队目标结合起来。因此，团委机关领导者必须拓宽服务领域，真正把促进青年全面发展与推动团组织建设有机统一起来。（3）确立科学的决策方式。要注重集体智慧的作用，强调依靠专业的智囊组织、科学的决策程序、精确的技术分析，把定性与定量分析结合起来。要掌握和运用科学的决策方式，遵循正确的决策原则，如信息原则、选优原则、"外脑"原则。（4）掌握有效的领导方法。领导方法绝不仅仅是一种程序化的运作，而是领导者创造力的显现。领导方法依赖于领导理论，掌握有效的领导方法取决于对领导活动本质的深刻把握，取决于对领导关系模式的正确认识，更取决于以决策活动为主要内容的领导实践。（5）建立新型的领导关系模式。在现代社会越来越走向信息化和扁平化的条件下，被领导者的主体作用越来越突出。如果对被领导者在领导活动中的主体地位缺乏自觉的认识，不能正确认识和处理领导与群众的关系，单凭组织授予的权力实施强制性的领导，不仅难以适应现代社会发展并获得被领导者的持久信任和支持，而且不可能成为成功的领导者。

6. 加强团的领导机关和领导班子建设

共青团干部思想作风的转变重点在各级团的领导机关和领导

班子。只有团的各级领导干部率先垂范，才有可能使团干部思想作风建设卓有实效。团的各级领导干部思想作风建设要通过各种制度建设来保证，用制度、纪律来规范、管理、检查、监督团的领导干部的行为，形成良好的风气。

一要在领导班子中加强民主集中制建设。各级团委领导班子要切实提高贯彻执行民主集中制的自觉性，认真落实集体领导和个人分工负责相结合、重大问题集体决策等制度，建立健全班子议事规则和工作规则。议事规则和工作规则要报上一级团委备案。县以上团委领导班子应按照党中央关于党员领导干部民主生活会的规定，至少每半年召开一次民主生活会。民主生活会主要围绕学习、思想、作风、廉洁自律等方面，进行对照检查，开展批评和自我批评，每次会议重点解决一两个问题。通过健全、落实民主集中制，在领导班子中形成互相监督机制、权力分散机制、对比检查机制、按制度施政机制，避免因搞一言堂使权力过分集中，主要掌权者因失去监督力而可能导致的腐败。

二要落实勤政、廉政措施。建立健全机关各项工作制度，形成奖勤罚懒、奖优罚劣的激励约束机制，提高工作质量和工作效率。应自觉遵守党中央关于廉政建设的各项规定，并与实际制定的有关规章制度相结合；应严格财务管理，尤其要加强对社会赞助资金的管理，明确使用范围，严格审批手续。各类评比表彰要做到公开、公正，防止违纪、违规行为。住房、用车、医疗、福利等直接涉及群众切身利益的事务，要实行决策公开、执行公开、结果公开，便于群众知情和监督。勤政廉政制度建设对团干部作风的培养关系重大，用制度保证团的领导机关干部养成“勤”与“廉”的好习惯，就能堵住团干部走向腐败的通道。

三要推广团干部挂职锻炼和下基层蹲点制度。县以上团委机关干部凡缺乏基层工作经历的，应采取离岗挂职锻炼的方式，有计划地安排其在基层锻炼，时间一般可在一年以上。中央、省、地、县四级团的机关干部要下基层蹲点和进行调查研究，地、县团委领导干部每年下基层调查研究应有时间要求。

2.6 民族地区共青团干部能力建设①

《管子·正世》有云："不慕古，不留今，与时变，与俗化。"在与时俱进的时代，在这个发展中的世界，改革开放浪潮中的青年应具备更高的综合素质。共青团与其他群团组织相比，有着更为突出的工作特性。

一是工作站位更全局。胡耀邦同志曾指出，团干部要"议大事、懂全局、管本行"。这就要求共青团必须站在党政、社会和青年的全局思考问题、谋划工作，在党政关心的重点、社会和青年关注的焦点与热点中找到工作的切入点。

二是工作内容更动态。共青团是党的助手和后备军，工作内容必须随着党的中心任务的不断调整而调整；共青团工作是政府工作的有效补充，工作内容必须随着政府职能的不断转变而转变；共青团是社会发展的"润滑剂"，工作内容必须随着社会生活的发展而发展；共青团的服务对象是最活跃、需求最旺盛的青少年群体，工作内容必须随着青少年需求的变化而变化。这都要求共青团必须定位为一个工作内容在动态调整中求得生存、不断发展的组织。

三是工作方式更为柔性。共青团是一个先进青年的群众性组

---

① 此部分内容系作者在共青团呼伦贝尔市委一届八、九、十一次全委（扩大）会议上关于团干部能力建设讲话的汇编。

织，没有立法支持，缺乏行政手段，资源靠整合，工作靠热情，地位靠争取，在社会工作领域更多地处于“补位”角色，是经济工作领域的“催化剂”、政治工作领域的“探测器”、文化工作领域的“晴雨表”。这就要求团组织必须自觉克服行政化倾向，认真学习新型社会组织的资源获取方式和组织动员方式，更多地运用柔性调节而不是刚性调控的手段推动工作。要充分发挥党联系青年的桥梁和纽带作用，始终把广泛搭建人、组织与资源之间的交互平台作为最主要的工作方式，推动各种社会要素有效整合、有序流动，勇于承接政府剥离的社会管理和公共事务，为促进经济社会又好又快发展发挥独特的作用。

《关于认真学习贯彻党的十七届四中全会精神全面加强团的自身建设的决议》指出，“要靠先进思想、靠对青年合理利益诉求的尊重和服务、靠对青年特有兴趣的满足、靠对青年未来职业生涯发展过程中所需要的社会化技能的培养、靠广大团干部的人格魅力和对青年的感情，切实增强对广大普通青年的吸引和凝聚”①。信仰、气质、性情、品行、智能、才学和经验等诸多因素综合体现出共青团干部的人格凝聚力和感召力，具体讲，一是要具有时代性的事业意识、使命意识、责任意识；二是要具有时代所要求的道德品质；三是要具有高超的政治能力；四是要具有从事公共管理的技能；五是要具有一定的对经济、政治、文化、社会发展中涉及的专业知识的理解能力和对各项事业发展的操控能力。在个性和心态方面，共青团干部具有鲜明的个性、健康的心态、宽阔的胸襟、坚忍的意志、稳定的情绪、良好的品格尤为重要。因为共青团工作的关键是增强对青年的吸引和凝聚，本质

① 参见《关于认真学习贯彻党的十七届四中全会精神全面加强团的自身建设的决议》(中青发［2009］10号)。

上是指对青年心理上的引导。因此，共青团干部首先必须是一个有思想、有个性而且心理健康的人。但是团的干部普遍阅历不深，资历较浅，必须在刻苦学习的基础上，做到懂全局、尽本职。

2.6.1 提高团干部队伍整体素质的根本途径

1. 多读书、读好书，增强内生竞争力

团干部必须养成读书学习的风气，才能有效地顺应新形势的变化，才能尽快了解不熟悉的工作，把握规律性，做到从“开卷有益”到“厚积薄发”。

一要深刻认识人本旨归，适应世情、国情、党情。

(1) 社会发展的本质是人的发展。人作为社会文明进步的创造者和接受者，其在全面发展中与自然、社会和谐相处，推动社会全面发展，而社会的和谐全面发展又促进了人的和谐全面发展。事实上，人类社会的发展是社会众人自我发展与自我完善的结果。人在相互交往和交互作用的各种社会关系中处于一定的地位，会产生现实的需要与需要意识、经济的利益与追求、政治的态度与向往，会形成现实的能力与心理定式，如实践能力、认知能力、审美能力、自律能力和世界观、人生观、价值观、审美观、道德观、知识结构、思维的方式与方法，以及意志、情感，等等。它们一起构成人的现实的、具体的特性、本质和本质力量。所以，社会的发展本质上是人的发展。人的世界是一个以人为中心、以人为目的的文化的世界。它是由人处理自己的各种对象性的关系以满足人的各种需要的活动所创造的物质的和精神的文明成果所构建起来和充实起来的。在这个由人自己的活动所创造的不断发展着的人的文化世界中，人们通过读书、实践等活动，享用着越来越丰富和多样化的物质的和精神的文明成果，展现出品位和质量越来越高、形式和内容越来越丰富的物质的和精神的生活。

（2）人的本质是创造价值。人的本质是“社会存在物”，人只有在社会中存在才是“作为人的人”。马克思指出：“只有在社会中，自然界才是人自己的**人的**存在的**基础**。只有在社会中，人的**自然的**存在对他说来才是他的**人的**存在”①。人之所以能从自然界的诸物中分离出来，其决定因素是人的创造价值。人创造价值是一个从自发到自觉、从被动到主动的过程，并在这一过程中使人从诸物中向人的本质过渡。人创造价值的潜能能否充分开发出来，人的价值能否得到充分实现，不仅取决于社会环境因素，更重要的是个人努力程度。人追求和创造价值，不仅依赖于有形的物质手段，更依赖于无形的智力成果。通过学习实践的过程，形成知识的积累，人的意识、思维等智力成果使人获得了关于事物运动的本质，掌握了事物的发展规律，为人有效地利用其规律来为人的需要服务提供了客观的依据。知识力量经过技术性物化并在实际应用中变成了人的实践力量和创造价值的现实力量。凭借这种力量，人可以创造更加理想、更具有价值的对象和对象世界，人也因此使自己表现出更高的价值。因此，知识是体现人的价值的重要尺度。如20世纪以来，由于物理学、化学、生物学的革命，使人类对物质、能量、空间、时间、运动、因果性关系的认识更加广泛和深刻。以物理学革命为先导，化学、天文学、物质学都出现了突破性的革命理论，如化学理论、天体演化理论、大爆炸理论、大陆漂移理论、一般控制论、信息论、系统论、突变论、超循环论、协同学、混沌理论等横断科学，都大大

① 《马克思恩格斯全集》，中文1版，第42卷，122页，北京，人民出版社，1979。

加速了人实现价值的进程。特别是20世纪50年代以后，信息、能源、材料等方面又都出现了革命性进展，以计算机为基础的信息技术发展方兴未艾。技术科学的发展，更直接地影响着人们的社会生活，对人们追求和创造价值起到了巨大的推动作用。

（3）人的发展程度与社会发展程度的历史一致性决定了人文教育与科学教育是人与社会全面发展的两翼。马克思指出：“人的本质不是单个人所固有的抽象物，在其现实性上，它是一切社会关系的总和。”① 这意味着，人的发展不能单纯从人自身的角度来理解，也不能简单地从其外部来获得规定。人的发展既取决于历史中形成的物质文化对人的影响和制约，也取决于人在历史发展中对物质文化条件的批判和改造。这是同一过程的两个相互影响和制约的不同方面，表现为人的发展程度与社会发展程度的历史的一致性。人的全面发展要解决人为什么存在、为谁存在，人应当怎样存在等问题。从历史、现实的科学角度来讲，人的全面发展是一个动态的逐步提高的历史过程。从历史发展的趋势看，社会的发展是为了人的发展；现代化的快速推进，一方面取得了社会进步，另一方面也造成了人的人文思想、人文精神的失落以及人性的压抑与人的本质的扭曲等，导致人的发展片面化、畸形化且具有极端的利己性；人的价值创造活动，是人的全面发展的表现，人以自身为对象，不断创造人的新的需要、新的能力、新的素质和新的行为与活动方式，也就是造就人自身的新的价值。学习问题不仅关系个人发展，更关系国家、民族的兴衰和社会主义现代化事业的成败，因而必须把学习放到重要战略位置。在当前形势下，共青团员发挥先锋模范作用的一个重要方面就是要带头学习、认真学习、善于学习，真正把学习作为一种政

① 《马克思恩格斯选集》，2版，第1卷，56页，北京，人民出版社，1995。

治责任、一种精神追求、一种生活态度，努力做到工作学习化、学习工作化。人创造对象的价值与创造自身的价值，可以说是主体对象化和对象主体化的过程，也可以说整体性的固化过程。

（4）世情、国情、党情的深刻变化的新要求。第一，建设学习型国家、学习型社会、学习型组织是我们党适应时代发展要求而提出的一项重大战略任务。当今时代，世情、国情、党情已经发生并在继续发生深刻变化。从世情看，我们正处在一个以变革、调整、创新为显著特征的时代，重视和加强学习，建设学习型组织、学习型社会，已经成为世界潮流。从国情看，当代中国已经站在了新的历史起点上，经济社会发展呈现出一系列阶段性特征，新情况、新问题、新矛盾不断出现，迫切需要我们加强学习、善于学习。从党情看，面对复杂严峻的执政考验、改革开放考验、市场经济考验、外部环境考验，我们比以往任何时候都更加需要通过学习来提高执政能力，保持和发展党的先进性。第二，重视学习、善于学习是党团组织的优良传统。在长期的奋斗实践中，党正是由于能够根据形势的发展变化不断调整学习任务、创新学习方式，才保证了自己始终走在时代前列、引领中国发展进步。当前，随着世情、国情、党情的深刻变化，一些传统的学习方式已经不能适应时代发展和形势变化的要求。比如，学习主要靠个人自觉，学习的成效主要取决于党员干部个人的觉悟高低，没有形成崇尚学习、争相学习的氛围；学习内容不能及时更新，对新情况、新问题、新事物关注和研究不够；教育方式主要是单向灌输，忽视教育者和受教育者之间的双向交流，不能有效调动受教育者的学习热情；缺乏刚性学习制度，导致学习成为“一阵风”；等等。这些问题不解决，加强学习、多读好书、增强内生竞争力就是空中楼阁、镜花水月。

二要明确目标要求，激发内在动力。

明确学习什么，至关重要。各级团组织要引导广大团员青年和团干部深入学习马克思主义理论特别是中国特色社会主义理论体系，掌握基本原理，领会精神实质，着力掌握贯穿其中的马克思主义立场、观点、方法，并用以分析和解决改革开放与现代化建设中的实际问题，尤其要深入学习科学发展观，不断创新发展理念、转变发展方式、破解发展难题、推动发展实践；深入学习社会主义核心价值体系，不断增强走中国特色社会主义道路、为党和人民事业不懈奋斗的自觉性和坚定性，做共产主义远大理想和中国特色社会主义共同理想的坚定信仰者和自觉践行者。同时，广泛学习经济、政治、文化、社会、哲学、历史、科技、管理等各方面知识，不断优化知识结构、提高综合素质；广泛学习实践中的好做法、好经验，不断增强研究新情况、解决新问题的能力。学习的目的全在于运用。强调读书学习，不是要死读书、读死书，而是强调把学习成果转化为解决各种实际问题的能力，转化为推动团的事业科学发展、促进社会和谐的能力。胡锦涛同志在谈到加强领导干部学习时，提出了"三个本领"和"四个一定要"的要求，即提高党执政兴国的本领，提高为人民服务的本领，提高不断开创中国特色社会主义事业新局面的本领；一定要紧密联系党和国家事业的发展要求来进行，一定要紧密联系认识和解决改革发展中出现的新情况新问题来进行，一定要紧密联系自身世界观和人生观的改造来进行，一定要紧密联系更好地为最广大人民谋利益来进行。这"三个本领"和"四个一定要"，是对团干部学习目的最好的概括，需要我们深刻领会和把握。内容决定形式，目标引导方向。内容清晰、目标明确，学习就会有方向、有动力。

三要把握组织特点，创新思路举措。

共青团组织加强学习不可能一蹴而就，要把党建设学习型组织的重大实践应用到团组织中去，工作中应抓好以下几个环节①：

（1）建立共同愿景，培育内在动力。就是确立团组织全体成员共同向往、心甘情愿为之奋斗的目标。既要提出一个口号式的令人向往的共同愿景，又要将这一共同愿景细化。也就是说，不仅应确立比较详细的总体工作目标——可称之为总体愿景，而且应确立各个单项工作的具体目标——可称之为单项愿景。无论是总体愿景还是单项愿景，都应由长期、中期和短期愿景构成。只有形成这种既振奋人心又具体明确的共同愿景体系，才能持续有效地激发团组织所有成员的学习动力。

（2）加强自学研究，开展团队学习。就是在团组织成员各自根据工作需要进行自学和思考的基础上，全体或部分成员一起开展学习、讨论，一起探讨问题、交流看法，以实现学习成果的共享，并相互激发思想火花，形成解决问题的对策。既要组织团队学习，又要组织个人根据工作需要和自身知识、技能结构开展自学和工作研究。只有这样，才能提高团队学习的质量。

（3）改善思维方式，培养科学思维。就是组织大家通过学习不断提高马克思主义理论水平，能够运用马克思主义的立场、观点、方法观察、分析和处理各类问题，不断改善由直接或间接经验形成的认识和处理问题的某些成见及思维定式，使其符合客观实际。

（4）深入发掘潜能，实现自我超越。就是组织大家认清自己和本单位的潜能，据以制定科学可行的奋斗目标并付诸行动，推动自身能力和实际工作不断突破原有水平、迈向新的高度。

---

① 参见刘实：《把握特点功能　创新思路举措》，载《人民日报》，2010-03-29。

（5）搭建多种载体，丰富创新形式。坚持好、运用好读书会、报告会、研讨会、交流会和知识竞赛、演讲比赛、学习论坛等已有的有效形式和方法。同时，适应新形势新要求，积极探索新方法新手段，特别应充分利用网络开展读书学习活动，如开展网上团校、网上论坛、在线学习等；注意结合党和国家重大政策出台、重大活动开展和重大节庆日、纪念日等开展学习教育，不断丰富完善工作抓手；把学习型团组织建设与创先争优活动结合起来。

（6）建立完善机制，加强学习督查。将学习型团组织建设纳入单位年度目标绩效管理，建立和完善学习计划安排、考勤登记、检查考评、成果转化等制度，对学习时间、读书数量、参加培训、调查研究等提出具体要求；健全学习激励机制，对学习效果进行目标量化考核；建立学习投入机制，为建设学习型团组织提供必要的设施设备和经费保障，给团员青年创造良好的学习条件。

2. 学哲学、用哲学，增强工作创造力

创造性从哪儿来？创造性从实践中来，从工作的比较提高中来，从联系、发展、运动和变化的逻辑思考中来。哲学是理论化、系统化的世界观，是自然知识、社会知识、思维知识的概括和总结，是世界观和方法论的统一，是社会意识的具体存在和表现形式，是以追求世界的本源、本质、共性或绝对、终极的形而上者为形式，以确立哲学世界观和方法论为内容的社会科学。不管什么形态的哲学，都是以人为最终目的的，其间接目的是追求真理，进行运用。哲学之应当学习在于通过哲学冥想中的宇宙之大，心灵会变得伟大起来，因而就能够和那称其为至善的宇宙结合在一起。哲学也可以说是理性对于信仰的研究，同时还有理性对人与自然规律的总结。哲学是对世界的关于终极意义的解释，它在解释中使我们了解世界，使世界在我们的意识中合理化，从而为我们提供心灵的慰藉。哲学还是对人自我定位的一种工具。哲学不等于面包，但是哲学相当于吃面包时涂的蜂蜜。哲学的任务是更好地指导人们正确认识世界和改造世界。马克思主义哲学的核心是人和实践，它是研究人的解放的哲学理论，其基本理论轨迹是人——人的异化——人的解放，人的解放的具体途径是实践。实践是人的存在方式和活动方式，是人的自由自觉的活动，是认识的基础，是社会生活的本质，是人类社会存在的基础和发展的现实动力。人的解放和全面发展是马克思主义哲学的目标，实践是马克思主义哲学的本质和核心。马克思主义哲学在本质上是一种社会发展哲学。马克思主义哲学理论的全部功能就是把其中的阶级革命学说应用于社会实践——进行阶级社会革命获得胜利，推动人类社会前进到共产主义社会。

马克思主义哲学是一个完整的体系，包括唯物论、辩证法、认识论等。学哲学、用哲学，应该是学习应用它的原理、立场、观点、方法。人类社会是一个永无休止的发展过程，各方面条件复杂多变，新生事物层出不穷。学习马克思主义哲学，是为了用辩证唯物主义和历史唯物主义观点观察世界、观察社会、观察事物，是锤炼思想方法、工作方法，做好工作的迫切需要。

第一，学习马克思主义哲学，是进一步解放思想的需要。只有通过学习哲学，才能使人们的思想达到应有的高度，才能摆脱旧观念、僵化思想的束缚，才能对改革、发展和稳定有全面、辩证的理解，从而创造性地工作，不断开拓出新的局面。

第二，学习马克思主义哲学，是领导干部加强工作中的原则性、系统性、预见性和创造性的需要。所谓原则性，从哲学意义上讲，就是实事求是原则和人民利益原则，就是个人立场问题。所谓系统性，就是从事物的整体性出发看问题和处理问题。坚持这一方法论要求，就要处理好全局和局部的关系、过程和阶段的关系。所谓预见性，就是依据规律，预见未来，指明方向。预见性是思维的前期性在工作中的体现，没有预见就没有领导。所谓创造性，就是依据规律，有所发现，有所创造，其本质是创新。按这样的方法论原则去做工作，就必须学好哲学。在学习理论中，要坚持把解决思想方法问题和加强党性锻炼结合起来，使党性锻炼推动思想方法的改进，以改进思想方法推进党性锻炼的水平。这二者的结合，其实质是学习理论与改造主观世界的结合，反映着理论学习的规律。

第三，学习马克思主义哲学，是提升个人素质的需要。只有用科学的、先进的哲学武装头脑，才能引导我们掌握科学的精神和方法，防止唯心论、形而上学和主观主义。提高干部的领导水平和理论思维能力，提高拒腐防变的能力，必须从提高理论素质上下工夫；提高理论素质，要从锤炼思想方法和工作方法入手，使改造主观世界和学习理论有机结合起来。学习理论要通过联系思想实际这个中转站，形成正确的思想方法、工作方法再去联系工作实际，才能有效，才能管用。从书本知识转化为理论素养，再从理论素养转化为指导实践的能力，这一切都离不开锤炼思想方法和工作方法，只有使思想理论素质转化为执政能力、拒腐防变能力，才能达到学习和应用的目的。

一要善于把握事物的本质。任何人做任何工作都离不开了解情况、分析矛盾、研究对策这三个环节。了解情况要主观符合客观，做到情况明、判断准。其一，要深入调查，没有调查就没有发言权。其二，要善于思考，多问几个为什么，不要人云亦云。其三，要善于归纳、总结，把握本质性的东西。对于普遍存在的现象要从决策层面、指导方式上找原因，对于反复出现的问题要从规律上找原因。

二要学会分析矛盾。事物就是矛盾，问题就是矛盾，矛盾的法则是唯物辩证法的根本法则。矛盾无处不在，用哲学原理分析矛盾也就无处不在。分析矛盾，首先要对材料进行筛选，去粗取精、去伪存真，分分类、排排队，然后由此及彼、由表及里加工改造。一个大的矛盾，包含若干小的矛盾，任何矛盾都有各个方面。分析和综合是统一的。先分析后综合，边分析边综合，分析是综合的基础，综合是分析的归宿。分析事物的内部，分析事物的外部，分析事物之间的联结，分析事物的发展，经过加工改造、概括抽象，找出事物的本质以及本质和本质的关系，找出主要和次要方面，等等。人类社会的发展过程是一个发现矛盾、解决矛盾的过程。人生活在地球生物圈里，处于种种矛盾之中，概括起来有人与自然的矛盾、人与社会的矛盾、人与自身的矛盾。这三大类矛盾决定着人类的物质生产和精神生产、人类的生活方式和生活质量。全面认识这三大类矛盾，有助于我们寻找解决矛盾的最佳途径，提高化解矛盾的能力。人与自然的矛盾就是生存的矛盾、物质需求的矛盾、生活环境的矛盾。人与社会的矛盾表现为物质生存和精神生存两个问题，两者归结为一，就是人权问题。人与自身的矛盾表现在两个方面，一是肉体，二是心灵。在种种矛盾与压力面前，人类免不了困惑、苦恼、悲观，但总的态度是奋起应对，积极化解，变压力为动力，一往无前。其一，解决人与自然的矛盾，就是要从自然界获得充足的生活资料，解决衣食住行问题，满足物质需要；就是要战胜自然灾害，增强抗灾能力，把灾害的损失降到最低限度；就是要改造环境，美化环境，使环境与人和谐相处；就是要把人从大自然的奴役下解放出来，从必然王国进入自由王国。因此，必须建设物质文明、生态文明。其二，解决人与社会的矛盾，必须构建公平公正、利于生产发展和公民全面自由发展的生产关系、社会关系，建设政治文明、精神文明。建设民主与法治的政治体制，发展先进生产力和先进文化，是人类解决三大矛盾，从而不断满足自身需求的最重要的实践活动，是各级政府最重要的职责，是执政党的头等大事，是全体社会成员最有价值、最该做而又必须做的工作。其三，解决人与自身的矛盾，必须大力发展医药科学、体育活动、精神文明。医药科学直接救死扶伤、祛病去痛，体育活动可以强身健体、愉悦精神、提高免疫力，二者可以解决与疾病的矛盾。精神文明可以解决与心灵的矛盾，使灵魂有家园，精神有寄托，心情舒畅，活得坦然。精神文明主要是人文科学，人文科学包括伦理道德、文学艺术、哲学、历史、宗教等。

三要有系统观、整体意识。用系统的观点、整体的意识去分析观察问题，事关大局成败和能否抓住重点。没有系统观点，就不可能有大局意识；没有整体观点，就不可能抓住重点。所谓的重点都是相对于一个整体来讲的，没有整体就凸显不了重点。系统、整体也是相对的。单一个体，就其本身来说，是一个独立的整体，自成系统。放大到更广的一个范围来看，它又是大系统里的一个小系统，是大整体的一个组成部分。这样的思维运用到工作中来，就要做到既守土有责地做好自身工作，又要自觉地把自身工作放到大局中去审视。

四要运用于解决矛盾。马克思主义认为，世界观和方法论是统一的，有些哲学观点本身就是方法。如实事求是是哲学的基本观点，同时也是最常用最重要的方法；群众路线是哲学的基本观点，是党的根本思想路线和工作路线，同时又是党的根本的工作方法。调查研究的方法是唯物论、实践第一观点的运用；集中起来、坚持下去的方法是实践论观点的运用；一般号召和个别指导相结合的方法是矛盾普遍性和特殊性观点的运用；抓典型、学先进的方法是认识论由个别到一般观点的运用；等等。哲学最大的意义是确定原则、指引方向、启迪思路。辩证唯物主义哲学可以解决思维方式问题，帮助人们从认识论、方法论的根本上破除迷信、解放思想；对立统一规律能够开阔人们的思路，矛盾特殊性的原理可以帮助寻找方法。研究对策必须研究创造新的方法，而任何新方法都是在旧方法的基础上产生的，哲学可以告诉人们如何在继承基础上创造新的方法；研究对策必须重视间接经验，而哲学关于直接经验、间接经验的论述，可以使人们懂得为什么借鉴间接经验和怎样借鉴间接经验；研究对策必须采用新的科技成果，而生产力决定社会发展的理论、科学技术是第一生产力的观点，可以告诉人们方法创新和科技创新的关系；研究对策必须深入实际，广泛听取群众意见，而群众观点、从群众中来到群众中去的方法，可以帮助人们集中正确的意见；研究对策必须重视实践，而马克思主义认识论使人们懂得实践产生办法、实践检验办法，试验、试点、实践是研究对策、不断创新的必由之路。

五要学原理、用原理。把哲学原理应用于了解情况、分析矛盾、研究对策的过程之中，也就是应用于一切工作之中。因为一切工作都要了解情况、分析矛盾、研究对策。这样，工作不断，应用不断。这就是理论联系实际的学习方法，也是理论联系实际的工作方法。哲学的活学活用集中反映在发现规律、利用规律中。例如，人类文明的兴起与跌落、战争与浩劫，以及重大科学发现和文化成就的取得，除了看得见的人为因素以外，起决定性作用的还有气候因素。尤其是在古代农业社会，人类应对自然变化的能力较差，大气温度每次变冷转暖，都会引发人类社会大规模的动乱、战争和民族迁徙。气候在温暖期和寒冷期的转换，往往决定着中原农耕民族和北方游牧民族实力的强弱对比和农牧分界线的南北推移，由此引发或加剧民族冲突，进而决定中原王朝的兴替。以魏晋南北朝为例，当时气候变化正处于秦汉、隋唐两个温暖期之间的寒冷期，在公元400年前后温度最低时，年平均气温比今天低了近2℃，较之温暖的汉、唐时代，要下降2℃～3℃。粮食平均亩产量也由秦汉时的132公斤，下降到北朝的128.8公斤和东晋南朝的125.4公斤。① 土地单产对古代民族的竞争尤其是农牧民族间的竞争是非常重要的。土地单产高，意味着相同的土地面积能养活更多的人口，能有更多的粮食积累，也就有更强的军事战斗力，在战争中获胜概率更高。与北方游牧民族的实力对比，直接决定中原王朝的疆域版图亦即生存空间的大小。关中两次大旱致使10年后周王室南迁。古代中国经济重心逐渐南移，最终从黄河流域转向长江流域，在某种意义上也是气候转冷的结果，到宋时，南方人口超越北方，长江流域终于取代黄河流域成为汉族的经济文化中心。公元1100—1533年间，长达400年的温暖期充当了美洲大陆古印加帝国的“完美孵化器”，使这个帝国的疆域从哥伦比亚一直扩展到智利中部，催生了灿烂的古印加文明。罗马帝国的解体又为一例，气候变化是全球性的，但亚欧大陆的东西两端并不同步，气候变冷时先从太平洋西岸开始，由日本、中国东部逐渐向西移到西欧，温度回升时则自西向东行。正是这种时间差，促使匈奴人在公元4世纪气候转冷时西迁，在欧洲掀起民族大迁徙狂潮，葬送了罗马帝国。②

3. 懂全局、议大事，增强统筹协调力

懂全局就是要学习党的路线、方针、政策，主动把团的工作放到党的中心工作中去思考、谋划，从而使共青团的工作更好地服从服务于党的工作大局。这就要求共青团必须站在党政、社会和青年的全局思考问题、谋划工作，在党政关心的重点、社会和青年关注的焦点与热点中找到工作的切入点。议大事就是要敏锐

---

① 参见《王朝兴衰的翻云覆雨手》，载《东楚晚报》，2010-02-12。

② 参见司马亮：《气候变化左右王朝命运》，载《文史参考》创刊号。

地把握社会发展形势，时刻关注社会的发展变化，学会用马克思主义的立场、观点分析各类社会问题、鉴别各种社会现象。

一要全面把握经济社会发展规律的本质。发展可以被看做是扩展人们享有的真实自由的一个过程。聚焦于人类自由的发展观与更狭隘的发展观形成了鲜明的对照。狭隘的发展观包括发展就是国民生产总值（GNP）增长，或个人收入提高，或工业化，或技术进步，或社会现代化等观点。发展的目标应该等同于制定社会上所有人的福利状态的价值标准。财富、收入、技术进步、社会现代化等固然可以是人们追求的目标，但它们最终是属于工具性的范畴，是为人的发展、人的福利服务的。以人为中心，最高的价值标准就是自由。“自由”，从“实质的”（substantive）意义上定义，即享受人们有理由珍视的那种生活的可行能力。具体说，“实质自由包括免受困苦——诸如饥饿、营养不良、可避免的疾病、过早死亡之类——基本的可行能力，以及能够识字算数、享受政治参与等等的自由”[①]。它包括法治意义上的自由，但不限于权利——自由是人们能够过自己愿意过的那种生活的“可行能力”（capability）。因此，自由还包括各种“政治权益”（entitlements），比如说，失业者有资格得到救济，收入在最低标准线之下者有资格得到补助，每一个孩子都有资格上学受教育。关于社会意识的本质、作用和发展规律是历史唯物主义科学体系的一个重要组成部分。要全面地把握社会发展规律，不仅要正确认识社会经济生活、政治生活的一般过程，还要正确认识社会精神生活的一般过程。社会生活的进步反映在社会意识领域，就是社会精神文明的提高。它表现为教育、科学、文化知识的发

① ［印］阿马蒂亚·森：《以自由看待发展》，63页，北京，中国人民大学出版社，2002。

达和思想、政治、道德水平的提高。

温家宝总理在2009年春节团拜会及“两会”上都提到，我们所做的一切，都是为了让人民生活得更加幸福、更有尊严。这话一时间传遍了神州大地，在亿万民众中引发了强烈的共鸣，它拨动了时代脉搏中最柔软、最庄严的那根弦。温总理所说的“要让老百姓活得更有尊严”主要指三个方面：第一，每个公民在宪法和法律规定的范围内，都享有宪法和法律赋予的自由和权利，国家要保护每个人的自由和人权。法律面前，人人平等。第二，国家发展的最终目的是为了满足人民群众日益增长的物质文化需求，除此之外，没有其他。第三，整个社会的全面发展必须以每个人的发展为前提，因此，要给人的自由和全面发展创造有利的条件，让他们的聪明才智竞相迸发。尊严作为一种体面的生活方式与生存状态，需要坚实的物质保障打底。衣食住行都举步维艰，谈何尊严？殷实的民生是抽象尊严的具体形态。从这个意义上说，尊严的厚实基础是民生。让人民生活得更加幸福、更有尊严，是一个鲜明的时代命题，支撑这个命题的是人民生活中无数个“细枝末节”。所以，群众利益无小事，民生问题尤为关键。具体地说，让人民生活得更加幸福、更有尊严，必须在经济发展的基础上，更加注重社会建设，着力保障和改善民生，要在学有所教、劳有所得、病有所医、老有所养、住有所居这些最基本的民生问题上让老百姓得到更多的实惠，让百姓更多地分享改革发展的成果。让老百姓抬起尊严的头颅，这是工作的重中之重。

二要正确看待国家当前的整体经济形势。据有关部门统计，“十一五”期末，我国人均GDP将接近4 000美元。按照人均GDP与经济增长结构转换的经济规律，人均GDP水平达到4 000美元左右，意味着经济社会将逐渐由生存型社会进入发展型社会的新阶段，经济增长由数量型增长向质量型增长转变，是个历史节点。此时，能否真正迈向经济发展更高阶段，经济发展动力结构、需求结构、产业结构、要素结构、对外经济结构等增长格局的调整和转换，将是关键所在。从目前收入分配的格局看，我国经济发展中存在着四个严重的问题：其一，GDP 中居民收入分配占比持续下降。1990—2007 年，居民收入分配占 GDP 比重从 56.18%下降到 43.42%；数据显示，在成熟市场经济体中，初次分配后，劳动者报酬占 GDP 的比重，美国接近 70%，其他国家和地区普遍为 54%～65%。其二，城乡差距在继续拉大。农村居民人均纯收入与城镇居民人均可支配收入之比，从 1985 年的 1∶1.86 拉大到 2008 年的 1∶3.31，近几年虽然差距拉大的幅度在缩小，但拉大的趋势仍然很明显。其三，居民之间的收入差距也在拉大。基尼系数从 1982 年的 0.249 拉大到 2008 年的 0.47，属收入分配不公平问题较为严重的国家。其四，地区间发展不平衡，东中西部发展差距较大。1978 年东部地区人均 GDP 是西部地区的 1.86 倍、中部地区的 1.56 倍，到 2008 年分别扩大到 2.39 倍和 2.05 倍。

历史经验表明，虽然国与国之间存在较大的差异，但经济增长结构转换点与人均 GDP 水平存在基本的一致性和共性特征。

（1）经济发展动力结构发生新变化。在人均 GDP 达到 4 000 美元左右的水平时，已大致具备了经济增长结构转换的条件。部分发展经济学家，如刘易斯、钱纳里、罗斯托等人的工业化理论与发展阶段理论，都说明这是一个经济增长结构转换的临界点。经济增长的驱动力主要可划分为要素驱动、投资驱动、创新驱动和财富驱动四大动力。在人均 GDP 达到 4 000 美元左右的阶段，技术创新成为经济社会发展的重要驱动力。所以，各发达经济体在人均 GDP 达到 4 000 美元后，逐渐放弃“以资源促发展”、

“以市场换技术”、“以利润换资本”等要素驱动和投资驱动的前期发展方式，经济发展由以主要依靠投资驱动逐步转向主要依靠创新驱动。

（2）产业结构出现新变化。第三产业上升为主导产业。产业结构变化是现代经济增长的主要内容。根据配第-克拉克定理以及钱纳里、库兹涅茨的研究，随着人均收入水平的提高，第一产业在GDP中的比重将呈明显下降趋势，产业结构的重心向第二、第三产业转移，这是产业结构趋向高级化的规律。从第二产业内部结构看，重工业的比重逐步提升；从整体产业结构看，第三产业将逐渐取代第二产业而居于主导地位。在人均GDP达到4 000美元之前，经济发达国家基本处于工业化时期，“投资主导—工业推动”的组合是其经济增长的主要动力。在人均GDP超过4 000美元之后，由于消费快速扩张，服务业迅速崛起，“消费主导—服务业推动”的组合逐渐成为新的增长动力，第三产业比重超过60%而成为主导产业，产业结构呈现高级化。

（3）劳动力与就业结构出现新变化。大多数发达国家在人均GDP达到4 000美元后，也伴随着人口结构和就业结构的巨大变化，出现了“刘易斯拐点”，从而进入了生产要素成本周期性上升的阶段，此时，为积极提高人口素质，与人力资源相关的一切领域都会进行重大调整，特别是在劳动分工、产业结构、就业结构，以及储蓄、消费、投资、社会保障等领域发生了深刻变革。

（4）国民收入分配结构出现新变化。人均GDP达到4 000美元后，经济体发生的一个直观明显的变化，就是中等收入阶层崛起，成为经济发展的中坚力量，并且这个中产阶层迅速扩大。在现代发达国家中，中产阶层人数众多，如在美国、日本、欧盟等国家和地区，中产阶层占全社会家庭总数的比重都在70%以上。中产阶层是市场消费的主体，具有强劲的购买力，是消费需求持续扩大的主要动因。同时，中产阶层的形成，是推动社会结构由“金字塔形”向“橄榄形”转变、促进社会稳定的重要因素。中产阶层是发达国家经济持续发展的重要支撑，对人均GDP向更高阶段跨越发挥了重要作用。

（5）对外经济结构出现新变化。归根结底，一国的经济发展取决于本国资本的积累能力和资源使用效率，依靠外来资本集聚来支撑工业化进程的格局，无论如何是不能持久的。根据邓宁的投资发展路径（IDP）理论，一国的净对外直接投资（NOI），即对外直接投资与吸收外国直接投资的差额，是一国经济发展阶段的函数。到达一定阶段时（比如人均GDP为2 000美元～4 750美元），进行投资阶段的转变就成为必然选择。而推动这一转换的关键，是提高对外投资的收益率，促进本国资本竞争优势的形成。衡量一个国家对外经济成熟度的重要指标是国际收支经常项目盈余。一般而言，经常收支持续保持盈余，贸易服务性收支缩小，所得收支盈余以及对外资产余额增加，表明一国正在向成熟的债权国过渡。比如20世纪80年代后的日本，国际收支经常项目中的所得收支盈余超过贸易盈余，表明那时日本对外经济结构发生了重大变化，已经开始从“商品输出为主”向“资本输出为主”转变，日本经济也由此进入一个新的发展阶段。应该说，金融危机给了我们一次深刻反思和学习的机会。当前，我国赢利模式正面临着深度转型的重大挑战，长期支撑中国经济高速增长的要素红利、人口红利以及全球化红利的势能都在衰减，主要依靠低成本刺激的出口超高速增长逐渐回归常态增长，以大量增加资源资金投入维持的粗放型增长模式已走到尽头。2009年中国财富增长进入了一个新的历史节点，中国能否跨越“中等收入陷阱”，真正迈向经济发展更高阶段，动力结构、需求结构、产业结构、要素结构、对外经济结构等增长格局的调整和转换，将是关键所在。

三要客观理性地看待全区经济发展。胡春华书记强调，内蒙古现在仍然存在发展不足的问题，表现为人均GDP少、含金量低。现在的高速发展是建立在富集的资源优势的基础之上的。新中国成立以后，内蒙古依托资源优势伴随着国家的发展和建设进入工业化中期——能源重化工时期，而能源重化工阶段恰恰要求巨大的资源贡献，因而经济发展需要转型和升级。经济发展必须突出“好字当头”，必须切实转变经济发展方式、调整优化经济结构，让老百姓真正享受到改革发展所带来的成果，让老百姓的钱包同GDP一起鼓起来，其最终目的就是像温家宝总理提出的那样，让老百姓生活得更加幸福、更有尊严。自治区党委反复强调，要坚持发展是第一要务的思想不动摇，坚持富民与强区并重，要像抓强区那样抓富民，就是为了让人民生活得更加幸福、更有尊严。自治区党委、政府决定我区不再追求GDP增速全国第一，目的是为加快经济发展方式转变、调整优化经济结构留出空间，努力提高发展的质量和效益。为了让人民生活得更加幸福、更有尊严，自治区还作出全面提高六项保障性指标的决策部署。改善民生是经济发展的根本目的。只有着力保障和改善民生，经济发展才有持久的动力，社会进步才有牢固的基础，国家才能长治久安。

四要增强统筹协调服务能力。当前，呼伦贝尔的发展到了一个关键阶段，如果不按照既定的制度安排，实现美丽与发展双赢、富民与强市同步、转型与升级共振，从而真正贯彻落实科学发展观，经济发展将难以持续，社会将难以稳定，共同富裕目标也将难以实现。贯彻落实科学发展观的针对性在于发展的根本目的，亦即是人的全面发展。片面追求总量增长，牺牲环境，浪费资源，甚至直接损害劳动者和青少年合法权益是一种错误倾向。贯彻落实科学发展观的艰巨性在于正确认识实现社会主义现代化的发展进程，形成一套符合科学发展观要求的体制机制和有效的政策措施，把落实科学发展观变为全市各族青少年的自觉意识和行动。共青团系统的同志必须在把握国家经济社会发展大局的基础上不断提高驾驭能力和统筹协调服务的本领，这种本领集中表现为政治素质。政治素质是一个人的政治思想、政治方向、政治立场、政治观念、政治态度、政治信仰的综合表现。现实中，一些领导的能力与形势任务及岗位要求不够适应，解决复杂问题的能力比较弱。有的理论水平不高，政治敏锐性不强，不善于抓大事、议大事；有的缺乏整体意识，不能站在全局上分析形势、思考问题；有的思维层次不高，全局意识差，宏观上缺乏谋，微观上办法少。可以说，政治素质的高低决定着领导干部对事物的分析能力和处理能力。

（1）要具备把关定向能力。团的各级组织和团干部一定要明辨发展方向，坚定政治立场，具备用政治方向把握发展方向的能力。

（2）要具备把握大局能力。改革开放的今天，党中央坚持以人为本的全面协调和可持续发展，具有整体性和全局性。根据马克思主义辩证唯物主义和历史唯物主义的基本原理，从时代发展的重大变化中考察和审视问题，总结经验教训，在普遍联系中把握世界发展大局，从事物的变化中掌握社会发展的内在规律，从共青团系统的实际出发，客观地认识自身发展优势和制约因素，科学地谋划发展思路，制定出符合本系统的发展规划和工作措施。懂全局、议大事、管本行，是共青团干部的必修课——不谋长远者，不足以谋一时；不谋全局者，不足以谋一域；不谋重点者，不足以谋一事。团的各级组织要带头增强全局观念，坚持用大方向管小方向，用大道理管小道理，用全局管局部，用政策管感情，确保各项决策符合长远建设的要求，符合青少年的根本意愿。

(3) 要具备处理突发性事件能力。具有较高的应对突发事件的本领，既是构建和谐社会的重要条件，更是领导者全面履行职能、提高执政能力的题中应有之义。在诸如青少年上访、安全事故等突发性事件面前，要不气馁、不急躁、不推卸、不逃避，重视心理自我调控，冷静处理问题，勇敢面对，采取得力措施，较快妥善处理突发性事件。同时，要建立有效的预防机制，做到未雨绸缪，防患于未然。在应对突发事件、化解危机的价值取向和策略方面，应当遵循以下六原则要求：1）预防为主；2）快速应对，果断处置；3）信息公开，取信于民；4）以人为本；5）协调和化解矛盾；6）依法办事。

4. 守纪律、管本行，增强可持续发展力

纪律包括政治纪律、组织纪律、廉政纪律、生活纪律。纪律对于共青团人来说，不仅仅是一些硬性的规章和制度，更是一种做人做事的规范引导。守纪律是管好本行的前提，团干部在同龄人中成长进步比较快，又做的是同龄人的工作，只有倍加珍惜难得的人生机遇，自觉用纪律来约束言行，才能树立良好形象，练就扎实本领，锤炼过硬作风。管好本行是可持续发展能力的基础，是严守政治要求、忠诚党的事业、践行党的宗旨、发扬党的传统、遵守党的纪律的具体体现。

一要严守党纪红线。党的纪律是团的各级组织和团干部的基本准绳，是不可逾越的“红线”。自觉遵守党的纪律，严格执行领导干部廉洁自律的各项规定，是对共青团干部的起码要求。2010 年 2 月中央印发了《中国共产党党员领导干部廉洁从政若干准则》，我们要认真学习党的各项纪律规定，坚决执行《廉洁从政若干准则》，加强自我约束，带头遵守规章，严格要求自己。

二要筑牢廉洁防线。“千里之堤，溃于蚁穴。”廉由心生，心不廉则无所不取，心无防则无所不为。团干部一定要自觉加强党性修养和作风养成，始终以党和人民事业的要求、团员青年的期盼衡量自身言行，守得住根本，经得住考验，抵得住各种诱惑，筑牢廉洁从政的思想防线。牢固树立正确的权力观和利益观，坚持把权力行使定位在服务广大青年群众上，把利益追求定位在青年满意上，做到名利上淡泊而知足，心态上积极而健康。

三要夯实道德底线。自古以来，为政清廉就被视为“国之大维”、“人生大纲”、“仕者之德”。古人还将廉洁分为三种层次，即“见理明而不妄取者”、“尚名节而不苟取者”、“畏法律、保禄位而不敢取者”。团的各级组织和团干部，理应有更高的思想境界和精神追求。要努力培养高尚的道德情操，自觉抵制腐朽思想的侵蚀，既坚持在大是大非面前遵纪守规，把握住自己，又注意在日常生活中模范践行社会公德、职业道德和个人美德，筑牢心灵和道德的“防护堤”。要坚持从小处防起，从小节抓起。小节不小，小节见精神，小节有品性，小节影响着整个队伍的作风。搞一次特殊，就丢掉一分威信；破一次规矩，就留下一个污点；谋一次私利，就失去一片民心。“不虑于微，始成大患；不防于小，终亏大德。”要坚持慎微、慎初，时时自重、自省、自警、自励，做到认清自己的身份，检点自己的言行，尊重自己的人格，珍惜自己的名誉。

四要把握交往界线。慎交友是保持清正廉洁、抵御各种不正之风和腐败现象的重要一环，而交友不慎往往是走向腐败的“催化剂”。一定要把人际交往作为一件大事来看待，做到交友有选择、有尺度。“君子先选择而后交友，则少忧；小人先交友而后选择，则多怨。”交友要坚持以“德”为要，以“信”为基，坚持“君子之交淡如水”，绝不能只讲关系不讲原则，只讲义气不讲是非，更不能把朋友间的感情关系异化为庸俗的金钱利益关系，切实做到友情里面有原则，交往当中讲政治，朋友之间共勉励。

管好本行与严守组织纪律又具有一致的内在规定性。共青团干部能否始终保持清正廉洁的本色，关系到党的形象和事业的兴衰，必须时刻绷紧廉洁自律这根弦，始终做到讲党性、重品行、做表率。

一要具备准确把握法规制度的能力。要提高依据政策法规抓工作的能力，必须了解熟悉政策法规。发展中出现的许多问题，除了领导作风、工作方法方面的原因外，一个很重要的原因就是不按政策法规办事。

二要具备协调利益关系、应对复杂局面的能力。团干部必须强化法规素质，提高协调利益关系的能力。处理人民内部矛盾和协调不同利益关系，最重要的是要做到两个坚持。首先，必须坚持一个基本立足点，即立足于实现好、维护好、发展好各族团员青年的根本利益，亦即以人为本。其次，必须坚持统筹兼顾原则，处理好三个关系，即把实现团员青年的长远利益和当前利益结合起来；在坚持国家整体利益的基础上兼顾不同青年群体的具体利益；在兼顾各种利益的基础上重点兼顾在市场竞争中处于劣势地位的农牧林区青年的利益，尤其是青年弱势群体的利益。

三要具备规范领导方式的能力。避免在制定工作目标、出台具体办法的过程中出现失误。

5. 掌握领导科学和工作艺术

一要信任人。信任人的领导进行目标管理，而不信任人的领导进行过程管理。要重视每个成员的意见，不苛求人。信任是一种有力的激励，共青团战线的同志们为着共同的共产主义理想走到一起，这个团队朝气蓬勃，富于创造力和想象力，尤其值得信任，尤其需要给予每个成员机会表现和证明自己。要以信任来激发责任心，一个人对他人的某种信念可能导致他人做出符合该信念的行为结果，这种个人预期最终实现的现象又叫做“皮格马利翁效应”。20世纪60年代，罗森塔尔和弗德对心理学系的学生进行了实验，他们把老鼠分成两组，告诉做实验的人，你这群老鼠是聪明的老鼠，他那群老鼠是愚蠢的老鼠，然后让学生观察和操纵这两组老鼠钻迷宫，结果“聪明”的老鼠组远远领先于“愚蠢”的老鼠组。难道这些老鼠真的有聪明和愚蠢之分吗？当然不是，而是指导“聪明”老鼠的学生更为耐心地对待和操纵了老鼠。实验的结果其实是学生关于老鼠的观念和态度以及自信心带来的行为方式发生了作用。

二要关心人。人有物质性需要和精神性需要，关心人就意味着关心人的需要并满足这些需要。在工作中要承认个人追求正当利益的权利，满足团队成员个人的需要和利益。要平衡成员个人与组织的社会交换关系，在个人与组织的关系中，包含双方利益和成本的交换，彼此的期望、要求、义务、贡献和回报等互动交换关系。曾经有人问李嘉诚：统率群雄最重要的是什么？李嘉诚回答说：最重要的是了解你的下级需要什么？第一，除了生活，他们一定要前途好；第二，除了前途好之外，到将来他们年纪大的时候会有什么保障等，很多方面都要顾及。我们学习带团队，一定要首先学会关心人，这是加强团队的凝聚力和合作精神的基础。

三要尊重人。尊重人其实是关心人的一个极其重要的方面。要礼貌对待组织成员，帮助组织成员发展职业能力，马斯洛认为，人的自尊心的牢固基础是真正的能力、成就和他人的尊重。要及时肯定组织成员的成就，以万事拜托的态度对待部属。要尊重成员的良好品格，对个人的良好品格特征给予肯定的反馈信息会加强个人良好品格的自我形象，从而强化他的良好行为。

四要听取和鼓励不同意见。人们在一起做事情，有不同意见是很自然的。要鼓励人们讲话，希望别人提供意见和建议来帮助自己做好事情，这是作为人理性的一面。共青团战线上的年轻同志们更应该虚怀若谷。

五要诚信。忠实履行诺言，是诚信品格的体现。诚信的人言行一致，言而有信。孔子的学生曾子说："吾日三省吾身：为人谋而不忠乎？与朋友交而不信乎？传不习乎？"其中两条都是谈为人诚信的问题。我们做青年工作，一定要让团员青年们知道我们的话是可信的，这样我们所设定的目标、规划的组织远景才有鼓舞人的力量。此外，要求别人的事情自己要做到。

2.6.2 提高团干部队伍整体素质的五方面要求

1. 要在"德"的方面苦求索

作为领导干部加强自身修养的基础，"德"是总开关，是起步环节，它包括树立远大志向和培养高尚道德，其核心是坚定理想信念。古人说："太上有立德，其次有立功，其次有立言，虽久不废，此之谓不朽。"今天理解这"三立"的"不朽"，必须看到，当今时代，作为党的事业的接班人，作为党联系青年群众的桥梁和纽带，只有培养高尚的道德情操，具有正确的思想观点，坚定地相信群众，依靠群众，走群众路线，全心全意为人民服务，才是做人立功的根本。治党治国是党和人民赋予当代领导人才的神圣使命。治理国家是人类一切社会活动中最富挑战性的活动，《尚书·虞书·尧典》记载，尧的德治是从提倡美好的道德做起，然后在家庭、家族中推行，使九族之间亲爱和睦。清朝康熙皇帝在第三次远征噶尔丹凯旋后，作诗写治国兴邦的感受，提出“克己尽责、兴廉治国、亲贤任能、民为邦本”的德治理念。当然，今天倡导的苦苦求索的“德”显然与历史上的“德治”思想和法家治国思想有本质的区别，但是也有继承和超越的联系。

在改革开放和社会主义市场经济条件下，领导者或领导人才往往处于道德关系的主体地位，要劝导、说服和规范别人，要解释道德规范的合理性，维护道德的严肃性。作为劝导者、说服者的领导人才的德性、口碑、威信、威望以及由此产生的人格魅力，往往要胜过强制力。“立身不高一步立，如尘里振衣，泥中濯足，如何超达？处世不退一步处，如飞蛾投烛，羝羊触藩，如何安乐？”任何一个特定社会的道德规范体系都是分层次的、具体的和有针对性的。一般说来，任何社会都具有某些共同的、普遍的、基本的道德规范，即官有官德、师有师德、医有医德，各种不同职业群体都有特定的道德规范。政治家不能移植商人的道德标准和理想志向，为官从政的领导人才不能混同于普通群众的道德水准。

作为共青团战线上的一员，作为当代领导人才的后备力量，必须继承和发扬“大义凛然、视死如归”的精神，对共产主义理想和马克思主义坚定不移地信仰，坚韧不拔地实践。必须努力培养“投身革命、报效祖国”的高尚品质和牺牲奉献精神，为实现中华民族伟大复兴而献身。必须始终坚持人民利益高于一切，时刻把人民群众的安危冷暖放在心头，切实做到全心全意为人民服务。必须竭尽为民之责，为民、立民、富民、安民，抵制一切官僚主义、形式主义的歪风邪气，勤勤恳恳做事，踏踏实实做人。必须坚持不懈地磨炼自己，自觉锤炼出一种符合共产主义道德的精神和气节，为我党始终代表中国先进生产力的发展要求、始终代表中国先进文化的前进方向、始终代表中国最广大人民的根本利益而永久奋斗。

总之，理想信念是立身做人之本，也是以德从政之魂。为中国特色社会主义的共同理想而奋斗，胸怀共产主义的远大理想，用科学眼光认识世界，用健康的心态对待人生，用正确的准则规范行为，是加强全体共青团干部自身品德修养，提高领导道德人文素养的根本道路。

2. 要在“能”的方面下工夫

能即能力，它是实现理想、奉献社会、服务人民的本领，其来源一是从书本中学习，二是通过实践锻炼。古人曰：“治国经邦，谓之学；安危定变，谓之才。”这里把会治国经邦称为学问，把有转危为安的本领称为才。共青团干部培养能力，一要学会认知，二要学会做事，三要学会共同生活，四要学会发展。要以学求聪慧，提高对事物的认识能力；以学求知识，增强才学素养的文化底蕴；以学求才智，提高经世济民的本领。

光阴似箭，转瞬即逝。共青团战线的同志们万万不可轻易放过一分一秒。由崎岖之路达到光辉的顶峰，需要脚踏实地，一步一个脚印地攀登，需要具有不畏艰险的拼搏精神；需要孜孜以求、勤学不倦、持之以恒的学习精神；需要独立思考、穷委究源、慎思明辨的思考精神；需要博观约取、博采众长、积流成海、聚沙成金的求索精神；需要食古自化、经世致用、推陈出新的实践精神。归根结底要把所学、所思、所得转化为提高贯彻落实科学发展观的能力。一是要用科学发展观武装头脑，提高贯彻落实的自觉性；二是要牢固树立正确的政绩观，以正确的政绩观保证贯彻落实；三是要提高科学决策的能力，在科学谋划和正确决策中贯彻落实；四是要提高统筹协调的能力，在协调各方利益、处理复杂关系中贯彻落实；五是要坚持求真务实的精神，形成贯彻落实的作风保障。

3. 要在"勤"的方面做表率

"勤"，就是不懒惰，乐于做，努力地去做。"业精于勤而荒于嬉，行成于思而毁于随"、"宝剑锋从磨砺出，梅花香自苦寒来"说的都是这个道理。勤政就是要有强烈的责任感，就是深入实际、深入基层、深入群众，就是工作要抓落实，就是要有敢于承担责任的勇气，就是创造性地解决工作中的疑难问题。"勤政为民，真抓实干"是党在新的历史条件下始终赢得最广大人民拥护和支持的需要，来源于"一切为了群众，一切依靠群众，从群众中来，到群众中去，集中起来，坚持下去"的党的根本工作路线，体现了党的工人阶级先锋队的性质和全心全意为人民服务的宗旨，是党的辩证唯物主义和历史唯物主义世界观的表现。它在思想观念上要求广大团员青年牢固树立群众的观点、权力是人民赋予的观点、为人民谋利益是党的全部活动的出发点和归宿的观点；在实践上要求共青团战线上的广大团干部体察民情，了解民意，任其职尽其责，在其位谋其政，以强烈的事业心和忘我的敬业精神，脚踏实地，心系百姓，尽职尽责，一切想着人民，一切为着人民，把人民赋予的权力用于为人民办实事、解难事；始终保持与时俱进、奋发有为的精神状态，大胆创新，干一行爱一行，真抓实干，真正做到干一地，兴一地，干一行，兴一行。

4. 要在"绩"的方面多奉献

《尔雅》中讲："绩，功也，业也，事也，成也。"所谓政绩，就是领导干部在本职岗位作出的成绩和贡献；所谓政绩观，是对政绩的总的看法，包括对什么是政绩、为谁创造政绩、如何创造政绩和怎样衡量政绩等问题的认识和态度。政绩观直接反映领导干部从政的价值取向，是领导干部创造政绩的思想基础。用什么样的正确政绩观指导工作呢？时任中组部部长的贺国强同志从五个方面回答了这个问题，即要把"三个代表"重要思想作为政绩观的灵魂和指南；要把实现人民群众的利益作为追求政绩的根本目的；要把实现经济社会的可持续发展作为创造政绩的重要内容；要把重实干、求实效作为实现政绩的重要途径；要把党和人民的需求作为评价政绩的重要尺度。① 有什么样的政绩观，就有什么样的工作追求和施政行为，同时也在很大程度上决定着能取得什么样的政绩、创造多大的政绩。年轻同志的健康成长，尤需树立正确的政绩观。

5. 要在“廉”的方面砺品行

党的七届二中全会上，毛泽东同志高瞻远瞩地提出了全党同志必须做好“两个务必”的著名论述：“务必使同志们继续地保持谦虚、谨慎、不骄、不躁的作风，务必使同志们继续地保持艰苦奋斗的作风。”② 这里强调的是一种作风。廉洁自律是党一贯倡导的优良传统和作风，是团员青年必须具备的优良品格。党是执政党，党员干部是一支特殊的社会力量，在整个社会生活中居于支配地位，对社会生活的各个方面发挥巨大的影响。“行之以躬，不言而信”，在加强作风建设中，共青团战线的领导干部要起表率作用，经得起物欲对人自尊的考验。黑格尔在《小逻辑》中认为：人应该尊重自己，并应该自视能配得上最高尚的东西。就人与物的关系而言，人是主人，物是从属，从而操纵和支配物，人高贵于物，而不是相反。就人与人的关系而言，人做什么样的事，也就成为什么样的人。推而广之，一个人选择什么样的品行，是真理的力量和人格的力量相互作用的结果。人格的力量要靠真理的力量陶冶、锻炼，真理的力量更要靠人格的力量去支

---

① 参见贺国强在中央党校 19 期一年制中青年干部培训班学员座谈会上的讲话，2004 年。

② 《毛泽东选集》，2 版，第 4 卷，1438～1439 页，北京，人民出版社，1991。

撑。如果说，担任领导职务是一种幸运而不是厄运的话，领导者更要加强修养，谨慎处之。狄更斯在传世名著《双城记》开头写道："那是最好的年月，那是最糟的年月；那是智慧的时代，那是愚昧的时代；那是信仰的新世纪，那是怀疑的新世纪；那是光明的季节，那是黑暗的季节；那是希望的春天，那是绝望的冬天。我们将拥有一切，我们将一无所有。我们直接上天堂，我们直接下地狱。"① 这段看似矛盾的话是用哲学和诗人的语言描绘出了一个充满矛盾的现实世界。在这矛盾重重的世界里，在社会转型时期的关键处，全市广大团员青年尤其需要保持良好的思想作风，形成良好的工作作风、生活作风和品德修养。

2.6.3 提高团干部队伍整体素质的思想基础

第一，必须克服自满情绪，树立忧患意识。不同时期的解放思想有不同的内涵、不同的任务。目前来看，呼伦贝尔与发达地区的差距是多方面的，主要还是体现在思想观念上。对于站在新的历史起点上的呼伦贝尔而言，完成新阶段的各项目标任务，还需要我们在解放思想上有新的境界。团干部要积极主动承担青少年事务，增强服务和发展的能力；要主动做好青年社团工作，发挥核心作用；要创新工作载体，提升工作成效。

第二，必须以开放的视野谋划工作，力促共青团事业实现大发展。解放思想的过程，也是统一思想的过程。解放思想每向前推进一步，就会在更高层次上实现思想的统一。要克服狭隘视野，树立世界眼光，在深刻认识呼伦贝尔市发展正站在新的历史起点上统一思想；要把思想观念从"就团论团"的框框中解放出来，在深刻认识呼伦贝尔市发展面临的机遇和挑战上统一思想；

---

① ［英］狄更斯：《双城记》，1页，北京，人民文学出版社，1993。

要以海纳百川的胸怀面对青年。

第三，必须以人本精神服务青年，增强共青团组织的吸引力和凝聚力。思想是行动的先导，思路决定出路。要在解放思想中，深入贯彻落实科学发展观，立足于新的实践和新的发展，不断研究新情况，解决新问题，形成新思路，拿出新办法。要对服务对象分层细化，要尊重青少年的需求和个性，要推动服务项目化、持久化，努力形成反映青年动态、青年评价的制度体系。

第四，必须以务实态度加强团的建设，着力夯实共青团事业发展的基础和提升服务青年的能力。要充分发挥党建带团建、团建带队建的政治优势，将团的组织建设纳入党的组织建设的总体规划，将少先队的组织建设纳入团的组织建设的整体布局。要适应新时期青年群体结构和社会分布的变化，积极进行团建创新，通过社区建团、行业建团、挂靠建团等多种方式，建立健全街道青年工作联席会议等协调机制，形成以街道团工委为核心、辖区内团组织和青年组织广泛参与的、开放协作充满活力的社区团建工作新格局，形成因地制宜、整合资源、创新机制、集聚社团、集聚项目的青年中心新特色。要加强对团员青年的教育管理，创新教育管理工作新机制，不断强化青年的团员意识和团员的先锋模范意识，努力做好“评先推优”工作，真正做到“树立一个典型，树立一面永不褪色的旗”。要创新和丰富团的组织生活形式，按照团员需求设计活动内容，把政治教育与业务交流、专业培训、社会实践有机结合起来，努力做到有团员的地方就有团组织，有青年的地方就有青年工作，不断增强团组织的生机和活力，不断提高团组织在青年中的吸引力和凝聚力，不断扩大青联等组织的影响力和号召力，推动青年工作体系与经济社会发展相适应，团的队伍与党的执政要求相符合，真正把广大青年团结凝聚在党的周围，巩固和扩大党执政的青年群众基础。推动解放思想，实现呼伦贝尔全面振兴，重在领导，贵在落实。每一名团员青年都要结合即将开展的学习实践科学发展观活动，认真查找自己在思想观念上的不足，以基层鲜活经验打开自己的思想空间，以群众的生动实践拓宽自己的工作思路，使各项工作体现时代性、把握规律性、富于创造性。

2.6.4 提高团干部队伍整体素质要处理好四个方面的关系

第一，要处理好工作和学习的关系。知识从哪里来，从工作实践当中来，从书本当中来。在 20～30 岁的青春年华中一定要处理好工作与学习的关系，有时间多研究学习党的基本理论和文献，学一学财政金融、文史哲、城市建设、工业，甚至是物理、化学方面的知识。还要学一学管理学、政治学、领导学等方面的知识。

第二，要处理好团务和活动的关系。没有活动就没有共青团，活动是共青团的灵魂。团的建设问题包括组织建设、思想建设、作风建设、廉政建设等等。现在，部分团干部在处理两者关系时，还有所偏颇，片面认为抓团务是隐性工作，是慢工夫，而抓活动是显性工作，是“短平快”，影响大。殊不知，二者关系处理不好，就会流于表面，上热下冷。要正确处理二者的关系，就必须树立科学的发展观和正确的政绩观，清醒，静心，务实，切实做好打基础管长远的事。所以说，一定要在抓团务方面下点工夫，这就需要扎实工作，躬身践行。

第三，要处理好全局和局部的关系。世界是普遍联系的，事物之间是相互影响、相互促进的，共青团工作是党的事业全局中的组成部分，共青团又是由一个一个局部组成的，每一位同志都要在工作中注意分工不分家的问题。处理好局部和全局的关系，还需要用系统论的观点去指导实践，需要用领导科学的理论去建设团队。

第四，要处理好实现个人价值和实现社会价值的关系。在利益多元、社会转型时期，一定要正确处理实现社会价值和实现个人价值的关系，我们要奉献祖国和社会，在奉献祖国和社会的同时去实现人生的价值。我们承认彼此的期望、义务、责任以及相应的劳动关系、个人追求正当利益的权利，我们要满足团队当中每一个成员的个人正当利益，学会平衡个人和组织以及社会之间的交换关系，这些需要我们在工作实践中去把握。

2.6.5 嘎查（村）、社区团支部书记战斗力提升路径①

1. 提高嘎查（村）、社区团支部书记战斗力的必要性

团十五大期间，胡锦涛总书记向广大团干部提出了“忠诚党的事业、热爱团的岗位、竭诚服务青年”的要求，阐明了团干部在党的事业、青年群众中的基本定位，指明了团干部必须具备的理想信念、精神状态和工作理念。新时期，胡锦涛总书记就进一步加强团干部队伍建设提出了“政治上要过硬、作风上要扎实、自律上要严格”的要求。这些要求，内涵丰富，思想深刻，有很强的普遍性和针对性。胡锦涛总书记在接见团十六大部分代表和团中央新一届领导班子成员时所作的重要讲话及李长春同志代表党中央所作的祝词，都突出强调了共青团要巩固党执政的青年群众基础。“两个全体青年”的要求是总书记根据新世纪、新阶段巩固党的执政基础的需要，给共青团组织交代、重申的重大任务。团中央书记处第一书记陆昊同志多次强调，共青团组织要团

---

① 此部分内容由作者2010年4月28日在呼伦贝尔市嘎查（村）、社区团支部书记集中教育培训班上的专题辅导讲座材料整理而成。

结好周围的每一个青年，实现胡锦涛总书记提出的“两个全体青年”的要求，“要大力加强自身建设，坚持眼睛向下、重心下移，力争使团的基层组织网络覆盖全体青年，使团的各项工作和活动影响全体青年，切实增强团组织的创造力、凝聚力、战斗力，更好地发挥共青团作为党联系青年的桥梁和纽带作用”。这不仅是新形势下各级团组织面临的实践命题，更是一个重大的政治课题。

嘎查（村）、社区团干部是基层共青团工作的骨干力量。团干部是共青团工作的组织者、实施者、推动者，各项工作部署最终都要由团干部去落实。地市级以上共青团组织的工作设想和思维理念最后都要通过嘎查（村）、社区团干部结合实际贯彻执行。目前，呼伦贝尔市最基层团干部普遍存在兼职过多、个体素质差异较大、年龄段参差不齐、人员结构较为复杂等问题。按照相关规定，尽管很多嘎查（村）、社区一级团支部书记是兼职，但都由党组织委派，在嘎查（村）、社区担负着为党团结、凝聚青年的任务。团干部队伍的整体状况如何，直接关系到共青团能否履行好职责，直接关系到共青团能否发挥功能，根本上关系到共青团事业的长远发展。因此，高度重视、不断加强团干部队伍建设，是共青团不断开创工作新局面的重要保证。

新形势下，共青团事业发展面临着新挑战。当前，部分农村牧区青年由于考学就业或劳动力转移等原因，日渐向城市集中，导致嘎查（村）团组织战斗力有所削弱，团组织作用发挥不到位，团支部书记缺乏荣誉感等问题。改革开放以来，人们的思维越来越活跃，媒体影响越来越广泛，全球视阈越来越宽阔。农村牧区基层组织从封闭走向开放，基层组织结构从单一走向多元，基层管理从粗放式向集约式转变。这三重转变是农村牧区、街道社区基层组织面临的基础课题。东汉政论家王充在《论衡》里讲："知屋漏者在宇下，知政失者在草野，知经误者在诸子。"这里强调的是"知"的问题。"知"在"下"而不在"上"。知道屋漏的人必然是站在屋檐下的人，知道政事得失的人必然是在基层的广大人民群众，他们是政策的受益者或是政策的受害者。政策的得失，政治体制的得失，归根结底要反映在人民群众的切身生活感受上。同时，先进的生产力、管理方式、组织经验都向团青工作者提出了新要求。如果支部书记不过硬，那么在青年群体当中就没有威信，就团结凝聚不了周围的青年。基层团支部书记的担子重，责任大，他们既要发挥基层组织的战斗堡垒作用，又要贯彻落实好上级组织的工作部署，同时还要代表、反映、维护好基层广大团员青年的诉求，并有针对性地开展团支部工作。

翻开呼伦贝尔共青团的史册，我们可以看到呼伦贝尔共青团的光荣传统。应从中汲取什么养分是值得我们认真思考的。我认为，精神的力量永不泯灭。如果一个人没有了精神，很难想象能够作出什么成绩。只有成为一个有精神的人，有社会责任感的人，才有可能成长为对国家、对社会、对集体有贡献的人，才有可能成长为顶天立地的人。面对变化着的工作环境和青年群众，如何不断完善工作思路，努力形成服务党的事业、服务青年群众有机统一的工作格局；如何全面履行职能作用，进一步提高组织青年、引导青年、服务青年、维护青少年合法权益的能力和水平；如何大力加强自身建设，使团的基层组织网络覆盖全体青年，使团的各项工作和活动影响全体青年，都是摆在全体团干部面前的重大课题。能不能肩负起党的重托、青年的期待，把共青团事业继续推向前进，是对团干部队伍的重大考验。

时代变革和青年特点对基层共青团工作提出了新要求。实践充分证明，在改革开放中成长起来的新一代，是热爱党、热爱祖国、热爱人民的一代，是充满理想、大有希望、值得信赖的一代！汶川地震发生后，第一个冲上抗震救灾前线的是“70后”、“80后”英勇的人民子弟兵；当南方遭受雨雪冰冻灾害时，各界青年走上街头，义务劳动，志愿服务，创建青年文明号，发挥青年突击队作用；当奥运火炬传递受阻时，“80后”一代义无反顾地维护国家和民族尊严，书写了新一代中国青年的荣光。这些都已铭刻在中国青年史册，成为激励这一代青年有精神、有献身、有思考、有作为的不竭动力。共青团组织存在的意义就在于帮助广大团员青年认清自己所处的时代，认清自己肩负的责任，激发青年的精神动力，焕发青年的青春理想。

人不能没有思想，不能没有精神。如果一个人在工作岗位上、群体生活中没有理想信念，碌碌无为地混日子，即使生命延续100年，也仅仅是个数字而已，留不下永恒的东西。法国17世纪著名学人帕斯卡尔曾在其遗著《思想录》中写道：“人只不过是一根苇草，是自然界最脆弱的东西；但他是一根能思想的苇草。用不着整个宇宙拿起武器来才能消灭他；一口气、一滴水就足以致他死命了。然而，纵使宇宙毁灭了他，人却仍然要比致他于死命的东西更高贵得多；因为他知道自己要死亡，以及宇宙对他所具有的优势，而宇宙对此却是一无所知。因而，我们全部的尊严就在于思想。”① 人类正是凭借着思想和智慧，在不断地认识世界、改造世界，根据自身生存发展需要创造着形形色色的物质世界、精神世界和艺术世界。人生的意义在于突破难关、跨越坎坷。一个没有遭遇困难的人，怎能实现跨越？一个从没翻山越岭的人，怎能拥有比山峰还要高远的心灵？人存在的价值在于满足自身生存发展需要的同时，要为社会作贡献。客观地看，由于人的能力有大小、岗位各不同，实现价值的途径和作出贡献的大

---

① ［法］帕斯卡尔：《思想录》，157～158页，北京，商务印书馆，1985。

小也不尽相同。但在主观上，如果一个人从不曾试图打破自己旧有的思维模式，那么他将永远停留在这个层次上。反之，勇于突破和跨越，就会知道如何获得生命的真谛。

根据团市委组织部对呼伦贝尔市基层团工作的问卷调查，很多地方面临着工作兼职多、经费不足、村委会不重视、团员青年流失等问题；还有一些同志想了解共青团服务新农村新牧区建设的主要途径有哪些，农村牧区、社区青年中心服务青年的切入点在哪里，适合农村牧区青年的活动有哪些，以及社区共青团工作的主要方法和促进农村青年转移就业的主要经验，等等。从反映上来的问题看，大家都在认真地思考工作，思考得更多的是如何做好团的工作。长期以来，广大基层团干部发扬"党有号召，团有行动"的优良传统，保持"实事求是，朝气蓬勃"的良好作风，对党的青年群众工作尽心竭力，作出了突出贡献。但是，也要清醒地看到，团干部总体上比较年轻，流动较快，缺乏对党的历史和优良传统的深入了解和切身感受，在艰苦环境和基层锻炼等方面有所不足。这需要通过加强团干部队伍建设来传承好传统、好经验、好做法，需要团干部不断开拓创新，以适应新形势新要求，从而始终拥有一支信念坚定、作风扎实、本领过硬、富有战斗力的团干部队伍，团结带领广大青年为实现党所提出的宏伟目标而奋斗。

社会主义初级阶段的形势摆在我们面前，需要包括嘎查(村)、社区在内的各级团组织和广大团干部积极探索、实践。把总体目标分解为若干个切合实际的任务，是工作的切入点之一。要引导广大青年走社会主义道路，就要努力使我们的工作与集体的、个人的利益联系起来，在实现集体利益、实现青年自身价值的同时，体现共青团组织的功能。要引导青年适应日益变革的环境，处理好个人与社会的关系。团组织只有切实代表和维护青年利益，青年才会跟我们走。国内战争时期，中国共产党因应形势变化，提出了“三大纪律，八项注意”等一系列政策纲领，凝聚了人心，赢得了农民，赢得了新中国的建立。我们党想人民之所想，急人民之所急，最大限度地解放了农村生产力，才有了中华人民共和国这个国家政权的存在，才会有今天稳定的社会发展，才会有日益推进的改革开放。因此，团干部作为党的事业的一分子，作为团组织的带头人，必须勇敢地承担起为党工作的重任。

2. 基层团支部围绕中心、服务大局的切入点

一要善于从党和国家工作大局、共青团工作全局出发谋划和部署工作。团的领导干部在共青团工作中担负着重要责任，不仅要谋一方、谋一条战线，更要谋全局。要自觉把工作放到党和国家工作大局中去思考和把握，紧紧围绕新形势下党提出的一系列重大论断和战略部署，找准共青团工作的切入点和着力点。要深入研究经济社会的深刻变革对共青团工作带来的战略性课题，善于在复杂的变化中抓住本质，善于从青年中寻找根源，善于在基层的实践中寻找答案，主动思考问题、参与决策，为共青团事业发展贡献力量。当前，团的重点工作要与促进青年就业创业、带领青年增收致富结合起来。青年工人、农牧民要致富，团支书就不能回避、退让。越是复杂的环境，越能锻炼人。共青团工作涉及社会生活各个领域，政治性、思想性、全局性、创造性强，充满了挑战。特别是在经济社会深刻变革的条件下，共青团工作面临着越来越多的新问题，需要团干部坚定信心，解决一系列难题，在解决矛盾、难题的过程中，练就过硬本领。

二要把基层团的工作与团的品牌项目结合起来。青年文明号、青年突击队、保护母亲河、青年志愿者、青春建功新农村等，都是共青团工作的品牌，都能与嘎查（村）、社区的实际结合起来。团支部书记要全身心投入工作之中，珍惜在团的岗位上干事创业的宝贵机遇，把全部心思和精力放在推进工作上，兢兢业业地做好本职工作，创造一流业绩。同时，团干部只有全身心地投入工作，才能把握工作中的关键环节，才能形成自己的经验和做法。这个全身心投入的过程，才是团干部真正的建功立业、增长才干的过程。

三要把基层团的工作与履行团的基本职能结合起来。围绕共青团四项职能开展工作，是团组织的根本手段。这四项职能是一个有逻辑前提、紧密联系的体系。组织青年是重要前提，引导青年是根本任务，与服务青年、维护青少年合法权益之间相互促进。在组织青年方面，要以加强团的基层组织建设和基层工作为突破口，着力增强对广大青年的吸引和凝聚，团结带领广大青年为经济社会发展作贡献；在引导青年方面，要针对不同领域、不同年龄段青少年思想意识的关键点，探索有效的教育引导方式，增强工作的针对性和实效性；在服务青年方面，要把握好服务的供需关系，把促进青年就业创业作为重中之重；在维护青少年合法权益方面，要注重把握青年普遍性的利益诉求，积极探索维护青少年利益诉求的方式和渠道。

四要把基层团的工作与建设学习型团组织结合起来。团市委确定 2010 年的工作仍然以“三年联建”系统化推进的主线去实现四项职能。系统化推进的背后是系统化的理论。系统理论是一门科学。大家一定要学习系统理论。没有一点系统思维的方法，就不会懂得抓住主要矛盾，就不会懂得决定事物性质的是矛盾的主要方面，就不会懂得事物是变化发展的，就解决不好基层层出不穷的矛盾和问题。没有知识就成不了嘎查（村）合格的带头人。嘎查（村）、社区团干部要善于观察，善于思考，要具备一定的理论素养，这样，处理问题的办法多、点子活、措施明、方法得当，将会带来工作成效，赢得组织的凝聚力和青年的信任感。

五要与广泛培养青年的职业精神和职业技能结合起来。在培养青年之前，自身要具备职业技能和职业精神。职业精神是一种始终学习的精神，由此衍生出爱岗敬业、创新凝聚。共青团事业是党的事业的重要组成部分，没有对党和人民事业的坚定信念，就做不好共青团工作。共青团组织是一个政治性很强的组织，团干部必须始终把讲党性摆在首位，自觉坚持党的领导、学习党的思想理论、贯彻党的路线方针政策，坚持用中国特色社会主义理论体系武装头脑，牢固树立跟党走中国特色社会主义道路的坚定信念，努力做共产主义远大理想和中国特色社会主义共同理想的坚定信仰者，做科学发展观的忠实实践者。要牢固树立大局意识，始终坚持以党的政治纲领为奋斗目标，以党的指导思想为行动指南，以党的中心任务为神圣使命，紧紧围绕党和国家的工作大局，创造性地把党的要求贯彻落实到团的各项工作之中，为实现党的历史任务作出积极贡献。

六要与锻造一支能干会干、敢闯敢试的团干部队伍结合起来。历史唯物主义认为，历史是人民群众创造的，人民群众创造历史，伟大人物催化历史。团干部一定要把工作激情、科学精神和务实作风结合起来。团干部的精神状态和工作作风，直接关系共青团的形象，关系共青团事业的成败。总的来看，团干部都是朝气蓬勃、富有工作激情的，工作中有想法、有冲劲、肯奉献。这是团干部的可贵之处。但是做好共青团工作，仅靠工作激情是不够的，还必须有科学精神和务实作风。现在，少数团干部中存在着追求表面上的轰轰烈烈、不考虑工作实际效果的做法，存在着急于出成绩、不尊重工作规律的倾向，这些都是方法不科学、作风不实的表现。广大团干部既要有实事求是的态度和勇气，又要学会用科学方法分析解决现实工作中的重大问题，这就要求必须抓住三个关键环节：其一，要深入研究基本理论，主要是党建、团建理论，还要注重青年工作理论，抓住本质和关键环节。其二，要认真总结团内工作经验，同时积极借鉴国际经验，具备历史感和国际眼光。其三，要把握现实突出问题，把症结找出来，增强工作的科学性和针对性。团干部要大力弘扬务实作风，加强调查研究，多到基层去，多到青年中去，结合实际研究新情况，解决新问题，把握工作规律，科学谋划、部署和推进工作。要求真务实，脚踏实地，沉下心来干事业，集中精力抓落实，踏踏实实做好每一项工作。要心中装着青年，密切联系青年，了解青年的需求，竭诚帮助青年解决成长发展中的困难和问题。

3. 基层团支部工作的艺术和方法

第一，做好基层团的工作的核心是熟悉青年。熟悉青年的前提是熟悉社会，对社会缺乏了解，就没办法真正地熟悉青年。今天的社会是一个开放的社会，是一个包容的社会，是一个充满冲突的社会。开放的社会体现在人们的言谈举止等各个方面；包容的社会体现在人们对于意识形态领域的概念越来越兼容并蓄；充满冲突的社会是社会问题最集中的体现，人类社会的三大矛盾，即人与社会、人与自身、人与自然的矛盾。人类社会的三大矛盾以人与自身的矛盾最难突破，人作为有独立意识的生命个体，与自己的肉体有矛盾，与自己的心灵有矛盾。传说有一位寿州道树禅师，建了一座寺院，院址恰与道士的道观为邻。道士们看到寺院建在道观旁边，心里很不高兴，想逼道树禅师把寺院迁走。于是，他们每天呼风唤雨，撒豆成兵，以法术将佛寺中的年轻沙弥都吓走了。可是道树禅师不为所动，在这座寺院里一住就是十多年。到了最后，道士们的法术神通都用尽了，再无伎俩可施，仍然看不惯佛寺位于道观旁，只得忍痛放弃道观，远走他处。后来有信徒问道树禅师："那些道士神通广大、法术高强，您是怎么胜过他们的？"道树禅师说："他们有法术、有神通，'有'是有限、有尽、有量、有边。我没有法术，是无，'无'是无限、无尽、无量、无边。'无'能胜'有'，因为以不变应万变；'有'会变，可是'无'不变；不变胜过会变。所以，我的'无'不变，当然就胜过他们的'有'万变了。"我们要吸收的是他的禅意智慧和禅意哲学，用心灵的充实和饱满做到以不变应万变，用理想和信念的坚定做到不管风吹雨打，胜似闲庭信步。熟悉社会的根本在于把握规律，把握规律的核心就是把握住矛盾的基本方面。基本点有这么几个：一是把握青年的心理和生理特点；二是把握青年的话语体系；三是重视艺术、时尚和情感的元素。在基本内涵上，陆昊同志说青年工作的艺术和方法，一是靠先进的思想；二是靠对青年合理的利益诉求的尊重和服务；三是靠对青年特有的兴趣的满足；四是靠对青年未来职业生涯发展过程中所需要的社会化技能的培养；五是靠团干部的人格魅力和对青年的感情。再透彻不过了。

第二，做好基层团的工作的基础是理念具体。任何一级组织都是靠理念去团结人、影响人的。如果提出的理念与生产没关系，与生活没关系，与周围青年的需要没关系，与实际没关系，就等于废话一堆。先进理念也需要具体化，越具体越好。团组织要善于结合青年人的心理、特点和话语体系，把党主张的"大道理"转化为各个青年群体易于接受的"小道理"。比如，对大学生，要注重运用历史的、理论的、学术的逻辑；对企业青年，要善于结合企业和所在行业的发展进程；对进城务工青年和农村青年，要注意结合所在家乡的发展变化，多运用他们熟悉的语言和表达习惯，做到简明、通俗。比如，有一个车间的党组织响亮地提出"三先"口号：先进技术、设备党员先掌握，岗位规范、规则党员先做到，解决现场问题党员先行动。党员在这个组织里需要做什么就体现出来了。

第三，做好基层团的工作的手段要多样化。一是帮助青年培养艺术审美素质。帮助青年培养艺术审美素质的目的在于帮助他们形成良好品德。具有艺术审美情操的人，是一个健康的人，一个鲜活的人，一个和谐的人。帮助青年培养艺术审美素质，关键在于帮助他们掌握社会发展的历史逻辑。这个历史逻辑是对社会的认知，是对社会发展规律的认识。人类社会自人猿相揖别以来，从茹毛饮血到钻木取火，从刀耕火种到采桑种麻，从结绳记事到仓颉造字，从广封众建的封建社会到近代中国一百年的发展历史、改革开放三十年以来的发展成就、新世纪新阶段的历史使命，漫长的人类历史大河之中，审美理念浩如烟海。如果帮助周围的青年人掌握了一条社会发展的历史逻辑脉搏，也就等于在帮助他们培养艺术审美能力。二是要顺势。顺势不是说让大家随波逐流，而是要顺应时代发展的大势。比如，社区有很多外来打工者居住，那你在打工青年群体中建立团组织，就是顺势。比如，跟踪也叫顺势，嘎查（村）里面的团员青年都转移出去了，到工厂里打工去了，工厂里有团组织，就要跟工厂里的团组织协调好、配合好，把这部分青年的后顾之忧解决好，他们家里的老人可能需要你帮助，草场可能需要打理，家里的牛羊可能需要你帮忙照看，你做了这些事情也叫顺势，抓住了他们的心，抓住了他们情感神经最脆弱、最能够被抓住的地方，你也成功了。三是要根据情趣。要了解周围的青年到底有哪些需要，然后根据需要去因势利导，那么共青团的工作可能会更好做一些。四是发挥媒体的力量。媒体的力量在 21 世纪的今天越来越显示出无穷的魅力。如果媒体没有力量，新加坡总理李显龙也不会和《纽约时报》打一场官司。当今的时代是信息时代。信息时代使这个世界变得既热又平，所以手机短信、电子邮箱、QQ 群都可以成为沟通的渠道。我们要努力掌握这些技能，开动脑筋，付诸实践。

第四，做好基层团的工作的保证在于价值认同。这里有一个根本的问题，就是千万不要出现两极分化。如果青联、青企协组织进来的都是些大款，进来的都是些成名的企业家，那基本上就丧失了阵地存在的意义。因为，社会的基本结构，除了共产主义社会以外，基本是一个金字塔，社会的精英只占了一个塔尖，这部分人因为掌握了先进的知识，具有较高的素质，掌握了先进的生产力，所以成为社会的精英阶层。最大多数的是金字塔底层的广大民众，他们是社会的基本力量，是人类社会向前发展的推动力量。人类社会发展到今天，就要考量作为工人阶级先锋队的组织能不能代表最广大人民群众的根本利益，能不能代表先进文化的前进方向，能不能代表社会先进生产力的发展要求。这个问题决定了组织的生命力，决定了组织的活力，决定了组织存在的价值。所以，千万不能只关注精英阶层那一小部分人，而忽视了最大多数人的需求，这样的倾向是绝对错误的。今天的社会是一个开放的社会、价值多元的时代。若没有时尚元素，没有对艺术的了解，就很难对新时代的青年产生情感的凝聚。情感的凝聚有这么几个方面：一是个人的凝聚。就是满足团员青年的利益、团干部的利益和青年自组织的利益。二是群体凝聚。共青团组织的人际吸引力即情感凝聚。三是事业凝聚。用我们的事业，包括资源优势、制度优势、团干部的魅力等，去实现我们作为党的外围组织的终极价值。团队的荣誉感是从这里建立起来的，只有具有了团队的荣誉感，才会有组织当中个人的魅力所在。个人离开了团队，就是无源之水、无本之木。缺少了具有感召力和个人魅力的带头人，团队就是一盘散沙。

4. 基层团支部书记素质的锻炼提高

团的干部作为团的事业的带头人，想发挥一个人顶十个人的作用，想有比较强的能力，靠的是什么？靠的是素质。素质是构成事物的基本成分，反映事物的性质和特点。所谓干部素质，是指干部在一定的时间和空间条件下，在先天禀赋的基础上，通过后天的学习、实践所获得的各种精神要素的总和。干部素质的高低反映出干部分析问题和解决问题的熟练程度，是衡量干部水平高低的主要标志。

干部的素质是综合的、系统的，而不是单一的、孤立的或几个素质的机械相加。第一，青年干部的素质是由多要素构成的，具有层次性。其中有必须具备的基础素质，主要有政治素质、品德素质、文化素质等，以及由诸基础素质综合而成的能力素质。而其中每一素质又分为若干小的要求。第二，干部素质是一个综合体，是一个系统。马克思把社会看成一个由多要素、多层次和复杂结构组成的巨大系统，创立了社会形态理论。他把人的本质也看成系统，指出：人的本质并不是单个人所固有的抽象物，实际上，它是一切社会关系的总和。干部的素质是人的本质的体现。同理，干部的每一素质不是孤立存在的和单一发生作用的。每一素质之间既相互区别，又相互联系、相互渗透、相互影响，它们是具有一定结构和层次的有机整体。干部素质的展示都是以综合素质的形式表现出来，即使某一项素质的单独的表露，也是众素质综合作用侧重于这一项素质的表现。第三，干部的综合素质是一种新的质，即系统质。由于系统诸要素之间互相作用，具有特定的结构，因而系统的整体性质和功能不同于它们各个组成要素的性质。干部的综合素质也是一个新的质，它不同于各种素质的机械相加。干部素质要素的不同组合可以形成不同类型的干部。干部素质层次的不同可以形成不同水平、不同层次的干部。

干部的综合素质是不断发展的，不能停留在一个水平上。我们要用发展的观点看待干部的综合素质。新世纪领导干部的综合素质不是凝固的、一成不变的，而是随着时代的发展而发展，随着形势的变化而变化，不断增添着新的内容。研究干部的素质，必须着眼其特点和发展。而特点、特殊性本身就构成发展，提高干部的素质要深入研究作为有机整体、作为系统的干部素质的发展及其规律性。一是坚持历史性，在继承的基础上发展。只有继承我们党的干部以往的优良素质，以干部素质的现在基础为基点和起点，才能发展。千里之行，始于足下。因此，要正确处理继承与发展的关系，在继承的基础上发展，发展是为了更好地继承。二是坚持现实性，立足于新世纪新阶段的新变化。要根据世界和中国当前政治、经济、文化、社会等方面的情况对干部素质提出要求，增加时代所赋予干部素质的新特点、新内容。三是把握超前性，着眼于新发展。对干部综合素质的要求既要适应形势的发展，又要具有超前性。新世纪共青团干部队伍的素质建设，要预测新发展，提前准备新素质因素，这样使新世纪共青团干部实现“系统在其发展过程中向整体的转化”，使干部素质这个系统作为有机整体而不断发展，日臻完善。

干部素质与社会环境协调发展，不能单兵突进。从现代系统论观点看，系统内容主要使其整体与系统外部环境相互联系、相互作用。系统本身是内因，外因是变化的条件，内因是变化的根据，外因通过内因而起作用。干部素质的不断发展，素质系统即内因是第一位的原因，社会环境即外因则是第二位的原因。干部自身素质是决定性的因素。它不但能适应环境，而且能改变环境、创造新环境，能认识和改造自然和社会，能认识和建设有中国特色的社会主义，实现“三步走”的战略目标。社会环境可分为大社会环境、中社会环境和小社会环境。大社会环境主要指世界社会环境和形势、中国社会环境和形势；中社会环境主要指某一地区、部门的社会环境；小社会环境主要指本单位的社会环境。社会环境又分为硬环境和软环境。硬环境主要指经济、政治、军队及其装备等；软环境主要指意识形态、社会心理、社会风气等。社会环境的多重因素均对干部素质发生影响。我们要努力创造好的社会环境，如搞全国、本地区、本部门、本单位的社会主义物质文明、精神文明建设，把经济搞上去，搞好党的自身建设，加强理论、思想、科技、教育等方面的建设，促进新世纪领导干部素质建设整体发展水平的提高。

团干部素质里最根本的是系统论和中国特色社会主义理论武装的综合素养。

第一，要切实提高思想政治理论修养。要认真学习中国特色社会主义理论体系，全面准确地理解其重大意义、主要内容和实践要求，特别是认真学习科学发展观，深刻领会科学发展观的历史地位、时代背景、科学内涵、精神实质和根本要求，用科学理论指导工作实践，推动团的工作的新发展。要认真学习掌握党的路线、方针、政策，深刻领会党的思想路线、组织路线和群众路线；认真学习宪法和国家关于政治、经济、文化和社会管理等方面的重要法律法规以及当地有关地方性法规，全面掌握包括《未成年人保护法》、《预防未成年人犯罪法》在内的我国现行的与青少年工作相关的法律条文和规定；认真学习党和国家重大部署和要求，特别是党和国家在新时期、新阶段根据形势和任务的要求作出的重大部署，使之体现在团的各项工作之中，增强大局意识、法制意识和依法办事的能力。要加强团的业务知识学习。业务知识学习的重点是履行团的岗位职责必备的知识。基础团务的学习要了解共青团建立与发展的历史，学习共青团的优良传统和作风；学习了解青年的心理生理特点和成长规律；学习把握共青团的性质、职能和根本任务，共青团的组织制度，团员发展、教育和管理的方针、原则及程序，团干部的领导艺术和工作方法。工作实务的学习要掌握团组织服务党的工作大局、服务青年开展工作和活动的基本任务、方法和一般规律，了解共青团的重点工作及各条战线的品牌活动，基层团的工作的热点、难点和重点问题，特别要注意学习把握团中央根据党的要求和形势任务的需要作出的重大部署，成为胜任本职工作的行家里手。

第二，要懂全局，议大事。懂全局就是要学习党的路线、方针、政策，主动把团的工作放到党的中心工作中去思考、谋划，从而使共青团的工作更好地服从服务于党的工作大局。这就要求共青团必须站在党政、社会和青年的全局思考问题、谋划工作，在党政关心的重点、社会和青年关注的焦点与热点中找到工作的切入点。议大事就是要敏锐地把握社会发展形势，时刻关注社会的发展变化，学会用马克思主义的立场、观点分析各类社会问题、鉴别各种社会现象。你周围的年轻人都是有思想的人，他们对这个社会、对这个时代是有渴望的，是想要了解的，你不了解就影响不了、凝聚不了他们。随着社会的发展变化，冲突也越来越多元，在这样一种前提和背景下，市委、市政府提出一定要转型升级，转过去粗放经营和发展的型，升集约发展的级。这些理念的形成和发展是有一个很清晰的历史逻辑和发展脉络的。富民强市最后体现为发展的全部目的和宗旨就是为了人民群众的生产生活更加富裕。这些都是大局。不懂大局、不议大事，一切努力都只能是缘木求鱼，很难画出一幅五彩斑斓的绚烂图画来。

第三，要守纪律、管本行。纪律包括政治纪律、组织纪律、廉政纪律、生活纪律。纪律对于共青团人来说，不仅仅是一些硬性的规章和制度，更是一种做人做事的规范引导。守纪律是管好本行的前提，团干部在同龄人中成长进步比较快，又做的是同龄人的工作，只有倍加珍惜难得的人生机遇，自觉用纪律来约束言行，才能树立良好形象，练就扎实本领，锤炼过硬作风。管好本行是可持续发展能力的基础，是严守政治要求、忠诚党的事业、践行党的宗旨、发扬党的传统、遵守党的纪律的具体体现。守纪律与管本行具有一致的内在规定性。共青团干部能否始终保持清正廉洁的本色，关系到党的形象和事业兴衰，必须时刻绷紧廉洁自律这根弦，始终做到讲党性、重品行、做表率。

第四，要具备“三大思维”和“两种能力”。“三大思维”指的是战略思维、创新思维和辩证思维，其中辩证思维是核心和根本。战略思维指的是正确认识和把握好当前与长远、整体与局部、重点与一般的关系，统筹好目标、路径、力量、角度、力度和时机六大关键要素。善于在党政关心、青年关切、社会关注的三维体系中找准主攻方向和突破口，掌握轻重缓急，分清主次先后，具体地、历史地把握好工作中的主要矛盾和矛盾的主要方面。善于把当前所从事的工作和担负的责任放到团的事业长远发展的全局中去把握，统筹兼顾好各方面的工作。在重大工作上要站得高、看得远、抓得准，既注重研究和思考带有根本性、全局性、战略性的重大问题，又重点解决好当前遇到的困难和现实问题；既追求当前一定的社会声势，尽可能扩大工作影响力，又克服急功近利思想和短期行为，多做打基础、利长远的事；既注重点上的工作创造，更要注重在面上形成声势，面向广大普通青年开展工作。创新思维指的是在瞬息万变的社会之中，善于捕获信息，探测环境变化，敏锐地发现新动向、新关系、新矛盾，运用丰富、开阔的想象力，把储存在大脑中过去彼此相互结合的有关因素联系起来，重新筛选、组合、变化、补充和改造，形成新形象，从而加工出新观念、新设想，提出新方案、新办法，工作中有所发现，有所创新，有所突破，走出一条成功的新路子。辩证思维是观察、认识和分析事物的科学的思维方法。有了辩证的思维能力，就能以战略的眼光、系统的观察、综合的分析、创新的精神，去防止思想主观片面和静止僵化，做到思维的客观性、灵活性、敏捷性、准确性、果断性、综合性、全面性、预见性和创造性。改造世界的内容越深入、越复杂，越要解放思想，敢于探索问题，创造性地开创新局面，变静态思维为动态思维。领导或管理工作就是为了力求适应外部的发展变化，实现内部的发展变化。要有效地达到目标，必须运用“动态变化”的思维方式，用运动、变化、发展观点认识和改造世界。只有这样，才能做到觉察问题快、应变能力强、分析问题深刻、处理问题利落，才能跟上时代的步伐，赢得主动权，变单一型思维为系统型思维。“两种能力”指的是参与党政中心工作的能力，提高服务、引导和凝聚青年的能力。

第五，要明确加强基层组织建设方向。一是要转变发展观念。从经济社会角度来看，过去叫经济增长，现在叫经济发展。发展不仅仅包括增长，还包括质量。二是要学会创新工作方法。旧有的传统管理方法弥足珍贵，那是经过多少代人实践总结出来的工作方法。而我们要结合今天时代发展的趋势和时尚元素，去发现新的规律进行创造。三是要拓展发展思路。需要大家开动脑筋，结合实际。四是要提升服务水平。五是要提高管理能力。提高管理能力要以身作则。六是要改进工作作风。工作作风归根结底体现的是一个人的素质，说一千道一万，团干部的素质是决定因素。毛主席说：“政治路线确定之后，干部就是决定的因素。”所以我们党历来重视干部队伍建设。

5. 基层团支部工作必须少说空话，多干实事

作为嘎查（村）、社区一级团组织最具有现实意义的话题是少说空话，多干实事。为什么要少说空话？在基层，一打纲领不如一个实际行动，不满足青年自身发展需要，青年是不会跟团组织走的。“少说空话，多干实事”具有重要的实践意义。

一是兴邦之道。实干兴邦，空谈误国。这是被大量事实和历史经验所证明了的道理。邓小平同志指出，世界上的事情都是干出来的，不干，半点儿马克思主义都没有。实干是成事之道、发展之基。

二是青年所望。团干部的责任就是把青年的积极性调动起来、发挥出来。团干部必须使青年信得过。团干部的威望从哪里来？靠上级封不出来，靠权力压不出来，靠自己吹不出来，靠要小聪明骗不出来。只有靠真心实意、尽心竭力、坚持不懈地为青年办实事，才能逐步树立起来。实事越办越多、越办越好，则领导威望越来越高，青年劲头越来越足，形成“良性循环”。干群一体，群威群胆，无坚不摧，勇往直前。

三是育人之途。“育”是教育的“育”，但不是让大家去做空洞的讲说者、演说者，而是要求大家通过实际行动去带动一片风气。好的干部不是捧出来的，不是哄出来的，是带出来的。四化建设最主要的是要有人才，特别是领导人才。如何选好人才，用好人才，培养、造就更多的人才，是一项关系重大、影响深远的大事。邓小平同志提出的“少讲空话，多干实事”为我们办好这件大事指出了正确途径。战争时期选人，把生与死、血与火的考验作为重要标准；和平时期选人，就要把多干实事作为重要标准。评判一个人，不能只听他说得如何，在领导面前表现得如何，主要应看他是否为人民干实事，看他干事过程的表现及其结果。这样，我们就可以不被那些只有花把式，没有真本事，只要小聪明，不下真工夫，靠投机钻营的人所欺骗，就可以把那些有真才、干实事的人选到领导岗位上来。选拔干部要看干实事，培养干部也要靠干实事。年轻干部上来，靠捧着、哄着、保着不行，必须把他们放到改造世界的第一线，交任务、压担子，使他们通过办实事的过程受到磨炼，经受考验，增长才干，树立威望。只有这样的干部，人们才信得过，自己才站得住；也只有这样，才能把误选、误用的人暴露出来，淘汰下去。我们的伟大人民正在为我们的伟大事业艰苦拼搏，大显身手。时势造英雄，在这个过程中必将有许多优秀人物脱颖而出。只要我们端正思想，破除陈规陋习，深入到干实事的过程中去，就一定会发现更多更好的人才。坚持把“少讲空话，多干实事”作为出发点去选人才、用人才、造就人才，就会形成新的社会观念、社会风气。新风育新人，新人重实干，人才辈出，大业可成。

四是排难之方。大家工作当中肯定会遇到很多困难，尤其是做青年工作，青年人做青年工作本身就是难上加难，每个人都是一个肩膀上托着一个脑袋，每个人都有两个眼睛、一个鼻子、一个嘴巴，怎么我就要跟你走？怎么我就要听你的？因此，大家只能通过多干实事去影响凝聚青年。事情不办，问题永远不会解决。办事之所以难，主要是因为我们没有掌握它发展变化的规律。要想由必然到自由，就要勇于实践，在干中学，在学中干；就要不耻下问，求教于内行和有知识的人。当熟悉了情况、掌握了规律后，困难就会转化为顺利，被动就会转化为主动，办事情就有了把握。办事之所以难，还因为事情复杂，办事难免有错，有错就会受责难。这就要求我们敢于和善于坚持真理、修正错误。对有利于青年的事就要脚踏实地，一件一件去办，不为困难所吓倒，不为非议所动摇，这样就会积微壤成泰山，汇细流为江海。对团干部来说，困难也是个好事，它可以磨炼意志，增长才干。困难预示着成绩，困难愈大，战胜困难之后所取得的成绩也就愈大。又想要成绩，又不出力气，这种事世界上不存在。我们应当知难而进，知难而上，对大事抓住不放，对新事勇于开拓，对急事当机立断。

五是知行结合。干实事不抓认识不行，思想不明确，行动不自觉，好事也会干砸。但只抓认识，醉心于无休止的议论，耽误了行动，事情办不成，最终认识也解决不好。因此，必须把抓认识与抓行动统一起来，结合进行。只有通过干的过程，通过事实，即在改造客观世界的过程中改造人们的认识，才能逐步地把思想统一起来。任何一个大的社会变革，思想的真正统一，常常不是在变革之前，而是在变革之中、变革之后。议论和行动要相辅相成，在议的基础上干，在干的过程中议，知行统一，开拓前进。

六是要在具体。“要”是关键，关键在于抓具体，抓落实，把具体的工作做好。“天下难事必作于易；天下大事必作于细。”实事都是具体的，要干好实事必须狠抓具体。弄清具体情况，研究具体招法，观察具体变化，解决具体问题，实属干成实事的要领、要招、要旨、要害。抓具体之所以重要，因为它体现着特殊性，即使是“老套活”，由于时间、地点、条件的变化，也会有些“不一样”。抓具体之所以重要，也在于我们的体制存在弊端，作风有些不正，容易扯皮。抓具体之所以重要，还在于我们进行的是开拓性的事业，常常碰到预料不到的问题。只有原则和理论才能揭示事物的本质，但原则、理论必须以丰富和合乎实际的材料作依据。必须提倡具体抓、抓具体、抓住不放、一抓到底的作风，做到讲原则而不空泛，讲具体而不琐碎。要注重抓细节，善于把宏观与微观、全局与局部、战略与战术放在矛盾的统一体中，既抓大管小，又以小见大。要把小事当成大事来干，切实在细节上下工夫，努力在工作量化细化中实现良性循环。

七是务实为本。要了解团员青年最想的事情、最急的事情、最需要帮助解决的实际问题。干实事，必须务实求实。要知实情，想实招，说实话，求实效。这样，才能有底气，有主见，才能在纷繁复杂的社会现象中辨清方向，坚定信心，经得起风浪，不左右摇摆，最后把事情办好。干好实事，要在务实。执行上级精神时要务实，运用书本知识时要务实，学习别人经验时要务实，坚持自己经验时也要务实。务实形成风气，形成习惯，形成规矩，事情就能干好。

八是贵在钻研。嘎查（村）、社区团支部书记的职责是什么？是贯彻落实好上级组织的精神，同时结合自己的实际，把工作做好、做扎实，将青年人凝聚起来，去巩固党执政的青年群众基础。不钻研，这些都是空谈。钻研包括研究理论，研究青年人的动态，感受时代的氛围，把握历史逻辑，等等。实事是实实在在的，有些还是错综复杂的，要真正干好它，必须勤于思考、善于钻研。钻研事情是研究、探索客观规律的过程，也是理论联系实际的过程。钻研事情，必须下真工夫，花大心血，熬夜吃苦。要有“众里寻他千百度”的毅力和“衣带渐宽终不悔”的韧劲。同时还要善于钻研，学会分析综合，认真把情况搞全了、弄准了。

九是善于总结。毛泽东同志讲：人类总得不断地总结经验，才能有所发现，有所发明，有所创造，有所前进。总结经验，是学习理论、提高认识、搞好工作和增长才干的重要环节。要想把实事越干越多、越干越好、越干水平越高，必须抓住这个环节。总结的能力只能在“实践——认识——再实践——再认识”的过程中，通过不断地总结经验去逐步取得。要把实践中的感性认识上升到理性认识，必须经过去粗取精、去伪存真、由此及彼、由表及里的过程，而这个过程就是总结。总结经验必须有一般原理作指导，因此必须提倡认真学习理论，掌握武器。总结经验必须有正确的方法，因此必须经常总结，通过总结学会总结。团干部要养成总结的习惯，学会总结的本领，通过总结使学习步步深入，认识不断提高，经验日益增多，行动更加自觉，实现由“必然王国”到“自由王国”的飞跃。没有总结和提升，过一天算一天，也不符合记忆的规律。记忆是有规律的。艾滨浩斯记忆遗忘曲线认为，遗忘在学习之后立即开始，而且遗忘的进程并不是均匀的，最初遗忘速度很快，以后逐渐缓慢，到了相当长一段时间后几乎就不再遗忘了，这就是遗忘的发展规律，即“先快后慢”的原则。艾滨浩斯记忆遗忘曲线告诉我们，学习要勤于复习，而且记忆的理解效果越好，遗忘的也越慢。

3. 科学发展观是指导新时期共青团工作的强大思想武器

3.1 民族地区团组织践行科学发展观的总体要求

3.1.1 共青团系统开展学习实践活动的重大意义

科学发展观是对党的三代中央领导集体关于发展的重要思想的继承和发展，是从新世纪新阶段党和国家事业发展全局出发提出的重大战略思想，是对我国改革开放 30 多年来成功经验的科学总结。作为团组织，学习实践科学发展观意义重大，它不仅是共青团服务党政工作大局的必然要求，同时也是共青团加强自身建设、推进团的各项工作再上新台阶的必然要求。

第一，开展学习实践活动是共青团贯彻落实党的十七大精神的必然要求。党的十七大提出在全党开展深入学习实践科学发展观活动的重要部署，要把全社会的发展积极性引导到科学发展上来，把科学发展观贯彻落实到经济社会发展各个方面。共青团作为党的助手和后备军，历来以党的政治纲领为奋斗目标，以党的指导思想为行动指南，以党的中心任务为神圣使命。在新的历史条件下，党要求团不断巩固和扩大党执政的青年群众基础，团结带领广大青年为实现中华民族伟大复兴而奋斗。这一根本要求决定了共青团必须首先用科学理论武装自己，用科学理论、先进思想去吸引青年、凝聚青年。共青团也只有坚持学习实践科学发展观，始终保持先进性，才能进一步引导青年为实现全面建设小康社会的奋斗目标作出贡献。

第二，开展学习实践活动是共青团履行根本职责的必然要求。党中央在团的十六大的祝词中明确指出：在我们党成为执政党并长期执政的历史背景下，党对共青团的根本要求就是不断巩固和扩大党执政的阶级基础和群众基础。这是共青团的根本职责所在。履行好这一职责，迫切需要共青团统一思想、讲究方法，为党做好新形势下的青年群众工作，而科学发展观为共青团提供了履行职责的科学方法，共青团只有按照科学发展观的要求，把根本职责全面落实到团的各项工作和活动中去，才能保证团的事业按照党指引的方向健康发展。

第三，开展学习实践活动是共青团服务青年发展的必然要求。科学发展观的核心是以人为本。共青团是党领导下的先进青年的群众组织，竭诚服务青年、促进青年发展是团的一切工作的出发点和落脚点，也是团组织吸引青年、凝聚青年的必然要求。学习实践科学发展观对共青团服务青年提出了更高的要求，提供了更广阔的舞台。随着经济转轨、社会转型，以及政治体制改革不断深化，当代青年的思想状况、生活方式等出现了许多新特点和新变化。共青团只有把科学发展观贯穿于促进青年发展的各个方面和各个环节，尊重青年的新特点，把握青年的新变化，切实关注、着力解决青年成长发展中的突出问题，切实增强服务意识，不断丰富服务手段，才能为各个层次的青年、为青年的各种需求提供有针对性的、个性化的服务，才能促进青年的全面发展。

第四，开展学习实践活动是共青团加强自身建设的必然要求。社会在前进，党和国家的事业在发展，团的组织必须随着社会前进而前进，团的事业必须随着党和国家事业的发展而发展。在当前经济社会结构加快转型时期，团的工作环境、工作对象和组织依托也发生了深刻变化。团的建设既面临着难得的机遇，又面临着严峻的挑战。这就要求共青团始终坚持与时俱进，主动适应形势变化，不断加强团的自身建设，积极谋求团的自身发展。科学发展观为进一步加强团的建设打开了新的视角，创造了新的有利条件。共青团只有深入学习实践科学发展观，把科学发展观全面贯彻到团的思想建设、组织建设和作风建设中，才能走出一条科学发展的新路子，推动共青团工作全面协调可持续发展。

第五，开展学习实践活动是共青团服务呼伦贝尔打造自治区新的经济增长极的必然要求。当前，呼伦贝尔市站在了新的发展起点上，正满怀信心地朝着打造自治区新的经济增长极的奋斗目标奋勇前进。这一目标任务重、难度大、挑战多，既为共青团施展才华、建功立业提供了广阔的舞台，也对共青团工作提出了新的更高的要求。同时，呼伦贝尔市共青团的工作方式、团干部的作风还存在着与时代发展、形势发展、大局发展、青年的要求不符合、不适应的地方。只有坚持用科学发展观指导团的工作，才能从促进经济建设、政治建设、文化建设、社会建设协调发展的宽广视野，寻找促进科学发展的切入点、结合点和着力点，发挥优势，扬长避短，研究新问题、解决新问题，寻找新途径、开创新局面，团结和带领广大青年为呼伦贝尔市打造自治区新的经济增长极、实现美丽与发展共赢贡献力量。

3.1.2 共青团系统学习实践活动的总体部署

学习实践科学发展观，关键在于实践。自治区党委确定学习实践活动的主题是“科学发展、构建和谐、富民强区”，市委确定学习实践活动的主题是“落实科学发展观、实现美丽与发展双赢”，团市委学习实践活动的主题是“高举团旗跟党走，美丽发展生力军”。本着不走过场，力求实效的原则，团市委确定了三年联建、规划三年、三年求效的工作思路，即基层组织建设年、青年创业实践年、作风建设加强年。“三年联建”工作是呼伦贝尔市共青团系统立足当前，着眼系统性和连续性，突出团中央和自治区团委的中心工作，围绕呼伦贝尔市经济社会发展大局作出的一项跨年度工作安排，核心是做三年规划，谋三年联动，以三个主题年共同建设贯穿团工作的主线，三年之后集中验收问效。当前，必须按照市委的部署与要求，准确把握学习实践活动的指导思想、基本原则、目标任务和方法步骤，重点要做好五个方面工作。

第一，突出引领青年，把思想武装贯穿始终，着力增强青年深入学习实践科学发展观的自觉性和主动性。一是要在把握实质、融会贯通上下工夫，切实把深入学习领会科学发展观与深入学习贯彻党的十七大精神结合起来，与认真总结学习我国改革开放的基本经验结合起来，深刻理解科学发展观的本质、核心、基本内涵和根本要求。二是要在解放思想、转变观念上狠下工夫，坚持在理论武装中继续解放思想、在解放思想中统一思想，努力把解放思想、改革创新贯穿于学习实践活动的始终。三是要在创新形式、丰富载体上狠下工夫，采取个人自学、集中培训、专题讲座、中心组学习等形式，把理论学习抓实、抓活、抓出成效，不断增强广大党员干部贯彻落实科学发展观的自觉性和坚定性。四是要坚持学以致用，以社会主义核心价值体系教育青少年，深入实施马克思主义者培养工程，引导各族青少年坚定走中国特色社会主义道路的信念。

第二，突出争当先锋，把带领青年在打造自治区新的经济增长极实践中奋勇争先贯穿始终，着力提高共青团服务科学发展的能力。围绕中心、服务大局，始终是共青团工作的重要任务。各级团组织要争当实践科学发展观的先锋，努力提高服务科学发展大局的能力，扎实有效地开展各种建功立业活动，要引导农村牧区青年大力发展现代农牧业，引导企业青工立足岗位创新创效，引导青年科技工作者投身科技创新和技术攻关，帮助中小企业青年经营者解决实际困难，充分发挥生力军和突击队作用，为呼伦贝尔打造自治区新的经济增长极作出积极贡献。

第三，突出以人为本，把服务青年就业创业贯穿始终，着力解决青年最关心、最直接、最现实的利益问题。竭诚服务青年是共青团工作的立足点和落脚点。要着眼于满足青年最普遍、最迫切的需求，千方百计为青年做实事、办好事、解难事。当前，要在全市上下高举促进青年就业创业的旗帜，抓住就业创业这一党政关心、社会关注、青年关切的问题，充分发挥团组织网络优势和社会动员优势，大力开展技能培训，开展信息服务，建立青年就业创业见习基地，实施青年创业小额担保贷款项目，深化青年创业带头人项目，为广大青年提供就业创业服务。

第四，突出改革创新，把加强基层组织建设和基层工作贯穿始终，着力运用科学发展观指导、推动共青团工作创新。我们要以改革创新精神推进团的自身建设，坚持眼睛向下、重心下移，全面加强团的基层组织建设和基层工作；要进一步扩大组织覆盖，积极探索统筹城乡的团建模式、“两新”组织中建团的新模式，着力改变团建工作组织设置和工作对象分离的状况，不断完善团的基层组织体系；要进一步增强组织活力，尊重团员主体地位，紧扣团员青年的思想实际和愿望要求，不断丰富工作内容、创新工作方式，创造性地开展各项工作，力争使团的基层组织网络覆盖全体青年，使团的各项工作和活动影响全体青年。开展学习实践活动的最终目的是为了推动工作、促进发展。同时，通过改革创新，使团系统干部队伍更富有生机和活力。全市共青团组织充分全面地开展支部书记直选工作，团属市民族少年宫在2008年又一次全员竞聘上岗，按照相关文件要求，对事业单位竞聘上岗的岗位、年龄等都设置了一定条件。只有这样，共青团事业才能取得新发展，各项工作才能取得新突破。

第五，突出作风建设，把“政治上过硬、作风上扎实、自律上严格”的要求贯穿始终，着力形成讲党性、重品行、作表率的新风正气。要把开展深入学习实践活动的过程，作为一次普遍的党性党风党纪教育的过程，作为加强全市共青团作风建设的过程。通过学习动员、查摆剖析、总结提高三个阶段，进一步强化工作效能，提高服务质量，实现呼伦贝尔市共青团工作的科学发展。一是以建设“政治上过硬、作风上扎实、自律上严格”的团队为总方向，立好“五气”，即有正气、有朝气、有勇气、有大气、有才气；当好“五员”，即青少年思想教育的辅导员、团组织建设的指导员、志愿服务的宣传员、青年创业的组织员、青少年权益的维护员。二是实现“五个转变”，即在理念上实现从谋职位向干事业转变，在态度上实现从做青年官向做青年友转变，在方法上实现从行政指令向服务引导转变，在作风上实现从蜻蜓点水向务求实效转变，在目标上实现从广造声势向力促和谐转变。三是实现“三个明显提高”，即团员青年业务水平有明显提高、团组织服务质量有明显提高、群众对共青团工作认可度有明显提高。

3.1.3 把握学习实践活动的关键环节

团市委学习实践活动分为学习调研、分析检查和整改落实三个阶段。整个学习实践活动时间紧、任务重，一定要抓住关键环节，带动整个学习实践活动的顺利开展。

学习调研阶段，要重点抓好组织发动、学习培训和深入调研等环节，深化解放思想大学习大讨论。一是抓好组织发动。成立活动领导小组和办公室，确定活动主题，明确目标要求，制定出团市委学习实践活动的整体实施方案。二是抓好学习培训。机关党员干部要认真学习党的十七大报告等必学篇目，并撰写学习体会。三是抓好深入调研。要围绕影响和制约共青团事业发展的突出问题，进行深入细致的调查研究。团市委党组成员和机关党员干部要建立工作联系点，开展经常性的调查研究。调研结束后要撰写出有问题、有分析、有对策的高质量的调研报告。四是深化解放思想大学习大讨论。着眼于巩固扩大解放思想大学习大讨论活动成果，围绕活动主题，进一步将解放思想大学习大讨论引向深入，共同探讨推进共青团事业科学发展的方法和途径，着力改正不符合科学发展观要求的思想，形成共青团事业科学发展的共识。

分析检查阶段，要重点召开领导班子专题民主生活会，形成领导班子分析检查报告和组织群众评议两个环节。一是召开领导班子专题民主生活会。认真查找个人、部门和班子在深入贯彻落实科学发展观方面存在的突出问题、党性党风党纪方面存在的突出问题以及工作作风方面存在的突出问题，认真开展批评与自我批评，深刻分析原因，努力统一思想、达成共识。二是撰写好分析检查报告。要充分运用深入调研、广泛征求意见、民主生活会的成果，检查分析问题，理清发展思路，撰写出高质量的分析报告。三是组织群众评议。通过发送征求意见函、召开座谈会、书面评议等形式，广泛深入地开展评议活动。

整改落实阶段，要重点抓好制定整改落实方案、解决突出问题、完善体制机制、进行总体测评等环节。一要制定整改落实方案。针对梳理出的问题，制定整改措施，切实加以解决，努力形成长效机制。二要解决突出问题。重点在如何更好地巩固和扩大党执政的青年群众基础方面理清工作思路；在如何更好地吸引和凝聚青年方面积极探索创新；在如何紧扣团的中心工作、破解自身发展难题方面寻求新突破。三要完善体制机制。对学习实践活动的学习、调研、评价、反馈等环节作出制度性安排，确保学习实践活动的效果。同时，建立健全体现科学发展要求的规章制度、体制机制。四要进行总体测评。在学习实践活动基本结束时，在调研论证的基础上，制定群众满意度测评方案，对解决突出问题的成效和开展学习实践活动的实际效果，进行群众满意度测评，测评结果向社会公布。

3.1.4 确保学习实践活动取得实效

一是强化领导，落实责任。由党组负责学习实践活动的组织领导和具体指导，党组书记是第一责任人。党员领导干部要带头参加活动，发挥表率作用。班子成员要带头深入学习、带头调查研究、带头解放思想、带头分析检查、带头整改落实，率先垂范、以身作则，严格按照规定的程序、步骤做好工作，绝不搞形式，绝不走过场。

二是分类指导，注重实效。机关各部室和下属单位的工作性质及基本职能不同，需要解决的问题也不同。开展学习实践活动，要从本部室本单位的实际出发，具体问题具体分析，有什么问题就解决什么问题，什么问题突出就着重解决什么问题，增强学习实践活动的针对性和实效性，让青年切实感受到学习实践活动带来的明显变化。

三是搞好舆论引导，营造良好氛围。要充分运用团属宣传阵地，大力宣传中央、自治区党委和市委关于开展学习实践活动的一系列指示精神。要发挥典型示范作用，注意及时发现、深入挖掘、认真总结好经验、好做法，培育推广一批有示范意义的先进典型，用身边的典型事例和榜样的力量来教育人、鼓舞人、带动人。要发挥网络优势，搭建好青年参与的互动平台，动员方方面面的力量参与到学习实践活动中来，切实为学习实践活动营造良好的舆论氛围。

四是坚持统筹兼顾，协调推进。开展学习实践活动的最终目的是为了推动工作、促进发展。活动的成效，也要用工作成效和发展成果来检验。要正确处理好开展学习实践活动与做好当前各项工作的关系，统一部署，既不要脱离中心工作搞学习实践活动，也不能因为工作忙而忽视学习实践活动。要注意把握好节奏，加强工作协调，既切实抓好学习实践活动，又保证团的各项工作正常进行，以学习实践活动推动各项工作开创新局面，以各项工作的新成果衡量学习实践活动的新成效，真正做到两手抓、两不误、两促进。

3.2 以科学发展观指导民族地区共青团工作实践

3.2.1 呼伦贝尔市共青团学习实践活动的主要做法和特点

第一，加强对学习实践活动的领导和指导。团市委领导班子对开展学习实践活动高度重视，既将其作为一项重大的政治任务，又将其作为推进共青团事业改革创新、科学发展的重要机遇，摆在突出位置紧抓不放。活动一开始，就明确提出了在组织领导、计划安排、活动载体、讲究实效四个方面动脑筋，做到规定动作不走样，结合实际有创新，确保学习实践活动顺利开展，务求实效。一是及时成立领导机构。成立以团市委主要负责同志为组长的领导小组，下设办公室，负责对学习实践活动的具体指导。团市委领导班子成员始终坚持做到带头深入学习、带头调查研究、带头解放思想、带头分析检查、带头整改落实。二是精心谋划安排。先后制定了一个实施方案和三个工作安排。一个实施方案是《团市委系统开展深入学习实践科学发展观活动实施方案》。三个工作安排是《团市委系统学习实践活动学习调研阶段工作安排》、《团市委系统学习实践活动分析检查阶段工作安排》和《团市委系统学习实践活动整改落实阶段工作安排》。三是加强跟进指导。团市委学习实践活动领导小组认真履行领导责任，积极贯彻市委的各项部署，多次召开会议对学习实践活动中的重要问题进行讨论研究。领导班子成员经常深入到联系点调查研究，进行面对面的指导。领导小组办公室充分发挥参谋助手作用，对学习实践活动各个阶段和环节的工作超前思考、精心谋划。四是人力营造浓厚的舆论氛围。创办了学习实践活动简报15期，及时反映活动开展情况。呼伦贝尔共青团网站新增了学习实践活动专题网页，《呼伦贝尔青年》期刊开辟了栏目，加大宣传报道的力度。市委学习实践活动领导小组办公室简报以及市内外多家新闻媒体多次报道了团市委学习实践活动的开展情况。

第二，坚持把理论武装贯穿学习实践活动始终。始终坚持把学习实践活动与解决思想中、工作中存在的问题结合起来，与推动经济社会又好又快发展结合起来，进一步增强团干部和团员青年贯彻落实科学发展观的自觉性和坚定性。一是规定内容系统学。组织党员干部系统学习了党的十七大报告、十七届三中全会精神、《毛泽东邓小平江泽民论科学发展》、《科学发展观重要论述摘编》、团的十六大报告以及曹征海同志在市委二届十一次、十二次、十三次全委会讲话精神等。处级以上党员干部还通读了《深入学习实践科学发展观活动领导干部学习文件选编》。二是创新方式灵活学。采取中心组集中学、中心组带机关学、各党支部组织学和个人自学等形式组织学习，坚持集中学习与个人自学相结合、读原著与听辅导相结合、外请报告和组织讨论相结合，进行集中学习。三是联系实际深入学。紧密联系应对国际金融危机挑战，紧密联系当前呼伦贝尔市经济形势的发展变化，紧密联系共青团工作实际和党员干部的思想实际，及时组织传达学习中央、自治区党委和市委领导同志一系列重要讲话和重要会议精神，统一思想认识，坚定发展信心，进一步增强做好新形势下共青团工作的责任感和意识，把党员干部的思想和行动统一到市委的决策部署上来。四是严格制度促进学。专门制定了学习制度，对学习内容、学习时间和学习方式等问题都作出了明确规定，做到学习培训有计划、有要求、有考勤、有记录，党员个人有笔记。采取抽查、提问和调阅读书笔记等方式，多次对党员干部的学习情况进行督促检查，确保时间、内容、人员、效果落实。

第三，努力使学习实践活动成为群众满意工程。团市委领导班子成员结合工作分工，建立了10个联系点。学习实践活动的每一个阶段，都坚持走群众路线。一是广泛征求群众意见。通过召开座谈会、发放征求意见表、个别访谈等形式，多途径、多渠道地广泛征求意见建议，自觉主动地接受群众监督。学习实践活动期间，发出征求意见表100多份，共征集到意见建议11条。针对存在的问题，团市委制定出台了整改落实方案，明确了整改落实的目标要求、路径措施、责任区分和时限要求。二是认真对待群众意见。对征求到的意见建议进行认真梳理，深入研究，努力把问题找准找实，认真开好团市委领导班子专题民主生活会和党员组织生活会。在专题民主生活会召开前，领导班子成员相互交换了看法，结合征求到的意见建议，认真撰写发言材料，深刻分析原因，并在会上认真开展批评与自我批评。在充分运用学习调研、征求意见和专题民主生活会成果的基础上，高度重视团市委领导班子撰写分析检查报告的工作。团市委负责同志亲自主持起草，反复征求意见，多次进行修改。分析检查报告全面总结了党的十六大以来团市委领导班子贯彻落实科学发展观的情况，认真查找和分析了存在的突出问题，明确提出了进一步贯彻落实科学发展观的具体思路和工作要求以及加强领导班子自身建设的具体措施。三是自觉接受群众监督。为了充分保障群众对学习实践活动的知情权、参与权、建议权和监督权，团市委坚持学习实践活动全过程公开透明，接受青年监督，让青年评价。团市委领导班子分析检查报告初稿形成后，书面征求了机关党员干部的意见，并召开了座谈会，积极吸纳青年提出的正确意见。按照市委学习实践活动领导小组办公室的统一要求，先后认真组织了对团市委领导班子分析检查报告和学习实践活动满意度的群众评议和测评工作。

第四，构建共青团事业科学发展的机制。坚持把查找和整改问题与建立健全和创新有利于共青团事业科学发展的体制机制有机结合起来，贯穿活动始终，坚持边学习、边实践、边整改、边完善制度，力求取得实实在在的效果。一是注重解决问题。在广泛征求意见、深入查找问题的同时，按照问题的轻重缓急和难易程度，对于能够解决的问题立即解决，对于条件不具备暂时解决不了的问题列出解决的时间表。学习实践活动以来，通过深入调研，进一步明确了共青团事业科学发展的理念。截至目前，在学习实践活动期间已解决各类问题 11 个。二是着力完善制度。在注重解决突出问题的同时，紧密结合机关共青团工作实际，按照“废、改、立”的要求，对现有的规章制度进行了系统清理，根据新情况、新要求，制定新规章4个，修订完善规章3个。新近出台的《团市委机关工作规则》和《团费管理和使用规定》、《计算机保密与网络安全管理规定》、《机关督查工作制度》等，不仅有利于当前突出问题的解决，而且关系到团市委机关长远的科学发展。

3.2.2 呼伦贝尔市共青团践行科学发展观存在的问题及原因分析①

当前制约呼伦贝尔市共青团工作科学发展的因素主要体现在以下五方面：

一是学习的主动性、自觉性和有效性还需要进一步加强。加强学习不是一句空话，必须要有实实在在的内容，还要有一定的恒心。但是部分同志由于忽视学习，对学习没有规划，特别是在学以致用方面还有较大差距，理论联系实际的学风没有得到很好的落实，还没有把学习成果完全转化为谋划工作的思路、促进工作的措施、做好工作的本领。作为共青团干部，要想真正提高服务大局和组织、引导、服务青少年的能力，就必须加强学习，不能仅局限于学习政治理论和共青团业务知识，还要加强干好工作所需的各方面知识的学习，并且要注重学以致用，将所学的知识运用到实际工作中，转化成服务大局、服务基层和服务青少年的思路、措施和行动。

二是服务意识和能力还需要进一步提高。受某些因素的影响，各级团组织还存在着服务措施不强、服务理念不新、服务项目和手段拓展不够等问题，影响了团组织服务职能的履行。这就

① 本部分内容系作者2009年6月4日在呼伦贝尔市团委学习实践科学发展观专题民主生活会上的发言提纲，有删节。

要求共青团要紧紧围绕“党政所需、青少年所急”定位工作，围绕服务全市中心工作、服务基层和服务青少年成长成才设计各项工作，切实提高共青团服务大局、服务基层和服务青少年的能力。转变工作作风，提高服务意识，以最大的力量为党和政府分忧，为基层和青少年解决实际困难，切实增强团组织的创造力、凝聚力和战斗力。

三是参与经济社会建设的方式还需要进一步丰富。共青团在参与经济社会建设的方式上，主要依托组织引导团员青年开展活动、进行岗位比武和评选表彰等方面，参与内容还不够丰富、参与方式还不够创新、参与面还不够广泛、活动影响还不够强烈，缺乏特色的自主品牌工作和活动，对提高青年创造能力、创新能力和创业能力等方面还缺乏有效的措施。这就要求共青团要找准全市经济社会发展与团的工作之间的结合点和切入点，进一步创新工作思路、丰富活动方式，激发青年创业激情，提高团员青年为经济社会发展建言献策的主动性，切实引导团员青年立足岗位，为全市经济社会又好又快发展贡献青春、智慧和力量。

四是科学谋划和超前思维的意识还需要进一步加强。随着经济社会的不断发展，新形势下共青团工作面临的新挑战越来越严峻，时代赋予共青团的新任务也越来越繁重。面对新的形势，部分同志对共青团工作的研究、把握还不够，科学谋划和超前思维的意识还不够，干工作就事论事，只顾眼前。这就要求共青团组织要放眼长远，要有敏锐的政治眼光，要善于观察和研究新形势对于共青团工作的新需求，准确把握和定位共青团工作，在新的机遇和挑战中有新的作为。

五是工作创新的能力还需要进一步提高。目前，呼伦贝尔市共青团的工作方式、手段、思路已不能够完全满足社会发展和青年多样化需求，自主品牌工作和活动的培育力度还不够强。这就要求团干部尤其是团委机关领导干部要真正深入到基层和青少年中调查研究，广泛征求意见和建议，发掘基层的工作经验和典型，设计开展共青团特有的品牌工作和活动，使共青团工作方式方法更新、工作手臂更长、服务措施更实、品牌工作和活动更多、工作机制更完善。

从客观上看，经济体制的深刻变革、思想观念的深刻变化、利益格局的深刻调整，以及青年生活方式、行为方式、交流方式和聚集方式的变化等，给共青团工作带来了更多的压力和挑战，制约了共青团事业的科学发展。但更多的是主观方面的原因，归纳起来主要有以下几个方面：

一是政治学习和业务学习深度不够。由于平时工作任务较重，对于学习还只体现在看文件、听汇报和参加活动上，只完成了规定的学习任务，而主动学习上级新的精神、主动研究开展工作所需的理论知识、主动将所学的知识理解转化的意识还不够强，有些同志在理论学习中，不注重联系工作实际，存在着学习与工作脱节的倾向，导致了学习实效不够。

二是面向普通青年的意识不够。面向普通青年，是由共青团作为党领导的先进青年的群众组织的性质所决定的，是贯彻胡锦涛总书记提出的“两个全体青年”的必然要求。但是在实际工作中，不自觉地形成了“高端化”、“精英化”倾向，开展的工作和活动不能让更多的普通青年受益。有时只关心和服务了部分青年的特殊需求，对广大青年的工作覆盖面不够、影响力不大。

三是部分团干部没有树立正确的成长观。共青团的工作岗位是一个能够增长才干的岗位，但少数团干部理论水平不高，作风不实，不能积极主动地学习，导致能力欠缺；部分团干部不能准确理解党对团干部成长的要求，对“政治上过硬、作风上扎实、自律上严格”的要求思考、把握不够，有的团干部在对自身成长认识上有偏差，没有意识到本领和才干主要是在全身心地投入工作中练就的，是在遇到困难、矛盾和挑战不回避、不退让的过程中练就的。

四是深入基层调查研究力度不够。在调研过程中，还存在调研群体确定不科学、调研方式落后、调研形式走过场等现象，接触基层团干部多但接触青少年少，了解面上工作情况多但了解具体工作细节少，总结工作经验多但准确把握实际困难少，书面征求意见多但和青少年谈心交流少，导致了工作项目设计、活动开展与党政中心工作和青少年的需求还有一定差距。

五是运用科学发展观指导工作不够。科学发展观的贯彻落实需要切实有力的抓手。但面对形势的变化，面对出现的新情况、新问题，面对共青团和青年工作中的突出问题，视野还不够开阔，思维还不够活跃，在工作落实上抓具体、抓细节、抓末端的精力和力度不够、方法不多、措施不当，运用科学发展观指导工作开展，推进工作科学谋划、超前谋划的力度还不够强。

3.2.3 在学习实践活动中形成的共识

一是必须坚持把科学发展观作为推进共青团事业发展的重要法宝。科学发展观作为马克思主义中国化的最新理论成果，作为我国经济社会发展的重要指导方针，作为发展中国特色社会主义的重大战略思想，是新时期推进共青团事业发展的重要法宝。随着党、社会和青年的变化与变革，共青团事业发展过程中遇到了一系列挑战，只有坚持用发展的眼光，在不断推动事业发展的过程中积极应对挑战，才能实现共青团事业的新发展，开拓共青团事业的新局面；只有认真贯彻落实科学发展观，始终保持与时俱进、昂扬向上的思想品质和精神状态，在转变观念中破解发展难题，在创新思路中转变发展方式，树立新的发展追求，构筑新的发展优势，紧紧围绕党政中心和党对青年工作的要求，把握青年的现实需求和准确预测青年的发展变化，找准聚焦点，明确结合点，抓住本质，发扬民主，科学决策，才能推动团的各项工作持续健康发展。

二是必须坚持把科学发展观作为检验共青团工作成效的重要标准。科学发展观是指导发展的世界观和方法论的集中体现，第一要义是发展，核心是以人为本，基本要求是全面协调可持续，根本方法是统筹兼顾。“以人为本”的内涵就是发展为了人民，发展依靠人民，发展成果为人民共享，这是党全心全意为人民服务宗旨的体现。其突出特点，就是着力解决人民群众最关心、最直接、最现实的利益问题。科学发展观作为新时期与时俱进的理论体系，不仅是进行反思的重要切入点，更是衡量共青团工作成效、判断共青团事业发展方向的重要标准。共青团工作的对象和主体是青少年，树立和落实科学发展观，必须坚持以青少年为本，时时处处从代表和维护青少年利益的角度出发，谋划工作；同时，也必须充分尊重和相信广大青少年的能力和自觉性，为他们提供平台，创造环境，充分发挥青少年的积极性、主动性和创造性，从而推动青少年事业的良性循环和长足发展。

三是必须坚持把科学发展观作为加强共青团领导班子建设的重要指南。科学发展观丰富了党的执政理念，赋予了党的先进性新的时代内涵，对提高党的执政能力提出了更高的要求。加强党的执政能力和先进性建设，一个十分重要的内容，就是要不断增强各级党组织和党员干部领导科学发展的能力。要通过学习实践活动，推进理论武装工程，促进共青团领导班子以科学发展观为指南，真正学会运用科学发展观分析和解决实际问题，自觉遵循青年工作规律办事，努力提高领导共青团事业科学发展的能力和水平，更好地担负起推动共青团事业科学发展的历史重任。

3.2.4 进一步贯彻落实科学发展观的思路和举措

第一，深入学习科学发展观，不仅要使团干部学懂、学通、学透，还要努力用科学发展观武装广大团员青年头脑。第二，要重点研究和解决共青团工作中战略性、全局性、根本性的问题。这是团市委作为团的领导机关的重要职责，也是由深入学习实践科学发展观活动的实践性要求所决定的。第三，要广泛动员团员青年为打造自治区新的经济增长极、实现美丽与发展双赢作贡献。要完成这一任务，前提是不断提高团结动员青年的能力特别是组织化动员能力，关键是加强团的基层组织建设和基层工作。第四，要履行好服务青年和维护青年合法权益的职能，着力解决青年最关心、最直接、最现实的利益问题。当前，必须紧紧抓住就业创业这一党政关心、社会关注、青年关切的问题，在全市上下高举促进青年就业创业的旗帜，大张旗鼓地开展青年就业创业实践工作。

基于以上思考，当前和今后一个时期全市共青团工作的总体思路是：高举中国特色社会主义伟大旗帜，围绕自治区团委和市委的工作部署，坚持以科学发展观为统领，以“三年联建”工作为主线，以解放思想、持续创新为动力，突出工作重点，突破难点问题，深化工作品牌，围绕中心，狠抓落实，努力开创呼伦贝尔市共青团工作新局面。

围绕这一思路，下一步要重点做好以下五个方面的工作：

一要大力推进基层组织建设和基层工作，切实增强共青团的组织动员能力。要在前一阶段采取措施的基础上，继续加大力度。(1) 要坚持党建带团建，以旗市区、乡镇团委书记列席同级党的常委会和党委会为契机，借助党建工作在基层形成的新格局和新成果，积极推动基层团建与党建在工作空间和工作内容上紧密结合。(2) 在选派机关干部到基层指导工作的同时，选拔基层团干部到团市委机关挂职锻炼，加大团干部交流力度。(3) 针对农村牧区、企业、学校、社区团的基层组织建设和基层工作，分领域制定工作指导意见。(4) 根据青年联络和聚集的新方式，积极探索依托互联网等现代科技手段进行组织建设和运行联络的新方式，影响和覆盖更多的青年。(5) 探索社会化动员的新载体，善于借助市场力量，运用网络工具以及大众传媒手段，拓展动员领域，深化工作内涵，更加广泛有效地动员青年、影响青年、影响社会。

二要坚持用科学发展观武装青年头脑，分领域、分年龄段开展青年思想政治教育。用中国特色社会主义理论体系教育引导青年是共青团的一项根本任务。当前，要在青年中深入开展学习实践科学发展观活动。要提高教育引导的针对性和实效性，细分青年群体，探索有效的教育引导方式。(1) 抓住重大契机，在青年中集中开展理想信念教育，大力加强基本国情教育和形势政策教育，进一步坚定跟党走中国特色社会主义道路的理想信念。(2) 抓住青年学生、农村牧区青年、城市青年、企业青年等不同领域青年思想教育的关键点，分类别开展思想政治教育，探索针对不同青年群体思想政治教育的有效途径。(3) 探索构建从小学到大学“系统规划、有效衔接、分层实施”的共青团、少先队一体化思想教育体系。(4) 充分发挥媒体对青少年的影响力，把教育引导的目标、内容通过各种媒体有效渗透、传递给青少年。

三要全力服务青年就业创业，解决好青年最迫切、最普遍的需求。把促进青年就业创业作为服务青年的重中之重，坚持遵循市场经济的基本准则，坚持就业与创业相结合，既要高度重视创业对就业的带动作用，又不能忽视就业技能和经验的积累对创业的促进作用，为青年就业创业提供扎扎实实的帮助。(1) 依托各类企业，建立比较规范的共青团“青年就业创业见习基地”。(2) 加强与金融机构的合作，探索切实可行的小额贷款担保制度，推进青年创业小额贷款项目，帮助创业青年解决资金瓶颈问题。(3) 认真研究市场需求和不同领域青年特点，找准结合点，开展有针对性的信息服务和就业培训。(4) 设立呼伦贝尔市青年就业创业基金，面向社会广泛募集。(5) 建立服务农村牧区青年转移就业创业网络指导中心，发布就业创业信息，普及就业创业相关知识，宣传就业创业典型。

四要加强维护青少年合法权益的制度建设和阵地建设，拓展合法、有序、有效的维权渠道。注重把维护青少年合法权益与引导青年的有序政治参与结合起来，把关注个案与关注普遍性的权益问题结合起来，把代表和反映青少年的普遍性利益诉求与相关法律法规的贯彻落实结合起来，探索建立维护青少年合法权益的制度性安排。(1) 建立人大代表、政协委员与青少年的直接沟通交流制度。(2) 建设好“12355”青少年维权及心理咨询中心。(3) 做好未成年人保护和预防青少年违法犯罪工作。

五要以团干部作风建设为重点，切实加强团的自身建设。(1) 进一步加强领导班子建设，以团结为生命线，不断提升整体领导合力。努力营造“政治上志同道合、工作上密切配合、思想上肝胆相照、生活上互相关照”的精诚团结的班子文化，使各级班子团结如一人，拧成一股绳，积极投身呼伦贝尔市共青团事业，出色地完成工作任务。(2) 深入开展成长观教育，把对团干部的关心爱护与严格要求结合起来，帮助团干部深刻领会党的要求，认清团的责任，找准自身的不足，明确努力的方向，把工作激情、科学精神和务实作风结合起来，成为党放心、青年满意的干部。（3）注重在实践中锤炼团干部的作风，引导团干部全身心投入工作，在遇到问题、挑战和矛盾不回避、不退让的过程中锻炼本领、增长才干。（4）开展分层级、分类别的团干部培训，对基层团干部、团的领导干部和新任职团干部，根据各自工作岗位、领域的不同性质和功能要求，开展有针对性的培训，提高他们做好新形势下共青团工作的能力和水平。

3.2.5 加强领导班子自身建设

一要加强学习，增强党性观念。要把加强政治理论学习作为推进各项工作的重要保障，努力建设学习型机关。进一步完善中心组学习制度，制订学习计划，明确学习要求，保证学习时间，努力营造浓厚的学习氛围。要通过深入学习，不断加深对科学发展观的深厚思想内涵、深厚理论渊源、深厚实践依据、深厚群众基础的认识，增强责任感和紧迫感，增强进一步解放思想、改革创新的动力，切实提高辩证思维、战略思维能力，提高分析问题、解决问题的能力，努力推动工作思路的转变。要始终坚持以党员干部标准严格要求自己，不断加强党性修养，讲学习，讲政治，遵纪守法。

二要提高能力，增强大局意识。坚持在学习中实践，在实践中学习，在学习实践中提高能力。坚持集体领导和个人分工负责相结合，重大问题集体研究决定，有效形成贯彻落实科学发展观的向心力和凝聚力，充分发挥集体的智慧、依靠集体的力量，不断提高科学决策、民主决策的能力。进一步建立健全责任制，促使班子成员敢于面对困难，承担责任，增强事业心和责任感。进一步健全和完善谈心制度，不断增进理解，增进感情，增强团结。按照科学发展观的要求，深刻把握青年工作的基本规律，坚持谋全局、抓大事、议长远，增强工作的针对性和预见性，加强对共青团发展中全局性、战略性重大问题的思考和研究，正确认识和妥善处理整体与局部、当前与长远的关系。

三要转变作风，增强服务本领。牢固树立科学发展观和正确政绩观，在班子成员中大力倡导求真务实之风、开拓创新之风、艰苦奋斗之风，强化为发展服务、为基层服务、为青少年服务的意识。要虚心向基层同志学习，多征求意见，多谈心交流，进一步提高工作艺术，提高工作效率和工作水平。坚持调查研究制度，每年确定一批调研课题，班子成员带头深入基层、深入实际，了解研究新情况、发现解决新问题，提出并制定符合科学发展观要求的有效措施。坚持节俭办公，反对奢侈浪费，大力精简会议文件，集中更多的精力抓基层、打基础、抓落实。切实关心机关干部的思想和生活，主动帮助其解决实际困难和问题。

四要勤政廉政，增强廉洁能力。以维护党的纪律、严格执行领导干部廉洁自律各项规定为重点，严格要求，做加强党风廉政建设的表率。严格遵守领导干部廉洁从政各项规定，正确行使党和人民赋予的权力，严格规范个人行为，坚持原则，大力弘扬艰苦奋斗、勤俭节约的优良传统和作风，严格控制各种费用的支出。以学习实践活动为契机，教育党员干部在自省中不断增强责任意识、服务意识和忧患意识，全心全意为基层服务、为青少年服务。进一步完善领导班子反腐倡廉学习制度，把党风廉政教育作为规范权力运行的思想保证，采取多种形式扎扎实实开展教育活动，筑牢拒腐防变的思想道德防线。

3.3 以创先争优精神激活共青团事业发展内生力[①]

3.3.1 深刻领会创先争优活动的重要意义

党的十七大对以改革创新精神推进党的建设新的伟大工程作出了全面部署，明确提出要开展两项活动：一是在全党开展深入学习实践科学发展观活动；二是在党的基层组织和党员中深入开展创先争优活动。经过两年多的努力，学习实践活动已基本结束，但贯彻落实科学发展观是一项长期任务。因此，中央决定从现在开始到党的十八大召开，在党的基层组织和党员中深入开展创先争优活动。这对于充分发挥基层党组织的战斗堡垒作用，巩固党的执政基础具有十分重要的意义。共青团作为党的助手和后备军，作为党联系青年的桥梁和纽带，一定要按照党中央的要求，把深入开展创先争优活动作为当前的重要政治任务抓紧抓好。

第一，创先争优体现的是一种精神。人、社会和自然是以实践为中心建立起来的三维结构体。离开其中的任何一对矛盾都无法对其他矛盾作出正确的说明。在人类社会的主观能动实践中，精神的力量是重要的因素。人没有一点精神是不行的。无论是家庭生活还是事业发展，无论是个体素质的提高还是教育教学质量的升华，都需要一点精神。否则，很难克服方方面面的压力和困难。

---

① 本部分内容系作者 2010 年 6 月 24 日在呼伦贝尔市团委系统深入开展创先争优活动动员大会上的讲话。

第二，创先争优活动是学习实践活动的深化和延续。学习实践活动是集中性主题教育活动，创先争优活动则是推动基层组织和党员立足本职、发挥先锋模范作用的经常性活动。这两项活动紧密衔接、相互促进，必须密切结合起来。在学习实践活动中，团市委系统以“高举团旗跟党走，美丽发展生力军”为主题，突出“引领青年、改革创新、争当先锋、转变作风、以人为本”的五项要求，大胆创新、攻坚克难，在解决影响制约共青团事业科学发展的突出问题上，在解决青年反映强烈的突出问题上，取得了明显成效，为青年办了一大批实事好事。学习实践活动的成果来之不易，巩固和扩大学习实践成果更需要做出长期艰苦的努力。开展创先争优活动，有利于进一步把学习实践活动中形成的科学规划、思路和举措落实到基层；有利于进一步抓好各项整改落实的后续工作，兑现向青年和社会作出的承诺；有利于进一步健全促进科学发展的体制机制，推动学习实践活动向深度和广度发展。

第三，创先争优活动的过程是践行科学发展观、履行岗位职责的过程。团市委连续两年在内蒙古共青团系统实绩考核评比中名列第一，这是一个历史性的跨越。这个历史性的跨越来之不易，这既是呼伦贝尔市共青团光荣传统的再现，也是全团同志共同努力的结果。当前全市共青团工作整体素质不断提升，但工作开展程度不平衡；整体精神状态好，但个别组织和干部存在懒散问题；整体上团的工作载体趋于丰富，但与青年多元化的需求以及青年对团组织的要求还存在很大差距；整体上围绕中心、服务大局的情况是好的，但也存在着与社会的快速发展以及社会对团组织的要求不适应问题；整体上守纪律、讲正气、顾大局，但违规作业、本位主义、谋求个人利益的现象仍然存在。为此，我们提出了立足新起点、更上一层楼，以“三年联建”系统化推进的新成果开创全市共青团工作新局面的新要求。开展创先争优活动，是推动共青团事业立足新起点、更上一层楼的强大动力。我们要创造行之有效的实践载体和动力机制，充分调动全市各级团组织和广大团干部的积极性、主动性和创造性，动员各级团组织和广大团干部带头抓落实、促发展，不断把呼伦贝尔市共青团事业推上一个新台阶。

第四，创先争优活动的结果是检验组织功能、评估管理绩效的重要依据。团的各项工作成效通过什么来检验？就是通过将我们内在的努力外化为创先争优活动的结果来检验，通过我们在创先争优过程中对基层组织的整顿、对软弱涣散支部的管理来体现。2009 年，我们召开了团市委系统深入学习实践科学发展观动员大会，明确要用少年宫中层干部竞聘上岗成功与否来检验学习实践活动的成果，并获得了极大的成功。如今，我们又面临着一次重大考验。我们要将市民族少年宫附小整建制移交前后，员工思想稳定、管理有序，教育教学工作保质保量，少年宫教学楼全面改造维修加快进度作为检验创先争优活动成果的重要标准。同时，创先争优活动也是团队、组织凝聚力和战斗力的重要体现。一盘散沙的团队和具有强大凝聚力、战斗力的团队是不可以等量齐观的。开展创先争优活动，提高基层组织的战斗力，明确下一步的奋斗目标，以优异的成绩向党的十八大和建党 90 周年献礼，这本身就是提升我们的精气神、激发个体行为能力取得最佳行为结果的过程。

第五，创先争优活动的根本目的是充分发挥基层党组织的战斗堡垒作用。基层党组织是党全部工作和战斗力的基础。开展创先争优活动，最根本的是要解决党的基层组织如何更好地发挥作用的问题。要认真汲取群体性事件频发背后暴露出的基层组织薄弱的教训，深刻领会中央在新的社会变革面前加强党的基层组织建设极端重要性的认识。我们要看到中央对这个问题的基本判断，做到心中有数。一次次的群体性事件背后反映了一个共性问题，就是党的基层工作遇到了新挑战，党的基层组织建设迫切需要加强。我们党执政的政治基础，归根结底要靠各级党组织在人民群众当中、在社会生活当中真正发挥作用。提高思想认识，就是要清醒地认识到党的基层组织要在我们国家政权建设和社会建设中真正发挥作用。我们要认真探索在新的社会变革面前党的基层组织如何发挥积极作用，同时如何通过发挥党的基层组织作用来带动和支持团的基层组织发挥作用的路径。要深刻认识到团的活力的根本标志在于处在与广大青年边界上的基层组织，切实增强做好团的基层组织建设和基层工作的责任感和紧迫感。心里是不是装着广大普通青年、是不是围绕党的要求去工作、是不是抓住了党的青年群众工作的根本，这是需要我们认真思考和把握的。

3.3.2 准确把握创先争优活动的部署要求

根据市委对开展创先争优活动的总体部署，结合工作实际，团市委制定下发了《团市委系统深入开展创先争优活动实施方案》，明确了开展创先争优活动的具体要求。准确把握这些决策和部署，必将有力推动团市委系统创先争优活动的扎实有序开展。

一要准确把握总体要求。要认真贯彻落实党的十七大和十七届三中、四中全会精神，以邓小平理论和“三个代表”重要思想为指导，以深入学习实践科学发展观为主线，以“坚定党性岗位建功”为主题，以“三年联建”系统工程为载体，以建设“团结务实、忠诚奉献、严谨高效、活泼幸福”的团队为目标，大力提高机关党支部领导科学发展和服务凝聚能力，提高党员干部履职尽责能力和落实工作水平，倡导“忠诚、实干、卓越”的系统理念和勤于学习、勇于创新、善于服务、甘于奉献的机关文化，在推动科学发展、促进社会和谐、服务广大青年、加强基层组织的实践中建功立业。

二要准确把握目标任务。贯彻落实创先争优活动的总体要求，关键是要紧密结合共青团实际，努力实现“推动科学发展、促进社会和谐、服务广大青年、加强基层组织”的活动目标。这“四句话”目标要求是一个有机整体，推动科学发展、促进社会和谐是创先争优活动的着力点；服务广大青年是创先争优活动的落脚点；加强基层组织既是创先争优活动的重要目标，也是搞好活动的基础和保证。团市委开展创先争优活动要围绕这“四句话”目标要求，努力做到推动呼伦贝尔市美丽发展、转型升级、富民强市有新贡献；团市委机关作风和精神面貌有新气象；服务广大青年有新成效；基层党组织建设有新加强。

三要准确把握主要内容。创先争优活动的主要内容是：创建先进基层党组织，争当优秀共产党员。创建先进基层党组织要努力做到“五个好”，即领导班子好、党员队伍好、工作机制好、工作业绩好、群众基础好；争做优秀共产党员要努力做到“五带头”，即带头学习提高、带头争创佳绩、带头服务群众、带头遵纪守法、带头弘扬正气。这“五个好”、“五带头”是对基层党组织和党员的普遍要求。我们要把创先争优活动贯穿于基层党组织建设全过程，作为加强党的建设一项经常性工作来推动，使之成为加强共青团系统党建工作的有力抓手。要把党的思想建设、组织建设、制度建设、作风建设和反腐倡廉建设各项任务有机融入到创先争优活动中去，使创先争优活动成为整体提高共青团系统党建科学化水平的重要载体。

四要准确把握时间节点。按照中央、自治区党委和市委部署，创先争优活动要围绕迎接建党 90 周年、迎接党的十八大召开这两个重大时间节点来展开。从现在开始到2011年7月，要着重围绕建党90周年开展活动，兴起创先争优的热潮；从2011年7月开始，要以迎接党的十八大胜利召开为主题推进活动，党组织和党员要以昂扬向上的精神风貌、更加突出的工作业绩，向党的十八大献礼。

3.3.3 高标准高质量地开展好创先争优活动

开展创先争优活动，对于团市委机关来说，既有对于机关党组织的普遍性要求，也有对于群众组织的特殊性要求，但归根结底，是要解决好对于全市共青团重点难点工作的推动问题。因此，必须把创先争优活动与推动共青团各项工作特别是重点工作紧密结合起来，把各项工作任务完成的好坏与创先争优的考评挂钩，使创先争优活动的成果切实体现到各项工作的实效上来。

一要特别注重增强活动的针对性和实效性。中央部署开展创先争优活动是有战略考虑的，我们要特别注意增强活动的针对性和实效性，不能走过场，不能搞虚的、假的，不能搞形式主义的东西。对于团市委系统党组织来说，要解决好团的重点难点工作的推动问题。衡量党组织是否先进，要看重点难点工作用什么态度推、用什么方式推、能否推得动、推成什么样。同时，要把风气正派、坚持原则问题解决好，使其成为机关的主流。对于团市委系统的党员干部来说，要将创先争优活动与树立正确成长观紧密结合起来。机关的党员干部在创先争优活动中不能无的放矢、不讲针对性；不能老想着怎么当官，不想着怎么去提高本领、为党多做工作。创先争优活动要切实与如何做好工作、如何成长结合起来，不断增强党性，坚持理想主义追求，在全身心投入工作的过程中提高本领、增长才干。

二要抓住有利契机加强团的基层组织建设。根据中央组织部、中央宣传部《关于在党的基层组织和党员中深入开展创先争优活动的意见》的要求，要以基层党组织和党员的创先争优活动带动团组织开展创建先进集体、争当先进个人活动。中央领导同志分别对团组织开展创先争优活动作出了重要指示，团中央也专门下发了《关于以党组织开展创先争优活动为契机进一步加强团的基层组织建设的通知》（中青发〔2010〕9号）。我们要抓住这个有利契机，积极就团的基层组织建设的现实状况、主要内容、工作目标等及时与党委组织部门进行专门沟通，获得党组织对共青团加强基层组织建设工作的重视，推动党建带团建工作在基层的落实，争取将党建带团建纳入党组织创先争优活动的总体部署，特别是纳入党组织开展创先争优活动的评价标准和考核表彰体系，同时学习借鉴党组织开展创先争优活动的思路和方法，利用党建工作在基层形成的新格局、新成果，健全团的基层组织网络，着力消除团建空白点，不断巩固和完善团的基层组织体系。要把“两新”组织和农民工群体作为团建的重点领域，加大团建工作力度。有条件的地方，可依靠党组织加强与有关部门的统筹协调，确保基层团组织有基本的、必要的工作经费和阵地依托，扎扎实实地加强团的基层组织建设，活跃团的基层工作。

三要把学习型团组织建设和转变团干部作风贯穿始终。创先争优活动不同于专题集中教育活动，而是一项经常性工作。我们要把创先争优活动纳入到实际工作当中，要把创先争优活动与学习型团组织建设和团干部作风转变结合起来，注重教育党员干部在实践中不断提高党性修养，在日常工作中发挥先锋模范作用，把创先争优活动作为推动共青团工作上位、实现2010年度共青团目标的重要举措。倡导党员干部破除凑合应付的消极观念和安于现状的守摊思想，树立不甘落后的争先意识；破除因循守旧的惯性思维，树立勇于开拓的创新意识和迎难而上的进取意识，在机关形成勤于学习、勇于创新、善于服务、甘于奉献的良好风尚，使广大党员干部的思想和行动更加符合科学发展观要求，能力和水平更加适应形势发展需要，精神状态更加积极主动、有为，促进各项工作任务更好地落实。

3.3.4 切实加强对创先争优活动的组织领导

创先争优活动是一项时间跨度长、要求标准高的系统性工程。我们要坚持围绕中心、服务大局，突出重点、统筹推进，服务基层、服务青年，改革创新、务求实效，努力把创先争优活动组织好、推动好、落实好。

一要落实领导责任。为切实做好这次创先争优活动的组织协调工作，团市委成立了创先争优活动领导小组，负责团市委机关、下属单位创先争优活动的统筹谋划、组织指导和督促检查。机关全体党员干部在创先争优活动中，要按照领导小组的统一部署，充分发挥作用。

二要做好统筹安排。创先争优活动是基层党建的重要经常性工作。在活动过程中，要注意与专题集中教育活动相区别，做到统筹兼顾、节奏适度。要坚持两手抓、两不误、两促进，把创先争优活动与“三年联建”系统工程结合起来，与创建学习型团组织结合起来，妥善处理好争创活动与业务工作的关系，统筹安排好活动时间、进度和人员，确保各项工作协调推进，相得益彰。

三要及时督促检查。要采用听取汇报、日常督查、随机抽查、交流研讨、总结交流经验等方式，全面了解活动进展情况；要加强联系和互动，对创先争优活动的情况适时进行指导和点评，及时发现和研究解决存在的问题，确保活动不走形式、不走过场，平衡发展、有序推进。

四要加强舆论宣传。要充分利用各类新闻媒体特别是呼伦贝尔市共青团网、《呼伦贝尔青年》杂志及简报等载体，跟踪活动开展情况，推广先进经验和做法，发挥宣传引导作用，形成正确的舆论导向。要加大对先进典型、先进事迹的宣传力度，努力形成学习先进、崇尚先进、争当先进的良好风气。

3.4 以党的十七届四中全会精神增强党性修养

2009年9月召开的党的十七届四中全会，审议通过了《中共中央关于加强和改进新形势下党的建设若干重大问题的决定》。集中全党智慧、凝聚全党共识形成的这份决定，着眼于推动党的十七大关于党的建设总体部署的贯彻落实，围绕当前党的建设中存在的突出问题，对进一步以改革创新精神推进党的建设新的伟大工程作出了部署。《决定》对于指导新时期共青团的思想、制度、组织、作风和能力建设，进一步加强党建带团建工作，不断提高工作水平，努力实现共青团事业的科学发展具有重大的指导意义。

共青团组织和广大团干部要把深入学习贯彻全会精神作为鞭策充电的难得机会，进一步锤炼党性、历练品格、锻炼能力，争当党放心、青年满意的突击队和排头兵。

3.4.1 把握实质，在领会精神和融会贯通上下工夫

十七届四中全会关于党的建设各项部署，既是对各级组织提出的根本要求，又是对全体党员提出的具体任务，更为加强团的建设指明了努力方向。

一是严峻的外部环境考验的必然要求。当前，党面临的执政考验、改革开放考验、市场经济考验、外部环境考验是长期的、

复杂的、严峻的。党在推进改革开放和社会主义现代化建设中所肩负任务的艰巨性、复杂性、繁重性世所罕见。金融危机、群体性事件、民族问题等，都迫切需要执政党去解决，需要包括青年党员在内的组织成员群策群力去完成。

二是推动共青团"三性"协调发展的必然要求。共青团的"共"是指团的政治性，是党对共青团发挥助手和后备军作用的要求；"青"是指团的社会性，是党对共青团发挥国家政权重要社会支柱作用的要求；"团"是指团的工作特性，是党对共青团发挥桥梁和纽带作用的要求。团组织解决事业发展面临的现实问题，首要任务就是要通过创新发展理念，进一步巩固政治性，扩大社会性，增强工作特性，进而增强凝聚力、影响力和战斗力。

三是帮助青年党员健康成长的必然要求。社会价值观的多元化和干部队伍的年轻化，对党的自身建设提出了新的挑战。年轻干部大多学历相对较高，思想较为开放，接受新鲜事物的能力较强，但相对缺乏艰苦环境的磨炼、重大斗争的考验及严格的党内生活锻炼，在一定程度上存在着党性修养不足、拒腐防变意识薄弱、政治敏感性和鉴别力不强等问题。因此，必须切实加强年轻干部党性建设，引导他们正确对待权力、地位和利益，正确对待组织、群众和自己，克服浮躁情绪，脚踏实地干事，在推动科学发展、促进社会和谐中建功立业、成长进步。

3.4.2 立足自身，在加强团的基层组织建设和团干部作风建设上下工夫

党的十七届四中全会明确提出，党的基层组织是党全部工作和战斗力的基础，是落实党的路线方针政策和各项工作任务的战斗堡垒。团的基层组织和基层工作处在共青团与青年的边界上，

是共青团履行根本职责的主要载体，是实现团的各项功能的基本途径。

一要进一步加强团的基层组织建设和基层工作，增强团对青年的吸引力和凝聚力。当前团的组织建设的主要问题和薄弱环节在基层表现得最为集中，有组织无活力、有青年无组织的情况还较为普遍，部分团支部松散瘫痪，严重影响了团组织的凝聚力和战斗力。全市各级团组织要从打造“活力工程”、“生命力工程”的高度来认识加强基层组织建设和基层工作的重要性，采取有效措施，强化探索创新，努力扩大组织覆盖，全面提升组织活力。要按照“试点先行，逐步推进”的原则，做好团建试点工作。重点抓好基层团委书记直选试点、农牧业产业协会建团试点、网络建团试点和社区共青团联席会议制度试点；不断总结推广成熟经验，探索创新未知领域，推动各试点单位工作取得实效。要加强农村牧区、社区、“两新”组织等领域的团建创新，扩大基层团组织的覆盖面。在农村牧区，推广联合建团和依托建团等做法，抓好松散瘫痪团支部的整顿工作，用1～2年的时间，实现乡镇苏木团组织集中换届，提高团组织活力。在社区，着力推动基层团组织跨行业、跨单位的横向协作，逐步构建具有开放性、协作性，充满活力的社区团组织网络。“两新”组织中凡已建立党组织又具备建团条件的，应同步建立团组织。要在选优配强嘎查（村）级团组织班子上下工夫，拓宽选人用人视野，充分调动大学生村官、“三支一扶”志愿者、农村牧区青年带头人等优秀青年的积极性，不拘一格地选拔那些工作能力强、群众威信高、热心共青团事业的优秀青年到团组织班子中来。此外，要针对互联网、手机等新技术发展趋势，调整团的组织形态。哪里思想最激荡，团组织就应该延伸到哪里；哪里集聚的人气最旺，团组织就应该影响到哪里；哪里矛盾最复杂，团组织就应该发挥作用到哪里。“支部建到互联网上”、“支部建到手机上”等过去未曾实践过的基层组织设置形式，在新形势下都有探索的必要。

二要进一步加强团干部队伍建设，努力打造政治过硬、作风扎实、自律严格的团干部队伍。当前在一些团干部中存在着工作浮躁、缺乏事业心、学风不扎实、服务意识不强、不能广泛深入联系普通青年、缺乏批评和自我批评，以及工作韧劲不足等问题。克服这些不足和缺点，要自觉按照党的要求，加强党性修养和道德养成，坚定理想信念，要大兴密切联系青年之风，继续开展“进千家门、知千家情、解千家难”千名团干部百日下基层活动，通过建立基层团组织联系点，不定期召开座谈会、见面会，运用现代互联网技术等措施，建立团干部与团员长期联系机制，保持团干部与青年的广泛深入联系。各级团干部要通过联系基层团组织、蹲点式调研及面谈、电话、网络等方式，加强与普通青年的交流，了解青年内心真实感受，力所能及地解决实际问题。要大兴求真务实之风，在团干部中大力倡导讲实话、办实事、出实招，不能简单地以会议落实会议、以文件贯彻文件，严禁形式主义、敷衍应付。乡镇苏木级以上团委要经常分析形势，研究工作，探讨思路，谋划发展。要大兴艰苦奋斗之风，合理高效地利用各种资源，把有限的资金更多地用在为青少年服务、发展共青团事业上。要大兴批评和自我批评之风，不搞“好人主义”和无原则的“一团和气”，自觉接受广大青年的监督，努力提高工作决策水平。要加强廉洁自律教育，时时处处严格要求自己，自觉抵制不正之风，严格执行反腐倡廉的各项制度规定，经得住事业、名利和生活的考验，切实做到警钟长鸣，防微杜渐，不断提高拒腐防变的能力。

3.4.3 加强修养，在实现社会发展与个人价值的历史一致性上下工夫

党员是党的性质的直接体现者，加强党的建设，关键在提高全体党员的党性修养。加强青年党员的党性修养，是党的事业不断发展的迫切需要。团干部应把学习和实践作为一项长期的经常性任务，坚持不懈地进行党性的修养和锻炼，使之成为实现团的基层组织网络覆盖全体青年，团的各项工作和活动影响全体青年的重要思想保障。要通过学习和实践，不断提高自身的理论修养、思想修养、政治修养、作风修养、道德修养、文化修养。在综合素养方面应认真学习掌握哲学、经济、历史、法律、科技、管理等方面的基本知识和普遍规律；在哲学思维方面要不断提高科学思维能力，不断开展社会主义核心价值体系教育，加深对马克思主义立场、观点、方法的理解；在分析问题的方式方法方面要善于运用“解剖麻雀”式的方法解决学习、工作、生活中遇到的具体问题，分析问题产生的原因，找出解决问题的办法，进而学会从大局出发观察和分析问题。

要精研马克思主义哲学著作、经济著作，读懂哲学、历史著作，学习语言学、文学、艺术著作，因为人类社会发展的本质是人的全面发展，人发展的本质在于创造价值。人类社会发展与人的发展的历史一致性决定了必须通过学习攫取知识养分。学习的目的在于运用。团系统的每一位党员同志都要学会在实践中发现和解决问题，学会从实践中找出新时期服务青年的规律并用以指导新的实践，同时在促进青年就业创业、维护青少年合法权益等一系列共青团工作实践中积极探索更加行之有效的学习方法。

3.4.4 重在落实，在推进共青团整体工作上下工夫

各级团组织要按照十七届四中全会提出的要求，切实把机关

作风建设放在更加突出的位置，与正在开展的“三年联建”工作结合起来，与带好队伍、推动工作结合起来，加强机关作风建设，为履行共青团组织职能、完成党赋予的崇高使命提供组织保证。

一是各直属团委领导班子带头学，做认真学习、深入学习、学以致用、用有所成的模范。各级团组织中心组理论学习要安排专题学习和研讨，切实把握重点，吃透精神，指导和推动本地区、本部门、本单位团组织的学习。要把全会精神学习与团委领导班子专题民主生活会结合起来，认真研究解决领导班子、领导干部工作中存在的问题，带头解决自身问题，树正气、聚人心。

二是各级团组织要举办形式多样的学习培训和理论研讨，抓好团干部和团员青年的集中学习，通过研读原文、集中培训、专题研讨、辅导讲座、读书笔谈等形式，调动团员青年学习的积极性，推动学习贯彻四中全会精神活动的深入开展。充分发挥团属报刊、网络、手机短信等阵地优势，开辟专栏、专题，大力宣传四中全会精神，及时反映全市共青团学习贯彻全会精神的情况，总结推广先进经验和典型，营造学习贯彻全会精神的浓厚氛围。

三是各直属团委书记作为第一责任人，用机关作风是否转变、“三年联建”工作任务是否落实、团的整体活力是否得到增强来检验四中全会精神落实的实际效果。从制定规划、组织领导、制度保障、督促检查等方面采取措施，建立健全加强团干部作风建设的领导机制和工作机制，努力形成团市委党组统一领导、各级共青团机关党组织抓落实、广大团干部积极参与的工作格局。

十七届四中全会是党的建设的一个高点，同时又是面向未来的一个新的起点。团的工作正处在一个新的历史起点上，新形势、新任务要求共青团工作必须与时俱进，永葆朝气；要求团的干部必须苦练内功，加强党性，努力成长为党放心、青年满意的团干部。各级团组织和群广大团干部要深刻领会在全市共青团系统发动学习四中全会精神的重要意图和战略考虑，把全会精神贯穿于共青团工作的各个方面，引导广大团员青年发奋学习，勇于创新，为将呼伦贝尔市打造成为自治区新的经济增长极作出更大贡献。

3.5 以新一轮思想大解放推动共青团事业大发展①

"解放思想"、"科学发展"、"呼伦贝尔精神"这三者之间有何必然联系？改革开放30年来最大的收获是思想大解放带来的社会大变革，有了思想解放，才有了改革开放、科学发展。我们需要架构起这些关键词之间的联系，去攫取新一轮思想解放对于推动科学发展的有益信息。

3.5.1 继续解放思想、推动科学发展的紧迫性和必要性

城市精神是对一个地区经济、社会发展状态理论层面的概括，它是从这个地区的历史传统、人文精神等方面凝练和提升出来的，是激发人们更好地推动经济社会发展、更好地实现自身发展的理论性概括和总结。在新形势下，重新提炼、总结和概括呼伦贝尔精神，是为了指导下一步更大的发展，这是全市共青团系统按照市委的统一部署和要求召开此次座谈会的主旨所在。

解放思想是基础、根本、根源，没有思想解放，就谈不到科

① 本部分内容系作者2008年9月24日在共青团继续解放思想推动科学发展暨呼伦贝尔精神大学习大讨论座谈会上的即席讲话。

学发展；没有思想解放，就不会有“知耻后勇，发愤图强”，也不会重新概括呼伦贝尔精神。当年在概括呼伦贝尔精神过程中，把“发奋图强”改为“发愤图强”，这是为什么呢？是因为不甘落后！过去，呼伦贝尔是“呼老大”，全区经济第一、增速第一，但到了20世纪末，呼伦贝尔开始在困境中挣扎徘徊，经济一路下滑，尤其是在几次机遇面前，已被其他盟市不断赶超。尽管呼伦贝尔历年的GDP、财政收入都在增长，但呼包鄂地区利用地缘、区位优势，埋头苦干，迅速超过了呼伦贝尔，形成了呼包鄂“金三角”发展态势。呼伦贝尔地处东北经济区的神经末梢，远离国内大市场，离次经济区域中心哈尔滨还有近800公里的运程，对原材料运输来说，就增加了800公里的运距费用；从聚集人才优势来讲，呼伦贝尔处在北纬36°，按照国际公约组织约定，它是不适宜人类生存的区域。如今呼伦贝尔面临的发展机遇，都是对过去没有抓住的机遇的总结。如向北开放是一次机遇，因为过去没有向北开放的良好市场，呼伦贝尔有货源、客源，但俄罗斯、蒙古国存在贸易壁垒。呼伦贝尔被纳入振兴东北老工业基地范围，也是一次机遇，主要政策是增值税抵扣、棚户区改造、老工业基地剥离。为什么要专门针对东北地区、民族地区出台这些政策？因为东北地区、民族地区的经济发展比沿海地区、内地、中部地区落后，这就是当前呼伦贝尔面临的形势。

1. 改革开放30年来的国际国内形势

1978年，我国进入改革开放新时期，国内突出事件是安徽省凤阳县小岗村实行包产到户，国际上中国与美国发布了《中美建交联合公报》、与日本签署了《中日和平友好条约》。2008年是《中日和平友好条约》缔结30周年，胡锦涛总书记到日本进行访问，增进中日人民尤其是青少年之间的友好交流和互访是其中重要内容之一。2008年7月，团市委组织了“蓝天·白云·

青草地——友谊·合作·长相依”呼伦贝尔少年儿童走进日本国活动，这是一次非常成功的友好交流活动。1978 年，党的十一届三中全会召开，《实践是检验真理的唯一标准》刊发，把实践确立为检验真理的唯一标准，真正从马克思主义的指导领域开始了波澜壮阔的革命。这一年，高考制度恢复，对于人才培养、建立良好的青少年成长成才运行机制，起到了重大的历史性作用。这一年，吴仁宝、禹作敏、鲁冠球等人开始创业；中国最大的钢铁企业宝钢开始建设；可口可乐、德国大众进入中国；李嘉诚作为香港知名人士、企业界代表，被邀请登上天安门观礼；荣毅仁在香港创办中信投资公司，开始了荣氏家族的香港创业历程。

1979 年，邓小平访问美国；国务院出台鼓励发展轻工业的政策；国家外汇管理总局成立，标志着中国开始向世界敞开大门。这一年，首钢等 8 家国有企业进行扩大企业自主权试验；一些国有企业开始实行厂长负责制；松下幸之助访问中国；运通、IBM 来到中国；皮尔·卡丹在中国举办服装表演会；上海出现中国第一家民营企业、第一则广告；袁庚在广东创办蛇口工业区；中国的 GDP 比前一年增长 400 亿。1980 年，陈春先创办国内第一个民营科技实体；深圳经济特区开始创办，签订第一块土地出租协议；国务院发布《国营工业企业利润留成的试行办法》，中央和地方开始实行财政分灶方案。1981 年，荣毅仁获准在日本发行债券；国务院发文打击投机倒把，这是改革开放后的第一次宏观调控；IBM 的第一台个人电脑问世。1982 年，党的第十二次全国代表大会正式确立建设有中国特色社会主义的国家战略；本田、百事可乐、三洋、爱立信、耐克等公司加大在中国的投资力度；国际上，格林斯潘出任美联储主席；美国爆发公司关闭潮。1985 年，国家取消对企业计划外自销产品价格的限制，价格双轨制正式形成。1986 年，美国太空飞船“挑战者号”意外爆炸；鲁冠球、史来贺成为改革开放的典型，在人民大会堂作报告；中国的GDP第一次达到1万亿。1992年，政府鼓励基层干部经商，沿海地区基层干部纷纷“下海”；日本房地产泡沫破灭，从泡沫到破产，再到全面危机，经历了10年时间。1993年，国务院开始整顿金融秩序，实施分税制改革，清理三角债，到1998年，三角债已基本清理成功，中国经济秩序进入恢复时期；日元明显升值；亚洲“四小龙”开始崛起。1994—1997年，中国GDP实现年均增长1万亿，从1992年的2万多亿到1993年的3.4万亿，到1994年的4万亿，到1995年的5万亿，到1996年的6万亿，到1997年的7万亿，创造了世界经济增长史上的奇迹。1997—2000年，中国经济发展速度放缓，根源是亚洲金融危机。中国在这个时期因清理三角债成功、规范整顿市场经济秩序成功，抵御了亚洲金融危机的冲击，保持了平稳的增速，年均增长在11%左右。2001年，中国加入世贸组织，国际地位空前提高。2004年，被称为第二个“崩溃之年”。这一年，车臣事件爆发；德隆系坍塌；刘永行的电解铝项目叫停；郎咸平开始质疑产权改革；联想收购IBM的PC业务；美国、俄罗斯等多个国家大选；印度洋发生海啸。2007年，由于股权分置改革成功，中国股市一路飙升，突破6 000点大关。2008年，美国发生次贷危机，其直接原因是利率上升和住房市场持续降温，美国出台7 000亿美元的救市政策；金融危机导致中国股市一路暴跌，在2 000点左右徘徊。

任何一段历史都有其不可替代的独特性，改革开放30年的历史同样是不可能重复的。一个拥有13亿人口的大国，从十年“文革”大动荡到改革开放后的大治，再到2007年GDP达到23万亿；从僵化的计划经济体制日渐瓦解，到初步建立起社会主义市场经济体制，可谓发生了翻天覆地的变化。改革开放30年来，推动商业领域进行了大规模改革。为什么要从商业领域改革来说明解放思想的重要性呢？因为相较于按部就班、因循守旧、墨守成规的人，商业领域中那些天资聪明、卓尔不群的人的最大特点就是能够事易则时移，他们的思想是最先解放的。任何一个商业国家的财富积累初期，都曾经出现过而且必然会出现这样的一些人。财富会改造一个人，如同繁荣会改变一个民族一样。改革开放的 30 年，中国市场存在着三股力量——国有公司、民营公司、外资公司，它们的利益切割及产业、资本格局，构成了中国经济成长的所有表象。

2. 呼伦贝尔改革开放 30 年路径

呼伦贝尔经济类型区相对齐全，农区、牧区、林区、城区、郊区和沿边地区在市域中都占有一定比例，30 年来，国家推行的各项改革开放举措，在呼伦贝尔几乎都有生动的实践，可以说，呼伦贝尔的改革开放是全国的一个“缩影”，同时，呼伦贝尔是“一五”时期国家重点开发的地区之一，中区直“老牌”企业较多，管理体制相对复杂，在推进改革开放的过程中有着自己鲜明的特点。改革开放之初，呼伦贝尔首先经历了两次行政区划调整，一次是 1979 年从黑龙江省重新划归内蒙古自治区，但加格达奇、松岭两个地区仍归黑龙江管辖；另一次是 1980 年恢复兴安盟建制。与此同时，涉及农村牧区、工业企业、财政税收、商业流通、对外贸易、社会保障等经济社会发展各个领域的改革开放深入推进，呼伦贝尔大地重新焕发无限生机。呼伦贝尔 30 年恢弘的改革开放大致可以分为四个阶段：

第一阶段：改革启动和局部试验阶段（1978—1984 年）。这一时期呼伦贝尔的经济体制改革在农村牧区率先展开。农区农业生产责任制是在人民公社“三级所有，队为基础”的前提下推行的，主要形式是“定额包工”和“联产计酬”，随后，“联产到组”、“联产到劳”、“包干到组”等形式也出现在农业生产之中，一些贫困的生产队和新建的生产队直接推行了“包干到户”的生产责任制。1981 年，根据中央农村工作会议精神，盟委决定在扎兰屯的蘑菇气公社和惠风川公社进行家庭联产承包责任制试点；1983 年，盟委决定在全盟农区全面推行家庭联产承包责任制，同时开展取消人民公社、建立乡政权工作。牧区畜牧业经营管理体制改革首先在保证牲畜、草牧场等主要生产资料集体所有，统一计划、核算、调配劳动力，按工分配的前提下，把畜群承包到作业组或劳动力，定产、定工、定费用，实行超产奖励。1983 年起，牧区又在较大范围推行了“包畜到户”、“牲畜作价归户”和草牧场承包到户等形式的家庭联产承包责任制。到 1984 年末，农区基本建立了以“包干到户”为主要形式的家庭联产承包责任制；牧区 200 个嘎查中，有 187 个嘎查实行了牲畜作价归户，占嘎查总数的 94%。农村牧区经济体制改革迈出了关键的第一步，完成了经营形式和分配方式的变革，打破了“三级所有，队为基础”的人民公社体制，以家庭经营为主、多种联产承包责任制并存的局面初步形成。这一阶段，呼伦贝尔的工业企业从财务包干入手，实行各种经济责任制，扭转了多年的亏损局面，转亏为盈。这一时期，各地区、各领域、各行业思想解放的大潮充分涌动，改革开放的理念逐渐深入人心。

第二阶段：改革全面探索阶段（1984—1992 年）。这一时期是对呼伦贝尔改革发展具有深远影响的试验区建设时期。1988 年 1 月 18 日，国务院副总理姚依林同志主持会议，专门听取并研究加速发展内蒙古经济问题，会后形成了《国务院关于研究加快发展内蒙古经济问题会议纪要》。《纪要》确定：“同意在呼伦贝尔盟和乌海市进行经济体制改革试点，给一些优惠政策，以加快改革开放步伐。”按照这一精神，自治区将呼伦贝尔确定为经济体制改革试验区。呼伦贝尔的试验区建设是在既无现成模式可供借鉴，又没有成功经验可以遵循的情况下进行的，与全国的经济特区、沿海开放区相比又属于“地方性”、“自费性”的探索。多年的试验区建设，极大地解放了人们的思想，有力地推动了各项改革，特别是使呼伦贝尔的对外开放真正打开了局面。1988年，满洲里市与俄罗斯后贝加尔斯克做成第一笔买卖；1992年3月，国务院批准满洲里市为全国首批沿边开放城市和边境经济合作区。盟委、行署陆续提出了“打通两端、网开一面”，“以开放促改革、促开发、促发展”，“北开南联、双向推进”以及“两带开放、六区开发、南北联手、东进西出”等发展战略，积极构建全方位的对外开放格局。1984年，呼伦贝尔农村牧区经济体制改革进入全面推开阶段，盟委、行署根据中央的政策精神，决定将农民土地承包经营期延长10～15年。牧区经济体制改革在实行草畜双承包的基础上，向改革传统落后的生产经营方式迈进，按照“建设养畜，科学养畜，国家、集体、个人一起上，多渠道筹集资金，加快发展”的思想，狠抓经营观念的转变和畜牧业基础建设，农牧业综合生产能力进一步提高。国有企业改革开始全面展开，当时主要是调整国家与企业的分配关系，实行放权让利和各种形式的经济责任制，实施利改税使所有权与经营权相对分离。到80年代后期，主要是推行承包、租赁等经营机制的转换。与此同时，乡镇企业蓬勃发展。呼伦贝尔的乡镇企业萌芽于50年代中期，形成、发展于80年代，迅速发展于90年代初期。1985年1月，盟委、行署作出了《关于大力发展乡镇企业的规定》，确定了“从实际出发，因地制宜，根据本地优势与可能，能办什么就办什么，可大可小，可土可洋”的方针，不断完善各种形式的承包经营责任制，并开始在少数企业试行股份制。

第三阶段：初步建立社会主义市场经济体制阶段（1992—2000 年）。这一时期是推进国有企业股份制和集团化改革，深化农村牧区改革，建立健全社会化综合服务体系的时期。

在农区，到 1994 年上半年，全盟 157 个乡镇苏木已建立农牧业综合服务站 120 多个。全盟农村牧区还着重发展了贸工农一体、产供销一体的“工厂＋基地”、“公司＋农户”的产业化经营模式。此后，自 1997 年阿荣旗供销社成立了呼伦贝尔第一个农民合作经济组织开始，各类组织开始逐步实现由单纯的种、养、流通向包括信息、技术、加工等项目在内的产前、产中、产后系列化服务转型，农牧业产业化也拓展为专业化更强的“公司＋经纪人＋基地”的经营模式。

在牧区，盟委于 1995 年推广锡林郭勒盟草牧场有偿承包使用的经验和做法，大力推行草牧场有偿承包使用制度，收取草牧场使用费用于草牧场基本建设，增强了牧民的责任意识、商品意识和投入意识，加强了草牧场基本建设，增强了畜牧业生产的防抗灾能力。

对于国有企业，1992 年，海拉尔部分国有和城镇集体中小企业率先进行股份制、股份合作制和民有民营试点，牙克石国有商业企业开始试行国有民营，并逐步在全盟范围内推行，在全区较早地进行了探索并产生了一定的影响。自 1994 年开始，全盟进行了统一的大规模企业转制，企业改革进入整体推进阶段。1995 年以后，盟委、行署把国有大中型企业的改革提上了重要日程，以股份制和民有民营作为国有大中型企业改革的首选模式。1996 年末，盟委、行署做出了“举全盟之力进行工业攻坚”的决策，把国有企业产权流动重组作为工业攻坚的主攻方向。仅半年的时间，通过推动企业兼并、联合，全盟就组建了 12 家工业企业集团。1997 年 8 月，出台了盟试验办制定的《关于放活国有和城镇集体中小企业的实施方案》等文件，进一步加大了放开搞活国有企业的力度。2000年，盟委先后转发了盟试验办《关于股份制企业规范运行的指导意见》和《关于加快呼盟国有和国有控股工业企业改革的实施意见》，提出加快“国退民进”的步伐，明确要实现全盟地方无国有工业企业的所有制新格局。这一阶段，流通体制改革有较大突破，以建立社会主义市场经济体制为目标，以政企分开、功能归位为基点，把商业、粮食、供销、物资、外贸等管理机构合为一体，组建呼伦贝尔流通产业管理委员会，建立了五贸统管。

与此同时，个体私营经济开始加速发展。1993年11月、1994年10月，盟委、行署连续下发关于进一步发展个体私营经济的相关文件，要求扩大个体、私营经济的范围，放宽个体工商户、私营企业的生产经营范围和方式，积极解决个体、私营企业场地、资金等经营中的问题，切实保护个体、私营企业的合法权益。到1997年，全盟个体工商户已发展到5.4万多个，从业人员达到8.15万多人，私营企业达475户。

在此期间，呼伦贝尔地方林业也逐步推行更为灵活的经营机制和管理体制。1994年，呼伦贝尔地方林业开始推广黑龙江合江“以场自立、以户自立”的“两自立”经验；1995年后，又进一步推行了“以局自立”的改革，总称“三自立”。

第四阶段：逐步完善社会主义市场经济体制阶段（进入新世纪至今）。这一时期是改革进入深水区、开放步入高层次的时期。2001年10月10日，国务院批准撤销呼伦贝尔盟，设立地级呼伦贝尔市，实行市管县行政管理体制。2002年3月25—31日，首次呼伦贝尔市党代会，首届人代会、政协会先后召开，呼伦贝尔在政权体制上实现了由自治区派出机构向一级实体政权的转变。

（1）农村牧区加快实行综合改革。2001 年 3 月起，以农村牧区税费改革为先导的综合改革拉开序幕，农牧民的“三乱”问题得到有效治理。同时，积极稳妥地推进乡镇机构改革和撤乡并镇、精减人员的工作。到 2006 年，呼伦贝尔乡镇苏木由 2001 年的 122 个减少到 72 个；全市范围内全面免除农业税；“以县为主”的教育管理框架已经确立，教育经费全额纳入预算；全面推行了“乡财县管”和“村财民理乡代管”的财政管理体制；积极推进农村牧区新型合作医疗等卫生体制改革。

（2）农垦、煤炭、林业、铁路等国有大企业进一步理顺管理体制，加快推进以集团化、股份化、产业化为方向，以政企分开为重点的体制改革。2002 年，海拉尔农场管理局和大兴安岭农场局下放为呼伦贝尔市直属企业。2003 年，自治区党委、政府正式批准《海拉尔农垦（集团）公司和大兴安岭农垦（集团）有限责任公司组建方案》，同意改制组建海、大两个农垦集团公司。2003 年 12 月和 2004 年 8 月，海、大两个集团公司分别成立。农垦集团化改革运行几年来，成效显著，主要经济指标连年大幅提高。按照集团化改革的要求，扎赉诺尔、大雁、宝日希勒三家煤业公司于 1999 年组建的呼煤集团，采取统一计划、统一运量、统一销售的措施，一度改变了呼伦贝尔煤炭市场处于无序竞争的状态，使企业呈现出产销两旺的良好局面，但这种集团经营“计划”色彩较浓，一定程度上影响了企业发展，2004 年呼煤集团解体，宝日希勒、大雁、扎赉诺尔三家煤业公司先后与神华、鲁能、华能重组，有效提升了企业的综合实力和市场竞争力。这一时期，大企业改革最为突出的还是剥离办社会职能，几年来，完成了 23 个单位的主辅分离、改制分流工作，完成 31 所中小学校和企业办公安机构的分离工作，极大减轻了企业的历史包袱，增强了企业活力。

（3）进一步形成大范围配置资源的全方位开放格局。抓住加入世贸组织、西部大开发和东北振兴战略深入实施的历史机遇，大力推进“走出去”发展战略，充分利用“两个市场，两种资源”，深入推进新型边境区域合作。充分发挥满洲里在对俄蒙开放中的龙头作用，发挥相关旗市区在对俄蒙开放中的支撑作用，以扩大出口为核心，以强化进口商品消化能力为重点，积极开展加工贸易，培育新的出口增长点，全力推进出口商品基地建设和外经贸经营主体建设，增强进口加工能力，加强与俄蒙经贸合作，规范贸易方式，不断提升外经贸与地方经济关联度，加强口岸建设，开创了全方位、多层次、宽领域的对外开放新格局。对内进一步加强与东北地区的融合，着力打造“哈大齐呼”经济协作区，进一步加强与环渤海、长三角、珠三角的合作，大力度实施择商选资，使呼伦贝尔市的对外开放呈现出良好的发展态势。

在2008年全球金融危机之后，国际上认为中国是资源的代名词。一方面要出口资源，另一方面要进口能源，关键是看国家的产业政策和战略定位，但中国向前发展的方向是不容置疑的。呼伦贝尔在“115535”发展目标前，提出要走好两条路——走生态文明之路和又好又快发展之路，这是落实科学发展观的必然要求，是呼伦贝尔广大团员青年继续解放思想、推动科学发展面临的最紧迫任务。实现了“115535”发展目标，呼伦贝尔就能够成为自治区新的经济增长极。储波书记在提出这个奋斗目标时讲：呼伦贝尔有条件成为自治区新的经济增长极，在“美丽与发展双赢”的正确思路指导下，能够成为自治区新的经济增长极。后来，曹征海书记、罗志虎市长也讲到：我们完全有信心去打造自治区新的经济增长极。这就是呼伦贝尔市广大团员青年进一步解放思想，推动科学发展，努力打造自治区新的经济增长极所面临的形势和环境。

3.5.2 团组织在继续解放思想、推动科学发展中的主要任务

如何争取青年，如何帮助青年创业，如何维护青少年的合法权益，如何让单亲家庭的孩子得到更多的温暖，如何让困难失学青少年回到学校，如何让家庭破裂的青年夫妇找到幸福生活等，这些都是团的工作者要考虑的问题。在此基础上探讨共青团的工作如何解放思想、推动科学发展，才更具有针对性、操作性和可行性。如果不去思考青年群体的问题，不去思考具体要解决的问题，团组织就没有生机和活力。

解放思想指的是勇于冲破不合时宜的思想桎梏和束缚，从客观实际出发，研究问题、解决问题。它是一个不断认知未来事物的过程，是一个从必然王国走向自由王国的哲学命题，是一个从各种既有的、不合时宜的认识中摆脱出来的过程。从认识论的角度出发，它反对孤立地看待问题、静止地看待问题、一成不变地看待问题。

1. 解决如何推进共青团机制体制创新的问题

面临新的社会形势和社会变革，团的体制机制无疑要创新。这种创新，一是在组织建设上突破原有行政区划的各种束缚，探索各种建团的有效措施和途径。二是在工作重点上要围绕农牧林区发展城镇化、产业化和市场化趋势，倡导文明习惯，引导青年就业。在大企业形成围绕中心、服务大局的青工文化，在社区形成有利于营造和谐氛围、构建和谐生活的体制和机制，在学校形成有利于青年学生成长成才的体制和机制。三是在工作方法上要有所改变，以吸引青少年，让青少年自愿加入团组织、自愿参加团的活动。

关于“两新”组织建团，一要扩大团组织的有效覆盖；二要

以市场化、社会化为导向改变工作模式；三要推动品牌化工程。

2. 解决共青团如何有效参与社会管理和公共服务的问题

改革开放以来，共青团组织充分发挥社会领域中的工作优势，大力培养选树优秀青少年典型，积极参与社会弱势群体救助，广泛开展生态环境保护活动，协调各方维护青少年合法权益，全面助推青少年成长成才和就业创业。尽管从总体上看，共青团组织通过这些方式参与社会管理还处于非正式、非系统阶段，但这些工作的开展，不仅使共青团事业始终生机勃勃，更重要的是为共青团组织更加全面深入地参与社会管理积累了经验，奠定了坚实基础。各级团组织要通过大学习大讨论活动的开展，去探索更好、更行之有效的方式。结合对共青团组织以往从不同角度和侧面参与社会管理实践经验的总结，当前应着力解决好以下问题：

一要确定共青团组织参与社会管理的基本任务，主要是：研究当代青少年成长发展的环境、特点及规律，并推动相关政策的制定和实施；加强青少年的理想信念教育和成长教育；帮助青少年解决实际困难和问题；组织青少年参与适合其特点的政治、经济、文化以及其他社会活动实践；营造有利于青少年成长的社会环境和维护青少年的合法权益；推动青少年活动场所建设和规范各类青少年社团组织；广泛组织开展青少年对外交流活动。

二要强化共青团组织参与社会管理的制度和物质保障。争取建立健全青少年工作联席会议制度，定期解决处理青少年社会事务；在探索实践的基础上，逐步与有关职能部门形成相对稳定的协调配合机制。共青团组织参与社会管理必然需要在人、财、物等方面有相应的投入，而这种投入单纯依靠市场手段显然无法完全解决，必须争取组织、财政等部门的认可和支持，以获得必要的物质保障。

三要加强共青团组织参与社会管理的能力建设。打铁先须自身硬。共青团组织自身能力如何，直接决定着其参与社会管理的工作成效。要在理论和实践两个方面加强对社会管理知识经验的学习把握。既然把参与社会管理作为一项基本职能和任务，共青团组织就必然要主动转换工作思路、及时调整工作布局、重新整合工作资源、努力创新工作机制，而这些调整转换需要以丰富扎实的知识和经验作为基础和依据，否则就很可能误入歧途。同时，要积极主动地进行实践，因地制宜地从当前具体的事情做起，不断总结经验、提升认识、创新机制。参与社会管理涉及团内各条工作战线，需要各个方面的协调配合，要着手建立上下贯通、左右协调的联席工作机制，找准一项青少年社会事务切入进去，在实践基础上不断调整完善。

3.5.3 共青团系统继续解放思想、推动科学发展的具体要求

继续解放思想、推动科学发展是一项长期任务。这次大学习大讨论，要围绕贯彻落实科学发展观，实现呼伦贝尔共青团工作新发展，认真做好五个方面的工作、开展十大专题讨论，力争达到七个结合。

1. 做好五个方面的工作

一是充分认识调研工作的重要性，扎实开展团情大调研工作。二是充分认识团干部队伍建设的重要性，扎实开展团务培训工作。三是充分认识民主建设的重要性，积极稳妥地推进团内民主工作。四是充分认识团的机制建设的重要性，完善党建带团建工作机制。五是充分认识做好服务青年工作的重要性，竭诚服务青年。

2. 开展十大专题讨论

一是如何通过解放思想发挥政治助手职能，引领青年高举中

国特色社会主义伟大旗帜、坚持中国特色社会主义理论体系和走中国特色社会主义道路；二是如何通过解放思想发挥教育引导职能，引导青年践行社会主义核心价值体系；三是如何通过解放思想发挥经济助推职能，引领青年投身经济社会建设；四是如何通过解放思想发挥民主参与职能，引领青年参与民主政治建设；五是如何通过解放思想发挥文化先锋职能，引领青年参与文化建设；六是如何通过解放思想发挥社会服务职能，引领青年参与社会管理和公共服务；七是如何通过解放思想发挥政治支柱职能，构建最广泛、最有效团结凝聚青年的组织体系；八是如何通过解放思想更好地将团的工作融入到党政工作的整体布局，提高服务大局能力；九是如何通过解放思想培养创新意识，营造创新氛围，鼓励青年在自主创新中大有作为，促进科技创新成果转化；十是如何通过解放思想更好地发挥青年志愿者、青年文明号、希望工程等品牌工作的作用。

3. 达到七个结合

把活动开展与学习实践科学发展观活动结合起来，与纪念改革开放 30 周年活动结合起来，与学习贯彻党的十七大精神结合起来，与推动经济社会又好又快发展结合起来，与继续深化团结务实、忠诚奉献、严谨高效、活泼幸福的共青团机关建设结合起来，与大力加强基层组织建设和基础工作结合起来，与共青团工作项目化建设结合起来，努力解放思想、更新观念、改进作风，提高服务大局、服务青年的能力，推进全市共青团工作实现新发展。

3.5.4 从团员青年的实际出发，锻造呼伦贝尔精神

把呼伦贝尔精神的提炼和宣传融入解放思想、推动科学发展大学习大讨论中，无疑为大学习大讨论活动注入了更加鲜活的生

命力，使这项工作更加扎实，更加具体。思考呼伦贝尔精神的过程，本身就是对呼伦贝尔走过的道路进行思索的过程，也是对未来要走的道路坚定信心、统一思想、凝聚力量的过程。城市精神是民族精神的重要组成部分，是一个城市独特的精神品格，是在城市群体的精神面貌、文化水平、道德水准等方面的凝练和提升。

（1）以人为本，科学发展。“以人为本”是马克思主义最本质的命题和要求。马克思主义哲学时时处处充满着以人为本的哲学思想。同时，以人为本又是中华民族传统精神的概括和提高。老子、墨子、荀子崇尚“天人合一”、“民为贵，君为轻”、“水能载舟，亦能覆舟”，这些道理都蕴涵着以人为本的思想，而后世王阳明的哲学、朱熹的思想，也都强调人自身价值的实现，强调对人的生命的尊重，把人格提升放在首要的、基本的位置去理解。“科学发展”是在进入新世纪后，由于科学发展观思想体系的提出而更加明晰起来的。就呼伦贝尔来讲，无论是“走生态文明之路”、“走又好又快发展之路”，还是“美丽与发展双赢”及“四进四退”，讲的都是科学发展的内容，讲的都是科学发展的制度安排。

（2）致力和谐，开放包容。近年来，呼伦贝尔大规模搞城市建设和改造，如桥梁装饰、管道改造、机场路改造、伊敏河音乐喷泉建造等，极大地丰富了人民群众的生活，提升和改善了这个城市的面貌，可以说都是致力和谐的结果。呼伦贝尔是一个有着悠久传统的城市，1734 年，海拉尔先民从海拉尔河迁居到伊敏河，在正阳街定居下来，到现在已有 274 年的历史。更早以前，呼伦贝尔的先民在这里渔耕狩猎，各民族兄弟姐妹在这片土地上繁衍生息。尤其是近 100 年以来，伴随着工业化进程，呼伦贝尔经历了一轮又一轮的人群交流，这里有闯关东来的人，有走西口来的人，有屯垦戍边来的人，有上山下乡的知青，等等，他们在这里交流、融合，带来了思想的大交流、大融合。因此，呼伦贝尔精神之中必然要包含开放包容。

（3）团结务实，严谨高效。团结是一个民族赖以生存和发展的力量。呼伦贝尔有今天的发展变化，归根结底，是全市270万各族人民在党的领导下，共同奋斗、坚忍不拔、共谋发展的结果。在推动呼伦贝尔科学崛起的新阶段，面对繁重的改革和发展任务，呼伦贝尔更需要“心相连、情相拥、爱相通”的团结力量。务实是辩证唯物主义和历史唯物主义一以贯之的科学精神，是党的思想路线核心内容，也是各级党政组织的优良传统。务实精神植根于呼伦贝尔历史文化深处并历代传承，具有厚重的人文意蕴。历届市委、市政府始终坚持务实的科学精神，带领呼伦贝尔一步一个脚印地扎实前行，取得了一个又一个成就。建设呼伦贝尔的形势和任务要求青年有锐气，有胆识，有激情。但是，越是这种时候，就越是需要脚踏实地的务实态度和作风。无论做大事还是做小事，都实实在在，做一件成一件，点点滴滴积累，从而创造呼伦贝尔经济社会发展的新辉煌。“严谨高效”，严谨是科学缜密、认真负责的工作态度；高效是快速发展的保证和基本要求。一个城市的整体效率高，就能创造出较高的人均地区生产总值，也就会有较高的人均收入。“有退有进、美丽与发展双赢”战略实施以来，呼伦贝尔通过再造发展优势，增加生产总值264亿元，2007年，全市生产总值达到500.01亿元，人均地区生产总值增长到18 501元，超过全国平均水平，这都是提升资源利用效率的具体体现。

在新的发展时期，呼伦贝尔将以科学发展、和谐发展的实践，对“以人为本，科学发展”、“致力和谐，开放包容”、“团结务实，严谨高效”等城市精神作出最精辟的诠释。

4. 五四精神与共青团事业的时代主题

4.1 五四精神时代内涵[①]

90年前，在帝国主义、封建主义双重压迫下，国家处于生死存亡的紧急关头，以广大进步青年为代表的中国人民掀起了一场深刻的反帝反封建运动，也是一场伟大的思想解放运动和新文化运动，这就是五四爱国运动。在五四精神的影响下，党缔造和培养了共青团。中国共青团跟着党走过了一条不平凡的奋斗之路。长期以来，党始终对青年一代寄予厚望，广大青年始终沐浴在党的关怀中。毛泽东同志曾生动地把青年比作早晨八九点钟的太阳，指出青年是推动国家发展和社会进步的生机勃勃的力量。邓小平同志曾饱含深情地指出，青年一代的成长是我们的事业必定要兴旺发达的希望所在，青年要成长为有理想、有道德、有文化、有纪律的社会主义新人。江泽民同志深刻指出，青年兴则国家兴，青年强则国家强，青年有希望，未来的发展就有希望。新世纪新阶段，胡锦涛同志殷切希望广大青年勤于学习，善于创造，甘于奉献，努力成为理想远大、信念坚定的新一代，成为品德高尚、意志顽强的新一代，成为视野开阔、知识丰富的新一

① 本部分内容系作者2009年4月28日在呼伦贝尔市纪念五四运动90周年大会上的讲话，有删节。

代，成为开拓进取、艰苦创业的新一代。

市二次党代会以来，市委书记曹征海同志勉励全市广大团员青年“提高素质，深入实践，为实现呼伦贝尔全面振兴奉献青春”；市委副书记、市长罗志虎同志要求“团结带领各族青年，为呼伦贝尔的发展奉献青春、智慧和力量”。党对青年的嘱托和期望，时刻激励着广大青年沿着党指引的方向奋勇前进。

五四精神是中华民族的精神财富。爱国主义是五四精神的核心，是中华民族百折不挠、自强不息的民族精神的生动写照。90年来，五四运动所孕育的爱国、进步、民主、科学的精神，所表现出的强烈的民族忧患意识和求创新、图发展的不懈追求，代代相传，生生不息，历久弥新。在民族存亡时期，五四精神体现为救亡图存的矢志奋斗，救国即爱国，广大青年热情传播马克思主义，苦苦求索救国救民的真理和道路，为争取民族独立和人民解放前仆后继、勇往直前，用热血和生命谱写了一曲曲可歌可泣的青春之歌；在社会主义建设时期，五四精神体现为建设新中国的豪迈之举，建国即爱国，一代代青年在党的领导下，以改天换地的豪情，勇于到最艰苦的地方去，到祖国和人民最需要的地方去，艰苦奋斗、无私奉献，用青春和汗水铸就了新中国的辉煌；在改革开放的新时期，五四精神体现为振兴中华的实际行动，兴国即爱国，新一代青年以实现中华民族的伟大复兴为己任，自觉投身改革开放的伟大实践，沿着党指引的建设有中国特色社会主义道路拼搏进取、创新创造，用聪明才智书写了新时期青年的理想和光荣。回首90年的风雨历程，中国青年的全部奋斗都在实践着一个信念，就是永远跟党走；都在印证着一个真理，就是必须跟党走。

2009年是新中国60华诞。60年来，党领导全国各族人民团结奋斗，我国经济持续快速健康发展，人民生活显著改善，综合国力不断增强，国际地位明显提升，中国特色社会主义事业焕发出勃勃生机。全国亿万青年无不为伟大祖国的辉煌成就而欢欣鼓舞，无不为伟大祖国的繁荣富强而倍感自豪。在时代进步的洪流中，呼伦贝尔各族青年始终是一支朝气蓬勃、充满生机和活力的有生力量，他们中间有扎根教坛、甘为人梯的人民教师，有不怕牺牲、英勇无畏的公安干警和武警战士，有艰苦创业、带领群众增收致富的青年农民，有充满爱心、救死扶伤的医护人员，有勇于创新、爱岗敬业的技术能手，有致富思源、回报社会的民营企业家，有一心为民、扎实工作的基层干部。他们热爱呼伦贝尔、建设呼伦贝尔、献身呼伦贝尔的炽热情怀，恪尽职守、勤勉务实的敬业精神，崇尚科学、不断探索的创新勇气，不畏艰难、奋力拼搏的顽强意志，艰苦奋斗、无私奉献的高尚情操，是伟大的五四精神在当今时代的生动体现，全面展示了新时期呼伦贝尔各族青年的崭新风貌和良好精神状态。

4.2 呼伦贝尔共青团工作的时代主题

党的要求和青年的使命始终决定着共青团的光荣职责。当前，呼伦贝尔已经站在新的历史起点上。这个新起点的突出特征就是：旗帜鲜明地以科学发展观统领经济社会发展全局；坚定不移地走生态文明之路；毫不动摇地在退耕、退牧、退小、退伐的基础上推进新型工业化、新型农牧林区建设、新型边境区域合作、新型服务业；牢固确立点状布局、集约发展、深度开发、循环利用的原则，工业经济的发展更加理性和成熟；以进入国家《东北地区振兴规划》并享受政策为基础，以国家级大型煤电化基地投入建设为标志，改革开放深入推进；以解决群众最关心、最直接、最现实的利益问题为重点，以“六个一”幸福指数工程为抓手，和谐的城乡关系、干群关系、区域关系、地企关系、民族关系日益稳固。

新的历史起点来之不易，发展任务艰辛繁重。打造自治区新的经济增长极，是自治区党委对呼伦贝尔的战略定位，是呼伦贝尔推进全面振兴的大好机遇，是全市人民坚定不移的奋斗目标，更是呼伦贝尔共青团的光荣使命。全市各级团组织要切实履行根本职责，坚持先进性与群众性的统一，充分发挥党的助手和后备军作用、国家政权的重要社会支柱作用、党和政府联系青年群众的桥梁和纽带作用，从增强共青团在青年中的吸引力和凝聚力入手，切实做好组织青年、引导青年、服务青年和维护青年合法权益的工作。这是呼伦贝尔市共青团事业的时代主题。

4.2.1 继承和弘扬五四精神要胸怀祖国、坚定信念

经受了改革开放的洗礼，当代青年展现出鲜明的时代特点。当代青年富有理想，拥护党的领导，对中国特色社会主义事业充满信心；当代青年热爱祖国，具有强烈的民族自信心和自豪感；当代青年在社会主义市场经济大潮中，勇于面对压力，勇于参与竞争，努力追求事业成功；当代青年紧跟科技发展步伐，积极主动地学习新知识新技能，创新意识和创造活力不断增强；当代青年面对日益丰富的社会生活，意识更加自主，追求更加多样，个性更加鲜明；当代青年顺应世界的大变革大调整和我国对外开放不断扩大的趋势，以更加开阔的视野、更加积极的姿态走向世界。

广大青年要跟上时代步伐，在激烈的竞争中赢得发展，就必

须坚持用科学发展观武装头脑，树立起崇高的理想和坚定的信念，树立起正确的世界观、人生观和价值观，必须勤于学习，敏于求知，把学习作为一种责任来对待，作为一种品格来坚持，作为一种境界来追求，作为一种习惯来培养；必须努力掌握科学的学习方法，坚持走与人民群众相结合、与实践相结合的道路，不断开阔视野，丰富阅历，增长才干，努力锻炼成长为有益于社会、有益于人民的栋梁之才。

4.2.2 继承和弘扬五四精神要艰苦创业、奉献社会

创业维艰，奋斗以成。打造自治区新的经济增长极、实现呼伦贝尔全面振兴需要广大青年充分发挥生力军和突击队作用，立足本职，埋头苦干，在“四进四退”、“四型发展”的转变发展方式、调整产业结构等实践中再立新功，以实际行动实现呼伦贝尔经济又好又快发展；需要广大青年扎根基层，把祖国和人民的需要作为无悔的选择，到最艰苦的地方去工作学习，让青春在丰富的实践和艰苦的磨炼中绽放出更加绚丽的光彩；需要广大青年自觉坚持社会主义核心价值体系，自觉传承和发扬地方文化，广泛参与和谐创建和文明创建活动，带头弘扬奉献精神，热情参与公益事业，自觉承担社会责任，尽己所能扶贫助困，无私奉献回报社会，把促进社会和谐当做毕生的追求和光荣的事业。

光荣属于历史，奋斗成就未来。呼伦贝尔各项事业的发展正站在新的历史起点上，打造自治区新的经济增长极的灿烂前景已经展现在我们面前。光荣的使命召唤着当代青年，崇高的责任激励着中国共青团。让我们在市委、市政府的坚强领导下，高举中国特色社会主义伟大旗帜，深入学习实践科学发展观，继承弘扬五四精神，在打造自治区新的经济增长极的征程中，用青春、智

慧和汗水续写最壮丽的青春之歌！

4.3 民族地区共青团工作肩负的新使命[①]

伟大的时代召唤青年，宏伟的事业造就群英。89年来，一代又一代有志青年在中国共产党的领导下，在“爱国、进步、民主、科学”的五四精神指引下，以高尚的爱国情操和真挚的民族情感，为民族的独立与复兴、为国家的建设与发展、为人民的安康与幸福贡献着青春力量，实现着人生价值，刻下了深深的青春印迹。实践证明，呼伦贝尔各族团员青年在各个历史时期的奋斗历程，是沿着中国共产党指引的方向，与实践相结合，与家乡建设相结合，与人民群众相结合，在中国特色社会主义道路上健康成长、阔步前进的历程。在89年波澜壮阔的历史进程中，无数革命前辈为了民族独立、国家富强、人民幸福建树了不朽功勋；在和平建设时期，他们呕心沥血，戍边卫国，作出了卓越贡献；在改革开放的新时期，他们不遗余力，忘我工作，取得了突出成绩。在89年波澜壮阔的历史进程中，老领导、老前辈久经考验，立场坚定，以坚强的党性、敏锐的政治洞察力、优良的作风和丰富的经验，引领一批批呼伦贝尔各族青年继往开来。在89年波澜壮阔的历史进程中，一大批热血青年艰苦奋斗、不屈不挠；一大批青年勇士不怕牺牲、抛洒热血；一大批青年突击队员冲锋在前、勇挑重担；一大批新长征突击手立足本职、奉献力量；一大批青年人才勤奋刻苦、奋发向上。一代代呼伦贝尔各族优秀青年

① 本部分内容系作者2008年5月4日在呼伦贝尔市纪念五四运动89周年暨建团86周年大会上的讲话，有删节。

树立起的人生路标，成为建设呼伦贝尔、发展呼伦贝尔的不竭动力。

回顾五四运动89年、共青团86年的奋斗历程，共青团组织要牢牢把握呼伦贝尔市已经站在了一个新的历史起点上的基本判断，充分认识发展任务的艰辛繁重，深刻认识改革开放30年来呼伦贝尔历经勇立潮头的辉煌和发展滞后的阵痛，在审时度势、抢抓机遇、改革发展中迎来了全面振兴的希望，进入“整体蓄势、重点突破”的阶段，以此指导新世纪新阶段共青团工作；必须充分认识坚定不移地走生态文明建设之路和又好又快发展之路的长期性与重要性，切实增强只争朝夕的紧迫感和使命感。回顾五四运动89年、共青团86年的奋斗历程，就是要激励全市广大团干部和团员青年，在新的时代背景下，抓住机遇，准确定位，弘扬优良传统，走在时代前列。

第一，准确把握新形势下共青团的职能定位。在新的时代背景下，深刻认识共青团的岗位是学习的岗位、锻炼的岗位、奉献的岗位，进一步解放思想、立足基层、务实创新；深刻认识党的事业发展、青年工作的新变化对团组织提出的新要求，切实找准共青团在呼伦贝尔科学崛起中的工作定位和职能定位，主动适应青年群体出现的新情况、新变化，以与时俱进的智慧和勇气，在工作思路、工作方式和自身建设上不断创新，更好地发挥组织青年、引导青年、服务青年和维护青年合法权益的作用，为呼伦贝尔走好生态文明之路和又好又快发展之路作出更大的贡献。

第二，树立全面发展观念，敏于学习，善于学习，终身学习。通过刻苦学习不断充实和提高自己，努力掌握与本职工作紧密相关的知识和技能，认真学习经济、科技、法律、历史等方面的知识，不断开阔视野，优化知识结构，切实增强为祖国和人民服务的本领，提高应对竞争和挑战的能力。要全面系统地学习邓小平理论、“三个代表”重要思想和科学发展观，深刻领会党的十七大精神，构筑强大的精神支柱；要大力弘扬以爱国主义为核心的民族精神和以改革创新为核心的时代精神，保持昂扬向上的精神状态，锤炼高尚的道德品质。

第三，保持求真务实的良好作风，勤于实践，勇于开拓，不懈求索。当前，呼伦贝尔共青团事业的发展正处在一个新的历史阶段，青年问题社会化、社会问题青年化趋势日益明显，共青团工作面临着更大的压力和挑战，共青团自身建设亟待加强，团的理论研究工作比较薄弱，特色工作的经验总结和推广还有很多欠缺。面对这些新变化和新问题，团干部应努力向实践学习，集中精力抓工作、做事情，不断提高理论水平和业务能力；努力为青年办实事、谋利益，抓创业，促维权，树立良好形象；努力提高素质、丰富知识、增长才干，做党放心、青年满意的合格团干部，以奋发有为的精神状态和求真务实的扎实作风，一步一个脚印地把共青团的事业推向前进。

第四，保持进取奉献的宝贵品质。大力倡导新时期的创业精神，立足岗位成才，掌握一流技能，创造一流效益，做出一流业绩；大力倡导解放思想、干事创业，着眼于呼伦贝尔的科学崛起，积极参与到青春创业的行动之中，在全社会青年中唱响用青春去创业的时代最强音；大力倡导主体意识和奉献意识，引领广大团员青年积极投身到青年科技创新、青年岗位能手、青年创新创效等活动中去，通过积极参与“青年文明号”、“青少年和谐创建”、“希望工程”、“保护母亲河”、志愿服务等群众性和谐文化活动，努力促进人与人、人与自然的和谐相处，切实发挥和谐社会建设中的生力军和突击队作用。

展望全面建设小康社会的新世纪，事业任重道远，前景无限光明。具有光荣传统的呼伦贝尔各族青年，一定会继续高扬五四精神的伟大旗帜，矢志追求，不懈奋斗，用赤诚与真诚，用智慧与理性，用开拓与奉献，用创新与实干，为呼伦贝尔在科学发展中崛起作出新的更大的贡献，在呼伦贝尔走好生态文明之路和又好又快发展之路的伟大征程中谱写更加壮丽的青春之歌！

4.4 青年要努力促进地方经济社会发展①

在 89 年的光辉历程中，呼伦贝尔市各级共青团组织大力弘扬“爱国、进步、民主、科学”的五四精神，始终走在了呼伦贝尔革命、建设和发展的前列。呼伦贝尔各族优秀儿女用自己的青春、智慧和汗水谱写了一曲曲壮丽的青春之歌。海拉尔区团委在区委和团市委领导下，团结带领广大团员青年围绕中心、服务大局，为打造呼伦贝尔经济社会发展核心区作出了积极努力，各项工作走在了全市共青团工作的前列，团市委对海拉尔区共青团工作给予高度评价和充分肯定。

党的十七大把科学发展观写入党章，将其确立为全党的行动指南，科学发展观是对邓小平理论和“三个代表”重要思想的继承和发展，是统领全局的科学理论、重要指导方针和重大战略思想。全面把握科学发展观的科学内涵和精神实质，在共青团工作中增强贯彻落实科学发展观的自觉性和坚定性，是做好共青团工作的根本要求。在这个前提下，全市各族团员青年必须牢牢把握呼伦贝尔市已经站在了一个新的历史起点上的基本判断，以此指导新世纪新阶段的共青团工作。改革开放 30 年来，呼伦贝尔历

① 本部分内容系作者 2008 年 4 月 25 日在海拉尔区纪念五四运动 89 周年暨建团 86 周年大会上的讲话，有删节。

经勇立潮头的辉煌和发展滞后的阵痛，在审时度势、抢抓机遇、改革发展中迎来了全面振兴的希望，进入“整体蓄势、重点突破”的阶段。广大青年必须切实增强只争朝夕的紧迫感和使命感，充分认识发展任务的艰辛繁重；充分认识坚定不移地走生态文明之路和又好又快发展之路的长期性与重要性。

一要武装头脑，坚定信念，构筑团结奋斗的共同思想基础。要坚持不懈地用科学发展观武装头脑，做科学发展观的忠实实践者；要牢固树立正确的世界观、人生观和价值观，在任何时候、任何情况下都自觉地把自己的前途命运与实现民族复兴、地区崛起的伟业紧密地联系在一起，为祖国奉献青春；要切实增强学习实践科学发展观的自觉性和坚定性，把始终坚定跟党走中国特色社会主义道路的信念和满腔的爱国热情化作发展呼伦贝尔、建设呼伦贝尔、振兴呼伦贝尔的实际行动，把智慧和力量凝聚到为呼伦贝尔在科学发展中崛起贡献青春力量上来。

二要围绕中心，服务大局，在经济建设主战场再立新功。发展观的首要定义是发展。离开发展，便无所谓发展观。坚持科学发展观，就是要通过正确的发展思路和增长方式来实现这种更快更好的发展。当代青年必须继承五四光荣传统，始终走在经济社会建设和改革发展的最前列，大力倡导新时期的创业精神，立足岗位成才，掌握一流技能，创造一流效益，做出一流业绩；必须大兴解放思想、干事创业之风，积极参与到青春创业的行动之中，在全社会青年中唱响用青春去创业的时代最强音；必须积极参与到青年科技创新行动、青年岗位能手、青年创新创效等活动中去，在调整优化结构、转变增长方式、提高经济发展质量和水平的实践中当先锋、打头阵。

三要解放思想，尊重历史，在先进文化建设中奋发有为。要以五四精神为旗帜，勇敢地站在社会主义先进文化建设的最前沿。充分认识和把握蒙古民族千百年的生存环境条件所决定的草原文化的大尺度、宽视野；充分认识草原文化大气、高贵、快乐的特质；充分认识呼伦贝尔历史文化的深厚底蕴；充分认识地处欧亚大陆桥的独特区位所决定的地区中西文化竞相汇聚，草原文明、狩猎文化和森林文明交相辉映的基本特征。价值取向多元化，要求时代青年要具备富有时代感的文化意识；要有颠覆阳春白雪和下里巴人的青春勇气；要使地区文化发育最核心的、根本的、内在的动力得到它自身的滋养；要遵循文化发展的自身规律。由此，必须倡导文化公平、文化发育多样性、文化均衡发展的原则。这就要求广大青年必须继续解放思想，实事求是，勇于创新，在振兴呼伦贝尔的实践中孜孜以求，不懈探索。

四要胸怀全局，维护稳定，为和谐社会建设贡献力量。在全面建设小康社会的新形势下，全市团员青年必须积极参与社会建设和管理，主动配合党委、政府做好协调利益、化解矛盾、排忧解难的工作，特别是对一些突发事件和敏感问题，要始终以大局为重，带头拥护党委、政府的决策，把爱国之情、报国之志，化作勤奋学习、努力工作的动力，以实际行动为发展出力、为和谐尽责。要大力弘扬中华民族扶贫济困的传统美德，积极参加希望工程、手拉手等社会公益活动，及时为有困难的群众送温暖、献爱心，为维护社会稳定、构建和谐呼伦贝尔做排头兵和突击队。

由五四运动开启的振兴中华的神圣使命，已汇聚成构建社会主义和谐社会、开创中国特色社会主义新局面的滚滚洪流。共青团作为党领导的先进青年的群众组织，作为党密切联系青年的桥梁和纽带，肩负着团结带领广大团员青年艰苦奋斗的光荣使命。让我们继承和发扬五四精神，高举科学发展观的伟大旗帜，紧密地团结在以胡锦涛同志为总书记的党中央周围，在市委的坚强领导下，解放思想，干事创业，开拓创新，在呼伦贝尔科学崛起的实践中，创造出无愧于时代、无愧于青春的光辉业绩，共同开创呼伦贝尔更加美好的明天！

4.5 青年要争做呼伦贝尔全面振兴的排头兵与突击队①

在隆重纪念五四运动 89 周年、建团 86 周年之际，团市委邀请改革开放 30 年来呼伦贝尔市各条战线、各族各界涌现出来的英雄模范人物代表和优秀团员青年代表欢聚一堂，以走进呼伦贝尔市重点优秀企业的形式，共同回顾燃烧激情、奉献青春的岁月，共同展望呼伦贝尔的美好未来，共同抒发与呼伦贝尔同发展、与地区进步共奋斗的满腔豪情，以此进一步激励全市 47 万各族团员青年在新的时代征程中奋发进取、建功成才。

89 年前的五四运动高扬爱国主义旗帜，以反帝反封建的"爱国、进步、民主、科学"的思想大解放的斗争精神唤起了中华民族的大觉醒。进入改革开放新时期，为实现中华民族的伟大复兴而展开的改革开放事业，同样高扬着思想解放的爱国主义旗帜。改革开放 30 年来，无数呼伦贝尔各族优秀青年以创新精神主动积极地践行民主与科学的思想，使爱国之情与报国之志得到空前的释放与燃烧。参加群英会的 110 位同志是呼伦贝尔青年继承和弘扬五四精神和光荣革命传统的优秀代表。改革开放 30 年来，全市各族团员青年在党的号召和团的引领下，勇立时代潮头，争做先锋模范，顽强拼搏，锐意进取，在改革开放和现代化建设的各个时期作出了突出贡献。这些优秀团员青年，有的忠于职守、秉公执法、无私奉献、不怕牺牲，在维护社会稳定、保卫

① 本部分内容系作者 2008 年 5 月 10 日在呼伦贝尔青年 2008 群英会上的即席讲话。

国家利益、保障人民财产安全方面作出了突出的贡献，生动地诠释了“青年卫士”的深刻内涵；有的扎根基层、开拓创业，勇当社会主义新农村新牧区建设的带头人；有的在生产一线勇挑重担、建功立业，充分展示了当代产业工人的风采；有的刻苦钻研、善于创造，成为自主创新的科技骨干；有的在文化卫生教育战线辛勤耕耘、不懈追求，为呼伦贝尔的发展无私奉献了青春；有的在竞技场上不畏强手、勇于取胜，为祖国和人民增添荣光；有的扎根边防、默默奉献，用青春书写了对祖国和人民的忠诚；有的奋力开拓、搏击市场，带领企业不断发展壮大，用自身价值的实现切实推动了经济社会的发展进步。正是这些青年同志们的默默实践和体现在这些同志们身上的青春精神，使得五四精神历久弥新，不断焕发着青春力量和青春光彩，始终激励着一代又一代草原儿女为构建和谐呼伦贝尔，实现呼伦贝尔在科学发展中崛起不懈奋斗。

团市委举办群英会，邀请英模人物代表和优秀团员青年代表走进地区优秀重点企业，就是围绕呼伦贝尔在科学发展中崛起的大局，围绕经济建设中心，围绕党政中心工作，引导社会各界更好地理解、贯彻和执行市委和市政府促进经济社会又好又快发展、走好生态文明之路的一系列战略部署和战略意图。市委、市政府对此次活动十分重视。在中央党校进修学习的市委书记曹征海同志发来题词，寄语全市 47 万各族团员青年，“提高素质，深入实践，为实现呼伦贝尔全面振兴奉献青春”。市委副书记、市长罗志虎同志同自治区政府主席助理黄·阿拉腾别立格同志，市委常委、副市长白志远同志，市政府副市长王国林同志，市长助理、市政府秘书长王伟同志一道，接见了群英会全体代表，市委常委、副市长白志远同志发来书面讲话。这些都充分体现了市领导同志对共青团工作的关怀和重视。

4.5.1 纪念五四运动89周年、建团86周年系列活动基本情况

团市委一届八次全委（扩大）会议上做出了关于开展纪念五四运动89周年、建团86周年系列活动的决议之后，团市委下发了9个专项文件，安排和指导这项工作，各旗市区立即行动，扎实工作，掀起了“红五月”纪念活动的高潮。4月16日，服务农牧林区青年转移创业就业活动启动仪式，拉开了呼伦贝尔市纪念五四系列活动的帷幕。4月22日，自治区第一家盟市少先队网站——呼伦贝尔少先队网站正式开通启动，目前网站运行良好。4月25日，团市委、市少工委与市人大办公厅、市政协办公厅联合举办了“我关注·我成长·我发现·我思考——人大代表、政协委员与全市少年儿童代表面对面”活动，该活动实况录像在呼伦贝尔电视台、内蒙古电视台先后播出。4月26日，组织举办了“蒲公英”杯全国青少年艺术新人呼伦贝尔赛区的选拔赛。4月28日，举办了“五四精神代代传”全市老中青座谈会，邀请了11位盟级离退休老领导、老同志，2位抗美援朝时期的老战士代表出席座谈会，罗志虎市长专程赶来亲切会见出席座谈会的代表，勉励广大团干部、各级团组织求真务实，开拓创新，为实现呼伦贝尔在科学发展中崛起作出新贡献。4月中下旬，在全市“两新”组织中创建共青团员示范岗活动深入扎实开展。5月4日上午，市委召开纪念大会，隆重表彰了呼伦贝尔市首届杰出青年卫士、优秀青年卫士、优秀青少年维权岗、杰出创业致富带头人、优秀创业致富带头人、青年星火带头人、优秀进城务工青年、优秀五四红旗团总支、优秀五四红旗团支部、优秀团干部、优秀团员。5月4日晚，举办了集歌舞表演、诗歌朗诵等多种艺术表现形式为一体的大型文艺演出，展现了当代呼伦贝尔青

年朝气蓬勃、昂扬向上的精神风貌。

4.5.2 纪念五四运动89周年、建团86周年系列活动的收获

第一，这是一次检阅共青团战线上的同志们精神状态和工作作风的系列活动。市委副书记孙震同志在全市老中青座谈会上指出，共青团的岗位是学习的岗位、锻炼的岗位、奉献的岗位、幸福的岗位。团市委机关十几位同志在近50天的时间里，夜以继日，通宵达旦，组织了8个大型活动，其中的辛劳和奉献可想而知。共青团人在任何时刻都能做到人心不散、队伍不乱、工作不松，正是多年来共青团精神的凝聚和发扬。在组织开展这次系列活动的过程中，检验了队伍，检验了精神状态，检验了工作作风。

第二，这是一次全市各级组织、各族各界对各族青少年给予无限关怀的系列活动。举办此次系列活动，使我们深深感知到那些老前辈、老同志们时时刻刻心系呼伦贝尔的发展，关怀关心青少年事业。在4月28日的“五四精神代代传”全市老中青座谈会上，老前辈们讲了那么多真知灼见，是为明证。通过近距离聆听老领导、老前辈的教诲，青少年一代更加感受到老领导、老前辈、老战士无比热爱着青少年事业，关注着共青团的工作。正是在各位老前辈的精神感召下，团市委的同志们28个小时昼夜加班，整理出15篇讲话录音，从上千张图片当中挑选出《呼伦贝尔青年》第二期的图片。这期杂志从排版、校对到印刷仅用了三天时间。

第三，这是一次共青团人深刻理解科学发展观和呼伦贝尔走生态文明之路和又好又快发展之路战略部署的系列活动。自举行服务农牧林区青年转移创业就业活动启动仪式那天起，团市委在工作中始终贯穿着一条主线，那就是要贯彻落实科学发展观，要

为呼伦贝尔实现在科学发展中崛起做排头兵和突击队。不论是在街道悬挂的宣传标语，还是撰写的会议材料内容，都要围绕这一主题服务。通过团市委举办的系列纪念活动，全市广大团员青年更加清晰地认识到，必须把发展基础定位为“好”，在“好”的基础上求“快”，在“好”的基础上实现兴市富民，在“好”的基础上实现速度和结构、质量、效益的统一，在“好”的基础上实现经济发展与社会进步、民生改善的统一。

第四，这是一次凝聚人心、积聚力量，更大地激发全市广大团员青年热爱家乡、建设家乡的自豪感和使命感的系列活动。市委、市政府确定要在科学发展观指导下，走好生态文明之路和又好又快发展之路，使 270 万呼伦贝尔各族人民看到呼伦贝尔市的光明前景和希望。科学发展观的第一要义是发展，如果不在“好”的基础上求“快”，在“快”中见“好”，那么就无法更加准确地把握和落实科学发展观。龙永图秘书长在出席云天化集团金新华工 5080 项目开工奠基仪式上讲到，这个世界上没有污染的产业，只有污染的技术、污染的管理、污染的制度。呼伦贝尔能不能走好又好又快发展之路，关键在于做出什么样的制度安排。市二次党代会报告指出，要在“四进四退”的基础上实现跨越发展、科学发展、和谐发展、共谋发展。市委二届八次、九次全委（扩大）会议继续秉承科学发展的理念，提出走生态文明和又好又快发展道路，这就是给未来的科学发展做出的一种制度安排。这种制度安排的科学性就体现在几家重点企业的管理模式和经营理念中。这些企业都是国内外知名企业与呼伦贝尔市资源禀赋实际成功结合的典范。比如，东能化工项目的目标是实现污水处理“零排放”和固体废物“零排放”，即不设对外排污口，所有生活污水及工业废水经过污水处理站的预处理、物化处理、生化处理、过滤和深度处理 5 个阶段的处理后，实施 100%回收重新利用。部分废水经过前4个阶段的处理成为高于国家中水标准的回用水，直接用于设备冷却、厂房降温、卫生间冲洗、绿化、保洁等方面；另一部分废水经深度处理达到和自来水的指标一样优良的生产工艺用水，将循环用于耗水量最大的造气工艺及其他生产用途。该循环水处理系统每年可节约用水90万吨，相当于1万户普通居民的年用水量。生产甲醇的造气系统和提供动力的锅炉系统年排放约50万吨灰渣。该公司将在甲醇项目投产后，投资建设灰砖厂，把难以解决的灰渣进行处理，变废为宝，既解决了环保问题，又增加了企业效益。同时，露天煤矿进行开采后，多余的灰渣也可以回填采空区，上面再植树造林。公司提出的将温室效应气体的排放量降至最低，将化学物质引起的环境污染或事故风险降至最低，将能源消耗和资源消耗降至最低，将大气、水、土壤的环境负荷降至最低的构想，充分证明这个企业是一个负责任的企业。伴随这些规划的实施，3～5年后，东能化工必将雄起在呼伦贝尔草原上，成为内蒙古地区乃至全国构建环境友好型、资源节约型企业的一个典范。同时，呼伦贝尔市与伊利、山东临工、锦州化机、山东重汽、深圳康佳等一批企业的合作项目正在积极推进中。所以，呼伦贝尔未来的发展态势是不可阻挡的，未来的发展指日可待、触手可及。

第五，这是一次感受共青团系统亲情一脉、血浓于水的深情，感受生命激情之源在于热爱祖国、奉献社会、服务人民的系列活动。人们常说，青年人富有激情。在几十天加班加点的工作中，我们能够感受到青年人的生命激情之源在于热爱祖国、奉献社会、服务人民。在根河发生火灾当天，团市委立即召开书记办公会议，决定把仅有的8 000元公用经费，第一时间支援给根河灾区。在这之后，市青联副主席何文同志又把30万元钱送到根河灾区，支援根河的灾后重建。而伊敏煤电公司的银龙总经理、民族艺术学校的杜海明校长、广厦地产的杨晓晨总经理等，这些年来都纷纷慷慨解囊，支持公益事业，支援社会建设。这些活动，使我们一次又一次地感受到共青团人、青联人血浓于水的感情。

4.5.3 纪念五四运动89周年、建团86周年系列活动的启示

第一，必须牢记使命，高标准，严要求，勇做呼伦贝尔全面振兴的排头兵与突击队。市委书记曹征海同志在为团市委举办的群英会的题词中要求全市广大团员青年“提高素质，深入实践，为实现呼伦贝尔全面振兴奉献青春”。全市广大团员青年必须牢记市领导的殷殷嘱托，切实按照胡锦涛总书记的要求，做理想远大、信念坚定的新一代，做品德高尚、意志顽强的新一代，做视野开阔、知识丰富的新一代，做开拓进取、艰苦创业的新一代。

第二，必须深入贯彻落实科学发展观，立足新形势，把握新规律，充分履行职能、发挥作用。共青团要按照市委、市政府的要求，把握时代特点，立足新形势、新任务，深入研究当代青年的特点和需求，服务青年、引导青年、凝聚青年、维护青少年的合法权益。各级共青团组织，基层团支部、团总支，要按照团市委一届八次全委（扩大）会议确定的各项任务和要求，充分发扬共青团的优良传统和作风，不断提高组织和引导青年的能力和水平。

第三，必须在落实中推进、在学习中实践，团结带领呼伦贝尔47万各族团员青年，将全部青春、智慧和力量投入到呼伦贝尔在科学发展中崛起的伟大实践中去。在推进各项工作的过程中，尤其要善于发现、善于培养、善于树立那些具有感召力和影响力的新时期青年楷模，充分发挥榜样的示范带动作用。要在广大青年当中深入宣传，不断掀起学习英雄模范人物、争当英雄模

范人物的热潮，努力形成群星璀璨、英才辈出的呼伦贝尔建设新局面。

伟大的时代激扬青春风采，宏伟的蓝图昭示美好未来，让我们高举中国特色社会主义伟大旗帜，以邓小平理论和“三个代表”重要思想为指导，深入贯彻落实科学发展观，大力弘扬五四精神，在市委、市政府的正确领导下，奋发有为、开拓进取、扎实工作，以优异的成绩迎接团的十六大胜利召开，在构建和谐呼伦贝尔、实现呼伦贝尔在科学发展中崛起的伟大进程中，谱写更加绚丽的篇章！

下编　系统思维与实践求索

5. 系统化工作思路在共青团各领域的延伸

5.1 加强基层基础工作是共青团重大而紧迫的战略任务

5.1.1 推动党建与团建更加紧密结合

近年来，呼伦贝尔市始终坚持党建带团建，全市共青团工作呈现出外部环境不断优化、基础工作更加扎实、队伍活力明显增强、中心作用日益凸显的基本特点。

1. 基本情况

全市各级党组织站在不断扩大党执政的青年群众基础的战略高度，通过加强制度建设和完善工作机制，为党建带团建工作创造了良好的外部条件。全市各级团组织抓住党政重视和加强基层组织建设的有利时机，突出重点，突破难点，强力推进各项工作。

（1）领导重视，团建工作外部环境不断优化。在全市各级党委的关心重视下，在各级组织部门的大力推动下，各旗市区结合实际，就党建带团建工作出台了一系列配套机制，普遍建立了领导责任制度、工作协调机制、目标责任制度、工作考核制度，并对加强团干部培养、加强推优入党工作等方面作出相应的制度安排，从机制上保证了呼伦贝尔市基层党建带团建工作有力推进。

市委每年召开书记办公会专题听取团市委的工作汇报，将加强团的基层组织建设纳入党建工作意见和精神文明建设奋斗目标，将党建带团建工作作为考核各基层党组织工作的重要组成部分。各旗市区党委也坚持把党建带团建工作作为一项经常性工作来抓，切实提上工作日程。中共牙克石市委、中共阿荣旗委和中共新右旗委分别下发了《关于进一步加强全市共青团基层组织建设的意见》、《关于进一步加强基层团组织建设的意见》和《关于进一步加强党建带团建工作的意见》。截至 2009 年 10 月，全市 11 个旗市区及以下团委书记列席同级党的常委会和委员会。

(2) 夯实基础，团建工作水平持续提升。近年来，全市各级团组织抓住党委加强党建工作的有利时机，坚持以改革创新精神加强自身建设，抓基层、打基础、抓落实，全市党建带团建工作水平持续提升。截至 2009 年 10 月，全市共有基层团委 607 个，同比增长 8.13%；团总支 1 696 个，同比增长 10.27%；团支部 6 775 个，同比增长 11.85%。一是不断深化团建“三级联创”。积极争取党组织在组织、队伍和资源等方面的带动和支持，学习借鉴党的建设的好经验、好做法。深入开展“五四红旗团委（团支部)”创建活动，促进了农村牧区基层团组织的整体活跃、全面提高。阿荣旗信用联社团支部获得“全国五四红旗团支部”荣誉称号。二是积极创新基层团建模式。努力构建“基层团委+青年中心”的组织模式，采取“示范先行、以点带面、整体推进”的方式，相继成立了 92 个青年中心，并依托青年中心广泛开展就业技能、实用技术、农牧业科技等培训，使青年中心成为服务农村牧区青年的新平台。2007—2009 年，共有 5 个青年中心的集体和个人受到团中央的表彰。三是稳步推进非公团建工作。将未建立团组织的“两新”组织作为重点，积极推进“十百千”工程，探索联合建团、协会建团、网络建团等“两新”组织建团方式的创新。截至2009年10月，112家“十百千”工程联系点中已全部建立团组织。对已建立团组织的联系点，重点推进团建工作的规范化建设，规范团的各项制度、会议和活动，配齐班子，使团建工作步入正轨。

（3）锻炼队伍，团建工作活力有效增强。各级团组织着眼于培养和造就社会主义事业的合格建设者和可靠接班人，不断加强团员队伍和团干部队伍建设。一是着力抓好团干部队伍建设。坚持以“党放心、青年满意”为目标，建立健全增强团员意识教育的长效机制。积极组织团干部挂职、轮岗、交流，累计培训团干部369人；市委组织部组织青年干部赴北京、青岛、大连、海口等地学习交流和挂职工作20余人次。二是着力抓好团员队伍建设。不断完善团员发展、服务和管理工作，积极探索团员组织关系接转、“隐性团员”身份确认、超龄离团青年引导、流动团员教育管理的方法，进一步建立健全团员长效管理机制。把“推优入党”和培育优秀团员紧密结合起来，使“推优”成为党组织发展青年党员的主要渠道。2007—2009年，全市共发展新团员28 547人，“推优”入党1 741人，团员总数达到17.3万，团青比例达到36.8%。三是着力抓好青年人才队伍建设。充分发挥共青团的导向作用、桥梁作用、举荐作用、服务作用，有力推动全市青年人才队伍建设。广泛开展“杰出青年卫士”、“十大杰出青年”、“五四青年奖章”、“青年创业致富带头人”等评选表彰活动，为优秀青年人才脱颖而出搭建平台。2007—2009年，累计表彰各类青年典型和青年群体499人，培养青年星火带头人1 051人，涌现出武警呼伦贝尔市支队七中队等青年英雄集体，道日诺、满达呼巴雅尔等一大批青年致富带头人。

（4）服务大局，团建工作成效更加明显。全市各级团组织坚持服务中心、服务社会、服务青年，工作途径进一步拓宽，工作成效更加明显。一是服务经济发展作出新贡献。2007—2009年，农村牧区青年增收成才行动共培训农村牧区青年1万余人次，百万青年出草原行动带动转移就业1万余人；近10万人次青少年参与到保护母亲河行动中。二是服务和谐社会建设更加自觉。2007—2009年，希望工程筹集助学资金92.93万元，救助贫困生1 183人，为弱势青少年群体筹集帮困资金和物资合计171万元；全市新增青少年心理健康教育基地实验校2所，残疾儿童听力恢复中心1所；开通“12355”青少年维权热线及网上心理救助平台，成立市级青少年法律援助中心1个；创建市级优秀青少年维权岗106个；建立青年志愿者志愿服务基地1个，社区青年志愿者服务站122家，青年志愿者服务队两千余支。全市共青团系统积极投身“5·12”抗震救灾工作，累计捐款164万元。三是服务青年创业就业取得新突破。成立了呼伦贝尔市青年创业促进会；募集青年创业基金300万元；设立了中国青年创业国际计划（YBC）呼伦贝尔市（试点）办公室；建立了服务农牧林区青年转移就业创业网络指导中心；创建青年就业创业见习基地98家，提供见习岗位1 020个，接受见习青年2 358名；帮扶168名青年获取创业小额贷款323万元；积极开展农牧林区青年实用技能培训，培训青年5 052人次，结对帮助46名青年实现创业。

全方位、多层级党建带团建工作的开展，使各级党政对团的工作更加重视，社会对团的工作更加关注，基层团组织建设更加健全。团组织建设已成为党组织建设的有机组成部分；广大团员的先进性意识增强了，青年紧跟党走的立场更加坚定了；团组织的吸引力、凝聚力和战斗力增强了，团员青年寻求团组织支持和帮助的越来越多了；团干部的服务能力增强了，工作作风更加务实了。

2. 存在的问题

全市各级党团组织围绕党建带团建做了大量工作，取得了长足发展，工作思路日益清晰，工作制度日渐完善，党建带团建、团建与党建相衔接工作已逐渐步入科学化、规范化的发展轨道。但由于方方面面的原因，全市基层党建带团建工作中还存在一些不容忽视的问题，主要是：

（1）团的自身建设需要进一步加强。在基层组织建设方面存在的主要问题如下：一是部分单位党建带团建工作落实不够、坚持不够，没有系统性和持续性，想起来就带一下，忙起来就放下；有的干脆应付检查，喊喊口号，流于形式；部分单位团组织弱化，发展团员很困难。二是部分基层团组织的吸引力和号召力不强，甚至处于松散、瘫痪状态。三是社区团建工作发展缓慢，尚未探索出灵活有效的社区团建模式，传统的直线型的管理体制难以适应社区发展需要。四是农村牧区嘎查（村）“两委”实行直选之后，团组织调整较为缓慢，团工作缺乏活力，部分农村牧区团支部工作甚至处于停滞状态；团员管理方式老化，管理力度不大；团的服务功能较弱，缺乏有效载体。五是改制后的国有企业团组织的机构设置及团干部配备不到位，管理体制尚需进一步理顺，团建覆盖率偏低，部分已建团企业团务活动开展较少。在团员主体方面存在的问题主要有：受多元文化冲击、价值观念碰撞等多种因素的影响，部分团员政治意识淡薄，功利思想严重，没有尽到团员应尽的义务，没有发挥团员的先锋模范作用，一定程度上影响了团组织的形象，削弱了团组织的吸引力、凝聚力和战斗力。

（2）工作机制有待进一步完善。一是个别党组织对党建带团建机制建设重视不够。党建带团建处在一个无目的、无计划的无序状态。没有把团的建设纳入党的建设总体规划，纳入各级党委

（党组）和分管领导的目标责任制内定期考核。没有形成以党的先进性建设带动团的先进性建设、党团组织共同发展的联建机制。二是个别地方未能根据党团建设的外部环境变化适时调整和完善相关政策制度，在建立正常的工作制度、责任体系上还有待加强。有的地方虽然制定了科学化、规范化的规章制度，但存在过多依赖党政领导主观意识、随意性较强的情况，对一些好的政策，党组织没有精力去完全督导落实，团组织有时间却没能力去抓好落实，政策的有效利用不足。三是一部分团干部处于“等、靠、要”的被动接受状态，特别是对一些长期制约团的建设和发展的难点、热点问题有畏难发愁情绪，不进行深入调研，更没有制定出切实有效的应对措施。四是个别地方党组织对团干部选配、管理不够重视，届满不及时换届，缺位不及时选配，不适合不及时调整，优秀的不及时推荐、提拔或重用。部分旗市区落实旗市区及以下团委书记列席同级党的常委会和委员会制度不够好。

（3）工作载体有待进一步丰富。一是部分团组织按照团中央的部署开展了争创“五个有”团组织、“五四红旗团委（团支部）”等活动，但组织开展的一系列体现本地特色的载体活动不多，工作亮点和特色不够。二是个别团组织开展的载体活动比较传统化，缺乏创新，没有找到好的开展党建带团建工作的切入点，影响了团干部和团员青年参与的积极性和主动性，载体活动达不到预期效果。

（4）团的自身工作有待进一步加强。一是工作机制滞后于形势发展的要求，重活动轻建设、重建功轻育人的现象和以行政指令为主的领导方式、以突击性为主的活动模式、以“化缘”为主的物质依托等，都明显滞后于现实，与市场经济所要求的开放、平等、效益观念相抵触。二是有些单位团组织生活不正常，维护和代表青少年利益不力，团组织先进性减退，使青少年对团组织的认同度降低，直接影响了团的凝聚力和战斗力。三是乡镇苏木以下基层团干部兼职过多，有的甚至成为名副其实的“兼职”团干部，将团的工作作为“副业”，团的主业工作只能利用业余时间来做。

3. 下一步工作思路

全市下一步党建带团建工作，一要加强城乡结合部团建，二要上下联动为基层办实事，三要解决基层组织管理难关问题，四要统筹城乡加强基层团建，五要把社区团组织建成坚强堡垒，六要提高团组织服务青年的本领，七要构建区域化大团建格局。具体说来，就是要以科学发展观和党的十七届四中全会精神为指针，大力加强团的基层组织建设和基础工作，着眼于“两个全体青年”，积极探索覆盖和影响广大青年的新载体、新途径。

（1）围绕中心，切实加强思想政治建设。坚定不移地抓基层组织建设，深入分析青年思想状况，充分发挥团结教育青年的核心作用，利用多种途径和形式加强对青年的理想信念教育，特别是引导广大团员青年用马克思主义中国化的最新成果武装头脑，坚持学习科学文化与加强思想修养相统一，坚持学习书本知识与投身社会实践相统一，坚持实现自身价值与服务祖国人民相统一，坚持树立远大理想与进行艰苦奋斗相统一，树立科学、正确的世界观、人生观、价值观，不断增强团组织的凝聚力和战斗力。

（2）抓好载体，巩固和健全团的基层组织。要进一步健全旗市区、乡镇苏木、嘎查（村）、社区和“两新”组织中的团组织，在党建带团建工作成效显著的党团组织中树立典型，推广经验。要加大对农村牧区瘫痪、半瘫痪团支部的整顿力度，明确乡镇苏木党委书记的主要责任和嘎查（村）党支部书记的直接责任，限期整改。要进一步落实团支部书记进“两委”班子的问题，保证团组织能够参与基层组织建设，并发挥应有的作用。要把填补基层党建、团建工作的空白点和增强薄弱环节作为重点和突破口，采取积极有效的方式方法解决“有党员、无组织”和“有团员、无组织”的问题。要结合社区党建工作，认真做好社区团组织建设。要同步考虑“两新”组织党建团建问题，重点加强对青年员工的政策理论和党史教育，积极引导优秀青年向党组织靠拢。对尚未组建党组织的，要率先做好团组织建设工作，为下一步开展党建工作夯实基础。

（3）突出重点，加强班子队伍建设。要着力建设“团结务实、忠诚奉献、严谨高效、活泼幸福”的团队，把作风建设牢牢抓在各级团的领导班子手中。要在团干部中大力开展青年观教育，引导团干部始终坚持以青年为本，把青年需要不需要、赞成不赞成、满意不满意作为工作的根本标准，满腔热忱地为青年成长发展服务，实现服务青年与服务大局、服务社会的有机结合。要深入开展事业观教育，引导团干部脚踏实地，力戒形式主义，不搞短期行为，多做有利于联系、凝聚青年的事情，多为青年解难事、办好事，多做打基础、管长远的工作，少应酬、多干事，在遇到问题、挑战和矛盾不回避、不退让的过程中增长才干。要深入开展成长观教育，帮助团干部深刻领会党的要求，认清团的责任，找准努力的方向，不以提得快、转得好为目标，要以干事业、长本领为追求，把工作激情、科学精神和务实作风结合起来，成为党放心、青年满意的干部。

（4）完善程序，进一步加强“推优”工作。认真执行发展青年党员经过团组织“推优”的规定，通过规范程序，健全机制，切实提高“推优”工作质量，使“推优”成为发展青年党员的主渠道。学校、机关、企事业单位要通过“推优”工作，促进各条战线青年积极进取，创先争优。要严格审查推荐对象，严把质量关，确保团组织推荐的优秀团员在入党后发挥先锋模范作用。

（5）加强指导，不断创新团的活动载体。要引导团组织以经济建设为中心，积极探索活动的新领域、新内容、新形式，不断丰富活动内容，在服务大局与服务青年的有机结合中推进团的各项工作。针对社区蓬勃发展的实际，切实发挥好社区党组织对社区团组织的领导带动作用，捕捉时代特点，创造性地开展党建带团建工作，大力推行社区青年志愿者服务行动，引导社区青年积极参与健康救助等社会公益事业。农村牧区党组织要结合农牧业产业结构调整和农牧民增收，指导团组织抓好青年农牧业知识、科普知识、法律知识等实用知识技能的教育培训，不断提高青年综合素质，充分发挥他们在新农村新牧区建设中的生力军作用。要积极鼓励、引导团组织在农村牧区开展以科技、文体宣传为主要内容的乡村青年文化活动，不断创新活动载体。

（6）齐抓共管，创造良好的外部环境。要进一步明确各级党组织在落实党建带团建工作方面的重要职责，明确目标任务，加大督查力度，形成一级抓一级、层层落实责任的上下联动、齐抓共管的工作机制。各级党组织要充分发挥对群团组织的统一协调作用，引导其他群众组织与团组织形成相互促进、相互支持、相互学习的良好互动格局。要注意发现树立典型，建立激励机制，通过表彰先进，激发“带建”活力。

5.1.2 团的基层组织建设和基层工作着力点

加强团的基层组织建设和基层工作具有关系共青团工作全局的重要性。团的基层组织建设决定着共青团最本质的影响力、战斗力和生命力。团的基层组织处于青年工作的最前沿，团的基层工作能否将党的要求与青年的需求相统一直接决定着党执政的青年群众基础是否牢固。因此，如何实现对团员青年的广泛联系和有效覆盖，增强基层团组织的吸引力和凝聚力，是当前及今后一段时间全团工作的重中之重。

1. 加强团的基层组织建设和基层工作的必要性

高度重视和加强团的基层组织建设和基层工作，是贯彻胡锦涛总书记2008年6月14日与团中央新一届领导班子成员和团十六大部分代表座谈时重要讲话精神的必然要求，是落实团十六大精神的根本举措，是应对面临的新挑战、增强团建工作薄弱环节的现实需要。同时，团的基层组织是团的一切工作的基础，是共青团履行根本职责的主要载体，是实现团的各项功能的基本途径，是团的全部活力的根本标志。团的章程明确要求团的领导机关要确立基层第一的观念，发扬务实、求实的作风，深入基层，服务基层，不断增强基层活力。

第一，加强团的基层组织建设和基层工作是贯彻胡锦涛总书记重要讲话精神的必然要求。胡锦涛总书记在与团中央新一届领导班子和十六大部分代表座谈时指出："要大力加强自身建设，坚持眼睛向下、重心下移，力争使团的基层组织网络覆盖全体青年，使团的各项工作和活动影响全体青年，切实增强团组织的创造力、凝聚力、战斗力，更好地发挥共青团作为党联系青年的桥梁和纽带作用。"总书记的讲话从党和国家事业长远发展的战略高度，从巩固党执政的青年群众基础的战略高度，从保证党和国家事业发展后继有人的战略高度，对青年一代的健康成长提出了殷切的期望，特别是对各级团组织和广大团干部如何在新的形势下进一步加强团的基层组织建设和基层工作提出了重要指导。在充分肯定青年在祖国革命、建设和改革的伟大进程中作出的突出贡献和辉煌业绩的同时，总书记特别针对在经济社会的巨大变革带来新的形势以及广大青年群体的思想、沟通、交流等行为模式出现新特征的情况下，如何进一步增强共青团在广大青年中的号召力、影响力和凝聚力，对共青团和广大团干部提出具有很强针对性、指导性的要求。深入贯彻落实总书记重要讲话精神，首先要切实做到加强团的基层组织建设和基层工作。

第二，加强团的基层组织建设和基层工作是共青团的光荣传统。从1922年5月5日团的第一次全国代表大会召开至今，中国共青团已经走过了89个年头。89年的岁月既有战争年代的赴汤蹈火、英勇对敌，也有和平年代的火热建设、开拓创新。中国共青团从成立之日起，就公开宣布它是维护青年利益的团体，要为青年工人、农民、学生的利益而奋斗，吸引着千千万万的青年投入革命的怀抱。在民主革命时期，它为了青年的利益和人民的利益而奋斗，同时克服了团内一度存在的“不着重去注意青年的特殊的工作，而和党做同样工作”的脱离青年群众的倾向，切实做到深入基层、走进青年，成为团结中华进步青年的核心。在社会主义建设和改革开放的新时期，共青团进一步提出要为青年建功立业、成长成才的根本利益服务，强调把服务作为团的各项工作的重要出发点和落脚点，在代表和维护青年利益上更加主动、更加自觉。回顾共青团的光辉历程，不仅要了解共青团曾经为中国革命和建设事业作出的卓越贡献，更重要的是要学习和借鉴共青团的丰富历史经验。我们处在一个承上启下的重要时期，前人留给我们很多宝贵的财富，我们必须要继承和发扬共青团坚持不懈地搞好团的自身建设，特别是不断加强团的基层组织建设和基层工作的优良传统，与时俱进，开拓创新，努力创造新的业绩。

第三，加强团的基层组织建设和基层工作是履行团的根本职责的基本保证。党中央在团的十六大祝词中提出，党对共青团的根本要求就是不断巩固和扩大党执政的阶级基础和群众基础。团的十六大报告把不断巩固和扩大党执政的青年群众基础、团结带领青年为实现中华民族伟大复兴而奋斗，作为新时期共青团的根本职责。这一根本职责，是共青团组织区别于其他组织的最本质、最重要的特点，是团的十六大的重要理论贡献和突出亮点，团的各项工作和建设都要服从、服务于这一根本职责。团的基层组织建设决定着共青团最本质的影响力、战斗力和生命力。团的基层组织处于青年工作的最前沿，团的基层工作能否将党的要求与青年的需求相统一直接决定着党执政的青年群众基础是否牢固。因此，如何实现对团员青年的广泛联系和有效覆盖，增强基层团组织的吸引力和凝聚力，是当前及今后一段时间全团工作的重中之重。团的十六大报告指出，全团要从巩固和扩大党执政的青年群众基础的战略高度，下大力气抓好基层组织建设。越是团的领导机关，越要高度重视基层建设。经济社会变革对团的基层组织建设带来了新的挑战，新的形势要求各级团组织必须本着走近青年的要求，大胆探索和创新基层组织建设方式，通过持之以恒的努力，不断扩大组织覆盖面，增强组织活力，进一步完善青年组织体系。

第四，加强团的基层组织建设和基层工作是实现团的总体功能的根本途径。胡锦涛总书记指出，共青团要全面履行职能，着眼新的形势和任务，进一步提高组织青年、引导青年、服务青年、维护青少年合法权益的能力和水平。这一重要指示深刻指出了共青团的总体功能。基层团组织作为实现团的总体功能的排头兵，其工作开展情况的好坏直接反映整个团组织在广大青年中的形象、声誉与威信。组织动员青年，首先要完善团的基层组织建设，积极创造条件，吸引广大青年在关注和参与团事业中当好社会主义建设的生力军和突击队。基层团的工作直接面向广大青年，教育引导青年首先要保证从事基层团工作的干部政治过硬、作风扎实、自律严格。只有建设一支过硬的基层团的干部队伍，才能旗帜鲜明地面向广大青年弘扬社会主义核心价值体系，科学设计教育内容，增强教育引导的针对性和实效性。关心服务青年，就要从青年的迫切需求入手，努力增强团的基层组织的服务能力和水平，把服务青年真正落到实处。代表维护青少年合法权益，特别要求基层团组织在实际工作中准确把握青少年较为普遍的利益诉求，积极参与和推动有关反映青少年合法权益的法律、政策的制定和落实。当前团的基层工作面临的困境，一方面与经济社会发生的巨大变革特别是我国由传统的计划经济体制向市场经济体制转变的大背景息息相关，同时也与长期以来在整个团的工作中对县及县级以下基层团组织的支持与投入不足有密切关系。陆昊同志在 2008 年 8 月 5 日的电视电话会议中代表团中央作出“要凝聚全团的力量，把资源向基层倾斜，把活动放在基层，团的领导机关要心中装着基层，目光投向基层，集中资源、财力、精力帮助基层组织开展工作”的决定，并明确指出今后“要把县级团委作为全团工作的桥头堡，为他们提供更大的工作空间和更好的工作条件”。讲话表明了团中央对加强团的基层组织建设和基层工作的高度重视，也充分显示出加强团的基层组织建设和基层工作对实现团的功能的极端重要性。

第五，加强团的基层组织建设和基层工作是应对新形势、新挑战的迫切需求。我国改革开放已走过 30 多年的历程。广大青年在共青团的带领下与祖国共奋进、与时代同发展，为改革开放事业作出了应有的贡献。与此同时，在经济社会深刻变革的时代背景下，共青团工作和建设面临新的挑战，特别是社会组织形式的多样化及青年流动加快，导致部分基层团组织不健全和软弱涣散，团的基层工作成为全团工作的薄弱环节。当前共青团面临的新挑战在基层团组织和基层工作中表现得最为集中，共青团建设和工作的难点及薄弱环节也主要表现在基层。在加强团的基层组织建设和基层工作的过程中，各级团委都应该首先明确自身的定位，找出工作的重点。一个组织的总体功能在组织的不同层级有不同的要求，准确把握团的各级组织在履行职责中的工作重点，是保证整个团组织发挥出最强能量、最佳作用和最大活力的基本要求。基层团组织的首要任务就是要完成对青年的吸引和凝聚。县和县级以下团的基层组织和基层工作处于共青团与青年的边界上，从根本上决定着共青团与最广大青年的关系。而地市级团委作为联结中央和自治区团的领导机关与旗市区基层团组织的载体，既要做好向基层团组织准确传达上级领导机关最新决策、会议精神、工作任务和要求的工作，同时也应充当好代表基层团组织向上级领导机关及时反映基层工作遇到的新情况、新难点和新挑战的角色。亦即在实际工作中，地市级团委既要做好贯彻落实上级团的领导机关的政策精神以及领导好下级团的各级组织的工作，也要充分发挥中间层级团组织的协调作用，特别是要积极为下级团的基层组织积极争取政策支持和资源投入，保证基层团组织的稳定发展和基层工作的高效、有序进行。

第六，加强团的基层组织建设和基层工作是全市广大团员青年为打造自治区新的增长极建功立业的现实需要。2008 年 6 月 24—26 日，自治区党委书记、人大常委会主任储波同志来呼伦贝尔市考察调研时指出：“呼伦贝尔只要按照‘美丽与发展双赢’的正确思路走下去，就一定能够成为自治区新的经济增长极。”储波书记在考察期间对呼伦贝尔市的改革发展给予了充分肯定，并对呼伦贝尔市今后的工作提出了具有很强指导性和可操作性的重要指示。市委书记曹征海同志在全市上半年经济形势分析会上指出：“自治区需要呼伦贝尔成为新的增长极”，“呼伦贝尔有条件成为自治区新的增长极”。西部大开发、东北地区振兴规划、国家加强与俄蒙经济技术合作、自治区对区域协调发展的重视等都是当前呼伦贝尔市面临的重大机遇。全力打造自治区新的增长极，为自治区可持续发展作出新贡献，既是切实贯彻自治区领导指示精神的必然要求，更是推进呼伦贝尔超常发展的大好机遇。新的任务和机遇为全市广大青年施展才华、建功立业提供了广阔的舞台，也对各级团组织尤其是团的基层组织提出了新的更高的要求。共青团组织必须坚定不移地落实自治区领导的指示精神，按照市委市政府的战略部署，进一步夯实团的基层组织基础，发挥组织优势，增强基层工作实力，把更多更广泛的青年组织动员起来，围绕呼伦贝尔市党政工作大局，发挥他们的聪明才智，为打造自治区新的增长极贡献力量。

2. 加强团的基层组织建设和基层工作的主要任务和原则

勇做呼伦贝尔走好生态文明之路和又好又快发展之路的排头兵和突击队，为呼伦贝尔在科学发展中崛起、在打造自治区新的增长极中建功立业，这是当前和今后一个时期呼伦贝尔市团员青年的奋斗方向，也是加强团的基层组织建设和基层工作所围绕的核心主题。

围绕这一主题，当前和今后一个时期，加强呼伦贝尔市团的基层组织建设和基层工作的主要任务是：贯彻落实胡锦涛总书记在同团中央新一届领导班子成员和团十六大部分代表座谈时的重要讲话精神，充分认识加强团的基层组织建设和基层工作的重要性，高度重视和加强团的基层组织建设和基层工作，主动适应经济社会的新变化和青年的新特点，以增强基层团组织的吸引力和凝聚力为首要任务，力争使团的基层组织网络覆盖全体青年，使团的各项工作和活动影响全体青年。进一步解放思想、立足基层、务实创新；进一步拓宽工作视野，树立世界眼光；进一步树立人本思想，强化人文精神，努力把共青团建设成体现先进性和群众性，具备服务力和凝聚力的青年组织；努力把共青团机关建设成团结务实、忠诚奉献、严谨高效、活泼幸福的团队，带领广大团员青年争当实践科学发展观的排头兵，为呼伦贝尔在科学发展中崛起、在自治区新的增长极中建功立业、实现共青团事业新发展作贡献。

为完成当前和今后一个时期有关加强团的基层组织建设和基层工作的主要任务，在工作中必须牢牢把握五个原则，做到五个方面的适应：

第一，工作内容与青年的思想动态和现实需求相适应。改革开放 30 多年来，党的各项事业都取得了令人瞩目的巨大成就，与此同时，共青团事业的发展面临着新的挑战。伴随着经济体制的深刻变革、社会结构的深刻变动、利益格局的深刻调整、思想观念的深刻变化，当代团员青年也发生了深刻的变化。这些挑战和变化在基层团组织和基层工作中表现得最为集中和直接，共青团建设和工作的难点及薄弱环节也主要表现在基层。基于此，团的基层组织建设和基层工作应及时调整工作内容和工作思路，跟踪青年的思想动态和现实需求，以满足青年的新特点和新需要为根本宗旨，要注意青年思想动向，抓住团员青年的“兴奋点”，把握形势的“热点”，科学地设计工作内容，创造性地开展工作，高效地完成新时代赋予共青团工作的历史使命。

第二，活动覆盖与日益开放的社会生活环境相适应。信息技术的迅猛发展创造了无边际的虚拟空间，极大程度上拓展了青年的交往和活动空间，互联网逐渐成为联系青年和组织青年的新纽带。中国互联网络信息中心发布的第 22 次中国互联网络发展状况统计报告显示，截至 2008 年 6 月底，中国网民数量达到 2.53 亿，居世界第一位，其中网民主体是 40 岁及以下的年轻群体（见图 5—1）。尤其是那些伴随着网络成长的“网络原住民”，他们的成长路径、生活方式都与网络息息相关，他们对信息技术有着空前的依赖性和适应性。在这样的现状和趋势下，基层活动的开展务必及时调整思路，打破旧有模式，大胆创新，要充分发挥网络“引导、教化、发起、动员和组织”的五大功能，用新平台拓展空间，用新形式凝聚人心，力图找到联系青年、凝聚青年的新渠道、新方法，激发青年的热情，促使更多的青年参与基层活动，为实现团组织对青年的无缝覆盖创造可能。

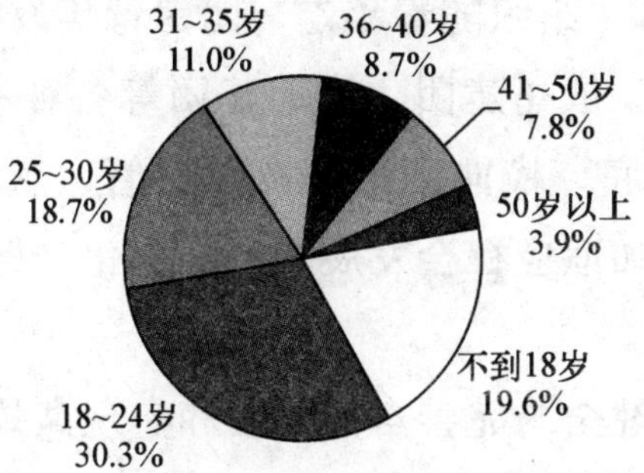

图 5—1 中国网民年龄结构

资料来源：中国互联网络发展状况统计报告（2008/7）。

第三，工作方式与市场经济倡导的服务理念相适应。当前的社会主义市场经济格局，意味着各级团组织要把团的事业放到社会主义市场经济的大环境下去思考、去策划、去发展，通过市场化运作方法，建立各种物质依托和机制保障，使团的各项事业遵循市场经济规律，不断发展壮大。要认真贯彻落实胡锦涛同志关于把竭诚服务青年作为共青团全部工作的出发点和落脚点的重要指示，丰富服务项目，强化服务手段，构建服务体系，针对青年学生需求的多样化，进一步增强服务能力，提高服务水平。指令性的工作方式已经与市场经济倡导的服务理念格格不入了。基层团组织和基层工作的开展直接面对青年，因此更要充分考虑到青年的特点和需求，本着“一切为了青年”的工作理念，革新工作方式，更好地吸引和凝聚青年。

第四，组织设置与青年的群体结构和流动变化相适应。伴随着青年社会阶层构成的分化，不同群体青年的价值取向、发展需求、分布和流动也产生了多样化的分流。当前，青年的流动性越来越大，流动人口不断增加，城市人口的工作单位和居住地也在不断变动。基于此，团建方式必须打破原有的严格按照行政区划来建设团组织的制约，改进组织管理方法，青年聚集在哪里，团组织就建在哪里，"组织随青年走，团因青年设"，积极探索联合建团、区域建团、依托建团、流动建团等各种有效的团建模式，努力形成纵向到底、横向到边、齐抓共管、整体推进的工作体系，使团组织更加适应社会发展和青年变化，拥有更大的覆盖面和影响力。

第五，制度健全与完善自身建设和实现高效工作的要求相适应。团的基层组织制度建设是一项具有全局性、根本性、战略性和长期性的重大问题。团的各条战线、相关部门要统一思想认识，牢固树立基层第一、制度为先的观念，积极推动不同地区、不同行业、不同领域内团的基层组织制度建设。要建立健全制度设计、制度执行、制度创新、制度监督的责任制，明确责任主体、责任分工、考核方式、责任追究等内容。坚持科学统筹，协力推动，形成团的组织部门牵头抓总、各部门齐抓共管、全团上下共同加强团的基层组织制度建设的良好局面。

3. 加强团的基层组织建设和基层工作的重点

当前和今后一个时期，加强团的基层团组织建设和基层工作的重点是"一个坚持"、"四个面向"和"四个推进"，即坚持党建带团建；面向变化设置组织，推进团组织对青年无缝覆盖的实现；面向工作完善制度，推进可持续发展长效机制的建立；面向青年设计活动，推进团组织凝聚力和活力的增强；面向社会募集资源，推进多方支持体系的构建。

当前和今后一个时期要抓好重点工作，必须做好"一个坚持”、“四个面向”和“四个推进”：

第一，坚持党建带团建。

坚持党建带团建，是党、团组织在世纪之交加强基层党、团组织建设的重大举措，也是构建新型党团关系的必然要求。坚持党建带团建，就是要加强党、团基层组织建设的配套联动，相互促进，共同发展。团十六大把“坚持党建带团建”提到一个新的政治高度。新时期，我们应当深刻理解和把握它的内涵和深意：坚持党建带团建，在客观上要求基层党组织首先抓好自身建设，积蓄足够的力量，吸引和带动基层团组织；而对于各级团组织来说，首要的任务是把自身建设好，练好内功，紧跟党组织的步伐。在这个“带”与“跟”的过程中，基层党组织建设和基层团组织建设互相促进、共同提高，共同实现培养共产主义接班人，确保党的事业后继有人、兴旺发达的终极目标。党建带团建始终是基层组织建设和基层工作的根本保障和基本要求。

党建带团建工作，根本在“建”，关键在“带”。根本在“建”，就是党、团组织首先要把自身建设抓好：如果基层党组织本身不强，没有战斗力和号召力，就无力带动团的建设；如果团组织不练内功，完全依赖于“带”，团的建设就只能停留在良好的愿望上，即使带起来最终还会掉下来，所以，党建带团建必须抓住自身建设这个根本。关键在“带”，就是党组织要在提高自身战斗力、号召力的同时，切实履行好自己的政治责任，指导和帮助团组织搞好团的建设，充分调动团组织的积极性和创造性，充分发挥团组织的作用，从思想上带、组织上带、作风上带，改进基层团组织的工作内容和活动方式，提高团组织的凝聚力和战斗力。而团组织务必使自身的思想建设、组织建设和作风建设与党组织保持高度一致，充分依靠党组织的力量，积极争取党组织的支持，借助党政工作的新格局和新成果，力争使基层团建与党建紧密结合。

一要用党的理想信念从思想建设上带。坚持党建带团建，从思想上带，务必保证党指导基层团组织加强思想政治建设，帮助团员青年树立正确的世界观、人生观和价值观，坚定正确的思想信念，走中国特色社会主义道路。江泽民同志指出："抓党的建设，首先要抓好党的思想政治建设，因为解决思想政治问题是做好其他各项工作的前提和基础。"提高青年素质，培养青年人才，最根本的是要坚持用中国特色社会主义理论武装青年，用爱国主义、社会主义、集体主义思想教育青年，用艰苦奋斗的优良传统和敬业创业精神勉励青年，用高尚的道德情操陶冶青年。因此，党建带团建工作要把思想政治建设放在首要位置，努力用邓小平理论、"三个代表"重要思想和科学发展观构筑青年一代强大的精神支柱，加强对团员青年的思想政治教育，提高团干部和团员青年的思想政治素质，增强贯彻执行党的基本路线、方针、政策的自觉性。

二要用党的组织优势从组织建设上带。坚持党建带团建，从组织上带，就要适应新形势新任务的需要，建立健全、调整巩固团的基层组织，进一步扩大团组织在全体青年当中的覆盖面，进一步增强团组织在全体青年当中的影响力。当前，我国经济和社会结构正在发生广泛而深刻的变化，由此也带来了青年群体结构和青年社会分布的显著变化。党建带团建工作必须适应这种变化，从有利于加强党对团的领导，有利于发挥团组织在四个文明建设中的作用，有利于增强团组织的活力和团员青年健康成长出发，及时调整团的基层组织设置，进一步健全和巩固基层团的组织。从组织上带，关键是抓班子、带队伍，特别是要选配好团组织负责人。要按照干部队伍"四化"方针和德才兼备标准，切实做好基层团干部的培养选拔工作，把那些思想政治素质好、工作责任心强、善于联系广大青年的优秀团员选拔到团的领导岗位上来。

三要用党的优良传统从作风建设上带。坚持党建带团建，从作风上带，就要教育团干部和团员青年继承和发扬党的优良传统和作风，成为具有优良品质和高尚情操的一代青年。团的作风问题直接关系到团的生存和发展。党在长期斗争中形成的优良传统和作风，是党的工人阶级先锋队性质和全心全意为人民服务宗旨的体现。这种优良传统和作风绝不能丢，而且要在新的实践中有新的发展。在改革开放和发展社会主义市场经济条件下，作风建设更是被提到了前所未有的高度。基层团组织要在党组织的指导下，通过多种形式，对团员青年进行正面教育和引导，帮助他们继承和发扬党的优良传统和作风，不断增强抵御各种歪风邪气和拒腐防变的能力。要在广大团员青年中大力倡导团结一致、自强不息、迎难而上、勇于创新的精神，培养团员青年树立崇尚科学、勤于学习、爱岗敬业、诚实守信、奉献社会的良好风尚，使他们努力成为在新世纪开创我国社会文明进步新风的生力军。

四要建立和完善党建带团建的工作机制。坚持党建带团建，就要在自身建设上下工夫。(1) 完善组织建设。把基层团的建设纳入基层党的建设的总体格局，把团建的目标任务纳入党建的目标任务，把对团建工作的检查考核纳入对党建工作的检查考核，以党的建设带动团的建设。(2) 优化工作条件。通过完善党建带团建工作目标责任制、联席会议制度、工作考核制度，不断优化基层团组织的工作条件，努力把基层团组织建设成为政治坚定、组织有力、基础牢固和充满活力的先进青年的群众组织。(3) 补充工作内容。团的建设和团的工作要力争成为评选表彰先进基层党组织的重要内容。(4) 推进民主进程。团组织的换届要紧跟党组织的换届，对团的领导班子进行相应的调整和充实。团的各基层委员会任期按团章规定，届满应按期换届，需提前或延期的，应报同级党组织和上级团组织批准，延长期不超过一年。（5）加强团干部的教育培养。

第二，面向变化设置组织，推进团组织对青年无缝覆盖的实现。

一要积极推动网上政务。各级团组织，尤其是基层组织的工作思路要紧跟青年沟通方式的变迁，大胆革新。（1）建立“青春草原网上论坛”，号召和吸引广大青年利用这一公共平台参与国家大事，了解青年工作动态，进行生活、工作和心灵上的沟通交流。（2）设立呼伦贝尔市基层工作QQ群，吸纳基层团组织中的骨干精英一起探讨学习政策精神，集思广益，促使更好地加强基层组织建设和基层工作。（3）开设公共电子邮箱，方便与各基层团组织之间文件资料的发放、收集和共享，提高工作效率，促进团工作的透明化和公开化。（4）开通呼伦贝尔市共青团基层组织建设网站，并与内蒙古共青团基层组织建设网站相链接，搭建组织建设网络平台。督促并协助各旗市区团委完善并建立各自的网站，并设立基层工作专栏，派专人负责网站的更新和维护，切实做好政务公开。

二要利用网络特性创新活动方式。网络的互动性和多媒体的呈现方式，是团的活动创新的重要突破口。（1）吸收优秀青年QQ群为会员团体，采取“会员自助制”的方式在青年会员之间搭建活动平台，组建丰富多彩的文娱活动。（2）建立“呼声网络电台”，加强娱乐性、互动性，以青年喜闻乐见的内容见长，以青春活泼的气质吸引青年听众，聆听青年的声音。（3）开展网上“保护环境，共创美好家园”生态知识竞赛和“生态旅游方案设计大赛”，将全市“走好生态文明建设之路”的奋斗目标与青年的成长和兴趣结合起来。

三要大力推动团建创新。陆昊书记在全团加强基层组织建设和基层工作电视电话会议上指出，基层团组织要以多种方式覆盖青年，不怕对团员青年双重覆盖甚至多重覆盖。这就要求我们大胆探索和创新基层团组织建设的有效载体和途径。(1) 开展“团建创新优秀项目资助活动”，重点资助 10 个基层团建创新优秀项目，项目需为围绕新形势下基层共青团组织的设置方式、团员和团干部队伍建设、团的组织生活、团内民主等团的自身建设所开展的创新项目，以此激励更大范围内基层团建创新的推进。(2) 实施基层团建“创新试点工作”，设立包括农村、非公有制企业、学校、机关在内的 15 个基层团建创新试点工作单位，因地制宜，重点突破，由点到面，逐步扩展到全面带动，确保达到凝聚团的力量、活跃团组织的目的。结合农村青年联络和聚集的新形式，在协会、在专业合作组织产业链上、在务工青年同乡联谊会中建团。(3) 着力做好农村和“两新”组织的团建创新工作，实现共青团组织覆盖的最大化。落实《关于加强新经济组织和新社会组织团建工作的意见（试行)》，实施自治区“两新”组织团建“十百千”工程。通过实施农村团干部“种苗工程”，进一步配齐、配强农村团组织班子。(4) 创建“农村示范团支部”，带动农村团支部的全面发展，从而使农村基层团组织实现“五个有”（即有一个威信高、能力强、为青年所拥护的班子，有一支政治思想觉悟高、在本职岗位和社会生活中发挥模范带头作用的团员队伍，有一个为青年理论学习、技能培训、文化生活服务的活动阵地，有一支滚动发展、数量不断增加的青年入党积极分子和优秀青年人才队伍，有一套健全完善的工作制度）的目标。

第三，面向工作完善制度，推进可持续发展长效机制的建立。

一要健全团的组织生活制度。团的组织生活是团内政治生活的重要组成部分，是团组织对团员进行思想政治教育和团员自我教育的具体形式，是加强团的思想建设和组织建设的重要途径。

（1）不断改进“三会两制一课”，即团支部大会、团支部委员会、团小组会，团员教育评议制度、年度团籍注册制度以及团课，从基层团的工作实际出发，认真落实团日活动制度，不断规范团的活动仪式。团员教育评议要把重点放在提升团员的组织归属感和认同感，培养团员的民主参与意识上来。团员的年度团籍注册，可以采用网上注册、异地注册等方式灵活实施。团课要针对团员思想和工作中的具体问题，力求深入浅出、循序渐进、重点突出。（2）健全八个表簿，建立健全团员档案和支部工作档案。八个表簿包括团员、团干登记表，青年登记表，少先队员登记表，先进青年考察簿，团费收缴及现金收缴登记簿，团的活动记录簿，支部会议记录簿以及组织生活考勤簿。（3）定期召开组织生活会，由各个基层团组织召开，不低于每两周一次，任务是组织团员学习，对团员进行团章教育和政治思想教育，讨论解决团委或支部有关事宜，开展批评与自我批评或劳动和文体娱乐活动。

二要健全团员发展教育管理制度。（1）认真执行团员发展工作制度，做好入团积极分子的培养考察，抓好团队衔接、团前教育等工作。（2）建立“团员经常性教育长效工作机制”，通过创新工作载体、丰富教育手段、典型示范带动等途径，为团员充分发挥模范带头作用创造条件、提供保障。（3）创新团籍管理制度，在做好团员组织关系转接工作的基础上，按照组织关系和参加团组织活动可适当分离的原则，结合本地区、本单位实际，有效扩大对团员的组织覆盖和工作覆盖。积极利用互联网等现代科技手段，做好团员证与团籍管理工作，进一步提高团员管理的效率水平。（4）不断完善流动团员管理和服务制度，做好流出地与流入地团组织的工作衔接，坚持以服务促管理，探索证档分离、交叉覆盖的动态管理方式，在维权、学习、就业创业、文化生活等方面为流动团员提供切实有效的服务。（5）健全团员考核奖惩制度，继续开展国家、省市级“十大杰出青年”、“优秀共青团干部”、“优秀共青团员”评选活动，引导团员自觉履行义务，正确行使权利。(6) 继续做好“推优”入党工作，切实把符合条件的优秀团员输送到党员队伍中。

三要健全基层团干部培养教育管理制度。(1) 坚持高标准选拔配备基层团干部，把团干部队伍建设纳入党政干部队伍建设和人才队伍建设的规划之中，通过积极推行基层团干部公开选拔、竞争上岗、民主选举、聘任制等，拓宽团干部选拔配备渠道，把优秀年轻干部和青年人才选拔到团的工作岗位上来。(2) 完善青年选拔制度，把发现和培养青年能人作为基层团建的前提性战略任务，注重在农村青年致富带头人、企业青年技术和管理骨干、学生骨干、社区青年工作者中发现和培养能人。(3) 完善团干部交流制度，举办“团干部交流论坛”，邀请东部及沿海发达城市的优秀团干部与呼伦贝尔市优秀团干部共同参与，就新时期如何更好地开展团的组织建设和工作进行讨论和交流；选拔优秀基层团干部出国出境培训，了解和学习先进国家和地区的先进经验，为我所用。(4) 在全市建立共青团基层工作联系点，加强各级团组织与青年、上级团组织与基层团组织之间的沟通和交流，在农村牧区大力落实“结对帮扶”活动，每个农村牧区基层团组织能够与一个国有企业或机关事业、大中院校、城市街道团组织进行结对帮扶，获得“五四红旗团委”和“五四红旗团支部”的团组织要重点实施帮扶，形成全团上下整合资源、形成合力的良好局面。(5) 切实加强团干部的教育培养制度，实施“基层团干部轮训项目”，按照“分级培训、分类实施”的原则，以“短训班”和“专题学习研讨班”的方式，对各条战线的基层团干部进行培训；设立网上“团干部充电课堂”，克服空间时间障碍，力保学员最大程度上参与到培训中来；鼓励支持基层团干部在职学习，不断提高基层团干部的理论素养和工作水平。(6) 推进团干部上下交流、轮岗交流和挂职锻炼制度，有计划地选调团干部到党政机关、企事业单位和发达地区交流锻炼。(7) 形成培养举荐机制，积极推荐优秀团干部和青年人才。

四要健全团的组织工作制度。(1) 定期开展基础团务工作大检查，认真执行团籍管理、团费收缴管理、团的组织统计等基础团务工作制度。(2) 完善团内信息报送和交流制度，重视网络信息平台建设和维护，形成上下畅通、交流便捷的信息渠道。(3) 规范基层共青团工作考评奖惩制度，开展“双建双创”活动，即建“五有团支部”、建“五四先进团委”和创“五好团支部”、创“五四红旗团委”。(4) 建立工作评价体系，即“以工作实绩为重点，以组织建设为重要内容，以团员青年的认可度、满意度为基本标准”的工作评价体系，以此作为鞭策工作、衡量工作绩效的有效手段。

第四，面向青年设计活动，推进团组织凝聚力和活力的增强。

一要力推团情大调研。当今的青年正在经历着日新月异的变化，如何及时了解和准确把握这些新特征，是共青团工作保持活力、发挥青年生力军作用的基础。毛泽东曾在《关于农村调查》这一光辉著作中提出“没有调查，就没有发言权”这一经典论断，对照今天的共青团工作，全市各级团组织务必立足青少年成长发展的新变化和基层共青团工作的新实践，坚持面向基层、走进青年，努力掌握第一手资料，进行深入细致的研究分析，探求解决实际问题的思路和方法，努力破解团的基层组织建设和基层工作的难题。(1) 定期做好“全市共青团调研课题申报活动”，督促各基层团组织从当前共青团工作发展趋势出发，及时发现基层现有工作中出现的实际问题，洞察青年的思想特征、需求状况，或进行总结研究，或对具体现象进行理论分析，集中力量，扎实调研，并统一汇交成果。（2）从市团委抽调部分团干部到县级团委挂职工作，通过两年努力，扎扎实实了解情况，介绍经验，探索创新，锻炼本领，推动工作。（3）成立“基层工作督察调研专项小组”，重点深入开展“进千家门，知千家情，解千家难”千名团干部百日下基层活动，督查团市委部署的重点工作在基层的落实推进情况，分析研究新形势下共青团基层工作面临的新情况、新问题，及时总结各地的好做法、好经验。（4）加大单独组团考察参观力度，从基层团组织的各条战线上选拔优秀骨干代表，到国内外先进地区学习、考察、交流，重点选择国内东部沿海省市以及日、韩、欧、美等发达国家及地区。（5）综合调研成果，科学制定《呼伦贝尔市共青团工作五年规划》，设立目标，步步落实，稳扎稳打，全面系统地推进全市共青团工作，揭开新一轮共青团工作的壮丽篇章。

二要组织青年建功立业。要广泛动员不同领域的青年参与“激扬青春——青年职业生涯规划设计大赛”，将自身成才与价值观结合起来，将职业目标与企业发展结合起来，提升职业素质，应对人生挑战。筹资设立“青年创业支援资金”，在观念引导、技能提升、政策服务、资金扶持、平台建设等方面构建“五位一体”服务体系，大力扶持有干劲有想法的创业青年。启动“草原小康——青年创业小额贷款”项目，以“小额资助，直接到人，滚动发展，爱心传递”为活动方针和宗旨，大力扶持大学毕业生、城镇下岗青工和农牧区青年的创业和再就业。

三要服务青年成长成才。做好青年人才工作是党赋予共青团的光荣职责，是党政所需、青年所求、共青团可为的最佳结合点。党要求共青团把培养社会主义合格建设者和可靠接班人作为全部工作的出发点和落脚点。胡锦涛同志在 2008 年 5 月 4 日《致中国青年群英会的信》中号召团员青年做“理想远大、信念坚定的新一代，品德高尚、意志顽强的新一代，视野开阔、知识丰富的新一代，开拓进取，艰苦创业的新一代”。基层工作尤其要将青年人才的培养、开发工作作为共青团工作的战略重心和共青团事业发展的重要生长点，常抓常新，常抓不懈。（1）培育和扶持青年经济合作组织，着力培养新型农村牧区青年带头人。（2）实施“农村牧区百名青年能人兴业计划”，争取相关部门的支持，在信息、技术、项目、资金等方面予以重点扶持，帮助青年能人建立产业协会，扶持其做大做强。（3）繁荣农村牧区青年文化，深入实施农村牧区青年增收成才行动，围绕农村牧区经济结构调整，培养一大批有文化、懂技术、会经营的新型农村牧区青年，大力开展农业实用技术和企业技能培训，提高他们的致富本领和就业创业技能。（4）广泛开展“送科技下乡、送金融知识下乡”活动，为农村青年提供技术服务、金融服务，帮助农村青年科技致富。（5）依托“社区书屋”、“社区青少年中心”等团属阵地，开展“学校放假，社区报到”、“平安共建”等活动。（6）启动“社区宣传长廊”计划，设立政务公开、民主建设、环境卫生、娱乐生活等宣传栏，贴近居民需求，促进和谐文明社区的建设。（7）开展“青年文明社区”评选活动，鼓励和支持校园文化、体育健身、科普知识、英语交流、结对帮扶、美化环境等开进社区，和谐创建，力促全市社区百花齐放良好态势的到来。

第五，面向社会募集资源，推进多方支持体系的构建。

共青团工作的开展离不开资源的支持。整合配置资源是共青团组织增强自身实力服务青年具体需求的有效方式。实践证明，资源的获取和配置能力决定了组织的比较优势。在社会主义市场经济条件下，共青团组织要有号召力、向心力、凝聚力，就必须广泛开辟渠道，建立资源募集机制，形成资源配置办法。在这一方针的指引下，基层团组织要依法争取来源稳定的资源，要按照互利双赢合作模式，积极获取量大丰富的社会资源，要依托整体联动机制，整合量少可控的团内资源。具体来讲，要着力加强以下几方面工作：

一要树立开放的工作理念。这是基层团组织积极应对形势变化、谋求自身发展的内在要求。开放推动发展，大开放带来大发展。社会主义市场经济体制的建立及青少年多元化的生活方式和价值取向，对共青团的组织形态、运转模式、保障机制等方面都提出了新的挑战和要求。面对新形势新情况，基层团组织必须以开放的心态和开放的胸怀适应社会发展的需要，形成开放的工作发展格局，归集整合新的资源力量，创造性地开展工作，自觉地将团组织把握大局、适应社会、服务青年的能力，转化为组织谋求自身发展的内在动力。

二要争取党政系统的重视和支持。这是基层团组织赢得政治支持、与党政建设保持一致的必然要求。基层团组织务必通过定期研究青年工作、争取专项经费支持等形式，努力营造良好的政治环境；务必充分发挥与青少年事务相关职能部门的作用，更好地整合政府部门的工作资源，多方协作、共同推进各项工作，不断增强共青团的整体力量及其在青年中的影响力。

三要建立社会化运作模式。所谓社会化就是适应社会主义市场经济开放性的需要，冲破消极依赖思想、狭隘封闭意识和阻碍共青团自身发展的一切束缚，树立与社会发展节拍一致、与改革开放大背景相配合的社会化意识。建立社会化的运作模式是基层团组织发挥主体作用、形成事业化发展的重要手段。要通过各种方式凝聚社会各界青年精英；要力图使活动项目化、项目社会化；要借鉴国外非政府组织的成功运作经验，建立良性运转的社会化工作模式。基层团组织要努力促进工作力量的社会化，构建一支由团干部、青少年工作者、志愿者和社会爱心人士共同组成的青少年工作队伍；努力实现工作资源的社会化，积极整合来自党政、社会和团内体系的人力、物力、财力，以及政策资源、宣传资源，实现资源优化配置；努力推动工作方式的社会化，通过开放、灵活、多样的方式，发挥品牌效应，强化市场意识，树立经营理念，探索建立“责任共担、利益共享”的合作机制。

四要充分重视和发挥市青联、市青企协等外围组织的功能。市青联、市青企协是以共青团为核心力量的青年团体，是呼伦贝尔市各族各界青年广泛的爱国统一战线组织，它们共同凝聚着社会各界的优秀杰出青年，凝聚着丰富的社会资源。在市场经济条件下，市青联、市青企协要充分发挥自身独一无二的资源优势，积极探索共青团社会化的新路子，善于找准市场经济与组织优势的结合点，多渠道、多形式地向社会整合资源，利用这些资源广泛开展各种形式的活动，更好地履行共青团的职能。

充分做好面向社会募集资源工作，具体活动如表 5—1 所示。

表 5—1　　面向社会募集资源的具体活动

活动名称	活动内容
“市青企协校园招聘会”	动员市青联会员企业面向高校毕业生招募人才，切实推进高校的就业工作
“青年卡服务”	以青年文明号创建单位、青年企业家、青联委员所在单位为加盟单位，精心打造联结城乡、覆盖社会、优惠便利、服务青年的“青年卡”，为会员提供多方面的优惠服务
“爱心传递”捐资助学活动	组织慰问贫困学生，开展捐资助学活动，为青联和青企协委员树立良好的公益形象
“与大师同行”高端青年培训和讲坛	邀请国内外知名专家前来讲座
与其他省市地区青联的联谊活动	开展交流互访，加强与友好青年社团的联系
“青联委员素质拓展”、“十大杰出青年”评选表彰等活动	大力培养、选树、宣传青年典型，完善青年人才库
“会员日活动”	加强会员间的交流与联系

续前表

活动名称	活动内容
建设协会工作网站	建立市青联、市青企协工作网站，及时公开日常事务，促进交流
“投资大海拉尔”推介会	推动青年企业家为呼伦贝尔市经济建设作出贡献
“青年医务专家与社区居民面对面”活动	发挥青联委员的专长，为社区造福
“呼伦贝尔市青年企业家竞争力培训计划”	聘请有关专家进行专题讲座，为优秀青年企业家的成长提供平台

五要加强阵地建设。青少年活动阵地主要包括青少年宫、青年之家、青少年活动营地、各种爱国主义教育基地、青少年学生社会实践基地、直接为青少年成长成才服务的各种服务站（点）等。它是团组织开展活动和思想教育的物质依托，在教育青少年、满足青少年精神文化需求方面发挥着重要作用。近年来，在各级党委政府的支持下，民族地区青少年活动阵地有了较大的发展。但与各族青少年日益增长的精神文化需求相比，青少年活动阵地的数量还很有限。大力加强团属各类阵地建设，以阵地为依托构建服务网络，增强服务青少年的能力，为广大青少年提供形式多样、扎实有效的服务，在服务中教育引导青少年，是新形势下加强团的自身建设的重要途径和努力方向。

加强阵地建设，首先要充分利用好已有的阵地设施，改变部分青少年活动阵地内容贫乏、管理不善、利用率低的状况；其次要因地制宜，量力而行，多方努力，改建或兴建一批新的青少年活动阵地。(1) 建好阵地。青少年活动阵地建设应当实现政府主导、多元投资与系统管理的统一，逐步形成以城市青少年宫为中心，以社区文化站和农村青年之家为基础的青少年活动阵地网络。一方面，要争取党政领导及有关部门在人力、财力、物力上给予必要的支持，多方筹集资金，因地制宜地建设一批青少年活动中心，也可以多家合办合用；另一方面，团组织要挖掘内部的潜力，自己想办法“化缘”，自筹一些经费，投入阵地建设。（2）管好阵地。就是把现有的活动阵地有效地管理起来，要专人负责、专人管理，要建立健全各种规章制度，提高管理水平。（3）用好阵地。就要充分发挥活动阵地的多种功能，把阵地建设成激发青年求知愿望、满足青年求知需求、提高青年科学文化素质、活跃青少年文化生活的主要场所，使之既成为青少年娱乐的场所，又成为青少年学习的课堂。

4. 加强团的基层组织建设和基层工作的保障措施

第一，构建学习型组织，为团的基层组织建设和基层工作提供思想保障。

胡锦涛总书记在中纪委七次全会上强调，要牢固树立终身学习的思想，坚持理论联系实际的马克思主义学风，努力在建设学习型政党和学习型社会中走在前列，个人要努力成为终身学习者，单位部门要成为学习型组织。根据总书记的指示，团中央第一书记陆昊提出了在团内建立集体学习的制度。

学习型组织是具有崇高而正确的核心价值、信念与使命的组织。它具有强韧的生命力和实现梦想的共同力量，能够不断创新。在这样的组织中，人们勇于挑战极限和以往的成功模式，不为眼前利益所动，同时也拥有共同愿景，并配合以与共同愿景相适应的政策与行动，充分发挥生命潜能，创造超乎寻常的成果，从而体会到工作的真正意义。为什么要构建学习型组织？首先，学习型组织能够通过一套修炼办法提升人类组织整体运作的“群体智力”。“学习型组织之父”彼得·圣吉于1978年在佛瑞斯特门下获得博士学位后，以系统动力学整体动态搭配的眼光和方法，研究人类梦想中的组织蓝图——在其中，人们得以由工作中活出意义，实现共同愿望。他将这种组织命名为“学习型组织”。

在他看来，“学习不仅是人的天性，也是生命趣味盎然的泉源”，这是学习型组织最初的含义，它的共同愿景和系统思考的方法论，有助于组织整体能力的提升。其次，团组织的动态特点也决定了要建设学习型组织。团组织的动态特点表现在：团组织所依赖的社会环境是动态的；团组织自身的工作方式是动态的，需要和上级团组织领导机关、市委市政府、社会、青年人进行信息交换；团组织的工作对象——青年是动态发展的。而应对变化的最好方式就是学习，只有学习，才能解放思想，与时俱进，把握时代的脉络，跟上社会的发展。对于共青团的基层组织而言，需要通过例会学习、读书会、干部考核、全员培训、集中辅导、聘请专家讲座、分散自学等方式，与时俱进，构建学习型组织，这样才能做好团的基层工作。

一是通过个体学习，改善心智模式，实现自我超越。荀子在《劝学》中说：“吾尝终日而思矣，不如须臾之所学也”，这充分说明了学习的重要性。学习包括两个方面：工作学习化和学习工作化。所谓工作学习化，即要把工作的过程看成学习的过程。团员干部强调通过在工作过程中反思而进行学习，工作的过程就是一个学习的过程，从决策到行动到再决策再行动，通过反思、形成文字材料并通过经验共享以达到良性循环。它可以永远是下一次、下一次、再下一次……的决策和行动的指南。所谓学习工作化，是要求把学习与工作一样对待，一样要求。比如团干部要定期“述职”，还要“述学”，每一次学习活动都做到确立主题、制定主讲、明确对象，在浓厚的学习氛围中让大家意识到学习是重要的工作内容，因为学习可以指导工作，为具体工作带来灵感，通过学习可以取得前所未有的收获。学习的目的是为了实现自我超越。《礼记·中庸》的第十九篇有云：“博学之，审问之，慎思之，明辨之，笃行之。”这说的是为学的几个层次，其中“博学”

只是第一层次，学习的终极目标是培养“慎思之、明辨之”的思维方法，并最终能够用所学到的知识指导实践，即“笃行之”。我们提倡学习，目的是用学习指导实践，提升干部思想和道德层次，从而实现干部整体能力和素质的自我超越。同时，作为基层团干部，还需要思想超越。他们需要超越自己一般青年的身份，通过学习马克思主义、毛泽东思想、邓小平理论和“三个代表”重要思想，用科学发展观武装自己的头脑，自觉实践社会主义荣辱观，坚定共产主义理想和中国特色社会主义信念，增加自己的政治意识、组织意识和模范意识，在错综复杂的形势下，保持清醒的头脑，保有正确的政治思想和立场、敏锐的政治观察力和鉴别力，并有超越“小我”奉献“大我”的精神。

二是加强团队学习，激发群体智慧，并建立基层团组织的共同愿景。团队学习是指团队成员在彼此了解的基础上，通过不断协调来加强队伍的凝聚力，以新的协作方式进行思考和行动，为达到一致目标而持续进行的全方位学习。团队学习是发展团体成员整体协作能力进而实现共同提高的过程，是实现组织可持续发展的主要手段。团队学习的目的是为了建立共同愿景。共同愿景包括三个要素：共同的目标、共同的价值观、共同的使命感，共同愿景的力量来源于组织成员对这个愿景的共同关切和认同。它是组织成员所共同持有的意象和景象，它创造出了众人一体的感觉，使组织成员有一种归属感，一种归属于一项重要的任务、事业的使命感，并将这种感觉深植于组织的全部活动之中，使不同的活动融汇起来。共同愿景所激发的力量和勇气是巨大的，孕育着无限创造力，有时甚至达到让人吃惊的地步。因为共同愿景唤起了人们的希望，使工作变成了在追求一项蕴藏在组织产品和服务之中，比工作本身更高的目的。共青团坚决拥护中国共产党的纲领，以马克思列宁主义、毛泽东思想、邓小平理论和“三个代表”重要思想为行动指南，深入贯彻科学发展观，解放思想，实事求是，与时俱进，团结全国各族青年，为把我国建设成为富强民主文明和谐的社会主义现代化国家，为最终实现共产主义的社会而奋斗，这应该是我们全团的共同愿景。然而，变革的社会环境让当代社会展现出新的时代特点，一方面信息技术的发展让青年很容易受到各种理论、思潮的影响；另一方面，青年的流动性的增加，让青年的思想更容易多元化、自由化。不可否认，这些变革在一定程度上冲击了共青团的共同愿景，动摇了一些意志不坚定的团员甚至团干部的政治意识，这些负面的影响要靠与时俱进的学习和培训来纠正。基层团组织直接面对青年，要及时发现并帮助青年树立正确的人生观，维护团组织的共同愿景，巩固我党的执政基础。

三是培养系统工作能力。据说美国华盛顿广场有名的杰弗逊大厦，因年深日久，墙面出现了裂纹，为了保护好这幢大厦，有关专家进行了专门研讨，发现造成墙体侵蚀的最直接原因，是每天冲洗墙壁所用的清洁剂对建筑物有腐蚀作用。而每天为什么要冲洗墙壁呢？因为墙壁上每天都有大量的鸟粪。为什么会有那么多鸟粪呢？因为大厦周围聚集了很多的燕子。为什么会有那么多燕子呢？因为墙上有很多燕子爱吃的蜘蛛。为什么会有那么多蜘蛛呢？因为大厦四周有蜘蛛喜欢吃的飞虫。为什么会有那么多飞虫呢？因为飞虫在这里繁殖得特别快。而飞虫在这里繁殖得特别快的原因，是因为大厦开着窗，阳光充足，因此这里的尘埃最适宜飞虫繁殖。由此发现解决问题的办法很简单，只要关上整幢大厦的窗即可。这是系统思考的一个经典案例，思想只有系统地组织起来才能发现问题，才能看出片面和遗漏，仅仅分析单个的问题是不容易看到其他地方的空白的，只有以一种系统的眼光去观察，才能发现各处的欠缺；思想只有系统地组织起来才能够分出问题的等级和先后次序，只有在一种宏观的视野下，我们才容易看到哪些问题最重要，哪些问题不太重要，应该先解决哪些问题，后解决哪些问题；思想只有系统地组织起来，思想本身才能比较清楚、比较连贯、比较丰满，我们也只有在一种系统的眼光之下才能进行比较细致的分析。团组织本身是一个动态的系统，对外，它时刻保持着与社会、市场的信息交换（广义的信息输入和输出）；对内，它既要组织人、财、物、生产，又要实施产品生产，还要进行信息生产。这一动态过程，决定人们必须用动态思想去思考问题。实践中，要有明确的时空观，在判断、分析和处理问题时，要充分考虑时间的继起性、空间的并存性、原因的多样性和问题的发展性，所以，系统工作能力对团的工作有重要意义，要致力于培养这种能力。系统工作能力包括两部分，第一部分是个人的系统思考能力。在我国有“一叶障目，不见泰山”的典故，这是对只注意事物的表象而忽视事物的真实内涵、只注意事物的局部而忽视全局和整体的思考方法的一种讽刺，个人不仅要“低头拉车”、勤学苦干，而且还需要“抬头看路”、从整体出发、从大局出发思考问题。第二部分是整个团组织作为一个整体的工作能力。古希腊先哲亚里士多德有句名言——“总体大于局部之和”，是说体系的总体功能可以大于组成体系的各要素功能之和，或具有其要素所没有的总体功能。一个组织下设若干部门，如果每个部门只强调本部门的职能、本部门的优化，就不可能有效发挥组织的总体功能和达到总体优化。基层团组织要坚持有系统性的工作，就要系统地考虑问题、设计活动，同时要克服虎头蛇尾的错误，将信念、服务意识、服务活动延续下去。基层团干部会流动，但是基层的制度、组织、服务要保持其持续性和系统性。

第二，保持完整有效的基层团组织，为团的基层组织建设和基层工作提供组织保障。

完整的基层团组织，包括领导班子健全、组织生活健全、管理工作健全和办公硬件健全等，其衡量指标如表5—2所示。

表5—2　　完整的基层团组织的衡量指标

指标	指标分解	备注
领导班子健全	班子成员完整	
	成员之间分工明确	
组织生活健全	“三会两制一课”制度严格执行	“三会两制一课”制度，即团支部要定期召开团支部团员大会，根据团支部工作需要，经常召开团支部委员会，并指导团小组开好团小组会；严格按照有关要求，每年定期实施团员教育评议、年度团籍注册制度；定期组织团员上好团课。
	“三表三记录”完整	“三表三记录”包括青年档案表、团员登记表、新团员登记表，团费收缴记录、会议记录、活动记录。
	团费缴纳及时	
	团的标志标示健全	团旗、团徽、团章，以及五四红旗团委、青年文明号等团内荣誉。
管理工作健全	各项管理制度健全	（1）团员大会、支部委员会、团小组会制度； （2）团员教育评议制度； （3）团员年度团籍注册制度； （4）团课制度； （5）工作目标管理制度； （6）工作检查、考核制度； （7）团员活动制度。
	团的档案资料完整	团员信息档案；会议、学习、培训、活动等记录；工作计划、工作总结；各项考核、评比记录；日常往来公文、相关文件；相关图片、文字、音像资料等。
	团员的发展情况	有一支滚动发展、数量不断增加的青年入团、入党积极分子和优秀青年人才队伍。
	无上访，无刑事案件	
	各种活动及时归档	
办公硬件健全	有固定办公地点挂牌办公	
	有有效电话及邮件联系方式	
	有桌椅、电话、电脑、档案柜和其他办公设备	
	上墙公示内容完整	上墙公示内容主要包括工作任务和工作制度。

除了按照以上普适性的标准来建设基层团组织之外，基层团组织的建设还应注意以下几点：

一是组织结构合理。基层团组织需要改革组织结构，努力建立网络化组织体系。所谓网络化组织体系，就是基层团组织需要改革以往的“金字塔”式的层级关系，通过依托行业协会、各类连锁组织、兴趣爱好组织、居民小区、专业学会等载体，建立团组织、青联组织、青工委、青年宣传站等形式不同的横向联络组织，从而形成纵横交错、多方链接、立体多维的组织网络体系。实现基层组织的扁平化的关键在于“收”和“放”，一方面要进一步使基层团组织形成统一的工作目标、工作理念，这是“收”；另一方面要为基层团组织“松绑放权”，不断激发其自身活力，不断增强其联系、服务和凝聚青年的能力，这是“放”。“收”和“放”的实质是实现资源的优化配置。

二是组织运作良好。组织的运作包括决策程序、领导素质、激励措施、控制行为等。基层团组织和基层工作，尤其要强调的是“运作”和“执行”。上级领导机关提出精神，基层团组织负责制定具体可行的工作规划；要建立明确的工作责任制，实行目标化管理，按月、季、年进行指标分解，分步推进。要完成此项任务，首先，需要直接面对青年，因此团干部的个人素质比较重要，在建设基层团组织的时候，应尽量选择一些具有亲和力、文化素质较高的人承担外联工作；其次，基层团组织在执行上级机关的决策决议的过程中，要让政策不在执行中走样，就需要基层团干部具备良好的控制能力；再次，基层团组织的内外部激励措施都要得体、到位，物质激励和精神激励相配合，这样才能更好地激发团干部和青年群体的积极性。

三是组织文化和谐。组织文化是指在组织长期发展过程中形成的、对组织的存在和发展起着巨大作用的、以价值观念为核心内容的组织精神、行为方式和组织文化网络等的集合体。它是最能反映一个组织的特质及其整体形象的鲜明标志，是组织重要的“软实力”，因此，基层团组织建立正确的、和谐的组织文化是非常有意义的，能够有效促进团组织的内部团结，发挥团组织凝聚和团结青年的功能，激励青年不断前进。团章规定“中国共产主义青年团是中国共产党领导的先进青年的群众组织，是广大青年在实践中学习中国特色社会主义和共产主义的学校，是中国共产党的助手和后备军”，这些论述深刻地体现了共青团的性质。共青团必须服从党的领导，共青团的全部工作都是为实现党的奋斗目标服务的，共青团必须紧密围绕党的中心工作，紧跟党的战略部署，为完成党的任务而努力。而基层团组织和基层工作处在共青团与青年的边界上，在整个团系统中担任“代表、助手、桥梁”的角色，它的组织文化建设应该与这三个角色相匹配。具体而言，为在科学发展观的指导下，贯彻、落实、执行上级领导机关的重要精神和意图，凝聚青年，回应青年人的需要，团干部应充分认识青年的重要性，在思想上给予青年重视和关心，在精神上给予其鼓励和肯定，在物质上给予其强有力的支持和保障，这样才能发挥基层团组织的作用。

第三，统筹组织内外部资源，为团的基层组织建设和基层工作提供资源保障。

基层团组织的资源可以分为五种：人力资源、社会资源、政治资源、信息资源、财政资源。其中人力资源是最重要的，包括：(1) 基层团组织领导班子；(2) 掌握某一方面技术或者资源的人，例如企业家、专业技术人员、致富能手、青年大学生等；(3) 青年志愿者，青联、青企协等青年组织。社会资源指各类协会、企事业单位与基层团委的合作关系。呼伦贝尔市拥有共青团员 17.3 万人，青年企业家协会会员 305 人，志愿组织 29 个，注册志愿者69 756名，这是一笔宝贵的人力资源和社会资源。政治资源是指党委、上级领导、政府所提供的优惠政策和支持。信息资源，重点是网络资源。要把资金向基层团组织倾斜，这是财政资源。

为了建设基层团组织，顺利开展基层工作，必须要对以上资源进行有效的整合、配置以及增进。（1）上级领导定点联系制度。领导是对一个组织的行为有支配力和影响力的人，领导者的工作是帮助下属确立目标，指明达到目标的途径，提供相应的资源，还要承担相应的责任。上级领导定点联系制度就是希望上级领导能够按照以上工作内容，指导基层的工作。具体而言，团市委干部应该每人确定3～5个联系点作为指导工作、探索经验的“试验田”和“示范田”，每月至少要有2～3天时间下基层，原则上每季度下基层时间不少于15天。上级领导要经常性地深入指导，结合当地实际开展工作。负责定点联系的领导不仅需要不折不扣地贯彻执行领导班子的决议，而且需要了解基层团组织的工作情况及职工的思想、工作和生活情况；听取基层青年群众的要求和基层团委对上级团委的意见和建议，做好正确引导工作。另外，还要加强与基层党政的联系与沟通，联络感情。(2) 基层领导问责制度。“领导负责制度”和“领导问责制度”是一体两面。前者与基层民主制度相对应，反映了权力的分配，即加强行政首长决定制度，这样做不但有利于提高办事效率，而且责任明确；后者则侧重于由领导的公职身份和公权地位而衍生的责任承担的问题。因此，在基层强化领导问责制度有双重含义，其一，市级团委要大胆放权，赋予基层团委书记更多的决定权和自主权；其二，要落实责任问题，如果基层工作出了问题，是基层团委书记直接负责的事情，他们需要承担直接责任；不是他们直接负责的事情，则需要承担相应的管理责任。基层团组织在落实工作的时候，要做到书记亲自抓、分管干部具体抓、有关部门协调配合，只有落实责任，才能引起领导的足够重视，只有领导重视，才能发挥基层组织的活力，把上级的重要指示和布置的工作执行下去。(3) 通过活动和服务凝聚青年资源。基层团组织既要抓好青春创业行动、青年奔小康行动、青年中心建设、希望工程、青年文明号行动、青年志愿者行动、保护母亲河行动、青年突击队行动、中国青年科技创新行动等大型活动，又要注意青年岗位能手活动、青工技术练兵比武活动，包括一些文艺比赛及文艺团队如合唱团、舞蹈队、街舞队、乒乓球队、象棋队、民乐队、书画摄影创作小组、太极拳队等的小活动。只有以特色文化为载体，以青年人工作生活中的需要为切入点，才能做到行之有效。同时，基层团组织应以青年人的利益为导向，为他们提供真诚的服务，满足他们工作生活中的需要。例如，基层团组织可以利用网络化服务向青年提供就业、婚介等信息，以及一些公益性服务，如科普宣传、防疫宣传、禁毒宣传等。(4) 依托互联网探索信息资源整合的新方法。整体提高资源的综合和增值利用价值。基层团组织工作信息的获取不仅仅是被动地接受上级下发的文件、通知，更重要的是要主动地利用各种信息渠道，通过交流和宣传，与外界互通有无、取长补短，全面反映基层团组织的工作情况，扩大工作影响，推广工作经验，交流工作心得，其中网络媒体是很重要的一环。中国互联网络信息中心公布的第 22 次中国互联网发展统计报告显示，截至 2008 年 6 月底，中国网民中，30 岁以下的年轻群体已经达到了 68.6%，比上年同期增长了 6.8 个百分点。由以上数据可以看出：其一，中国网民中青年人占大多数；其二，青年人所占的比例在进一步增加。所以，网络是团开展工作不得不争取的阵地，实际上，团的资料登记、活动宣传、青年的互动活动等都可以借助网络平台进行，如果能够充分开发网络资源，不但可以更好地凝聚青年，扩大团组织的影响，而且可以节约基层团组织的办公经费。(5) 创建动态反馈系统，收集青年人的相关信息。建立反馈系统的意义在于检测计划是否精确，实施项目是否达标。基层团组织要搞好工作，首先要了解服务对象——青年人的思想状况、工作需求、生产生活中所出现的问题等，并尊重青年人的不同想法，分享知识经验和信息，建立信任的氛围。所以，要努力构建一个多维的、立体的“青年动态反馈系统”（见图 5—2）。这个系统可以由两部分构成：其一，自上而下的调研活动。如通过问卷、座谈会、个别谈心等方式，主动走进青年，全面地分析和认识青年。其二，自下而上的现场办公会、青年咨询热线等，为青年提供沟通的渠道，期待青年向上反映问题。

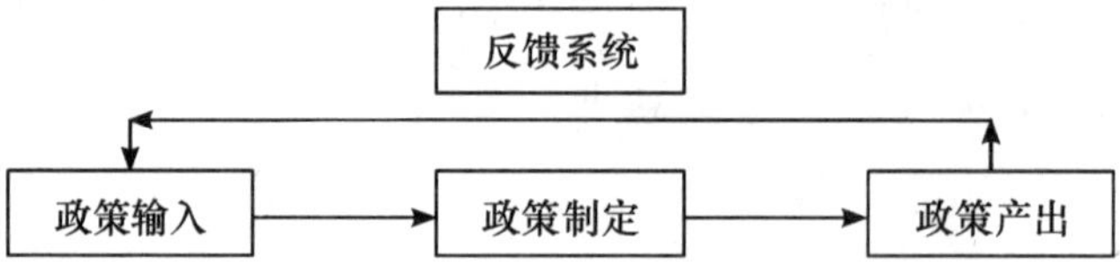

图 5—2　青年动态反馈系统

总体而言，基层团组织的资源整合模式可以概括为“345＋10”模式。即“三个核心人物”（包括团委书记，发挥共青团的核心作用；产业领军人物，即在当地有能力、有实力、有号召力、有影响力的优秀青年或者“能人”，这个人可以作为基层团组织的形象大使，从而使团组具有人格化的吸引力和影响力；工作骨干，借“西部计划”、“青年志愿者”等活动的东风，挑选一个有知识、有能力的大学生作为工作骨干，在团组织日常管理工作中发挥关键作用。由这三个人组成强有力的班子），团结“四方代表”（包括上级党政领导、青年联合会、共青团干部和青年能人四个方面的代表），整合“五种资源”，利用 10 种资源整合平台［呼伦贝尔市十大杰出青年、呼伦贝尔市十大青年志愿者(志愿者)、呼伦贝尔市十大杰出青年卫士（政法系统)、呼伦贝尔市十大杰出青年创业致富带头人（创业)、呼伦贝尔市十大青年星火带头人（科技)、呼伦贝尔市十大杰出进城务工青年（农民工)、呼伦贝尔市十大青年维权岗、呼伦贝尔市十大杰出青年团员、呼伦贝尔市十大杰出青年团干部、呼伦贝尔市十大“五四红旗团支部”］，解放思想，勇于创新，使基层组织和基层工作成为全团的前沿阵地。除此之外，其他具有创新意义的工作方法还包括“校村联建”、“企村联建”、“城乡结对”、“三级联创”、“公寓建团”、“行业建团”、“协会建团”、“一长带三员”、“信息直通车”、“农村青年协会”、“团籍双管理”、“青年卡”、定点联系制度、工作例会、现场会制度、领导负责制度、网络动态反馈系统等。

第四，强化基层团干部的绩效管理制度，为团的基层组织建设和基层工作提供人事保障。

绩效，是指在工作过程所表现出来的和组织目标相关，并能够被评价的工作能力、工作态度和工作业绩、绩效管理是管理者与下属就工作目标与如何达到工作目标达成共识的过程，整个管理过程由制定绩效指标与计划、进行绩效考评以及进行绩效反馈与辅导三部分构成。

绩效管理具有重要的意义。它是一杆秤——是组织对成员进行奖惩的依据；它是一面旗——是组织发展的导向；它是一面镜——是组织发展状态的反馈；它是一根鞭——是组织和组织成员前进的激励；它是一条纽带——承担着组织不同层级之间的沟通任务。因此，与其说它是一种考评方法，不如说它是人性化的管理方法，这种方法可以最大限度地发挥下属的主观能动性。基层团干部工作时间灵活，工作内容丰富，如果用一般行政管理制度来要求他们未免过于僵化，而如果没有任何考评标准的约束，则不能激发他们的工作热情。解决这一困境的方法就是绩效管理，其实现方法如下：(1) 明确组织目标，保证全员参与。每年年初，市团委遵照“党放心，青年满意”的目标理念，围绕团市委工作大局，立足部门职责，展开“团情调查月”活动，在充分调查的基础上，确定年度职能目标。(2) 绩效指标的分解。按照层级负责的原则，将年度工作目标细化，分解到分管领导、职能部门和具体工作人员，全员参与，明确责任，限时完成，做到“目标无缺位，人人有指标，个个有责任”。责任人按照分解后的目标要求，在原有的工作基础上，实行“流程再造”，对责任目标实现过程中容易出现疏漏的环节进行弥补、改进，预测目标实现效果，设计落实有针对性的流程方案，确保工作目标有序、按时、圆满完成。(3) 从执行过程入手，通过识别过程，对系统中单个过程之间的联系以及过程的组合和相互作用进行连续控制。在识别过程的基础上，制定文件化程序，规范、明确、细化日常工作流程，保证管理工作的有序性，减少日常工作的随意性。结合目标完成的流程分解，以过程影响结果，以结果反映过程，在机关推行目标工作日报告、周调度、月计划、季讲评、年考核，在部室落实工作质量日记录，建立一个可持续发展的过程管理平台，使各项围绕目标实现制定的工作措施在持续改进中得到完善。(4) 总结和评价。当一个年度绩效计划完成以后，需要通过管理评审、自我评价、外部审核、内部分析等 360 度的评价方法，比较目标和实际的差距，分析组织前进的空间，作为制定下一年度绩效目标的基础。如果本年度未完成绩效目标，则需要总结经验教训，制定纠正和预防措施，不断寻求改进，并实现新的改进目标。

实行基层团干部绩效管理制度的注意事项如下：

（1）绩效管理应该以详细的工作分析为基础。工作分析是指通过对工作、人、设备、环境的全面考察和分析，从而对各种工作的性质及特征做出描述，对担任各种工作所需具备的资格条件做出规定的技术方法。工作分析决定了工作岗位的相对价值及其在组织中的等级地位，只有做好了工作分析，明确每一个岗位的工作目标、工作内容、工作条件、任职人员条件，才能制定出既与实际相符又富有挑战性的绩效目标。目前我国公务员的人事管理主要分为职位分类和品位分类，但是在基层团组织，应尽量避免品位分类方法，严格按照“对事不对人”的原则，无论人事安排是怎样的，岗位都要保持稳定性，这条原则不仅是绩效管理的基础，也是基层团委保持服务和活动连续性的组织保障。

（2）制定合理的绩效指标体系。指标体系引导着被评估人的绩效追求方向，对个人的行为产生重要的影响，理性的公职人员都会将评估指标作为自己努力达到的目标。要设计一个合理的指标体系，首先要注意部门差异和工作性质的差异，根据不同职位的要求，设计不同的指标，要兼顾纵向和横向的平衡。其次，评估指标的设计要表达明确，并具有可操作性、可测量性，还要有时效性。如果指标太高、无法落实，就会失去绩效管理的价值；如果指标太低，则失去了挑战性。再次，指标的设计要具有一定动态性，要根据具体的情况、要求和难易程度，设定不同的绩效评估标准。

（3）进行及时激励。管理学家弗朗西斯说过：“你可以买到一个人的时间，你可以雇一个人到固定的工作岗位，你可以买到按时或按日计算的技术操作，但你买不到热情，你买不到创造性，你买不到全身心的投入，你不得不设法争取这些。”这就是需要对下级进行激励的原因。激励可以是物质性的，例如奖金、奖品；可以是精神性的，例如表彰、荣誉称号；也可以是混合性的，例如提供进一步学习和培训的机会、提升等。选择用何种方式对组织成员进行激励也有特定的技巧，一般而言，按照被激励者的需求提供激励是最有成效的，无论如何，都要做到“奖惩结合，及时兑现”，切忌开空头支票。

（4）注意避免被评估者的误解和抵触。一般来说，人们倾向于将“评估”简单等同于降薪或者裁员的前奏，认为绩效评估会对目前的工作和薪资水平造成威胁；另外，下级一般会认为如果自己的工作效率太高，上级会增加自己的工作强度，也就是说，绩效评估意味着工作强度将要加大，这些问题会造成被评估者的恐惧心理，使绩效评估遭到抵触。克服干部的恐惧和抵触心理，可从以下几点入手：一是事先解释，明确目的。在分析工作实施前做好充分的准备与铺垫，如成立工作分析小组，制订计划、步骤、目的，并将调查目的告诉被评估者；二是最好能够按照分析结果分布进行调整，不能太过简单粗暴，且调整幅度不宜太大，否则容易引起被评估干部的逆反心理；三是在评估过程中和评估工作完成之后，需要向被评估者展示阶段性成果和最终成果。

总之，根据绩效管理体系的要求构建严密的岗位责任体系，通过组织战略目标、部门目标分解、部室职责、控制文件、工作流程和各环节间的接口，达到质量管理体系和机关工作融会贯通，强化机关“人人有责、岗岗有责、事事有责、物物有责”的责任理念，合理配置人员，做到岗、责、事结合，全员参与，使每名干部都能清楚自己的工作职责、目标，既做到分工明确，又做到各环节相互协作，到位而不越位。对于运行中出现的偏离情况，应加强检查监督，严格要求责任部门、责任人进行纠正，对纠正后的效果还要进行验证，以强化管理体系的约束能力。同时，通过完善干部的激励机制，将绩效管理体系提供的岗位工作责任考核情况，作为评价干部业绩的重要依据，与干部岗位轮换、奖金发放和竞争上岗相挂钩，奖勤罚懒、奖优罚劣，以充分调动机关同志的积极性。

建立一套科学、公正的绩效管理制度，实行制度性的人事考核，根据被评估干部不同的职位标准进行差别考核，既要保证管理标准的统一性，又要考虑到管理对象的差异性。由于标准相对公平，被评估干部对自己所处位置和享受待遇产生的抱怨会最小化，能有效地消除内部摩擦，增强被评估干部的凝聚力。另外，如果干部绩效管理工作做得好，整个基层工作的财务预算和人事安排都可以根据绩效目标来做，这样，就会增加整个基层组织的活力。所以，绩效评估在基层组织的人事制度中应该占据主导地位。

5.1.3 切实增强基层基础工作的针对性①

各旗市区团的工作在旗市区委和团市委的领导下，取得了显著成效，可以概括为四点，即“有思路、有项目、有抓手、有活力”。有思路，就是在各旗市区领导高度重视、创造良好条件的基础上，各级团组织有思路、敢作为，推动了团的工作不断创新发展。有项目，就是各旗市区团委所确定的工作项目能紧贴党委政府的中心工作，紧贴青少年群体的需求。有抓手，就是各旗市区团委的每项工作都能抓住突破口，做到事半功倍。有活力，就是广大团干部以及青少年工作者的精神状态好、干劲足、斗志高。

1. 探索青年志愿者工作长效机制

莫旗青年志愿者工作有较好的基础，形成了浓厚的氛围，党

① 本部分内容摘自作者 2008 年 7 月 30 日至 8 月 8 日在莫旗、陈旗等十旗市区调研时的讲话要点。

政越来越重视、群众越来越认可、社会越来越关注。当前，关键是看共青团怎么引导、组织和推动它，使它走上健康快速发展的轨道。共青团组织要凝聚大家的智慧，整合社会资源，推动志愿者事业走上又好又快发展的轨道，使其在和谐社会构建中发挥应有作用。

第一，当前制约志愿者事业发展的主要因素。志愿者事业在各旗市区的发展方式、水平不尽相同，但都有一定基础。当前制约志愿者事业发展的瓶颈概括起来有三方面：一是缺乏智力支持；二是机制不完善；三是阵地和资金不足。关于缺乏智力支持问题，不单是指缺乏高知识层面的志愿者，更重要的是缺乏具有专业知识、专业技能的高端管理人才，这是急需解决的。只有有意识地引进和培养专业人才，才能解决好诸如资金、项目策划、网络建设、文化传播、国际交流等影响志愿者事业健康发展的一系列问题。志愿者工作的目的是为公众、为广大青少年搭建平台，因此组织形式不要拘泥于统一模式。共青团组织要积极整合资源，努力探索机制，使青年志愿者队伍成为众多志愿者组织中影响最大、实力最强、品牌最响的组织。

第二，关于青年志愿者组织网络建设问题。要重点思考如何把志愿者组织渗透到社区，形成横向到边、纵向到底的网络。一是靠文化传播；二是靠行政力量推动。一方面，文化传播要有广度和深度，在社区形成需要志愿者、支持志愿者、积极参与志愿者活动的浓厚气氛；另一方面，要把志愿者工作纳入文明社区建设，推动志愿者事业对社区的覆盖。

第三，关于志愿者培训的问题。共青团作为组织者、管理者、决策者，必须从接受志愿者注册开始，在培训、管理、服务、激励、保障等环节都有制度保障。只有这样，才会在整个社会形成良好的导向，形成推动志愿者事业不断发展的氛围，形成人人愿做志愿者的文化。共青团组织要充分发挥青少年社会工作者、青年志愿者的作用，把大家的热情和专长有机结合起来，将社区团组织制度化和组织化的安排转化为长效服务机制。

2. 探索学校共青团工作新途径

团中央书记处书记王晓同志到呼伦贝尔调研时，我们感受到了团中央对加强团的基层组织建设和基层工作的强烈的忧患意识。就全国而言，有的地方共青团主阵地有消失的趋势，团支部的组织制度、工作开展基本停滞，有的地方甚至以开展活动代替团委的工作，认为一级团委的工作就是搞活动。在当前文化多元、社会价值取向多元的形势下，团组织怎样发挥战斗堡垒作用，怎样增强凝聚力和号召力，已成为一个重要课题。

一要围绕学校育人目标，找准共青团工作切入点。学校的根本功能是育人，有五个层级的培养目标：(1) 帮助学生掌握专业知识；(2) 帮助学生形成合理的知识结构；(3) 帮助学生具备较全面的素质；(4) 帮助学生养成良好的品德；(5) 引导学生坚定走中国特色社会主义道路的信念。上述五个层级的目标是递进的，第五个层级的目标也是最重要的目标。学校团组织要围绕这五个层级的目标，突出理想信念教育和全面素质培养，结合自身工作，找准工作切入点，有效开展工作。

二要抓好青少年学生思想工作的结合点。(1) 把爱国主义和社会主义结合起来；(2) 把民族精神和时代精神结合起来；(3) 把个人成就和社会责任结合起来。在方法上，要注重探索系统的、有说服力的、有实践支持的方式，注意对学生个人价值的尊重，把教育引导和帮助成长结合起来。

三要抓住开展学校共青团工作的关键时机。对于刚进校的学生，关键是对他们进行学业规划，帮助他们了解核心课程、有效的学习方法、有益的知识结构，顺利完成从小学到中学、从中学到大学的心理适应，帮助他们解决在学习生活中遇到的困难。对于将要毕业的学生，要帮助他们做好继续求学的准备或初步的职业生涯设计，并通过就业见习为他们提供就业机会。

3. 探索企业共青团工作新途径

一个企业要长远发展，就必须要有企业文化。一个企业有企业文化，才能凝聚人心，凝聚力量。关于企业建团，提出以下几点建议：

一要以服务企业生产经营为前提，找准服务企业与服务青年的结合点。这是由企业的性质及市场经济发展的基本要求决定的。企业的效益决定着企业的生存发展和青年职工的利益。因此，要以服务企业生产经营为前提，引导青年职工努力工作，为企业创效益。企业团组织可开展青年岗位能手、青年文明号活动，帮助职工提高技能、培育职业精神，增强企业凝聚力。

二要把解决青年职工思想问题放在首位，坚持面向普通青年。企业的青年工作，不仅要关注“高端青年”，更要把目光投向最广大的普通青年职工，通过建立技工协会、帮扶困难家庭等多种方式，把党团组织的政治主张转化为青年职工易于接受的理念。企业青年职工的思想工作一定要结合企业实际，例如，讲职业精神，就比讲奉献精神更易于被接受；在高危岗位讲安全生产，就比讲守纪律更易于被接受；对国有企业，要引导青年职工根据国企改革趋势和新的竞争机制转变观念；在民营企业，要增强企业的凝聚力、向心力；在外资企业，要着重把海外母公司的文化氛围与所在地企业的文化氛围相结合。

三要专兼结合配备企业团干部。可由一名专职团干部和若干名来自生产、经营、研发等部门的兼职团干部共同组建企业团委，这样既能解决企业团工作力量不足的问题，又能使企业团组织围绕生产经营开展工作，从而在机制上保证企业团组织有针对性地开展工作。

4. 学习军队共青团工作有益经验

军队共青团工作走在全团前列，我们要学习军队共青团建设创新发展的先进经验。一要学习军队坚持不懈地用马克思主义中国化最新成果武装青年的坚定性。深入抓好马克思主义中国化最新成果的学习贯彻，是胡锦涛总书记对全党提出的政治要求。青年工作必须紧跟党的理论创新步伐，按照求深入、见实效的要求，不断打牢团员青年团结奋进的思想政治基础。二要学习青年官兵在军事斗争准备中发挥生力军作用的责任感。全军青年始终积极响应和参加各种主题活动，结合岗位责任和使命，有力促进了中心任务的完成。青年官兵在本职岗位上刻苦磨炼，努力争当执勤能手、训练标兵、技术尖子，切实发挥了生力军和突击队作用。三要学习军队共青团组织不断增强组织吸引力、凝聚力和战斗力的有效做法和经验。军队共青团组织要发挥好作用，必须有效覆盖青年官兵，更好地团结凝聚青年官兵。当前正处于社会转型时期，空前的社会变革在给我国发展进步带来巨大活力的同时，也使当代青年和青年工作发生了深刻变化。为适应这些新变化，掌握引导青年官兵思想的主动权，军队的做法是，用“爱心”把团员青年凝聚在团的旗帜下，开展形式多样、品味高雅、彰显时代特点的活动，提高团组织的感召力；用“真心”为团员青年搭建施展才华的平台，使他们生活有乐趣、工作有奔头、成才有希望；用“恒心”提高团员青年的综合素质，下真工夫、长工夫，深入持久地抓好教育培训。四要学习军队强素质、练打赢、当尖兵，为“打赢”提供人才支撑的决心。人才准备是军事斗争准备的关键所在。如何深入开展学习成才活动，动员组织广大青年官兵以只争朝夕、时不我待的紧迫感、责任感，学习新知识，掌握新装备，努力提高履行使命任务的素质本领，始终是部队首长十分关注的问题。部队的做法是，坚持把学习成才活动与科研创新结合起来，与多出成果、出好成果结合起来，与提升服务科研能力结合起来，努力培养敢挑科研重担、勇于科研创新的青年科研人才。

5.2 服务青年就业创业是共青团系统化工作的基本任务

5.2.1 团组织要提高服务青年的能力①

“三年联建”工作不是一朝一夕的事。全市共青团系统将用三年时间，做三年规划，谋三年联动，取得三年共同建设的成果。这三年是基层组织建设年、青年创业实践年和作风建设加强年。加强基层组织建设、服务青年就业创业和转变团干部作风，归根结底只有一个目的，就是进一步增强团组织的凝聚力和向心力。按照胡锦涛总书记的要求，共青团要眼睛向下，关注基层，力争使共青团的活动覆盖全体青年，使共青团的工作影响全体青年，发挥好团组织作为党的助手和后备军、党联系青年群众的桥梁和纽带作用。切实服务农村牧区青年，服务青年就业创业工作，本身就是团干部转变作风的务实行动。

在新的历史时期，共青团应做些什么？新的历史时期，党的历史方位、坐标发生了变化。作为党缔造和培养的青年组织，共青团必须履行好组织青年、引导青年、服务青年和维护青少年合

① 本部分内容系作者2009年4月27日在全市共青团“三年联建”工作暨青年就业创业责任签状座谈会上的即席讲话。

法权益的基本职能。为更好地完成上述四项基本职能，必须抓社会化的动员模式，抓网络化覆盖的工作方法，过去实行垂直管理，现在注重多重网络覆盖。共青团要在“两新”组织、合作组织、行业协会中建团，要巩固学校、企业、直属机关等传统阵地，要在条块建团中探索新的组织网络模式，从而达到“两个全体青年”的要求。放弃青年就业创业工作去抓组织网络覆盖，或单纯抓组织网络覆盖而不认真服务青年就业创业，都是行不通的，各项工作是相互联系的，这就是团市委开展“三年联建”工作的原因。把基层组织建设年、青年创业实践年、作风建设加强年这三个主题贯穿三年，既能够加强基层组织建设，又能够在服务青年就业创业的过程中树立共青团的形象。

让青年跟党走，靠的是什么？靠的是科学理论的吸引和凝聚。马克思列宁主义、毛泽东思想、邓小平理论、“三个代表”重要思想和科学发展观，是党的行动指南。科学发展观的第一要义是发展，核心是以人为本，基本要求是全面协调可持续，根本方法是统筹兼顾。要在用科学理论吸引和凝聚青年的同时，满足和尊重青年的合理利益诉求。尊重青年的主体地位，就是落实科学发展观，就是以人为本，这也是做好各项工作的前提。落实青年就业创业的目标责任，是满足青年利益，让青年跟党走的切入点，也是团干部在共青团工作岗位上锻炼的难得机会。

一要围绕个人能力素质的提高，建立学习体制。个人能力素质的提高必须做到思想解放，从当前不符合现实要求的条条框框中摆脱出来，做适应当前的事情。还要从当下的事情出发，寻求规律性的东西，做到实事求是。另外，要辨别当前的决策是与时俱进的还是因循守旧的，只能通过学习来提高鉴别能力，提高政治敏锐性，提高思维创新性。

二要围绕和谐团队建设，创新领导机制。增强工作合力、创新领导机制的目标是打造和谐、团结的集体。毫无私心杂念地去完成组织交办的任务，这是团干部必须要学会的本领。在完成工作任务的过程中，形成一种和谐的氛围和领导体制，这一点至关重要。做到这一点，要靠领导艺术，靠工作方法，靠人与人之间的理解和信任，靠这个集体中的每个成员合理诉求的满足。在原则问题上要坚定，但在执行中要有灵活性，要从人性角度去理解和关心人，最终形成一个和谐的、团结的集体。

三要围绕建设强有力的班子，创新用人机制。班子要给予每个人实现人生价值的机会，让每个人在团队中更好地发挥作用，这样，一个团队才能奋发有为，团队中的成员才能成长得更好、进步得更快。

四要围绕服务青年，创新工作机制。达到让党放心、让青年满意，需要团干部转变作风，建立良好的体制机制。创新工作机制包括团干部深入乡镇苏木、嘎查（村）、学校矿区、工厂企业、街道社区，了解青年需求，与青年并肩工作。2008 年，团市委进行了一次团情大调研，通过调研，我们感到青年对团组织充满期待，共青团在青年群体中大有可为。

五要围绕树立良好形象，创新奖惩机制。建立机制和制度是为了建立风清气正的工作环境和氛围。例如，年终评比时，团市委坚持推荐最出色的、最应表彰的同志，而不是那些走后门、拉关系的人。如果今天连这一关都把不住，未来就过不了权力关、美色关、金钱关、欲望关。

六要围绕推动发展，打造实干的团队。第一，围绕经济社会发展大局。当前，呼伦贝尔正全力打造自治区新的经济增长极，努力实现“115535”目标。各级团组织要团结带领广大团员青年，围绕退耕、退牧、退伐、退小，在建设新型工业化、新型农牧林区、新型边境区域合作、新型服务业过程中找准切入点。第二，围绕青年成长发展。有人说，共青团是活动团，这个观点不准确。搞活动只是形式，其根本是团组织在社会上有了一定的影响之后，既要推动事业发展，也要服务个人发展。在双服务过程中，服务经济社会发展，实现自身发展。

七要研究工作方法，抓好落实。共青团人容易陷入几个误区。一是就团论团；二是觉得自己还年轻；三是在共青团工作岗位上混日子。要从这些误区中走出来，只有一条，就是抓落实。怎么抓落实？一是真抓实干，形成抓落实的风气，言必行，行必信，信必果。二是完善机制，建立保障体系。要经常与组织部门、劳动就业部门沟通。正如连辑书记所说，能不能抓落实、会不会抓落实、愿不愿意抓落实、敢不敢抓落实，是衡量一个干部的试金石。

5.2.2 团组织要掌握服务青年的方式方法①

共青团作为党的助手和后备军，肩负着服务青年就业创业的重要责任。全市共青团系统开展的青春建功新农村新牧区活动，是落实科学发展观、推动“六个一”幸福指数工程、构建和谐呼伦贝尔的具体举措。各级团组织紧紧围绕全市就业和再就业工作大局，牢牢把握青年就业创业的多样化需求，以推动青年自主创业为主题，以下岗失业青年、城镇新增青年劳动力、农村牧区富余青年劳动力和大学毕业生为重点群体，从观念引导、职业培训、创业服务、阵地建设等方面入手，构建具有共青团特色的青年就业创业工作体系。

第一，坚持以观念引导为前提，突出创业主题，大力扶持青

---

① 本部分内容系作者 2008 年 8 月 29 日在扎兰屯市农村青年创业计划启动仪式上的即席讲话。

年创办小型企业。解决青年就业和再就业问题，关键在于培养创业型人才，变安置型就业为开发型就业。青年最少保守思想，蕴涵着巨大的创造热情和创业潜力，共青团组织在推进青春建功新农村新牧区活动中，要充分发挥教育引导青年的优势，从帮助青年转变就业观入手，调动青年创业的积极性和自觉性，不断激发青年通过自身努力开创事业新天地的内在需求。要适应时代发展要求，结合青年就业工作的特点，扶持青年创办劳动密集型的小企业，实现促进经济发展与扩大青年就业的良性互动。要有效确定扶持对象，选取具有创业意愿和能力的青年进行重点扶持。要推行创业导航，实施创业见习，进行创业孵化。

第二，坚持以职业培训为基础，培养一大批青年创业带头人与合格劳动者。搞好职业培训，是共青团帮助青年就业和创业的基础环节。我国就业的结构性矛盾在很大程度上是由于劳动者素质达不到岗位工作要求所造成的。要帮助有志创业的青年掌握创办小型企业的知识和技能。要充分发挥团校、青少年宫、青年就业服务中心等团属阵地的作用。争取职业培训机构的支持，加强对青年就业和创业能力的培训。鼓励采取项目化运作的方式开展培训工作，推广“订单式”培训，使青年职业培训内容与企业岗位需求有效对接。

第三，坚持以服务为导向，开创促进广大青年多种形式就业、自主有效创业的新渠道，努力为各个青年群体的就业创业牵线搭桥。不同群体的青年在就业和创业中遇到的实际问题各不相同。共青团组织促进青年就业创业的各项工作，都要结合青年的实际，做到针对性强，有的放矢。各级团组织要发挥自身优势，从开展中介服务、直接提供岗位、扶持青年创业、组织志愿服务、落实优惠政策等方面，为青年就业创业开辟新的渠道。要广泛开展“真情助困进万家”活动，帮助下岗失业青年解决家庭生活、子女教育等方面的实际困难。

第四，坚持以阵地为依托，建立健全工作机制，初步构建起促进青年就业和再就业的阵地网络。机制建设具有规律性、长期性、根本性。一要建立整合机制。积极争取党委、政府及有关部门的支持，出台扶持青年创业的优惠政策，为青年创业营造良好的外部环境。构建齐抓共管、互动发展的工作格局，不断形成新的工作合力。二要健全团内整合机制。坚持全团抓、抓全团，强化团内各条战线、各旗市区的交流与协作，形成工作合力。三要建立工作责任制。进一步强化目标考核，把推进青春建功新农村新牧区活动作为考核各级团组织的重要目标，把推进这一活动的成效作为检验团干部工作作风、能力和水平的重要标准，团的各级领导机构主要负责同志要作为工作第一责任人，要负好责，站好岗。四要完善宣传引导机制。大力宣传党和政府的就业政策和青年就业创业典型的先进事迹，努力形成全社会关心和支持青年就业创业、青年积极投身创业实践的良好氛围。五要不断加强阵地网络建设。如建立青年就业服务中心，创办青年创业园区；发挥互联网在促进青年就业和再就业工作中的作用，形成与各级青年就业和再就业工作网站有效联结的网上阵地。

第五，坚持以项目为载体，专业化推进，扎扎实实构建齐抓共管、互动发展的工作格局。把青春建功新农村新牧区活动落到实处，必须以青年创业为本，把一切工作举措落实到项目载体上，把一切成果体现到项目完成中。青年创业领域的实践，为广大团干部提供了参与农村牧区经济、金融市场建设的机会，为团干部熟悉经济工作、学习金融知识、提高工作能力创造了条件。各级团组织要从实际出发，按规律办事。引入专家组并充分发挥其作用，制定操作性强的实施方案，实行全程跟踪指导和帮助。

要利用团组织的公信力优势，与社会各界共同建设市场化的信用平台和融资平台，使平台成为独立承担责任的市场主体，科学规避运行风险。要熟悉、遵守并运用经济规则，及时对工作中出现的新情况、新经验作出科学分析和理论概括，形成规律性认识，指导工作的深入发展。要以办事业的态度实施项目。开展农村青年创业计划，不能搞短期行为，而是要逐步建立起可持续发展的青年创业资金支持系统，使广大创业青年长期受惠。不能仅仅盯着近期的一些具体项目，而是要在稳步推进的同时加强机制建设，确保这项工作持续健康发展。要建立组织机制，成立联席会议，定期商讨工作，并按要求把青年创业小额贷款工作与志愿服务行动计划结合起来，将优秀干部充实到青年创业小额贷款业务一线。小额贷款是一项实实在在的工作，各级团组织和团干部要认真负责，勤勉工作，不贪大，不求多，一点一滴地做，一步一个脚印地做，努力做出成效。

5.2.3 打组合拳服务青年就业创业①

在技术上，注意把自治区的责任目标与呼伦贝尔市的具体情况结合起来，从青年就业创业政策服务、提升技能、扶持资金、搭建平台、组织建设等方面入手，打好八套组合拳，全方位、多渠道地服务青年就业创业。

一是抓培训。2009 年共培训青年5 052人次，完成责任目标的 126.3%，团组织建立 7 家培训机构，市劳动和社会保障局认定 51 家培训结构。“青春建功新农村新牧区就业创业培训项目”实现新增就业 166 人；扶持青年农牧民工成功创业 96 人。此外，

① 本部分内容系作者 2010 年 5 月 10 日在 2009 年度全区青工农牧战线工作会议上的汇报发言。

在阿荣旗开展了进城青年农民工培训试点工作，37 名农村青年接受了汽车维修方面的技能培训，并与外地用人单位签订了用工合同，目前已正式上岗工作。

二是抓基地。2009 年共创建青年就业创业见习基地 98 家，完成责任目标的 426%，其中包括国家级 3 家，自治区级 15 家，市级 31 家，旗县级 49 家。接受见习青年 2 358 名，在国家级见习基地贝尔集团公司提供的 87 个见习岗位上工作的青年中，有 13 名青年见习期满后留在了企业工作。

三是抓示范。培育“青年创业示范点”25 个，完成责任目标的 250%。其中，满洲里立洁家政保洁服务公司为下岗青年、特困青年、大学生等 36 人提供就业岗位；阿荣旗那吉村无公害蔬菜基地负责人白鹤带领全村 30 多名青年走上了种植无公害蔬菜致富奔小康之路；鄂伦春族青年何磊在团组织的帮助下获得 2 万元贷款，创办乌力楞民族工艺品作坊，带领 5 名鄂伦春族青年成功创业，人均增收 5 000 余元。

四是抓载体。创办了服务农牧林区青年转移就业创业网络指导中心；成立了呼伦贝尔市青年创业促进会、YBC 呼伦贝尔市（试点）办公室。2009 年 9 月 8 日，YBC 全国办在呼伦贝尔市举行 YBC 呼伦贝尔市（试点）办公室揭牌仪式，截至 2009 年底，该办公室共面向社会募集了创业基金 300 万元，确定 9 名青年成为办公室首批扶持对象，分别为其提供 3 万～5 万元不等的创业基金；举办了三期创业青年培训班，现已为 75 名青年提供了创业培训，其中 69 名学员获得劳动部门颁发的《SYB 课程培训合格证》。

五是抓金融。2009 年共发放小额贷款 168 笔，323 万元。13 个旗市区全部开展了小额贷款项目。扎兰屯市团委累计发放创业资金 176.5 万元，其中 100 万元为无息借款，共扶持创业项目

56个；另76.5万元为农信社低息贷款，共扶持创业项目9个。海拉尔区团委为11名青年争取到了无息贷款50万元，创办了家具店、超市、养鸡厂、特产销售等11家自主企业。尤其是莫旗团委为“两劳”释放青年付伟铁协调到贷款15万元，用于创办土特产加工包装公司。

六是抓协会。采取“团支部＋产业协会”模式，在25个农村牧区产业协会开展团建试点工作，其中扎兰屯市、阿荣旗两地达到5个以上，完成目标的192%。阿荣旗基层团组织结合农村经济特点和青年实际需求，因地制宜，大胆创新，逐步形成了青年中心、产业协会、青年农民互惠互利的良性互动局面。2009年，阿荣旗富吉村奶牛协会团总支帮助农民争取畜牧贷款85万元、互联保贷款46万元，解决了农民在发展养殖业中资金不足的问题。富吉村团支部引导村民种植南瓜、马铃薯，养殖奶牛，着力提高农民收入，仅奶资一项平均每户就年增收1万多元。

七是抓氛围。在国家、自治区级媒体发稿70余篇，在市级媒体发稿100余篇，出专版4个，营造了尊重、关注、支持青年创业的良好氛围。通过新闻媒体及《呼伦贝尔青年》、呼伦贝尔共青团网站、市服务农牧林区青年转移就业创业网络指导中心等团属阵地，公布咨询电话、咨询方式等信息，及时解答就业创业的相关问题。市青联、团市委在市电视台、电台开辟“青春导航”专栏，对青年就业创业工作进行宣传，发布服务信息，为青年就业创业提供导航服务。

八是抓组织。分别与13个旗市区团委签订目标责任状，全市784个嘎查（村）的616个团支部书记兼任劳动保障协理员和民政协理员，占比达到78.57%。在海拉尔贝尔集团、扎兰屯乐中天超市、呼伦贝尔春蕾麦芽有限公司、阿荣旗蒙西水泥有限公司等30多家符合条件的见习基地建立了团组织，在促进见习基地健康发展的同时，提高了非公经济组织的建团率。

在思路上，立足于近强基础、远谋团力，提出基层组织建设年、青年创业实践年、作风建设加强年“三年联建”，建设“三年联建”系统工程。以系统的观点分析和解决共青团工作中存在的问题和矛盾，通过系统的要素整合效应，实现部分功能之和大于整体，从而真正有效地服务青年就业创业。在整合效应方面，坚持思想建设、组织建设和作风建设的有机结合，把制度建设贯穿其中，形成 $1+1>2$ 的整合效益。在整体化方面，坚持从宏观角度进行思维，用整体的观念看待就业创业工作，探索诸要素之间互动发展的结合点，以实现全面发展。在最优化方面，坚持以服务能力建设为重点，以服务促建设，以服务求活跃；坚持与时俱进，以创新的精神和发展的观点，研究新情况，解决新问题。

在落实上，牢固树立抓好落实是本职、不抓落实是失职、抓不好落实是不称职的责任意识，乘势而上，百折不挠，在完成责任目标的工作中锻炼团干部的社会化工作技能。一是统筹好团市委机关和基层团组织的关系，特别要注意加强团市委机关建设。二是统筹好重点工作和一般工作的关系，一个时期围绕一个重点来开展工作，以此带动其他工作，形成清晰的工作思路。三是抓落实在于“具体”，任务具体，措施具体，要求具体，责任具体，领导具体。结合实际，把工作细化量化，分解到人，落实到时间段。四是常抓不懈，在重点问题、难点问题面前不畏缩，按照问题不解决不离岗、事情不办妥人员不离开、工作无效果责任追究不放过的要求抓落实，做到持之以恒、坚持不懈。五是强调工作效果，既抓紧抓实，又抓出成果，以成效看结果。

5.2.4 青年要在就业创业中实现自身价值[①]

每一个刚刚走出校园的大学生在就业过程中都会感到彷徨和困惑。但有了YBC模式，有了导师的辅导，有了创业资金的扶持和社会的支持，生活在呼伦贝尔这块沃土上的年轻人，就有了一条光明的创业成长之路。

YBC模式包括政府倡导，工商业主导的理念；包括启动资源，会聚资源和管理资源的方法；包括弘扬志愿精神，培养公益人格，传承商业文明，传播工商业界经验的主旨。更重要的是，全国办与地方平行，进行业务指导，从形式到内在，实际传播的理念就是从科层型威权式的管理模式向扁平化分权型的管理模式转变。

YBC的精神是培养青年自我编程能力的精神。青年创业的过程，无疑是创业青年增强获取信息、综合信息、处理信息的能力，成功地唤起自强不息的精神，不断提升群体素质的过程。与此同时，青年创业的过程更是一个不断孵化创造性、革新性，进而用更好的理念去吸引更多的人创造重要价值的过程。从这个意义上讲，YBC的出现应该会对社会和国家的未来发挥着日益重要的作用。

当今世界已进入信息时代。在特定的历史方位下，共青团的组织主体、组织力量和社会方位，以及青年群体的社会结构、利益诉求、价值取向和行为方式等都在不断发生变化。共青团组织因应新形势的变化，服务青年就业创业的关键是要用中国特色社会主义的宏伟事业来激励青年，用科学理论指导下的人文和价值

---

① 本部分内容系作者2009年9月8日在YBC呼伦贝尔市（试点）办公室暨呼伦贝尔市青年创业促进会揭牌仪式上的讲话，有删节。

关怀来引领青年，用实实在在的举措解决现实问题来有效服务青年，用多样化的组织形式来联系覆盖在多元时空中分布的青年。

5.3 团属事业是共青团的手臂延伸和阵地依托

5.3.1 充分发挥校外教育阵地的作用①

1. 改革开放30年教育体制改革路径

改革开放已走过30年波澜壮阔的伟大历程。改革开放的30年，是社会主义中国深刻变革、高歌猛进的30年。中国共产党领导全国各族人民，以邓小平理论和“三个代表”重要思想为指导，深入贯彻落实科学发展观，坚定不移地推进改革开放和社会主义现代化建设，成功实现了从高度集中的计划经济体制到充满活力的社会主义市场经济体制、从封闭半封闭到全方位开放的伟大历史转折，经济建设、政治建设、文化建设、社会建设都取得了举世瞩目的成就，社会主义中国巍然屹立在世界东方。30年来，党经历了四个重大历史关头的考验：一是“文化大革命”结束后，面临着中国向何处去的考验；二是20世纪80年代末90年代初，面临着中国改革开放向何处去的考验；三是邓小平去世后，面临着中国举什么旗、走什么路的考验；四是在21世纪，面临着如何加强执政党建设，抓住战略机遇期，在经济社会协调发展中实现奋斗目标的考验。30年来党的思想解放历程，实际上就是党和人民在建设中国特色社会主义四个重大历史关头、四次重大选择中，坚持解放思想、实事求是、与时俱进的历程。这

---

① 本部分内容系作者2008年6月29日在全团带队、推优入团暨市民族少年宫附小2008届毕业典礼大会上的讲话，有删节。

个历程经历了四个发展阶段：第一阶段是以真理标准问题大讨论为起点，重新确立了解放思想、实事求是的思想路线，胜利实现了全党工作重点的战略转移。第二阶段是以1992年邓小平南方谈话为标志，党的十四大确立了建立社会主义市场经济体制的目标。第三阶段是以国有企业改革攻坚为标志，党的十五大确定了社会主义初级阶段基本经济制度。第四阶段是"三个代表"重要思想的提出和执政党建设理论的创新。与此相应，教育的改革与创新也就成为30年来讨论人生与社会的发展、民族与国家的兴盛时无法绕过的话题。在《中共中央关于教育体制改革的决定》和《中国教育改革和发展纲要》的指导下，我国教育体制不断改革深化，正在逐步形成与我国社会主义市场经济体制和社会发展相适应的教育行政体制的新框架。

改革开放30年来，教育已经成为支配人生发展和社会进步的主导力量；创新已经成为时代的旗帜，成为民族发展与进步的不竭动力。

2. 呼伦贝尔校外教育24年历程

市民族少年宫已经走过了24年的不平凡历程。24年来，市民族少年宫负责组织全市50万少年儿童的校外教育，创造性地开展了一系列艺术交流活动，每年平均举办少年儿童艺术风采展示大赛、中小学生航模比赛、青少年棋类比赛、青少年乒乓球大赛、青少年兴趣英语文艺大赛、青年教师艺术风采展示大赛等市级系列活动20多次，全市直接或间接接受少年宫教育的青少年超过2万人次，为打造呼伦贝尔文化大市、推动呼伦贝尔市校外教育事业发展、丰富青少年文化生活、提高青少年素质作出了极其重要的贡献。从1992年开始，团盟委发动社会各界通过多种渠道募集建设资金1 400多万元，历时3年，兴建占地8 000多平方米的新宫，市民族少年宫附属实验小学同时成立。

13 年来，市民族少年宫附小的教职员工把淡泊名利、恪尽职守、默默耕耘、无私奉献、不断进取作为自己生活工作的准则，把革命主义、集体主义、爱国主义精神在教育、教学、服务活动中潜移默化，培养了近 2 000 名毕业生，取得了显著成绩。

“赏识、创意、体验、伙伴”的宗旨引领着市民族少年宫一批又一批的学子在求知、成长的道路上孜孜以求。市民族少年宫已经形成了“自强不息、平等博爱、爱岗敬业、活泼幸福”的新时期少年宫精神。少年宫能够取得今天的发展进步，是因为有一个强有力的领导集体和一支富有大局意识、协作精神和服务精神的工作团队。

3. 新时期少先队组织肩负的光荣职责

1949 年 10 月 13 日，党缔造了中国少年先锋队。从此，少先队把亿万少年儿童集结在星星火炬的旗帜下，用“准备着，时刻准备着，为共产主义事业而奋斗”的口号，用鲜艳的红领巾和庄严的队礼，鼓舞少先队员从小热爱社会主义和共产主义，教育少先队员全面发展，做无产阶级革命事业的合格建设者和接班人。

中国少先队建队 59 年来，沐浴着党的阳光，接受着全社会的关怀，在共青团的带领和教育部门的支持下，以自己特有的组织形式和丰富多彩的教育活动，促进了一代又一代少年儿童的成长。

当我们在党的领导下，豪情满怀地沿着中国特色社会主义道路阔步前进的时候，少先队组织应该更加坚定地肩负起党所赋予的培养接班人的历史使命。一是少先队应该坚持为新世纪新阶段社会主义事业的新发展培养一代合格的建设者和接班人。二是少先队应该坚持以爱国主义为基础的理想教育、以学英模为主要活动形式的革命传统教育、以集体主义为主要内容的道德品质教育、以培养自立能力为起点的劳动教育，特别要注意儿童德智体美劳的全面发展。三是少先队应该坚持把全体少年儿童组织起来的发展方针，不断增强自身的教育性和吸引力，发挥队员的积极性、主动性、创造性，使少年儿童在自己的组织中树立理想、学好本领、增长才干。

少先队工作是共青团工作的基石，也是共青团工作的重要组成部分。从少先队诞生之日起，党就把带领少先队的任务交给了共青团，因此，全团带队是党赋予共青团的光荣职责和神圣使命，也是共青团多年实践形成的优良传统，是共青团事业发展的客观需要。

共青团要进一步重视和加强对少先队工作的领导，开创全团带队的新局面。第一，全团带队首先是思想带队。要用社会主义和共产主义远大理想团结教育少先队员，这是共青团的根本任务，也是少先队工作最重要的主题。要突出抓好用社会主义核心价值体系引领青少年的工作，切实搞好理想信念教育、思想道德教育和革命传统教育，当前特别要注重运用在抗震救灾中体现出来的爱国主义、集体主义、人道主义和民族团结的伟大精神来教育青少年。第二，全团带队要实现组织带队。共青团的各级委员会、常委会要集体带队，定期研究少先队的工作，提出指导性意见；要健全少先队的工作机构，保证必要的编制，选派政治坚定、素质优良、事业心强的干部相对稳定地从事少先队工作；要积极主动地争取社会各方面的支持，力所能及地帮助少先队组织和辅导员解决实际困难，优化少先队工作的外部环境；要把少先队工作作为检查考核各级团委工作的重要内容之一；要做好少先队干部的培训工作，推进少先队组织团队一体化的进程；要巩固阵地建设，强化队员意识。第三，全团带队还要做到工作带队。要帮助少先队从少年儿童的特点和成长规律出发，关心少年儿童思想品德的进步，注意生动活泼，不提过高要求，从点点滴滴中爱护幼苗、引导幼苗、培养幼苗。

少先队是共青团的预备队，能否带领好少先队，关系着共青团自身的建设和发展。今天的共青团员都曾是少先队员，今天的许多少先队员也将是明天的共青团员。像长江后浪推前浪一样，历史把少先队和共青团连在一起；像火炬接力一样，党的事业把少先队与共青团连在一起。一要牢固树立正确的精神追求。努力把个人的追求与国家和民族的需要紧密结合起来，把个人的理想和全国人民的共同理想结合起来，心系国家、民族和人民。二要坚持不懈地刻苦学习。熟练准确地运用学科的理论体系和知识框架分析、解决实践中遇到的问题，在传统的文、史、哲、政、经、法体系之间找到合理的知识框架，掌握各个学科分析问题、解决问题的重要方法，并最终把这样的知识和理论变成青少年处理问题的能力，变成他们的财富。三要勇于面对各种困难和挑战。共青团是一个大熔炉，可以磨炼每一位团员的意志。青少年在今后的学习生活中要学会生存、学会求知、学会健体，面对困难、矛盾和挑战时不回避、不退让，在勇于面对困难、挑战和矛盾的过程中磨炼意志、增长本领；学会用一颗赤诚的心面对祖国，用一颗进取的心面对学业，用一颗宽容的心面对误解，用一颗坚定的心面对困难，用一颗感恩的心面对他人，用一颗坚强的心面对任何挑战，成为有理想、有道德、有文化、有纪律的无产阶级革命事业的接班人。

5.3.2 以党性和道德为标准推动少年宫附小改革剥离工作[①]

1. 附小整建制移交的背景

2010年5月13日，团市委党组根据少年宫向团市委呈送的

① 本部分内容系作者2010年6月13—20日在市民族少年宫附属实验小学整建制移交工作中的几次即席讲话，有删节。

报告，结合校安工程、校园周边环境整治和解决部门办学等工作，提出了停办少年宫附属小学、幼儿园及各类专业班的报告。市政府对此高度重视，市政府秘书长、分管副秘书长先后征求相关部门意见并主持召开会议，经与海拉尔区委、区政府沟通协调，提出了解决方案。

停办少年宫附小符合国家依法保障学生接受义务教育的要求。少年宫附小自1995年创办以来，在办学特色、办学理念，特别是素质教育方面，发挥了积极作用，培养了许多高素质的学生，得到了社会好评。但随着教育事业的快速发展，少年宫附小社会办学的实际与呼伦贝尔不断规范的教育管理体制之间的矛盾日益显现，特别是在国家实施“两免一补”政策和教师绩效工资制度以来，社会办学的发展空间受到了限制，师生应享受的政策、待遇得不到保证。为了解决这些问题，结合校安工程、校园周边环境整治等工作，市政府同意停办少年宫附小，由海拉尔区整建制接收原少年宫附小549名学生和41名教师，接收时间为2010年6月。

2. 坚守道德底线，正确对待社会舆论

针对少年宫附小整建制移交海拉尔区后，少年宫教师队伍思想状况及下一步工作意见等相关事宜，团市委紧急召开第五次党组（扩大）会议。这次会议扩大到少年宫14名中层环节干部和10位教师代表，与会教师代表和环节干部充分发表意见，廓清了目前思想上的模糊认识，统一了思想。现将社会上的一些不负责任的说法和做法概括如下：

说法一，少年宫“黄”了。少年宫真的“黄”了吗？稍微具备一定常识的人都不会轻信这种谣言。市民族少年宫是一个事业单位，怎能说“黄”就“黄”？这是少数别有用心的人蓄意制造的舆论，妄图以此来阻止少年宫附小整建制移交海拉尔区这项具有里程碑意义的工作。少年宫附小整建制移交后，少年宫领导班子有责任、有义务把每位同志的思想状况及时地向海拉尔区教育部门认真进行介绍。

说法二，少年宫被卖了。前段时间，社会上盛传“少年宫被××卖了”，这是别有用心的人蓄意制造事端，党组已申请立案，目前案情调查进展顺利。团市委党组郑重重申，团市委党组和少年宫领导班子中的任何一位同志都无权处置少年宫资产，少年宫教学楼作为国有资产只能由国有资产管理部门依法作出处置决定。全体同志要做到不信谣、不传谣、不造谣，今后如有传谣、造谣事件在少年宫发生，将追究当事人法律责任。

说法三，把附小教师剥离出去不管了。少年宫领导班子，为了少年宫附小整建制移交海拉尔区、少年宫由差额拨款事业单位转为全额拨款事业单位事宜，多方征求意见，反复修改移交方案，一再要求“整建制移交”。市政府相关领导几次与团市委就这一方案进行沟通。海拉尔区领导从政治大局出发，顶住了各方压力，同意整建制接收少年宫附小，使附小教师和学生不分离。附小的 41 名教师，现在是差额拨款的事业编，移交海拉尔区后就转为全额拨款的专项教育事业编，工资待遇完全有希望比照公务员。

说法四，职称待遇将无法保障。组织部门、编制部门对于职称聘任、评定是有规定和政策界限的。目前附小教师提出的问题主要集中在职称评聘上，团市委党组已向海拉尔区教育部门反馈，在移交方案中明确规定，学生毕业后，教师被分配到其他学校时应予以 1～2 年的过渡期，在过渡期内，教师的能力水平都得到综合体现后，按规定参加该校的职称评聘。

说法五，教学质量将难以保证。这个说法是家长听到后向团市委反馈的。这里要明确的是，讲这种不负责任的话的个别同志，无论道德良知还是党性人性都不合格。一个人的一生，播种行为，收获习惯；播种习惯，收获性格；播种性格，收获命运。举个例子，为人父母者善良、质朴、谦和，那么对儿女的影响就是善良、质朴、谦和；反之，为人父母者乖戾、偏激、恶俗，那么对孩子的影响多半就是乖戾、偏激、恶俗。因为家长的行为在影响孩子。所以请大家再一次拷问心灵，究竟应该做什么样的人，如何做人。

一个做法——闹。少年宫教学楼存在重大安全隐患，必须立即着手进行改造和维修，但改造和维修的具体程度须由市政府决定。团市委党组最初的意见是在新区建设新宫，将少年宫附小整建制迁至新区，解决附小 41 位教师的住房问题后再配套解决其余教职员工的待遇问题。但是个别极其不负责任的教师煽动不明真相的家长肆意攻击诬蔑，诽谤闹访，目的就是要达到自己的私利，不想被移交给海拉尔区，导致最初的方案流产。面对社会上极其恶劣的影响，团市委制定了第五次党组（扩大）会议备忘录，少年宫专业培训部和幼儿园学生停课后，幼儿园等各个部室要利用这个时期抓紧补充知识，制订详尽的工作及培训计划，工作责任落实到部室，要研究业务、组织学习。少年宫改造完之后，一个安全的少年宫将重新对外界开放。

3. 坚定党性原则，珍惜美好人生

一要时刻具有党纪国法观念。《中华人民共和国治安管理处罚法》第二十五条、第四十二条明确规定，散布谣言、公然侮辱他人或者捏造事实诽谤他人的，要负法律责任。如果是党员的，轻信谣言、蓄意造谣的要受到党纪处分。超越政策界线之外的、没有经过公安机关批准的群众性群体行为，是严重的违法行为。在研究少年宫附小整建制移交海拉尔区、少年宫由差额拨款事业单位转为全额拨款事业单位相关事宜的短短 20 天时间里，个别同志的表现说明他们党纪国法观念十分淡漠。这支队伍里的个别同志不是合格的人民教师，更不是合格的青少年思想政治工作者。1999 年团中央出台了《青少年宫管理工作条例》，明确规定青少年宫第一位的任务是育人，指望这样的同志去育人，效果肯定不会好。下一步，少年宫班子必须加强思想政治工作。如果搞无原则的一团和气，到了关键时刻，就丧失了党组织的战斗力。

二要从“人情世态”的角度理解人、关怀人。从人情来讲，每个人都有亲人和朋友，当一个人作出一个决定的时候，要对自己的言行负责，要想想会对其他人造成什么样的影响和伤害。这些天来，团市委党组、少年宫领导班子、少年宫附小领导班子的同志们，承受着来自社会、家庭、同事、朋友的巨大压力。一件好事情，却由于触及了个别人的既得利益，遭遇造谣、传谣、信谣。推进一项事业，推动一项改革，总会遇到当年朱镕基总理讲过的“地雷阵”和“万丈深渊”，但是团市委党组勇往直前，义无反顾，因为他们是在对少年宫附小的 549 名学生负责，是在为所有少年宫教职员工谋利益。能有如此多的传言，原因不外乎如下几个：一是少年宫是较庞大的群体，当利益攸关的时候，想满足每个人的要求，很有难度。二是少年宫属于部门管理，少年宫附小属于部门办学，因此同志们得以游离于主流管理体制之外，这是管理体制的问题，是客观存在的事实。从世态来讲，世相百态，芸芸众生，以“真”为大，以“善”为大，以“美”为大。如果说这次少年宫附小整建制移交真是把大家推到火坑里去了，团市委就没有面目在这里召开职工大会。直到今天，团市委党组从没有讨论过变卖少年宫的事情，大家要以事实说话。

三要从珍惜缘分的角度滋润心灵、丰满人生。老师们的确不容易。“不容易”这三个字涵盖着多少艰辛、多少酸甜苦辣。少年宫附小整建制移交的经历，相信会是当事人人生经历中的一笔宝贵财富。走出阴霾，去看看外面的天空多么广阔，无限美好的生活，茁壮成长的儿女，殷殷期待的父母，勇敢地面对工作、面对生活、面对学生吧。少年宫领导班子、少年宫这个团队做了大量有益于海拉尔地区青少年健康成长的工作，大家要彼此珍惜。

5.3.3 以人事制度改革推动校外教育事业健康发展①

1. 正确认识环节干部竞争上岗工作

开展环节干部竞争上岗工作，一是有利于保证广大职工群众对干部选拔任用的知情权、参与权、选择权和监督权；二是有利于激活良性用人机制，促进干部队伍整体素质的提高。按照相关规定，竞聘上岗三年开展一次，这意味着同志们都有机会做领导工作。领导工作是责任，是使命，尤其是在少年宫这样的育人机构，可谓力重千钧。孩子是家庭的希望，是社会和民族的未来。从某种意义上讲，教师工作的质量决定和影响孩子的一生。因此，扩大选人用人的知情权、参与权，建立良性用人机制，对少年宫的健康发展意义重大。

干部是事业的骨干，是组织决策的执行者，是带领组织前进的带头人。这次有 20 多位同志参加 12 个岗位的竞聘，说明参与竞聘的同志愿意承担责任，愿意成为事业发展的骨干，愿意做执行者、带头人。如果竞聘者与投票者之间形成了良性互动，竞聘就成功了，少年宫未来的发展就大有希望；反之，就会为少年宫未来的发展埋下隐患。

2. 积极参与环节干部竞争上岗工作

环节干部竞争上岗意味着有的同志要提拔，有的同志要退

---

① 本部分内容系作者 2009 年 4 月 3 日在 2009 年少年宫环节干部竞争上岗动员大会上的即席讲话。

下，有的同志留任原来的岗位。在此过程中，应有以下几种认识：第一，要以一种豁达的心境，把每个人看做党的事业的一块砖，看做少年宫整体事业的组成部分，以平常心去看待自己对岗位的选择和岗位对自己的选择。“菩提本无树，明镜亦非台；本来无一物，何处惹尘埃?”一个人来到这个世界的时候什么也没带来，离开的时候也什么都带不走。在工作岗位上尽职尽责地做事情，心里就会非常幸福。第二，要正确看待个人能力素质和事业需要，把实现个人价值同岗位需要有机结合起来。这次竞争上岗只能任用12位同志，没有被任用的同志不是不优秀，只是相比较而言，这个岗位可能更适合其他同志。第三，干部的新老交替是少年宫事业薪火相传的必然要求，是新陈代谢的自然规律。第四，要从党性的高度出发，端正态度，接受选择，避免患得患失。

参与环节干部竞争上岗，首先要解放思想。这次竞争上岗工作确定具备中级职称的同志均可竞聘正科级领导岗位，目的是扩大选人用人范围，让更多优秀的同志走上领导岗位，用更宽的视角去选人。其次，要按照干部“四化”方针和德才兼备原则，客观、公正地评价干部，帮助组织选好人。再次，要坚持“五看”。一看品德，二看思想政治素质，三看工作实绩，四看工作作风，五看领导才能。对于年轻同志，看主流、看潜质、看发展，不求全责备；对退下来的老同志，要有正确的认识；对新上来的同志，要全力以赴地扶持和帮助。

3. 确保环节干部竞争上岗工作顺利进行

竞聘实施方案应尽量考虑本单位的实际，每个环节都要体现公平、公开、公正、透明的竞争原则，确保竞聘工作顺利进行。一要讲大局。讲大局体现为做好本职工作，全程参与，支持少年宫班子、团市委党组的各项决定，以环节干部竞争上岗工作为契机，推动少年宫工作迈上新台阶。二要讲党性。要站在讲政治的高度，以党性原则要求自己，以对组织负责、对事业负责、对同志负责的态度，正确行使自己的权利，慎重考虑，实事求是地评价干部，公平公道地推荐干部，把最合适的同志选出来，为加强中层干部队伍建设、促进少年宫事业发展提供组织保障。参加竞聘的同志要端正态度，接受选择，要多想一想走上环节干部工作岗位是为了什么，走上环节干部工作岗位后要干些什么，在这个岗位上要留下些什么。三要讲纪律。少年宫是教书育人的团队，没有纪律不但会在事业上造成损失，还会贻误学生成长，甚至会在社会上造成恶劣影响。竞争上岗工作结束后，要进行公示，请有意见的同志通过多种方式进行意见反馈。但是，对于干扰竞聘工作或影响正常工作的，要进行严肃处理。要服从组织安排，服从群众监督、挑选；要树立正确的地位观、利益观、权力观，以高度的责任感和使命感支持少年宫班子、团市委党组，挑选出群众接受、能够推动少年宫事业发展的环节干部。

5.3.4 努力创造少年儿童健康成长的网络环境①

加强少先队网站建设，是共青团、少先队进一步加强网络宣传和网上教育工作，正确把握少年儿童网上舆论引导的主动权，为少年儿童健康成长创造良好环境的重要举措。呼伦贝尔少先队网站的开通标志着呼伦贝尔青少年网络已经形成了以呼伦贝尔青年网为主、少先队网站为补充的青少年网络系统。这一网络的建设创新了共青团、少先队工作的领域，加快了团队内的信息交流，拓展了团队工作方法和手段，符合信息时代教育引导方式革新的要求。

---

① 本部分内容系作者 2008 年 4 月 22 日在呼伦贝尔少先队网站启动仪式上的讲话。

共青团系统要进一步增强抢占意识，充分认识网络建设对少年儿童工作的影响；唱响青少年网站的主旋律，在塑造少年儿童理想和信念上下工夫；高扬鲜明的爱国主义、社会主义旗帜，引导少年儿童成为有理想、有道德、有文化、有纪律的一代新人。努力把呼伦贝尔共青团网站系统建设成为呼伦贝尔市共青团、少先队工作的有效平台，团队组织教育少年儿童的有力阵地，共青团、少先队信息交流的最好窗口，团队组织服务青少年的优秀载体。

5.3.5 少年军校是青少年学习实践社会主义荣辱观的有效平台①

举办少年军校的目的是让生长在和平时代的同学们到部队接受锻炼，通过军营生活，学习人民解放军优秀的品质、优良的作风、严明的纪律、过硬的军事技术以及为了国家和人民的生命财产英勇献身的大无畏精神；通过军事训练，学习人民解放军钢铁般的意志、艰苦朴素的作风和百折不挠的精神；通过军营生活，锻炼同学们自尊、自强、自立、自理及自我约束能力。实践证明，少年军校已成为青少年学习实践社会主义荣辱观的有效平台，对促进学生的全面发展和健康成长发挥了重要作用。驻地部队领导高度重视，认真组织实施，为军校提供了大力支持和帮助；全体教官本着高度的责任心和敬业精神，言传身教，让广大学员获得了多方面的教育和提高；教师们积极开展活动，努力做好必要的思想政治教育和全面的组织管理工作。通过训练，学员们更加深刻地理解了“拥政、爱民、拥军、优属”的道理，与人

① 本部分内容系作者2008年8月7日在慰问呼伦贝尔市第五期少年军校暨太平洋之夏奥运营成员时的即席讲话。

民子弟兵同呼吸、共命运、心连心，更加信心满怀地建设和谐家园。

5.4 以人民群众大联合促青年事业大发展

5.4.1 青联组织要强化本质属性、落实根本任务①

全国青联成立已有60年。1949年5月4日，在毛泽东、周恩来等老一辈无产阶级革命家的亲切关怀下，中华全国青年第一次代表大会在北京胜利召开，全国青联宣告成立。新中国成立之初，全国青联积极响应党的号召，迅速建立起广泛的青年爱国统一战线，动员青年抗美援朝、保家卫国，开展社会主义思想教育，组织青年学习文化知识和劳动技能，为巩固新政权、建设新家园作出了应有的贡献。在社会主义建设时期，全国青联团结引导广大青年积极投身国家建设和“增产节约运动”，广泛开展学雷锋活动，呼伦贝尔青联组织结合地方特色，在牧区开展了“百母百仔活动”，在工矿企业开展了生产竞赛等一系列活动，为促进生产发展、开创社会新风发挥了积极作用。改革开放新时期，全国青联提出“举爱国旗帜、倡团结精神、兴四化伟业”的工作方针，吹响向科技进军的号角，呼伦贝尔青联组织深入开展“五讲四美三热爱”、青年志愿者等活动，在社会主义现代化建设中取得了显著成绩。新世纪以来，市青联奏响“我与祖国共奋进”的时代主旋律，大力培养青年人才，动员青年为经济社会发展作贡献，努力拓展青年对外交往，焕发出新的生机和活力。60年

① 本部分内容系作者2009年9月21日在市青年联合会一届三次常委会上的即席讲话。

来，呼伦贝尔市青联作为以共青团为核心的各青年团体的联合组织，在党委的坚强领导下，始终高扬爱国主义、社会主义旗帜，团结凝聚各族各界优秀青年，在呼伦贝尔经济社会发展进程中留下了一串串激情澎湃而又坚定有力的奋斗足迹。青联组织没有辜负成立之初党寄予的信任与重托，并为新时期青年群众工作积累了宝贵的经验，其中蕴涵的组织智慧和凝聚哲学值得细细推敲、认真学习。

1. 青联组织的性质和特点

青联人的光荣感源自哪里？青联组织为什么会让人心驰神往？对此，青联的老主席、老常委们都有自己的见地和理解。团中央书记处常务书记、全国青联主席王晓同志也就这个问题在最近一个时期全国青联的会议和活动上做了很多精辟而深刻的总结。以青联文化为魂、为根、为纽带，青联这个组织主要有以下几个方面的规律性特质：

第一，青联是一面旗帜。这个旗帜就是爱国主义、社会主义与党的领导的有机统一。它是青联组织的根本立场、价值取向，也是青联组织在当前社会管理体制下生存发展的关键所在。一个组织是否具有凝聚力，取决于它的共同理想和价值追求。正是因为青联具有纯洁的组织灵魂，爱国主义和社会主义精神贯穿其中，它才能不断从光荣走向新的光荣。青联是一个讲理想、重精神的组织。从新中国成立开始，无论在百废待兴的社会主义建设初期，还是在波澜壮阔的改革开放时期，青联组织始终团结凝聚一代又一代青年在祖国和人民最需要的时刻，用青春和热血践行了对祖国的誓言，用智慧和奋斗谱写了“爱国、团结、进步”的青春旋律。从加入青联的那一刻起，每一位青联委员都深切感受到，对祖国的挚爱是青联牢不可破的精神纽带，这种情感已融入每个青联人的生命和血液之中，成为每个青联人心中永远燃烧的熊熊火炬。牢固树立共同的理想信念，坚持正确的政治方向，把个人奋斗融入国家富强、民族复兴和地区振兴的历史洪流，始终是一代代青联人的价值追求，始终是青联文化的灵魂所在。

第二，青联是一个舞台。每一位青联委员在加入青联之前就已是不同青年群体中的佼佼者，拥有了较广泛的社会影响。青联组织靠什么把各族青年才俊和各界青年英豪凝聚在一起？靠的是对共同理想更高追求的推崇，靠的是对共同事业作出更大贡献的志向。建设中国特色社会主义伟大事业是驰骋理想的疆场，青联组织顺理成章地成为成就事业的沃土。青联为青年群体中的杰出代表搭建建功立业、成就辉煌的舞台。全国青联章程对自身的基本任务作出明确规定，主要体现在三方面：一是坚持青联组织的思想旗帜；二是代表和维护青年的合法权益；三是为青年的成长成才提供有效服务。这决定了青联要在时代的主战场上，团结和引领各族各界青年建设祖国、服务人民、奉献社会，这始终是青联文化的主题所在。

第三，青联是一所学校。青联组织人才济济，群星灿烂，每一位青联委员都学有所长、术有专攻，是相互学习的好榜样。难得的人才优势、专业优势、信息优势，使青联成为学习充电、能量再造、汲取营养的场所，成为在实践中成长进步的学校。青联的学习是不拘一格的，一次联谊活动、一次登台演出、一次促膝谈心、一次外出考察，都是学习交流的机会，而这份收获又都转化为下一次相聚畅谈的动力。青联委员大都具有较高的理论水平和政策水平，在实践中积累了丰富的阅历，培养了敏锐的洞察力、鉴别力和判断力。青联人往往在不经意间碰撞出思想的火花，激发出创造的活力，开辟崭新的境界。青联组织这种独特的学习方式，使大家不管取得过多大的成绩，担任过多么高的职务，都珍惜每一次学习交流的机会，平等、真诚，相互砥砺。在青联中不断学习，共同进步，始终是青联文化的理念所在。

第四，青联是一个家庭。青联是青年之家，是青联委员之家。在青联，讲的是感情平等，讲的是彼此敬重，讲的是真诚相助。虽然岗位、职务、地域和年龄不同，但每位青联委员都受到了同等的尊敬，得到了同样的关怀。在这个组织中，思想上的困惑会得到解答，情绪上的低落会得到排解，事业上的挫折会得到扶助。大家胸怀坦荡、坦诚相待，在事业的顺境中共享成功的喜悦，在事业的低潮期分担失败的痛苦。全国青联有一位老主席曾讲："青联永远不说再见。"2008 年，在世界 500 强知名青年企业家走进呼伦贝尔经贸考察活动中，曹征海书记会见考察团时说："我很高兴能和大家见面，因为我是青联人。"曹书记在包头任市委副书记期间，曾担任自治区青联副主席。一段青联缘分，铸就了一生的青联情感，虽然职务变了，社会分工不同了，但真情永在。青联是大家永远眷恋和牵挂的精神家园，这始终是青联文化的魅力所在。

站在新的历史起点上，我们深刻认识到，过去光荣不等于永远光荣，青联组织不能依赖过去的光荣保持将来的竞争优势。青联 60 年的光荣属于每一个青联人，未来的光荣召唤着我们进一步弘扬"爱国、团结、进步"的传统，开拓创新，奋发进取，不断提高青联工作的整体性、系统性和持续性，努力在新征程上创造新业绩。

2. 呼伦贝尔青联组织今后一个时期的主要任务

青联是一个大系统，是各界别之间、委员之间相互作用的结构关系；青联又与其他社会团体之间形成有序组合。青联组织与其他组织的关系以及青联系统内部要素、结构、功能之间的相互关系都告诉我们，事物之间是相互作用和影响的。社会存在的规律性要求我们既要在工作中把握好每一天，做好每一项工作，还要明确奋斗目标和方向。“体”和“用”衔接好，“道”和“术”结合好，会让我们的工作更加踏实，方向更加明确，动力更加强劲。

第一，既要注重增强情感认同，更要注重增强思想认同，旗帜鲜明地践行青联组织的本质属性。青联是党领导下的青年爱国统一战线。要在加强沟通、巩固情感纽带的基础上，更加注重形成思想认同。这种认同的形式和载体是多种多样的。尤其是新补选的常委和秘书长，要在团结身边青年的同时，通过自己的一言一行，带动和影响周边青年。要坚持用中国特色社会主义理论体系和社会主义核心价值体系教育青年，用改革开放的伟大成就感召青年，用全面建设小康社会的奋斗目标引领青年，引导各族青年正确认识当前经济社会形势，把认识统一到呼伦贝尔实现美丽与发展双赢的分析判断上来，把力量凝聚到打造自治区新的经济增长极的决策部署上来，坚定信念，艰苦奋斗，使青联组织的影响力更广泛、更持久、更深入，使委员们在践行组织目标方面知行统一。

第二，既要注重强调代表性，更要注重强调广泛性，坚持不懈地巩固青联组织的社会基础。青联会聚了各行各业的青年才俊，这使青联组织具有鲜明优势，但青联不仅是青联委员的青联，青联工作也不仅是联络和服务少数青年，而是要面向广大青年、覆盖广大青年、影响广大青年。广泛性强才是青联组织的存在基础和力量源泉。共青团组织作为青联的核心会员单位，任务更重。各级团组织必须把握青年群体的新特点、新变化，有针对性地开展工作，使青联工作根植到全市青年当中。胡锦涛总书记在同团中央新一届领导班子成员和团十六大部分代表座谈时，提出“两个全体青年”的要求，要求共青团组织坚持眼睛向下，重心下移，力争使团的基层组织网络覆盖全体青年，使团的各项工作和活动影响全体青年。青年自组织在凝聚青年、服务青年方面发挥着不可替代的作用，引导青年自组织更好地宣传贯彻党的路线方针、政策，向着社会主义目标前进，需要做更多的工作。青联要把目光更多地投向青年自组织，加强与青年自组织的联系、合作，努力把青年自组织纳入工作体系，使之成为青联联系青年、凝聚青年的新纽带。同时，还要注重网络技术的应用，通过网络这个窗口把握青年思想动态。要通过代表性实现广泛性，发挥青联委员的辐射、带动作用，拓宽联系、引导青年的渠道。要把握青年群体的新特点、新变化，有针对性地开展工作，使青联工作深深植根于最广大青年之中。

第三，既要注重强化社会化动员，更要注重强化组织化动员，脚踏实地地落实青联组织的基本任务。健全的组织网络和组织体系、响亮的工作品牌、良好的社会声誉以及高素质的委员和工作队伍，都是青联组织的优质存量资产。那么，如何用这些优质存量资产去引来增量、扩大增量，是青联人需要探讨的话题。要通过对工作增量的结构性调整，进一步突出主题，拓展领域，整合资源，提高工作项目的关联度，打造以品牌为核心的产品供应链，使之具有整体性、系统性和持续性。社会化动员是青联组织的独特优势，但是社会化动员方式的“可复制性”很强，“被替代”的风险很大。而植根于强大组织网络和组织文化的组织化动员方式或许在某个点上可以被“复制”，但在全局和整体上被“复制”的可能性微乎其微，从而使组织具有“不可替代性”。因此，在强化社会化动员的同时，应更加注重坚持组织化动员这一根本动员方式，有效集成青联委员的个体优势，努力实现组织化动员与社会化动员的良性互动。青联组织的基本任务在青联章程中已有明确规定。基于对青联任务的思考，具体要做好七个方面的工作。一要动员青年立足岗位，创新创造，在建设创新型国家和资源节约型、环境友好型社会的实践中建功立业。二要引导青年大力弘扬文明新风，使青年在创造物质财富的同时，成为社会精神财富的创造者和拥有者，在促进社会和谐中展示青春风采。三要不断扩大同港澳台青年和海外青年侨胞的交流，在推动祖国和平统一大业中发挥积极作用。四要继续加强与世界各国青年和青年组织的友好往来与合作，为推进和平与发展的崇高事业作出新贡献。五要把培养青年人才作为青联工作主线，不断完善发现、培养、举荐、宣传青年人才的工作机制，努力推动形成青年人才辈出、人尽其才的生动局面。评选十大杰出青年、十大杰出青年卫士、青年创业致富带头人、青年星火带头人等，实际上就是不断地把社会上有代表性的青年人才推荐出来的具体实践，大力发现、培养、举荐、宣传、表彰优秀人才，以青年身边的典型人物教育和引导青年，这个组织才有更好的凝聚性和创造性。六要把握青年最关心、最现实、最迫切的需求，把促进青年就业创业作为服务青年的重中之重，千方百计地为青年办实事、做好事、解难事。七要及时了解和反映青年的普遍性利益诉求，努力把代表和维护青年合法权益的工作提高到一个新水平。

第四，既要注重加强文化建设，更要注重加强制度建设，持之以恒地推进青联组织的自身建设。科学的思维方式具有整体性、系统性、层次性、规律性、复合性、矛盾性、统一性。现代科学思维是在现代科学技术革命与发展基础上形成并受其制约的一种符合现代科学要求的思维方法，其特点一是能对各种复杂客体进行整体分析与认识；二是能适应实践活动中的随机性与目的性；三是能适应认识复杂事物过程中从无序性到有序性的动态过程；四是能适应高度发达的现代科学技术本身所必须达到的那种准确性与科学性。从这个维度上考虑，把握好制度建设这个变量，对于青联组织规范科学发展具有重大意义。要在传承青联组织文化的同时，更加注重强调制度的规范作用，使制度效应与文化效应相互叠加，刚柔并济，科学有序，从而以改革创新精神抓好自身建设，不断提高组织的吸引力、凝聚力和影响力。一是要在组织建设上下工夫。指导团体会员在组织、管理、服务等方面加强能力建设，形成推动事业发展的整体优势和工作合力。加强秘书处建设，为青联工作的开展提供基础保障。二是要在队伍建设上下工夫。优化委员队伍结构，注重吸收在生产生活中能够联系带动大批普通青年的优秀青年代表，进一步增强委员的代表性。注重发挥常委的模范带头作用，引导青联委员形成和扩大思想层面的理性认同，努力学习、严格要求，不断加强自身修养，经得起政治、事业、名利和生活的考验。加强对青联工作者的教育培养，培养造就一支政治坚定、素质过硬、作风扎实的工作队伍。三是要在制度建设上下工夫。在委员、常委选拔条件、程序和机制等方面建立完善的规章制度，强化制度的刚性约束作用，并与青联独具特色的组织文化形成良性互动，保持青联组织良好的社会形象。四是要注重加强工作研究，总结经验，探索规律，不断增强工作的前瞻性、针对性和主动性。由于客观事物的现象和本质是结合在的一起的和不可分割的，也由于事物的现象是多种多样的，所以需要把本质和现象在思维中现实地统一起来。理性的指导不仅仅是事业发展、党和国家大局的需要，同时也是人的成长的一个重要因素，一个有理性指导、具备一定理性修养的人，不管他在什么工作岗位上，都会对党和国家事业大局起到一定的作用。

第五，既要善于加强个人友好关系，又要善于使之固化为组织化的整体力量，更好地为青联委员的成长发展提供服务。青联不是行政化组织，也不是政党组织，强调个人友好非常重要。但是这种个人之间的友好关系对于组织来说并不稳定，因此要研究和探索通过加强个人友好关系形成青联组织化整体力量的技术路径，使青联组织内部的个人友好关系组织化、制度化，使之成为组织开展工作的整体力量，只有这样，青联事业才能不因人的改变而改变，实现长久发展。促进青联委员成长发展，也是青联工作的重要内容。在新形势下更好地服务青联委员，一要用思想旗帜引领青联委员；二要引导青联委员树立共同的文化精神和价值观；三要帮助青联委员全面提高能力素质；四要帮助青联委员解决成长发展中的实际困难和问题。要认真研究如何通过委员个人发挥作用和青联组织的整体工作，不断扩大青联组织的影响，进而实现对广大青年的引导、服务和维权。要达到这个要求，一是青联委员个人的事业要发展好。委员个人的事业发展不好，就没有凝聚力、影响力和感召力，就无法去服务青年、服务国家、服务社会。二是青联组织的整体性工作要开展好。如果青联组织是一盘散沙，选举的时候大家来了，换届的时候大家告别了，这样青联工作不发挥作用的话，也就谈不上“一段青联缘，一生青联情”。在今后的工作中要把轮值制度落实好，指定席位的同志一定要发挥好作用，轮值主席们也要发挥好作用，通过每个月的联系、接触，把青联组织的整体工作做好。三是要善于借助社会传媒的力量。综合起来讲，组织化的整体力量，也就是经济学上讲的外部性的规模效益。如果青联组织力量很强，影响力很大，在与本组织之外的其他体系交流的时候就有权威性；如果青联组织力量不够，整体战斗力不强，水平不高，就难以产生影响力和话语权。固化的组织化的整体力量，要把服务青年作为进行资源优化配置和整合的根本出发点。在观念上要树立开放的工作思维；在态度上特别要具备勤奋的工作态度；在眼界上要具有开阔的视野和独到的眼光；在领导行为上要注意克服“比试心理”的影响；在个人素质上特别要培养全面的工作能力。

第六，既要开展丰富多彩的活动，又要坚持活动的主题鲜明，不断扩大青联组织对于广大青年的影响力。丰富多彩是前提，主题鲜明是体现整个组织吸引力、凝聚力、影响力的技术路径。开展活动是青联组织推进工作的重要载体，也是青联组织的重要优势。活动丰富多彩，才能推动工作活跃，才能增强青联组织的感召力。青联委员作为各族各界的青年代表人士，在他们当中蕴藏着大量的智慧和创意。要充分挖掘这一宝贵资源，把各界别、各领域、各行业的活动办得丰富多彩、有声有色，从而影响和带动更广泛的青年。同时，青联组织作为党领导下的青年组织，政治性强是它的一个鲜明特点，因此不能为了联谊而活动。在当前社会生活日益丰富多样的情况下，青联活动既要突出品牌的传承，又要注重品牌的提升。要打造品牌，深入持久地坚持品牌化发展，坚持围绕党政工作大局、面向广大普通青年，突出青联组织的精神追求和价值。例如，近年来市青联开展的“思想草原”大型系列讲座、世界500强知名青年企业家走进呼伦贝尔经贸考察、呼伦贝尔青年群英会、内蒙古青联委员东部行等活动，都在社会上产生了深远的影响。今后青联应坚持集中力量、深入持久地开展一些主题鲜明的重点活动，使之成为在全社会都具有广泛影响力的工作品牌。

5.4.2 青联组织要积极服务警民共建①

呼伦贝尔具有良好的双拥传统。驻守在呼伦贝尔的广大官兵为了家乡人民的幸福和边界的安宁，戍边卫国、爬冰卧雪，成为呼伦贝尔精神的象征。青联组织要为驻军做更多有益的事情。

第一，思想政治工作与军事斗争准备要更好地结合。武警呼

① 本部分内容系作者2009年10月20日在呼伦贝尔市青联为武警呼伦贝尔市支队“警营青年移动书屋”挂牌赠书仪式上的即席讲话。

伦贝尔市支队的思想政治工作有着优良传统，曾多次受到表彰。近年来，青年英雄集体和杰出青年卫士先后受到了各级组织的表彰，说明武警支队高度重视思想政治工作，这样的光荣传统要一如既往地发扬下去。

第二，维护人民群众生命财产能力与提高自身素质要更好地结合。“警营青年移动书屋”挂牌成立，表示青联有信心、有决心继续坚持推进军营文化建设和官兵素质建设。广大官兵要在践行使命、履行职责的同时，不断把实现个人价值与同步提升个人素质结合起来，走科学成才之路。

5.4.3 青企协要加强能力建设，服务地方经济社会发展①

企业界青年骄子是未来呼伦贝尔经济社会发展的最直接推动力量。青年企业家协会是共青团事业整体格局的重要组成部分，青企协的发展是一个不断探索、创新的过程。青企协要把企业家的资源与共青团的优势紧密结合起来，不断创造品牌价值、社会价值和体制机制价值，开创工作新局面。

1. 社会化大生产要求的协作精神与市场演变的内在规律决定了青企协存在价值的内部规定性

为青年创业人搭建一个学习、协作、交流的平台是共青团组织服务青年和引领青年的重要职能。新陈代谢既是一种自然规律，也是人类社会不断进步的重要动力。岁月年轮的转替，意味着成长于改革开放新时期的一代人已经日益成为这个社会、地区发展的重要推动力量。

经济和社会发展的规律告诉我们，越是社会化大生产，社会

---

① 本部分内容系作者2010年5月28日在呼伦贝尔市青年企业家协会第二次会员代表大会上的讲话。

分工越精细，团结协作越重要。青企协组织存在的意义在于发挥桥梁和纽带作用，搭建协会信息平台，建立经济运行动态监测预警机制，帮助青年创业者及时、快捷地了解国内国际经济发展新趋势，掌握国家关于经济产业政策调整、产业振兴规划方面的信息，使会员企业及时趋利避害，积极应对。毋庸讳言，改革开放30多年来，商品经济意识已经在呼伦贝尔大地生根发芽，但与内地、沿海地区相比，内生动力强、市场竞争力强、能够支撑起一个区域发展的地方企业还着实差得很多。这既有地方商业传统、区域市场分工、地界分异等客观因素的影响和制约，更有主观能动、市场意识、个体素质等主观方面的差别。青企协要充分发挥组织动员能力和社会动员能力，坚持资源共享，加强会员企业之间的协作，推广好项目、好经验、好产品。要积极争取有关部门的支持，从政策、资金、项目方面获得支持和帮助。

如何从组织功能上看待青企协这个组织呢？第一，青企协为大家搭建了一个沟通交流的平台。第二，青企协为大家搭建了一个有序参与政治的平台。第三，青企协是支持和参与党的青年工作、为党团结和凝聚青年的平台。市场的发展是通过技术和社会制度的共同演变而形成的，建设学习型协会、合作型协会、服务型协会、创新型协会是青企协的奋斗目标。

要把协会建设成为学习型的组织。第一，知识的积累源于学习，创新的起点在于学习，环境的适应依赖学习，应变的能力来自学习。第二，在经济全球化、信息爆炸、科技飞速发展的时代背景下，组织持续运行期限或生命周期受到最严厉的挑战，只有迅速培养整个组织的学习能力，在学习中不断实现组织变革、开发新的组织资源，才能应对这样的挑战。第三，学习的过程是开阔眼界、充实自我的过程，是积极进取、发展事业的过程。市青企协有责任、有义务帮助会员了解国家关于经济发展的相关政策。协会应定期组织与发达地区青年企业家进行互访交流，开展专题研讨，举办青年企业家论坛，为会员提供相互学习、相互交流的平台，在会员中倡导终身学习的风气。

要把协会建设成为合作型的组织。第一，经济全球化导致竞争的内涵发生了变化，竞争中的合作使组织必须不断融合多样文化。市青企协要通过有效整合信息、人才和其他市场要素，实现优势放大和资源重组，在更为广泛的程度上达成双赢或多赢的合作。第二，融合文化应当是多样文化、合作文化和共享文化的集合。多样优于单一，合作好于竞争，共享胜过独占。谁整合资源的能力强，融合速度快，谁就将掌握事业发展的主动权。市青企协会聚了各行各业的精英，很多会员企业都是各自领域的排头兵，蕴涵着丰富的资源，存在着无限的商机。团结带来兴旺，合作才能共赢。对于企业家个人来讲，加入一个组织、一个协会，最重要的是要从事业发展的角度，把协会当做一个自己与别人学习、交流、沟通的平台，当做一个自己的企业、自己的事业可以谋取更多商机的平台，当做一个可以使自己的事业跃上新的阶段的平台。市青企协的工作只有在会员之间相互合作、团结进取的条件下才能蓬勃发展。第三，市青企协要充分发挥桥梁和纽带作用，坚持资源共享，开展好素质训练、考察互访、沙龙、派对等各种丰富多彩的联谊活动，组织好各类经贸合作、商业洽谈以及针对会员企业的联合会诊、项目论证活动，促进会员之间、会员与社会各界之间的交流、沟通与合作，使大家在交流合作中相互帮助、相互借鉴、共同提高，形成独特的合作优势。第四，要瞄准对外开放，构建与发达国家和先进地区的青年进行交流的机制。着眼于引进战略投资者，达成实质性项目合作，广泛开展经贸洽谈、战略合作、友好往来等活动。第五，加强内部资源的整合和外部资源的聚合，积极促成跨地域、跨行业、跨产业的经济联盟、战略联盟。广大会员应树立团队意识，培育合作精神，积极参加青企协开展的各项活动，形成团结协作、积极进取的良好氛围，携手共建和谐，创造事业新的辉煌。

要把协会建设成为服务型的组织。加强青企协服务能力建设，提高青企协服务大局、服务会员的水平，是青企协实现可持续发展的必然选择。第一，要把竭诚服务青年企业家作为全部工作的出发点和落脚点，把提高服务能力作为青企协工作的第一要务，把青年企业家的满意度作为评价工作的第一标准。第二，要充分发挥青企协在组织、人才、合作、文化等方面的优势，开展多种形式的推优荐才活动，积极向有关部门举荐优秀人才，为优秀青年企业家脱颖而出提供服务。第三，要整合资源，创新手段，完善服务网络，强化服务依托，充分利用互联网、移动通信等现代信息交流手段，建好网站和会刊，打破时间和空间限制，最大限度地扩大服务的覆盖面。第四，要针对青年企业家在成就事业、学习教育、权益维护等方面的要求，组建咨询委员会和法律维权机构，提高服务实效，通过广泛的调查研究，了解青年企业家的创业需求，反映他们的呼声，为有关部门制定政策提供依据，不断优化青年企业家的创业环境。第五，开展“资源节约型、环境友好型企业”评选活动，引导协会企业在生产方式、管理手段、企业文化、产品研发等环节上节约资源、保护环境。动员和组织广大青年企业家，积极开展“青春奉献新农牧林区”、“新型工业化青春建功行动”、“新型城市化青年先锋行动”等主题活动，广泛发动青年企业家参与保护母亲河、青年志愿者、希望工程、扶贫帮困、抗灾救灾等公益活动，在奉献社会中体现人生价值，在公益事业中展示青春风采，勇担责任，多尽义务，树立良好的社会形象。

要把协会建设成为创新型的组织。第一，提高自主创新能力，建设创新型组织，是青企协不懈的努力和追求。在信息化背景下，创新的作用得到空前强化，并升华为一种社会主题。创新变成了组织的生命源泉，在剧烈变动的时代，成功者往往是那些突破传统游戏规则、敢于大胆创新、不畏风险的人，敢改变游戏规则的人也就是在思维模式上能迅速改变的人。谁创新的能力强，速度快，谁就将成为伟大时代的领跑者。第二，进一步营造鼓励创新的环境，培养造就一流科技领军人才，使创新智慧竞相迸发、创新人才大量涌现。整合高校资源，结合企业需求，使科技创新以最快的速度转变成产业创新。评选创新型企业，推广创新型成果，在协会中形成鼓励创新、善于创新、不断创新的良好氛围。第三，创新工作机制、创新活动载体，积极探索适应会员需求变化的活动方式和方法，为青年企业家提供高层次、多元化的工作项目，为会员的发展提供更深层次的服务。

2. 组织在于建设，建设系于文化

一个企业发展到一定阶段，企业家就会格外强调、格外钟爱文化的力量。因为文化的力量可以四两拨千斤，可以推动企业的大发展，可以促使一个人登上新的平台。这种力量推动着人类社会的车轮滚滚向前，这种力量弥合创伤、消弭战争，这种力量使人们看到光明、踏上新程。在物质极大丰富和满足的情形下，文化力已经成为人类社会发展的第二个太阳。哥伦布发现新大陆拉开了全球化的帷幕，全球化的进程推动了文明的交流，包括中西文明的交流，中国本土宗教和基督教、伊斯兰教的交流。文化是沉淀在人类血液当中经久不衰、不随着肉体的消失而消亡的一种巨大力量。我们今天谈的中华文化，有一个新的文化语境，这个语境就是全球化。对全球化的理解，最核心的概念就是工业文明。当我们谈全球化的时候，实际上是指近代资本主义社会所开创的工业文明在全世界各国逐渐生成和普及的过程。20 世纪中叶，人类实现了一系列激动人心的技术发明。20 世纪 40 年代第一台电视机、电子计算机的发明以及 50 年代人造卫星的成功发射，彻底改变了人类社会生活的面貌，使人类进入了信息一体化时代，改变了人类对世界的感受。全球化的意义首先是为人类整体文化发展提供了条件；其次是使当代人类文化的交流空前频繁；再次是加剧了不同文化形态的冲突。当人类进入全球化的舞台时，一方面，文化与文化之间相互认同、相互理解、相互渴望、相互沟通的意识加强了，但另一方面，文化的冲突也加剧了。如果把农业文明的成熟时期、工业文明的成熟时期和知识经济时代文明的成熟时期所代表的最高的活动速度做一下比较，就更能说明问题了。经过近五百年的人类全球化的实践，特别是近五十年的全球化的加速，世界呈现出了什么样的景象呢？第一个层面是物质层面。随着生产力的高度发展，国际化进程不断加强。全球化的最主要推动力就是经济的全球化。据统计，世界 500 强企业大概有 470 多家入驻中国，世界 500 强企业在北京的办事处就有 320 多家。当然，这也与中国改革开放的政策有关。第二个层面是精神层面。在全球化时代，你中有我，我中有你，全世界始终在努力寻找一种可以共同接受的文化价值。孔子的“己所不欲，勿施于人”作为金规则被写在《联合国人权宣言》当中。全世界各个国家、各个民族都在尽可能地寻求共同的文化价值观念，比如和平共处五项原则现在仍是第三世界国家同发达国家打交道时的重要文化价值观。第三个层面是社会生活层面。人类现在进入了一种普遍性交往的社会。在某种意义上讲，交往是现代人的一种品质，是现代人的一种基本素质。

文化发展到今天迎来了一个文化复调时代。在这样的背景之下，市场经济激活了人们的个性，并且在对人的培育过程中激活了文化的个性。在改革开放时代，经济形式多元并存，文化形态和价值形态同样呈现多样化状态。当代中国文化的基本发展特点是历时性文化的共时性承受。什么叫历时性？历时就是经历了。今天讲的中华文化，其发展经历了农业文明、工业文明、后工业文明，或者叫前现代文明、现代文明、后现代文明，这叫历时性。本来这些文明形态是一种历时递进关系，先有农业文明，后有工业文明，再有后工业文明。现代化就是工业文明，但是我们发现，这样一种文明发展形式，这样一个文明历时过程，在中国是以共时态展开的。改革开放以来，当代中国文化有哪些最基本的元素？我认为主流文化、精英文化、大众文化和中国传统文化这四种文化元素是企业家在日常生活当中比较熟悉的，也是需要认真思考的文化元素。第一，主流文化。这是在我们的社会生活中起主导作用的一种文化，是中国共产党领导的中国特色社会主义文化。十七大报告明确提出主流文化包括四部分：马克思主义与中国特色社会主义理论、以爱国主义为核心的民族精神、以创新为核心的时代精神、社会主义荣辱观。第二，精英文化。我将它定位为知识分子文化。精英文化是知识分子的文化，它是讲逻辑的，讲严格意义上的学术逻辑，讲社会实践中的现实逻辑，讲历史传承过程中的历史逻辑。什么叫知识分子？我们说，具有道义担当的文化人才叫知识分子，具有社会使命感的文化人才叫知识分子。知识分子有三种分化趋势：一是庙堂意识，也就是从政；二是广场意识，即进行社会启蒙，试图通过革命、变革来推动社会发展，但是狂飙突进不适合中国的发展，中国要在社会稳定的基础上逐步实现社会进步；三是岗位意识，即爱岗敬业，在平凡的岗位上作出不平凡的成绩，这是绝大多数中国知识分子的选择。第三，大众文化。大众文化根源于工业文明，而农耕文化、狩猎文化、森林文化、草原文化、黄河文化、长江文化等都根源于农业文明。大众文化是中国改革开放以来发展最为迅速的一种文化，它是工业社会的一个产品，不要将它等同于民间文化、通俗文化，也不要将它等同于庸俗文化，那些都是农业社会的文化形态。大众文化的表现形式如选美比赛、广告的娱乐版面、MTV、青年歌手大奖赛、流行音乐等等。大众文化有这样几个特点：一是工业化生产，以产业化形式来做；二是快餐运作化，遵循市场化规则，只要有人喜欢，就会不厌其烦地复制；三是平面化，不求天长地久，但求曾经拥有。第四，中国传统文化。传统文化是中华民族共有的精神家园，是中华民族生生不息团结奋进的不竭动力。中国传统文化博大精深，如果用最精简的词概括中国传统文化的最基本精神，则是贵和持中、自强不息。中性智慧追求中庸、中道、中和，这是儒家思想的精华之所在。孔子的人格理想讲究文质彬彬，"质胜文则野，文胜质则史，文质彬彬，然后君子"；孔子的审美理想讲究"乐而不淫，哀而不伤"，这些都是中性智慧。

市二届青企协要努力建设以诚实守信、善于学习为核心的组织文化，以更新知识、拓展能力为重点的学习文化，以诚实守信、公平正义为重点的信用文化，以加强协作、整合资源为重点的融合文化，以大胆探索、勇于突破为重点的创新文化，以敢为人先、赶超发展为重点的速度文化。一要优化服务平台，立足发展大局，着力增强满意度。二要搭建学习平台，提升综合素质，着力增强价值度。三要拓宽交流平台，创新活动载体，着力增强外向度。四要设立爱心平台，彰显社会责任，着力增强美誉度。五要强化管理平台，加强自身建设，着力增强聚合度。

3. 进一步凝聚青年，巩固党执政的青年群众基础

马克思主义政党只有赢得青年，才能赢得未来。做好青年群众工作，对于提高党的执政能力、巩固党的执政地位、完成党的执政使命具有重要的意义。青年就业创业问题已经成为今天全部社会问题当中的一个关键问题。温总理在每年的《政府工作报告》中，在每年答记者问的时候，都会涉及青年就业的问题。青年就业、发展的第一个载体和平台是企业。因此，能够为青年朋友们提供就业岗位的企业，请尽量为他们提供就业岗位；能够为青年提供见习岗位的企业，请尽量为他们提供见习机会；能够将青年推荐到某一个企业或者行业，请尽量推荐。市青企协组织一定要从巩固党执政的青年群众基础的高度，充分认识做好新形势下青企协工作的重要性，进一步增强责任感和使命感，把广大青年更加紧密地团结在党的周围。当前，青年的思想状况发生了很大变化，影响青年思想的因素也多种多样。要深入研究当代青年的特点，针对国际国内形势复杂变化和各种思想文化相互激荡的现实，教育引导广大青年认清形势、了解国情、熟悉市情，牢固树立正确的世界观、人生观、价值观和荣辱观，增强民族自豪感、自尊心、自信心，始终把握好正确的人生方向，进一步坚定广大青年跟党走中国特色社会主义道路的理想信念。

要进一步服务青年创新创业。市青企协组织聚集了呼伦贝尔市一大批优秀青年，承载了全市各界的期望，应该为呼伦贝尔市的发展特别是广大青年的成长作出积极贡献。一要建立健全工作机制，切实增强服务能力。建立开放活跃的活动机制，注重调查研究，注重解决实际问题，注重提高自主创新能力，引导广大青年发扬敢于拼搏、勇于争先的精神，立足本职岗位，力争有所发现，有所突破，有所创造。社会的进步在于创新，个人的价值在于创新，要引导广大青年弘扬创业精神和奉献精神，积极推进城乡统筹发展，在艰苦创业的奋斗历程中建立功勋。二要为维护青年工人权益作贡献。协助市委、市政府解决青年就业和创业困难，着眼于促进经济社会协调发展，组织广大青年积极投身争先创优工作，立足自身优势，积极发挥作用。在当前严峻的就业形势下，会员企业要积极投身于促进青年就业创业的行动中来，在用工方面能不裁员就不裁员，能不降薪就不降薪。三要把企业的扩张计划同帮助青年就业创业结合起来。积极拓展岗位，重点为农民工、大学生两个群体提供更多的就业机会和岗位，尤其是中小企业，在招工用工等方面，应尽可能多地提供岗位，进而缓解就业压力，化解社会矛盾，为保增长、保民生、保稳定作贡献。四要积极帮助青年创业。青年创业初期，最缺乏的是资金和经验。会员企业要积极参与到 YBC 项目中来，为青年创业提供资金支持。青年企业家们要踊跃担任青年创业志愿导师，为青年创业进行项目辅导。五是要积极参加共青团“青年就业创业见习基地”建设。2009 年以来，共青团命名了一批“青年就业创业见习基地”，各会员企业也要在不影响企业生产经营发展的情况下，建立“青年就业创业见习基地”，留出一定的岗位，为大学生就业服务。

要进一步拓展对青年的有效覆盖。市青企协组织要始终保持锐意进取、开拓创新的精神状态，主动适应时代发展的要求，认真研究新情况、解决新问题，创造性地开展工作，更好地体现时代性、把握规律性、富于创造性。一要紧紧围绕大团结、大联合、大发展的主题，不断创新组织形式，拓宽联系渠道，促进各族各界青年的交流、合作和发展，引导全市广大青年为建设社会主义和谐社会努力奋斗。二要牢牢把握竭诚服务青年的宗旨，着眼于青年的根本需求，围绕党的工作大局，进一步健全组织，在有条件的旗市区和大中型企业、高校建立相应的组织，增强青企协组织的服务能力、学习能力、凝聚能力和创新能力，拓展对青年的有效覆盖。三要加大培养、举荐青年人才的力度，为青年成长成才搭建平台，创造条件，促进更多的青年人才脱颖而出、健康成长，不断增强青企协组织的影响力和号召力。四要肩负起引导青年的使命。如果一个企业向往真善美，排斥假恶丑，那么企业员工就能够成长为一个追求光明的人；反之，如果一个企业泯灭良知，追求带血的利润，生产假冒伪劣产品，那么就会使企业员工的心灵受到污染，同时也会给社会带来严重的危害。

4. 经济的发展离不开企业的发展，企业的发展离不开优秀的企业家

一个地区的发展离不开企业，企业的发展壮大离不开优秀的企业家。当前，呼伦贝尔青年企业家队伍有几个基本特征：第一，从产业结构上分析，呼伦贝尔市青年企业家从事第三产业者最多，占比达到80%左右，主要集中在吃、住、行、游、购、娱等部门。因为这些行业要求的专业技能、专业人才队伍和整体素质相对于大工业生产链条的要求比较低端、比较容易切入、比较适宜创业。而集中在第一产业的占少量一部分，因为农牧业的产业化过程需要一个长时期的积累。在第二产业的建筑行业中，出现了一部分领军人物，但是占比微乎其微。第二，从发展趋势上分析，任何一个白手起家的企业家，基本都经历了资本积累期、产业壮大期、发展稳定期、资本扩张期和多元产业经营期。今天的青年企业家基本上是在20世纪六七十年代以后出生的，可以说是伴随着改革开放的历程成长起来的一代人。这一代企业家的难处在于缺乏商业文明的遗传因子，地区没有浓厚的商业氛围。在这种困难的情形下，他们通过自主创业走向了成功，这种成功来之不易，难能可贵，值得珍惜。第三，从知识结构上分析，呼伦贝尔市青年企业家队伍专业培训少、系统学习少、社会实践多。因此，青年企业家培训基地应运而生。呼伦贝尔市团委依托呼伦贝尔学院经贸分院成立了青年企业家培训基地，今后将在每个学年度定期邀请3～5位专家学者来讲学。第四，从对社会的回报上分析，青年企业家具有热心社会公益、关心回馈国家和社会的健全人格。向社会捐赠是企业家的良知，是他们对真善美的追求和渴望，不管捐赠多少，都应予以尊重。建设一支高素质的青年企业家队伍，是推进呼伦贝尔市现代化建设事业的必然要求。全市各级青企协会员是全市青年企业家中的精英，面对新形势、新任务，他们更应该带头明确责任，抢抓机遇，加快发展，为呼伦贝尔的经济和社会协调发展作出应有的贡献。

广大青企协会员要努力增长才干。青年企业家要想有所作为、有所发展，关键要把握以下几个环节：

一是靠学习。在市场竞争日益激烈的今天，学习已经成为时代的迫切要求。广大青企协会员要向书本学习，进一步优化知识结构，学习与企业发展密切相关的专业知识、管理知识、财务知识、法律知识；要向他人学习，在人际交往中把每个人作为一本书来读，读出内容，读出收获。青企协是一个凝聚广大优秀青年企业家的“人才高地”，广大会员可以通过这个平台，加强交往，相互学习，共同提高。现在许多企业家都在读 MBA、EMBA，这是件值得鼓励的好事情。但同时我们也要清醒地看到，学习不是为了混文凭、拿学位，而是要实实在在地学本事、长才干。青年企业家要把学习当成一种需要，让学习成为一种习惯。青年企业家们的工作都很辛苦，社会应酬很多，大家更要尽量减少一些不必要的应酬，集中精力抓好学习。人的时间是有限的，如果忙于应酬，就没有时间学习了。《第五项修炼》的作者彼得·圣吉对企业家提出了一条非常著名的忠告：“未来唯一持久的优势是有能力比你的竞争对手学习得更快”。

二是靠实践。企业经营光靠理论知识是远远不够的。列宁认为“实践高于（理论的）认识”，这不仅具有普遍性的意义，而且具有现实意义。当企业面对困惑和难题时，是关在屋子里想办法，还是到实践中找办法？是在书本里找出路，还是到实践中找出路？正确的答案只有一个：注重实践，到实践中去。企业家的经营管理水平和能力要在大量的实践中摸爬滚打甚至经历许多挫折后才能得以提高。我国香港的李嘉诚先生最开始也只是一个普通的钟表店员工，他白手起家，一步步实践，一步步发展壮大，从创办一个小型塑料加工厂，到全港的“塑料花大王”，再到涉足地产业成为香港“超人”，直至成为全球华人首富，可以说他领导的长江集团就是在实践中发展壮大的成功典范。广大青企协会员要扎实干事业，认真谋发展，就要到实践中去，在实践中探索，在实践中总结，在实践中解决问题，在实践中创造出新鲜经验，在实践中砥砺品格、汲取营养。

三是靠思考。思路决定出路。一位成功的企业家一定是一个勤于思考、善于总结的企业家。有资料表明，世界上 1 000 家倒闭的大企业，有 850 家是因为企业家战略失误造成的。而成功的企业家花在战略思维和研究上的时间占到全部工作时间的 60%以上。正所谓“不谋万世者，不足谋一时；不谋全局者，不足谋一域”。面对不断变化的市场，广大青企协会员不要满足于过去的成绩，而是要多思考未来、经营未来，要居安思危、思危图变，正如海尔集团总裁张瑞敏所讲，“时刻都战战兢兢、如履薄冰”。要冷静地思考企业战略发展的大局，认真分析国际国内经济结构调整和产业梯度转移的趋势，适时把握经济全球化和我国市场经济发展进程中分工重新调整、资源重新配置的机遇，结合企业生产经营实际，制定相应的战略目标，找准企业定位，发挥比较优势，不断提高企业决策的效益性和科学性，牢牢把握市场竞争的主动权。

广大青企协会员要努力推进企业发展。企业是以追求效益为最高目标的，努力提高企业效益、促进企业发展是企业家的职责所在。广大青企协会员要牢固树立、认真落实科学发展观，努力转变经济增长方式，千方百计提高经济效益，实现企业又快又好发展。

一是要敢于变革。一个充满活力和竞争力的企业离不开一位优秀的企业家，对企业家来说，变化就是最好的机会，发现变化，了解变化，善于把握市场变化带来的机遇，就能开创出不同凡响的事业。1992 年之前，诺基亚公司还是一家名见不经传的生产电器等多产品的综合性经营公司，企业的发展一度陷入困境。约玛·奥利拉担任诺基亚董事长兼首席执行官后，经过市场调查，敏锐地觉察到未来通信方式转变这一巨大的市场前景，力排众议，削减了除通信产品以外的所有业务，从而把握了模拟手机向数字手机转型的大好时机，只用了短短六年时间，就使诺基亚成为全球手机行业的第一品牌。面对瞬息万变的市场，广大青企协会员一定要有前瞻性的战略眼光和思维，在激烈的市场竞争中找准新的经济增长点，实现企业的可持续发展。

二是要科技兴业。当今世界，科学技术的进步和创新是经济社会发展的决定性力量。大到一个国家，小到一个企业，如果不掌握科学技术，就把握不了未来发展的主动权。从全球经济来看，各国经济和社会发展对科技进步的依赖程度增高，科技竞争日益成为国际竞争的决定性因素。从产业成长方面来看，电子货币、互联网等信息技术服务极大地加速了全球性的投资、生产和贸易活动，成为产业成长和市场竞争的主要手段。从企业生产方面来看，科技进步使经济运行的周期逐渐淡化，产品的生命周期缩短，依靠科技进步，加快产品的升级换代，保持企业对市场信号的灵敏度，提高决策的及时性，已成为企业生存和发展的必然选择。从流通方面来看，网络和电子商务的蓬勃发展，给传统的贸易方式带来了巨大的冲击，引发了一场商品流通领域的新革命，企业的经营方式、交易方式发生了重大变化。科技已经而且必将继续显示其巨大的力量。我们的企业既是国家经济实力的基础和支柱，也是科技创新的主体。广大青企协会员要着眼于建设创新型企业，加大科研投入，针对企业发展的技术瓶颈，在关键环节上取得突破，大力开发具有自主知识产权的核心技术和关键技术，加强企业的知识产权保护，加快创新成果的转化速度，增强企业核心竞争力，努力打造自主品牌，从国家和自身长远发展的高度抓好科技创新，在由“中国制造”转向“中国创造”的过程中发挥重要作用。

三是要人才强企。人才是企业发展最宝贵的战略资源，是决定企业兴衰的关键因素。广大青企协会员要把实施人才强企作为企业发展的重大战略任务切实抓好，树立强烈的人才意识，善于发现人才、培养人才、集聚人才、服务人才，努力在企业中营造有利于人才成长的良好氛围。要采取有效手段，努力吸引国内外的优秀人才，实现人才资源的优化配置。要建立与社会主义市场经济体制相配套的人才资源开发机制，实行严格监督、竞争择优、充满活力的用人制度，制定知识、技术、管理等生产要素参与分配的政策。要以感情和人格的力量，提高对人才的吸引力和感召力，用事业造就人才，用环境凝聚人才，用机制激励人才，把人才的积极性和创造性引导好、保护好、发挥好。努力把人才优势转化为知识优势、科技优势和产业优势，使一切劳动、知识、技术、管理和资本的活力竞相迸发，使一切创造社会财富的源泉充分涌流，从而激发人们的创造热情，不断推动企业的新跨越。

广大青企协会员要努力促进社会和谐。从国际经验来看，人均 GDP 从 1 000 美元到 3 000 美元的过渡期，是一个国家快速发展的时期，同时也是一个社会经济矛盾比较集中、社会不稳定因素增多的时期。在人均 GDP 达到 4 000 美元左右的水平时，已大致具备了经济增长结构转换的条件，此时经济体发生的一个直观明显的变化就是中产阶层崛起成长为经济发展的中坚力量，并且这个阶层迅速扩大。中产阶层的形成，是推动社会结构由“金字塔形”向“橄榄形”转变、促进社会稳定的重要因素。2009年中国财富增长进入了一个新的历史节点，中国能否跨越“中等收入陷阱”，真正迈向经济发展的更高阶段，动力结构、需求结构、产业结构、要素结构、对外经济结构等增长格局的调整和机构转换，将是关键所在。如何抓住机遇、促进发展、规避风险？关键是要努力构建和谐社会。一是要构建和谐企业。企业是社会的细胞，和谐企业建设是和谐社会建设的一个重要组成部分。广大青企协会员要正确处理企业内部的各种关系，切实保障企业职工的合法权益。要加强企业精神文明建设，在企业中大力倡导良好的社会公德、职业道德和家庭美德。二是要热心公益事业。青年企业家是改革开放的受益人，我们的企业是在社会的支持下壮大的，俗话说“饮水思源”，为政府分忧、为社会解难是青年企业家回报社会的具体体现。广大青企协会员要“致富思源，富而思进”，大力支持扶贫开发工作，踊跃参与希望工程等社会公益事业，弘扬助人为乐、扶贫济困的传统美德和文明新风。三是要促进社会稳定。社会稳定是企业顺利发展的前提条件。企业是社会的一分子，在维护稳定方面也有着义不容辞的责任和义务。广大青企协会员要创造更多的就业机会，帮助更多的人实现就业。目前，市青企协开展的“金桥行动”就是广大会员在促进青年就业创业方面的一个有力举措。要积极关心社会弱势群体，尽力为他们解决生活中遇到的困难和问题。要善于协调多方利益，与邻为友，融洽与企业所在社区的关系，优化企业的发展环境。

身处呼伦贝尔实现美丽发展、转型升级、富民强市伟大历史进程中的青年企业家们，一定要牢记使命，自强不息，奋发图强，不断发展壮大企业，不断提高员工队伍素质，为了地区的发展和振兴付出更多的努力。

5.4.4 学习工会组织服务大局、谋求作为的进取精神[①]

进入新世纪以来，尤其是市二次党代会之后，呼伦贝尔市的经济实力显著增强，城乡面貌发生深刻变化，社会各项事业全面进步，改革开放取得巨大成就，全市经济社会发展站在新的历史起点上，进入打造自治区新的经济增长极的崭新阶段。全市各级工会组织在市委和上级工会的正确领导下，围绕中心、服务大局，发挥优势、谋求作为，团结动员广大职工深入开展多种形式的建功立业活动，不断提高职工队伍素质，大力弘扬劳模精神，积极协调劳动关系，有效增强工会组织的凝聚力，整体工作水平迈上了新台阶。

市总工会第二次代表大会的召开，标志着呼伦贝尔市工会工作将翻开新的历史一页。新一届工会的五年，是呼伦贝尔市实现“115535”发展目标、打造自治区新的经济增长极的关键时期。工会作为党联系职工群众的桥梁和纽带，作为广大职工利益的忠实代表者和维护者，一定会更好地发挥自身的作用，团结和动员全市各族职工群众，自力更生、艰苦创业，齐心协力、开拓进取，为推动呼伦贝尔又好又快发展作出新贡献。

工会和各群众团体都是党领导下的群众组织，是党联系人民群众的桥梁和纽带。长期以来，工会与共青团组织相互尊重、相互支持、相互学习、密切配合，在共同奋斗中谱写了光辉的篇章。共青团组织要学习工会组织服务大局、谋求作为的进取精神，最大限度地团结各族各界青年，求实创新、奋发有为，为保增长、保民生、保稳定作贡献，为实现呼伦贝尔市经济平稳较快发展建功立业。

---

① 本部分内容系作者2009年5月7日在呼伦贝尔市总工会第二次代表大会上的贺词。

5.4.5 学习侨联组织凝聚侨心、维护侨益的服务意识①

长期以来，全市各级侨联组织在市委的领导和上级侨联的指导下，以邓小平理论和“三个代表”重要思想为指导，全面贯彻落实科学发展观，充分发挥自身优势，凝聚侨心，维护侨益，为侨服务，发挥侨力，做了大量卓有成效的工作。全市归侨、侨眷立足本职、勤奋工作，广大海外侨胞情系桑梓、造福故里，为呼伦贝尔市走好生态文明之路和又好又快发展之路，推动全市经济社会又好又快发展作出了积极贡献。

侨联和各人民团体，都是党领导下的群众组织，肩负着为党做好群众工作的重要职责。各人民团体相互支持，团结协作，共同奋斗，建立了紧密的联系，结下了深厚的友谊，形成了良好的合作关系。在新的发展阶段，人民团体肩负的使命更加光荣，发展的空间更加广阔。共青团要学习侨联组织凝聚侨心、维护侨益的服务意识，充分发挥自身的特点和优势，最大限度地把所联系的群众团结在党的周围，不断巩固和扩大党长期执政的群众基础，为呼伦贝尔的经济社会发展作出积极贡献。

5.4.6 与文联组织一道做建设先进文化的生力军②

进入21世纪以来，尤其是市二次党代会之后，伴随着呼伦贝尔市进入实现全面振兴的崭新阶段，市文联在市委、市政府的正确领导下，带领全市广大文学艺术工作者，坚持文艺“为人民服务、为社会主义服务”的方向和“百花齐放、百家争鸣”的方

---

① 本部分内容系作者2009年5月12日在呼伦贝尔市第一次归侨侨眷代表大会上的贺词。

② 本部分内容系作者2009年1月15日在呼伦贝尔市文学艺术界联合会第二次代表大会上的贺词。

针，贴近实际、贴近生活、贴近群众，立足传承发展民族文化，培养各民族优秀文学艺术人才，创作出大量深受广大群众喜爱的文学艺术精品，弘扬了民族精神，营造了文明、健康、和谐的社会文化氛围，极大地丰富了广大群众的精神文化生活，充分展示了呼伦贝尔的优秀历史文化和改革开放进程中呼伦贝尔人的精神风貌，提高了呼伦贝尔民族魅力城市的知名度，为呼伦贝尔市精神文明建设及构建和谐呼伦贝尔作出了巨大贡献。

长期以来，在实现呼伦贝尔全面振兴的伟大进程中，各人民团体充分发挥自身的特点和优势，相互支持、密切配合、共同奋斗，建立了良好的合作关系和深厚的友谊。文艺是人民大众的文艺，文学艺术在满足广大职工、青年、科技工作者、归侨、侨眷、海外侨胞，特别是妇女儿童健康的审美需求，丰富人们的精神世界，培育和弘扬民族精神，促进人的全面发展方面发挥了重要作用。繁荣社会主义文学艺术，是广大文学艺术工作者的使命和职责，也是各人民团体共同的事业。各级团组织要和文联组织一道，在市委、市政府的坚强领导下，全面贯彻落实科学发展观，高扬社会主义先进文化旗帜，认真履行各自职责，充分发挥各自优势，广泛密切联系群众，携手并肩，求真务实，开拓创新，为呼伦贝尔的全面振兴，为呼伦贝尔文学艺术事业新的繁荣作出贡献。

5.5 提高共青团在和谐社会建设中的贡献率

5.5.1 服务困难青少年群体是共青团的职责所在①

共青团具有组织青年、引导青年、服务青年、维护青少年合法权益的职能。引导青年跟着团旗走，需要载体，需要平台，需

① 本部分内容系作者2009年1月16日在“真情助困进万家”结对仪式上的即席讲话。

要手段。团组织的凝聚力、号召力取决于能为团员青年做些什么，归根结底就是要服务广大团员青年最迫切、最根本的需求。与进城务工青年、困难学生结对帮扶的形式，为我们全面加强团的基层组织建设找到了较好的载体。

古往今来，经济社会发展的每个时期都存在着困难群体。如何发挥共青团服务大局的职能，用实实在在的工作切实帮助困难群体，是我们应当探讨的问题。“真情助困进万家”活动是落实和诠释这一要求的具体体现。

团组织要将“真情助困进万家”结对帮扶活动作为载体固定下来。广大青年要带动身边的亲人和朋友，做更多对社会有益的事情，为经济困难学生和农村留守儿童、残疾青少年等弱势群体排忧解难，让他们切实感受到党和政府及团组织的温暖。

“党有号召，团有行动”历来是共青团的光荣传统。服务大局的职责要求我们找准服务党政工作大局的切入点，团结带领广大团员青年在构建和谐呼伦贝尔的实践中作出新的更大贡献。团市委组织广大青年文明号集体帮助困难群体，是带动全团关注民生、支持政府、支持社会的具体举措，是充分调动共青团资源的具体举措。社会经济成分、组织形式、物质利益和就业方式的多样化发展，对共青团组织的职能定位、组织形态、工作模式、运行机制等各方面提出了新的挑战和要求。共青团组织要适应新形势新任务的需要，必须转变发展观念，开拓发展思路，破解发展难题，提高发展能力。

5.5.2 参与社会管理和公共服务是维护青少年合法权益的根本途径①

“我关注·我成长·我发现·我思考——人大代表、政协委

① 本部分内容系作者2008年4月25日在“我关注·我成长·我发现·我思考——人大代表、政协委员与全市少年儿童代表面对面”活动上的讲话，有删节。

员与全市少年儿童代表面对面”活动，是共青团组织落实党的十七大精神，积极参与社会管理和公共服务，维护青少年合法权益，扩大青少年有序参与政治，理性、合法地表达利益诉求的一项具体举措，是团组织为人大代表、政协委员与青少年近距离沟通搭建的平台，其目的是进一步畅通青少年民意，汇集青少年民智，同时培养青少年的参政议政意识，进一步扩大青少年的社会参与，推进社会主义民主。

2007 年 3 月，胡锦涛总书记就群众团体如何在和谐社会建设中发挥作用发表了重要讲话，党的十七大明确提出“支持工会、共青团、妇联等人民团体依照法律和各自章程开展工作，参与社会管理和公共服务，维护群众合法权益”。这些要求，明确了共青团在社会主义和谐社会建设中的定位和工作内容。共青团组织要按照党的十七大关于扩大人民民主、加快建设社会主义法治国家、完善社会管理、维护社会安定团结等方面的要求和部署，积极探索青少年权益工作在参与社会管理和公共服务中的着力点和方式，发挥共青团在有序扩大青少年社会参与、反映青少年诉求、提高青少年法律意识、维护青少年合法权益等方面的作用。尤其要特别重视发挥各地未成年人保护委员会办公室和综治委预防青少年违法犯罪工作领导小组办公室的作用，这是党要求共青团参与社会管理的重要途径，也是共青团承担政府青少年事务的重要渠道。

5.5.3 共青团组织要大力弘扬人道主义精神①

关爱帮助残疾人是国家和社会义不容辞的责任。“老有所养，幼有所依，鳏寡孤独废疾者，皆有所顾”是构建和谐社会的内在

① 本部分内容系作者 2008 年 5 月 17 日在“共享信息化成果，共绘现代化生活”世界电信日和信息社会日暨为地震灾区群众献爱心活动启动仪式上的讲话，有删节。

要求。各级团队组织要大力弘扬社会主义人道主义精神，并在少年儿童中进行以理解、尊重、关心、帮助残疾人为主要内容的社会主义人道主义教育。

第一，把进行社会主义人道主义教育，培养理解、尊重、关心、帮助残疾人的良好道德风尚列入中小学思想品德教育内容中，注意理论联系实际，充分考虑少年儿童的思想特点和年龄特点。要通过浅显易懂的道理、具体形象的事例以及身边的人和事对少年儿童进行教育。

第二，在中小学生中进行学习英雄模范人物先进事迹的教育活动，同时启发少年儿童学习身边那些普普通通的残疾人不畏困难、坚韧不拔的进取精神，引导少年儿童以同龄残疾小伙伴锲而不舍、克服困难、遵守纪律、勤奋学习的典型为榜样，争做新世纪优秀少年。

第三，开展关心帮助残疾人的实践活动。引导少年儿童把理解、尊重、关心、帮助残疾人同树立爱祖国、爱人民、爱劳动、爱科学、爱社会主义的道德情操紧密结合起来。通过开展形式多样、生动活泼的实践活动，培养心中有人民，乐于为人民、为社会尽义务的好思想、好品德和文明礼貌的良好习惯。

第四，充分发挥少年宫、青少年活动中心等校外教育机构的作用，创造条件使这些机构对残疾少年儿童开放，使教育活动更加丰富多彩、生动活泼。

5.5.4 共青团组织要关心关注灾区少年儿童

1. 服务少年儿童健康成长是共青团组织的重要职责①

少年儿童是祖国的花朵、国家的未来和民族的希望，关心、

① 本部分内容系作者2008年5月31日在“与灾区少年儿童心手相连”文艺演出上的致辞，有删节。

关注、关怀包括残疾和留守少年儿童在内的所有少年儿童健康成长是共青团组织的重要使命。这种关心、关注和关怀，充分体现了互相关心、助人为乐的社会主义精神，体现了共同进步、共同发展的集体主义精神。

少年儿童朋友们生逢社会主义祖国蓬勃发展的伟大时代，未来全面建设小康社会的宏伟蓝图要靠同学们的参与来绘制，宏伟的奋斗目标要靠同学们的参与来实现。广大少先队员和全体同学要努力学习，发愤图强，不辜负党和人民的期望；要树立远大理想，为祖国强大、民族振兴而刻苦学习；要树立社会主义荣辱观，从小养成优良品德，培养文明礼貌、团结互助、诚实守信、勤俭节约、热爱劳动的好品行；要从小锻炼强健的体魄，磨炼坚强的意志，迎接未来的挑战，为成为有理想、有道德、有文化、有纪律，德、智、体、美全面发展的中国特色社会主义事业建设者和接班人而不懈努力。

2. 共青团组织要以实际行动帮助灾后重建①

抗震救灾工作是对共青团工作者和广大团员青年的一次考验与锤炼。在抗震救灾工作中，全市各级团干部、广大团员青年牵挂灾区、关注灾区，尽己所能地做一些实实在在的事情，体现出与祖国同呼吸、共命运的忧患意识以及时刻心系民族命运、心系人民福祉的责任感和使命感，表现出团结协作、无私奉献、敢于实践、敢于胜利的抗震救灾精神。这种精神财富将成为推动呼伦贝尔共青团事业发展的不竭动力，激励我们以更加昂扬的精神、更加奋进的脚步、更加务实的举措，全面落实团十六大确定的各项目标任务，开创共青团工作新局面。

---

① 本部分内容系作者 2008 年 12 月 1 日在向甘肃省天水市甘谷县捐赠课桌椅仪式上的即席讲话。

一是高度重视，迅速投入抗震救灾工作。2008 年 5 月 14 日上午，团市委召开书记办公会议，研究部署组织全市 47 万团员青年投入抗震救灾工作。会议决定转发团中央《关于组织动员团员青年积极投身抗震救灾工作的紧急通知》，要求各级团组织要充分发扬“一方有难、八方支援”的精神，从讲政治、讲大局的高度，迅速行动起来，把抗震救灾工作作为当前一项事关全局的重大而紧迫的任务全力抓好。要发挥组织优势，广泛开展捐款、捐物、慰问等活动，采取组建青年突击队、开展志愿服务等方式，组织团员青年迅速投入到抗震救灾工作中去。

二是积极响应，开展社会募捐活动。各级团组织按照要求，迅速行动起来，纷纷组织开展捐款献爱心活动。5 月 14 日下午，团市委机关同志、呼伦贝尔学院团员青年举行向地震灾区捐款献爱心活动，共向灾区捐款 5 万余元。5 月 15 日，团市委机关同志又与市民族少年宫师生一道，向灾区捐款 2 万余元。5 月 27 日，团市委机关党员干部同志又以交特殊党费的形式向灾区捐款 1.32 万元，其中团市委书记冯方祥同志带头捐款 2 000 元。各级团组织广泛动员团员青年、少先队员、青联委员、青企协会员、青年志愿者、青年文明号集体、青年致富带头人等，带头为灾区献爱心。截至 5 月 23 日，全市共青团系统累计捐款 1 464 200 元，募集款通过呼伦贝尔市和各旗市区红十字会、自治区团委汇往灾区，捐款数额在自治区共青团系统居首位。根据团中央《关于做好部分团员交纳“特殊团费”支援抗震救灾工作的通知》精神，2008 年 6 月 3 日，团市委再次发出通知，号召全市广大团员、团干部、各级团组织大力弘扬抗震救灾精神，积极投入支援抗震救灾的伟大实践中，特别是受过表彰的优秀团员、团干部、五四红旗团委（团支部）要发挥模范带头作用，以交纳“特殊团费”的形式，为抗震救灾作出应有贡献。截至目前，全市广大共青团员、团干部共向团中央交纳“特殊团费”2万余元。

三是广泛发动，组织志愿者服务队伍。5月16日，团市委转发自治区团委《关于进一步加强对四川地震灾区救助工作的补充通知》，号召全市各级团组织和广大团干部切实增强政治责任感，切实组织好医疗、抢修等志愿者队伍，关注受灾地区在我市工作学习的青年群体，以实际行动为奔赴灾区一线的救援人员献爱心，做好维护社会稳定工作。各级团组织广泛动员和组织本地区、本单位的团员青年踊跃报名参加支援灾区的志愿者服务队。团市委第一时间组织开展报名工作，经过严格审核，选送呼伦贝尔市青少年心理健康教育基地负责人于承军同志参加全区“12355灾区青少年心理康复援助专家志愿团”，赴灾区帮助受灾群众特别是青少年缓解心理危机，渡过心理难关。5月31日，于承军同志奔赴地震灾区开展工作，带去了呼伦贝尔草原人民与灾区人民血脉相连的深情厚谊，体现出万众一心、同舟共济的伟大民族精神。6月16日，于承军同志结束心理康复援助工作，返回呼伦贝尔。

四是丰富形式，声援抗震救灾工作。在党和政府的统一指挥下，全市各族团员青年把“团徽戴起来，旗帜打出来，形象树起来”，以不同形式支持抗震救灾工作。团市委与市信息办、市残联联合举办“共享信息化成果，共绘现代化生活”世界电信日和信息社会日暨为地震灾区群众献爱心活动启动仪式，声援抗震救灾工作，产生了良好的社会影响；积极参与“心系灾区——呼伦贝尔市大型募捐活动”，全市共青团系统现场捐款38万元；组织机关全体同志和来自森警、武警、公安、消防以及海铁一中、市民族少年宫的团员青年、少先队员200人，赶排大合唱《让世界充满爱》，作为募捐活动压轴节目演出，体现了团员青年、少先队员健康向上的精神风貌和和衷共济的民族精神，成为整场亮点；举办“与灾区少年儿童心手相连”文艺演出，在“六一”儿童节到来之际，向灾区少年儿童送去了节日的祝福。全市各级团组织也采取多种形式投入抗震救灾工作。额尔古纳市团委开展“华夏儿女同携手　众志成城渡难关”主题活动，组织青年企业家、团员青年为灾区捐款；开展“四海一心　有你四川就有希望”主题西部计划大学生志愿者募捐活动。新右旗阿镇各社区团支部发起“黄丝带爱心接力”志愿者募捐活动等，累计开展活动逾 50 次，最大限度地为灾区提供了资金支援。

五是加强宣传，弘扬抗震救灾精神。在开展捐款活动期间，团市委把抗震救灾宣传报道摆在突出位置，协调《呼伦贝尔日报》、呼伦贝尔电视台、呼伦贝尔人民广播电台、《内蒙古商报》等多家媒体，发挥呼伦贝尔青年网站等团属宣传阵地的作用，及时、准确、透明地报道我市共青团系统捐款活动情况；《呼伦贝尔青年》专门出版了一期抗震救灾特刊，大力宣传党中央、国务院心系人民安危，对抗震救灾工作高度重视和保护灾区人民群众生命安全的决策部署；宣传市委、市政府迅速组织干部群众投入抗震救灾工作的情况，宣传在抗震救灾过程中涌现出来的青年典型和感人事迹，展现当代青年在服务大局、服务群众中的积极作用，形成了共青团抗震救灾工作的强大声势。

6. “三年联建”工作思路基本形成

6.1 “三年联建”工作取得阶段性成果

2009 年，呼伦贝尔共青团以基层组织建设年、青年就业创业实践年和作风建设加强年“三年联建”工作为主线，着力在近强基础、远谋团力上下工夫，团的各项工作呈现出重点突出、整体推进、全面活跃的良好局面。

6.1.1 基层基础工作更加扎实牢固

全市新建各类团组织 86 个，112 家“两新”组织团建“十百千”工程联系点全部建立了团组织，建团率达到 100%。推进团建创新，在 25 个农村牧区产业协会开展了团建试点工作，在 23 个社区建立了共青团工作联席会议制度，在海拉尔区、阿荣旗、鄂温克旗建立了网络团支部、QQ 群、贴吧等。加强团内民主建设，在 24 个基层团委开展了书记直选试点工作。加大对基层的支持力度，先后从团市委机关抽调了 9 名团干部派驻旗市区指导工作，选派了 368 名大学毕业生担任村官，选派了 105 名大学生志愿者到基层工作。加强团干部队伍建设，全年培训团干部近 3 000 人次，共有 184 名大学生村官、西部计划志愿者和青年能人担任了农村牧区基层团组织负责人。加强团员和青年人才队伍建设，全年发展新团员 10 631 人，“推优”入党 1 497 人，表彰各类青年典型和青年群体 367 人次，培养青年乡土人才 295 人。按照《党章》规定，落实旗市区、乡镇苏木团委书记列席同级党的常委会和委员会工作，11 个旗市区及以下团委书记列席同级党的常委会和委员会，在全市占比达到 84.6%。

6.1.2 促进青年就业创业实现重大突破

年初与自治区团委签订的《青年就业创业目标责任状》全部或超额完成。全年组织培训青年 5 052 人次，完成责任目标 126.3%。创建各级青年就业创业见习基地 98 家，提供见习岗位 1 020 个，接受见习青年 2 358 名，完成责任目标 426%。协调相关部门启动了青年创业小额贷款项目，累计发放小额贷款 168 笔共 323 万元，扶持了农业种植、农产品深加工、畜牧养殖、网络开发等项目。实施“一对一”帮扶青年创业行动，建立帮扶对子 46 个，完成责任目标 100%；培育青年创业示范点 25 个，完成责任目标 250%。全市 784 个嘎查村的 616 个团支部书记兼任劳动保障协理员和民政协理员，占比达到 78.57%。在全区 12 个盟市中率先成立了呼伦贝尔市青年创业促进会暨 YBC 呼伦贝尔市（试点）办公室，创办了全区首家服务农牧林区青年转移就业创业网络指导中心。召开了全市共青团“三年联建”暨青年就业创业目标责任签状座谈会，分别与 13 个旗市区团委签订目标责任状。全年累计在电台、电视台、报纸、门户网站等媒体播出、刊载青年就业创业相关信息 50 余则，营造了尊重、关注、支持青年创业的良好氛围。

6.1.3 教育引导青少年主题更加鲜明

以新中国成立 60 周年、五四运动90 周年和少先队建队 60 周年等重大节庆日为契机，全年共举办读书班、团课、专题辅导、理论研讨、演讲赛、知识竞赛等近400场次，参与人数达8万多。市本级相继开展了纪念五四运动90周年大会、中蒙少年儿童国际大联欢、《托起明天的太阳》话剧演出、学习吴大观活动、青少年"红歌颂祖国"、团员青年解放思想大学习大讨论论文评选征集活动等主题教育活动47场次，参与人数十多万人；各旗市区广泛开展了"青春草原唱响红歌"、"中国少年儿童平安行动"、"感恩母爱"等大型主题教育活动350多场次，覆盖城乡青少年近35万人。以体验教育、社会观察和实践育人为基本途径，开展了雏鹰争章、手拉手、青少年素质拓展计划、少年军校等活动，近1万名学生参与了18岁成人教育系列活动，3 000多名学生接受了军政训练。广泛开展了"三下乡"活动，发放各类农牧业技术书籍2 000余册、VCD光盘1 000余套。

6.1.4 维护青少年合法权益成效更加显著

开展了真情助困进万家活动，累计为贫困青少年送去了13.55万元慰问金及学习生活用品。开展关爱留守儿童、少先队手拉手活动30余场次，积极为困难青少年群体排忧解难。争取"新起点"爱心基金项目1.4万元，分别发放到14名青少年手中。通过希望工程筹资81.6万元，帮助545名贫困中小学生完成学业，资助133名贫困大学新生顺利入学。以"12355"青少年服务热线、"两法一例"普及、优秀青少年维权岗创建为重点，进一步普及了青少年的法律知识，增强了法律意识。开展青少年远离毒品、青春红丝带等主题活动50余场次，切实提高了青少年的自护能力。在防控甲型H1N1流感期间，联合教育、工商、公安等部门开展了不良网吧的清理、整顿工作，有效地维护了青少年的身心健康。市青少年心理健康教育基地成立了实验校，开通了“8342432”青少年心理咨询热线，创建了网络链接。授予海拉尔交巡警大队河西中队等10家单位呼伦贝尔市优秀“青少年维权岗”荣誉称号。全年累计为劳动改造青少年、成边部队战士等青少年群体开展心理健康讲座及心理疏导活动20余场次。

6.1.5 服务经济社会发展作出积极贡献

围绕推进新型工业化，举办青工技术比武47场次，培养青年高技能人才1 425人，表彰青年岗位能手130人。围绕新农村新牧区建设，举办各类实用技术培训班98期，培训青年农牧民3 273人次，创建农村牧区青年科技示范基地20个。围绕生态文明建设，开展了节能减排、植绿护绿、保护水源等宣传实践活动，近10万人次青少年参与其中，植树种草37万亩。在第十一届全国运动会、中俄蒙国际旅游节、中俄蒙科技展、全市两个文明建设经验交流会、全市社区建设交流会等重大会议活动中，呼伦贝尔市青年志愿者发挥了不可替代的作用，全年累计提供志愿服务逾3 800场次。在岭东三个旗市区发生洪涝灾害后，全市各级团组织累计向岭东灾害区捐款89 220.70元。在新中国成立60周年庆典等重大节庆和新疆“7·5”事件等重大事件期间，充分发挥青少年工作阵地作用，引导教育广大青少年听党指挥、理性爱国，用实际行动维护了社会和谐稳定。

6.1.6 团的各项事业不断巩固发展

青联工作实现新突破，承办了内蒙古自治区第五届“思想草原”文化之旅大型系列讲座，创建了全市第一家警营青年移动书屋，成立了军地两用人才培训基地，增补调整了青联领导机构。

少年宫各项工作跨上新台阶，开展了五年一度的中层环节干部竞聘上岗工作，13 名群众满意度高、民主推荐集中、党组意见一致的同志走上中层干部领导岗位。市少工委、民族少年宫荣获了中国青少年艺术大赛“最佳赛区组织奖”等国家级荣誉、全区五四红旗团总支等自治区级荣誉、全市首届群众合唱节一等奖等市级荣誉。青少年活动中心建设迈出新步伐，以解决多年的历史遗留问题为契机，将全国冬夏令营基地原址 2 800 平方米建筑物拍卖出让，另辟新址开工建设 1.4 万平方米、各项功能及服务设施齐全的青少年活动中心。团的宣传工作稳步推进，编辑出版 5 期《呼伦贝尔青年》杂志，2009 年在国家、自治区级媒体发稿 70 余篇，在市级媒体发稿 100 余篇，专版 4 个，比 2008 年翻了一番。团的理论研究取得初步成果，一年来，先后撰写了《欠发达少数民族地区青年人才培养及其成长规律研究》、《青少年学生人文素质教育规律及关键问题探析》、《在农村牧区改革发展中充分发挥团组织的作用》等多篇调研报告，部分理论文章还分别荣获自治区青年研究会第十届优秀科研成果一等奖、优秀奖等奖项。青年外事工作全面拓展，先后组织选派各类青年代表 40 余人赴韩国、日本、俄罗斯、蒙古等国家交流访问，增进了与不同国家间青年的友谊互信。受团中央委派，冯方祥同志作为中国政府青年代表团副总团长出访韩国，汪国峰、其木格等同志出访日本等国家和地区。

此外，按照市委的总体部署，团市委系统以“高举团旗跟党走，美丽发展生力军”为实践主题，深入开展了学习实践科学发展观活动，通过认真组织学习，广泛调查研究，深入对照检查，着力完善机制，进一步增强了机关系统干部职工贯彻落实科学发展观的自觉性和坚定性，为推动全市共青团事业科学发展奠定了良好的基础。

概括起来，2009 年全市共青团工作有四个方面的特点：

一是以“三年联建”系统化的工作思路创造性地思考、谋划和落实团的各项工作。团市委一届十次全委（扩大）会议立足奠基铺路，着眼系统性和连续性，在落实团中央和自治区团委一系列战略部署的基础上，提出了基层组织建设年、青年就业创业实践年、作风建设加强年“三年联建”的工作思路。

二是更加注重通过组织化动员和社会化动员相结合的方式来提升团的工作水平。既注重发挥团的组织优势，又遵循市场规则，把市场主体参与共青团工作的荣誉感、责任感与尊重其合理利益结合起来，建立起共青团与各类市场主体的稳固联系与合作关系，不断壮大共青团工作的资源依托。在建立青年就业创业见习基地过程中，充分发挥团的组织动员优势，在各类企事业单位和青联、青企协、青年文明号集体等会员单位中募集见习基地和见习岗位；同时，整合广泛多元的社会力量，通过上门走访协商、媒体宣传吸引、依托网络平台等多种社会化动员方式，创建见习基地。在募集青年创业基金过程中，积极争取财政资金 300 万元，同时通过社会、企业等渠道多方筹集资金 140 万元，建立了呼伦贝尔青年创业基金。在呼伦贝尔市“十大杰出青年”评选过程中，联合市委组织部、市委宣传部、市委统战部、人事局、广播电视局、日报社、电视台、广播电台、移动公司等多家单位，通过邮寄投票、网络投票和短信投票相结合的方式产生了候选人，20 多万群众参与投票，在社会上引起强烈反响。

三是更加注重通过狠抓基层基础建设来强力推进团的各项工作。既注重用工作和活动有效影响青年，又注重用健全的组织网络来有效覆盖青年，坚持各项活动和基层基础建设“两手抓”，积极探索区域共青团整体化建设的实现途径，不断推进基层团组织的整体活跃。始终坚持眼睛向下、重心下移，坚持将团的工作力量和各项资源向基层倾斜，推进基层团的工作全面活跃。

四是更加注重通过完善工作制度来推动团的工作。始终坚持将制度建设作为推进团的各项工作的基本保障。坚持工作决策建立在调查研究和科学论证的基础上，工作成果的检验广泛征求青年群众的意见。坚持将学习实践科学发展观活动的成果固化为推进共青团建设的长效机制。在团市委机关，建立和完善了机关内部管理制度，使机关运转更为规范、有序、高效，有效服务了全市共青团工作大局，2009 年收到自治区团委文件 154 份，其中交办工作类 136 件，贯彻落实上级政策类 18 件，做到了件件有落实，事事有回音。在基层，协调各旗市区党委落实了旗市区及以下团委书记列席同级党的常委会和委员会制度，建立健全了团干部抓基层联系点制度、驻点工作督导机制、基层工作信息报送制度和年度考核制度，有力地推动了基层各项工作的落实。在班子，始终坚持民主集中制的原则，涉及干部任用、后备干部推荐、机关进人、财务支出等重大事项均在党组会研究，涉及冬夏令营基地遗留问题的解决、财产明晰、新址建设方案等重大问题还扩大到机关全体会议上讨论研究决定。

2009 年，全市各级团组织先后荣获中国第四届“母亲河奖”组织奖等国家级表彰 41 人次，其中集体 7 人次，个人 34 人次；荣获自治区级表彰 76 人次，其中集体 28 人次，个人 48 人次。在 2009 年度全区共青团工作实绩考核评比中，团市委再次名列第一，并同时荣获组织工作和青年就业创业工作两项“重点工作示范奖”。这个荣誉是在多年来全市各级党组织亲切关怀和正确领导、一代代共青团人不懈奋斗的基础上取得的。纵观呼伦贝尔共青团的发展历程，全市共青团工作又站在了新的历史起点上。

6.2 立足新起点，更上一层楼

2010年，是呼伦贝尔市实现美丽与发展双赢的攻坚之年，是全面完成“十一五”规划各项任务的决战之年，也是推进“三年联建”工作的关键一年，更是全市共青团系统站在新的起点上，传承薪火、奋勇开拓的一年。市委二届十五次全委会就2010年全市工作提出了“美丽发展、转型升级、富民强市”的目标和正确处理好“三个关系”、做到“六个更加注重”的总体要求。新的形势给共青团的工作提出了继承好传统、立足新起点、更上一层楼的新要求。“立足新起点、更上一层楼”，要求各级团组织团结带领全市各族团员青年在实现共青团事业科学发展的新起点上取得新的突破；要求全市各级团组织必须坚持工作的系统性和连续性，深入思考和把握根本性、全局性、战略性问题，在党的事业发展大局中找准方位、抢抓机遇，在工作的创新性、导向性、示范性上继续探索，努力工作。

2010年，全市共青团工作的总体思路是：以党的十七届四中全会精神为指导，深入学习实践科学发展观，突出团中央和自治区团委的工作重心，紧紧围绕全市重点工作，贯穿“一条主线”，着眼“两个全体青年”，推进“三年联建”，履行“四项职能”，抓好“五项重点”，不断提高团的创新能力、学习能力、执行能力、科学决策能力，团结带领全市广大团员青年做美丽与发展双赢的忠实实践者。

6.2.1 着力打造共青团生命力工程

一是推进基层团委书记直选工作。2010年作为乡镇苏木团组织集中换届年，全市所有乡镇苏木团组织采取直选的方式集中换届，有条件的乡镇苏木探索团委书记公推公选模式。二是探索网络团建试点工作。每个旗市区建立一个网络团建工作试点，通过网络团支部、QQ群、视频、论坛、贴吧等开展不同形式的活动，为网络团建工作积累经验、奠定基础。三是推进产业协会团建试点工作。各旗市区在民政部门注册的产业协会都要建立团组织，构建“嘎查村团支部＋农村牧区青年经济合作组织”的组织格局，引导农村牧区青年致富成才。四是推进社区共青团工作联席会议制度试点工作。2010年内，全市327个社区建立共青团工作联席会议制度，凝聚驻区各单位的力量形成大团建格局。五是抓好基层组织格局创新。按照团中央《关于街道乡镇共青团组织格局创新试点工作的通知》的要求，成立专项工作指导小组，指导海拉尔区、新左旗开展共青团基层组织格局创新试点工作，定期对工作情况进行检查。六是抓好驻点工作。总结前两批驻点工作的经验，加强对第三、第四批驻点工作的宣传和指导，确保驻点工作不走过场，取得实效。七是推进“两新”组织团建工作。各旗市区选择5个未建立团组织的“两新”组织作为新的联系点，用半年的时间建立团组织。八是加大基层团干部培训力度。2010年内，团市委对全市784个嘎查村团干部进行全员培训，切实提高基层团干部的工作能力和水平。九是加强中等职业学校、普通中学团组织建设和工作。认真贯彻《关于加强中等职业学校共青团工作的意见》，积极探索增强中职学校团组织活力的载体；抓好团队衔接、入团教育、道德养成教育等工作，促进普通中学团建整体水平的提高。十是推进青年组织体系建设。加大外联力度，做好市青联和青企协换届工作，开展十大杰出青年企业家评选表彰活动，进一步巩固以共青团为核心的青年组织体系。

6.2.2 突出解决青年最关注的现实问题

一是加强见习基地的规范化建设。制定见习基地管理办法，建立网络管理系统，实现见习基地岗位信息发布、见习青年对接、业务培训的动态化管理。二是增强就业创业培训的实效性。在13个旗市区成立团组织自身培训基地，对参加培训的青年进行跟踪服务，进行翔实的数据统计，确保青年成功实现就业创业。三是扩大小额贷款覆盖面。协调银行及有关职能部门降低门槛、简化手续、规范程序，解决城乡创业青年的资金瓶颈问题，进一步拓宽创业资金扶持的渠道和途径。四是加大一对一帮扶力度。成立专业青年创业导师团队，在政策技术方面对所帮扶的青年给予帮助，定期组织导师和创业青年座谈，加强沟通，更好地为创业青年服务。五是发挥青年创业示范点的典型作用。引导青年创业示范点履行社会责任，吸纳更多的青年上岗就业，积累创业经验。六是扩大YBC网络覆盖范围。在13个旗市区建立YBC创业服务站，在惠民帮扶中心设立服务接待处。建设好YBC创业导师、创业青年、联络员三支队伍。组织针对不同民族、不同创业项目、不同产业结构的主题培训班，组织首批创业青年赴发达省市办公室学习。七是选树农村牧区创业青年信用示范户。开展诚信教育和信用评价，引导农村牧区青年诚实劳动、诚信贷款，促进农村牧区信用环境建设。

6.2.3 推进社会主义核心价值体系教育

一是深入推进主题教育实践活动。以社会主义核心价值体系建设统领思想，引领工作全局，以“我与祖国共奋进”主题教育活动为总揽，深入开展青年马克思主义者培养工程，抓好青年骨干的教育培养。深化手拉手、民族精神代代传、争当四好少年和十八岁成人宣誓仪式等活动，大力加强以诚信友爱、感恩宽容、文明礼仪等为重点内容的社会公德、职业道德、家庭美德、个人品德教育，在青少年中唱响时代主旋律。二是全面开展分类引导青年工作。抓住青少年学生、农村牧区青年、城市青年、企业青年等不同领域青年思想教育的关键点，分类别开展思想政治教育，探索针对不同青年群体思想政治教育的有效途径，形成呼伦贝尔市青年结构分析报告。坚持全团带队，加强少先队辅导员培训，进一步深化少先队组织对未成年人的教育引导工作。以民族团结教育为重点，大力选树先进典型，培养和发现一批民族团结的先进代表。紧紧抓住学校这块主阵地，抓住未成年人和大学生这两个重点群体，强化团队意识培养，增强思想引导的针对性和实效性。三是努力探索信息时代思想教育的有效途径。主动掌握信息网络时代青年群体的特点，充分运用网络、手机、QQ群等新媒体，影响和覆盖更广泛的青年。开展“青少年绿色上网”和“共青团工作优秀网络新闻作品”评选活动，探索举办青少年网上文化活动，以信息化手段推动共青团重点工作的开展。加强团属网站和各级团组织网络硬件建设，积极挖掘青少年喜闻乐见、健康有益的主题歌曲动画作品，营造富有时代感、健康向上的网络文化氛围。

6.2.4 进一步服务青少年成长发展

一是深化“面对面”活动。构建共青团与市委、人大、政府、政协的汇报、沟通、联系机制，掌握有关青少年的立法和政策制定动态，协助人大代表、政协委员深入了解呼伦贝尔市青少年的实际需求，反映青少年诉求，疏通青少年诉求表达渠道。二是拓展“12355”品牌功能。加强“12355”青少年服务台基础建设，争取资源服务、技术支持、资金补贴等方面的扶持，逐步完善侵权案件的发现、处理和反馈等处理程序。加强工作队伍建设，发展专业化的志愿服务队伍，开展经常性培训和辅导，提高专业化水平。三是服务特殊青少年群体。开展对呼伦贝尔市闲散青少年的摸底排查工作，加大对服刑青少年、流浪儿童等特殊青少年群体的教育、管理和服务工作力度。协调配合有关部门开展专项整治，促进青少年学法、知法、守法、用法。开展留守未成年人关爱行动，建立留守未成年人管理帮扶制度。拓展筹资渠道，扩大筹资规模，扎实推进希望工程“爱心圆梦大学”行动和贫困中学生救助工作，建立希望工程救助的长效机制。四是协助政府做好青年事务。联合相关部门开展文化市场专项行动。开展青少年禁毒、艾滋病防治等专项工作，创新活动方式，扩大活动影响。以“两法一例”为重点，开展青少年法制宣传教育活动和青少年法律服务活动。实施“未成年人保护行动”和“预防青少年违法犯罪工程”，积极参与社会治安综合治理。加强与司法部门的联系与合作，及时响应、处理、反馈青少年的维权诉求。加强青少年维权岗的建设管理工作。

6.2.5 带领青年建功立业

一是组织动员青年投身新农村新牧区建设。引导农村牧区青年大力发展现代农牧业，扶持发展各类青年农牧民专业合作组织，推进农牧业集约化经营，增强青年农牧民的增收致富能力。实施新型农牧民科技培训项目和农村牧区实用人才培养项目，培养一大批青年星火带头人和科技示范户、节能增效示范户。二是组织动员青年服务经济平稳较快增长。深入开展青工技能振兴计划，挖掘和培养青年人才，为提高产业技术水平和自主创新能力作贡献。动员青年职工学习和运用新知识、新技能，促进企业调整结构。继续开展青年岗位能手评选、“青年安全生产示范岗”创建活动。在全市重点项目中组建百支青年突击队，发挥好青年突击队的作用。三是组织动员青年参与生态文明建设。深化保护母亲河行动，在农村牧区深入开展节水、节电、节能、节地、节肥、节药等工作，发展节约农牧业和循环农牧业。充分发挥保护呼伦贝尔草原青年促进会的作用，举办保护草原青年论坛。在新左旗、新右旗项目区内建立教育基地，扩大保护草原工作的宣传面。四是组织动员青年参与文化大市建设。巩固和深化现有共青团和青少年文化品牌项目，广泛开展具有时代特色、积极向上、健康有益的群众性青少年文化体育活动。以“诵读经典，传承文明”为主题，联合有关部门开展全市青少年中华经典诵读活动。举办首届呼伦贝尔市“青年和谐家庭”评选、共青团文化风采展示月活动。进一步加强志愿服务的组织、项目、队伍和机制建设，加强青年文明号的规范管理。

6.3 在思想作风建设上迈出坚实步伐

立足新起点，更上一层楼，关键在于培养和造就一支“政治上过硬，作风上扎实，自律上严格”的团干部队伍。经过两年的实践，广大团干部的整体素质明显提高，团务能力和工作水平明显进步，作风和精神状态更加良好。但在一些团干部身上还不同程度地存在着问题。各级团组织必须把“作风建设加强年”的各项要求贯穿于工作的始终，狠抓作风，转变作风，增强党性，健康成长。

6.3.1 切实加强党性锻炼

党性是作风的内在根据，作风是党性的外在表现。党性纯洁则作风端正，党性不纯则作风不正。共青团作为党的助手和后备军，党团这种特殊的政治关系，决定了团干部要把党性锻炼贯穿于工作的始终。团干部讲党性，关键是要强化组织纪律观念，强化党员意识教育，自觉用党内政治生活标准来严格要求自己。一是组织原则要强。要认真贯彻民主集中制原则，做到对党忠诚，对组织作出的决定坚决执行，对上级部署的工作不折不扣坚决落实。对组织一定要心怀感恩，以实际作为回报组织的培养和厚爱。二是群众感情要深。要走进基层、走近青年，始终与青年保持密切联系，想青年之所想，急青年之所急，为青年办实事，替青年解难事，把根深深扎在广大青年之中，从而赢得青年的拥护。三是自我要求要严。要把对团干部关心爱护与严格要求结合起来，该批评时要敢于批评，对存在的问题敢抓敢管，切实履行好协管职能，坚决克服团内生活庸俗化的现象。

6.3.2 注重锤炼优良作风

团干部的作风就是团干部的形象。作风体现在具体的工作中、具体的行动上。各级团组织要突出强调通过提高党性修养抓作风，通过调整工作状态抓作风，通过基层实践抓作风，通过敢抓敢管抓作风，通过工作落实抓作风。一是要敢于迎难而上。各级团组织和团干部一定要遵守团内工作纪律，对作出了的决策、决定了的事情、部署了的工作，必须雷厉风行、坚决执行、扎实推进，做到不唱反调、不换频道、不减力度、不流于形式。二是要坚持真抓实干。团干部要珍惜岗位，树立正确的事业观，把全部心思和精力放在工作上，把全部智慧和汗水倾注到岗位上，深入基层、深入青年、靠前指导、分类指导，在解决难点、热点、重点问题上下工夫。三是要磨炼顽强意志。在推进工作的过程中，要将科学精神、工作激情和务实作风结合起来，努力克服畏难情绪，敢于在吃苦耐劳、勇挑重担、攻坚克难中坚定信念、磨砺意志，为事业发展和个人成长打下坚实基础。四是要狠抓工作落实。各级团组织要继续按照《“三年联建”工作方案》的总体部署，求真务实抓落实，强化责任抓落实，突出重点抓落实，完善机制抓落实，做到“踏石留印，抓铁有痕”。

6.3.3 努力建设学习型团组织

从某种意义上讲，锻炼本领是团干部的第一任务、学习能力是第一能力。要按照建设学习型团组织的要求，积极创造条件，引导帮助各级团干部通过读书学习提升思想境界、完善知识结构与增强素质能力。一是强化学习的主动性。要牢固树立终身学习的理念，把学习作为一种人生态度、一种价值追求、一种政治责任，常思能力不足，常怀“本领恐慌”，常找学习差距，不断激发学习的内在动力。二是注重学习的针对性。重点是按照《团市委学习贯彻四中全会精神工作方案》所列书目，结合自身条件和基础，围绕工作需要，本着缺什么补什么的原则，把学习与调整自己的知识结构与弥补素质缺陷相结合，力求成为知识丰富、能力突出、博学多才的团干部。三是突出学习的实效性。要坚持理论联系实际的学风，自觉地把学习的体会和成果转化为自己的思维方式，转化为对客观形势的看法和把握，转化为工作思路和措施，转化为实践行动和干劲，真正做到学以致用、以用促学。四是增强学习的持久性。要建立定期集中学习制度，进一步完善中心组学习和读书制度，旗市区级团的领导机关每个月至少要组织一次专题学习讨论会或读书会，每个月集中学习的时间不少于两个半天，专职团干部每个月自学时间不少于 30 个小时。团市委将把团干部学习的情况作为工作考核与评优表彰的重要依据。

7. 以“三年联建”系统化推进的新成果开创共青团工作新局面①

共青团呼伦贝尔市一届十一次全委会是在呼伦贝尔市连续两年获得全区共青团系统实绩考核第一名的形势下召开的一次年度工作会议。会议达到了预期目的，取得了重要成果。一是进一步明确了努力方向。市委对于开好这次会议高度重视，会前专门听取了团市委党组的汇报。市委领导出席会议并做了重要讲话。讲话内容既有强烈的历史感，又有重要的现实意义；既有深刻的思想内涵，又有明确的实践要求；既立足当前，又着眼长远，为共青团组织做好当前和今后一个时期的工作，继承团的光荣传统，立足新起点，更上一层楼指明了方向。二是形成了一个好报告。会前，团市委机关的同志们做了精心周密的会议筹备工作，并就年度工作任务的分解与各旗市区团委、驻大企业团委、院校团委、直属机关团工委做了充分的沟通和协调，大家一致认为在此基础上形成的工作报告对工作的安排部署是切实可行的，指标分解是实事求是的，总体任务是保持了系统性和连续性的。三是以责任状的形式分解落实了任务。签订了青年就业创业工作目标责任状，把青年就业创业工作提到了更重要的日程上来，进一步增

① 本部分内容系作者 2010 年 3 月 29 日在共青团呼伦贝尔市一届十一次全委（扩大）会议上的总结讲话。

强了全市各级团组织服务青年的紧迫感和能动性。四是检阅了全市共青团战线同志的精神面貌。通过对两年来工作的盘点，尤其是对“三年联建”工作系统化推进情况的考核，发现了一大批先进团组织和优秀团干部。团市委党组研究认为，“两连冠”的成绩既是团市委机关同志共同努力的结果，更是全市共青团战线上的同志们辛苦工作、无私奉献的结果，决定对两个年度综合考评中实绩突出、专项工作成效显著的单位进行表彰和奖励。

认真回顾和反思两年来全市共青团系统的工作，初步形成以下五个基本判断：

一是整体素质不断提升，但工作开展程度不平衡。整体素质是对共青团战线服务水平、团务质量、工作实效的综合考量，它还定向反射为党政认可度和广大青少年的满意度，以及经受重大急难任务考验的能力。整体上看，呼伦贝尔市共青团系统的综合素质逐年上升，连续两年在内蒙古自治区排位第一，可以讲是一次质的跨越，集中表现在全市各级团组织注重借助党政工作在基层形成的新格局和新成果，使基层团建与党建紧密结合，由于党组织从制度安排、干部配备、工作指导三个方面的带动，团的基层组织建设和基层工作得到大踏步发展。各基层团组织紧紧围绕市场经济条件下社会各类组织的根本任务和功能，找准基层团的工作的切入点，重点围绕新农牧林区建设的根本要求、企业的生产经营、学校育人目标、社区促和谐开展了大量卓有成效的工作。同时也取得了一系列成绩，如获得“全国抗震救灾先进团组织”荣誉、获全国“母亲河奖”组织奖。但是，大家都知道，成绩是在呼伦贝尔一代代共青团人团结奋斗的基础上取得的，是在继承呼伦贝尔共青团辉煌历史的基础上取得的。两连冠的成绩不代表呼伦贝尔市共青团组织各个系统、各条战线、每个同志都达到了一流水准、具备了高水平的综合素质。对于这一点同志们务必要保持清醒的头脑。不平衡，既有旗市区间工作上的整体差距，也有团干部之间的个体差异。个别旗市区共青团事业的发展与党的事业的发展以及党对团组织的要求不同步，在组织设置、动员方式、工作作风等方面，都没能及时跟上党建创新步伐，与新时期党对团组织的新要求、新期待存在着较大差距，共青团作为党的助手和后备军的作用没有充分发挥，团员意识淡薄，团组织的凝聚力弱化。部分基层组织对团务的学习、研究不够深入，工作的科学性、系统性不强，对团的工作社会化、项目化运作缺乏应有的认知和实践。

二是整体精神状态好，但个别组织和干部存在懒散问题。按照党章规定，共青团接受上级组织和同级党委的双重领导。因此，系统内的考评，既是履行管理职责，也是综合反映各级团组织工作状态和精神面貌的一个重要平台。在2009年的全市综合考评中，采取以各部室专项工作量化评分为基础，党组扩大会议上部门评议做综合，最后党组成员集中点评给出排位的办法。这样既充分尊重了工作最直接面向基层组织的各部室意见，又避免了个别同志一叶障目，不见泰山；既照顾到了各旗市区的日常工作，又综合了在重大任务紧要关头的表现；既给了每个同志发言权，又避免了分兵几路、费时耗日的集中考核弊端。鄂伦春自治旗的共青团工作，以前连续多年排在全市倒数第一，可是通过这届班子脚踏实地的工作，一跃进入前三名。海拉尔、阿荣旗、扎兰屯、牙克石、新左旗等旗市区团组织情况明、团务熟、思路宽、办法多、措施准。一大批老团干部的大局意识、责任意识都堪称表率。另外，到共青团战线工作时间不长的一些同志，也都能够尽快进入角色，有效履行团的基本职能，力争上游。所以说，总体上看，全市共青团工作中“好”是前提，“好”包括工作质量和效率两个方面，综合体现为引导和凝聚青年的效果以及履行团的四项基本职能的能力。但是，也有一些同志应付工作，不求甚解，不愿干、不会干团的工作，热衷于做表面文章，不抓落实。有些人，把共青团的岗位当做“过渡性”、“镀金”的岗位，只求守摊、不思进取，懒散疲沓，得过且过。部分基层团干部对自身岗位的重要性认识不够，抱着完成任务的心态来工作，没有把团的工作当作一项事业来看待，在出现其他兼职的情况下，常常转移精力，把团的工作弱化。精神状态不佳，表现在部分基层团干部对新形势下基层团的工作面临的新情况研究、思考得不够，对工作中出现的新问题找不到解决的方法，开展工作存在畏难情绪，常常是不求有功，但求无过，开展团的工作停留在老形式、老方法上，走过场、搞形式，敷衍了事。部分基层团干部对外协调、沟通能力差，“等”、“靠”、“要”的思想严重。

三是整体上团的工作载体趋于丰富，但与青年多元化的需求以及青年对团组织的要求还存在很大差距。各级团组织能够根据青年喜欢的沟通、交流、联络和聚集的新方式，大胆探索和创新基层团组织建设的有效载体和途径，适应青年的新变化，以走进青年为根本，大胆推动团建创新和工作创新。但是，当代青少年生活在一个更为开放、民主的时代，互联网对青少年的影响越来越大，青年自组织蓬勃兴起，青年流动更为频繁，分布更为多元，思想更为多样，广大青年走向经济和社会发展的前台，社会参与性明显增强，社会需求也更加旺盛。与此同时，团组织的服务内容相对滞后、单一，服务能力与青年日益增长的服务需求之间的矛盾日益突出，大量青年、青年组织游离在团组织之外，对团组织的认同感和归属感不强，共青团为党巩固在青年群众中的执政基础这一职能没有充分发挥，团组织的社会影响力普遍弱化。各级团组织要进一步探索影响青年的新路；进行普遍性规律的探索；做好体制外青年的分类引导；运用新型载体统筹互动体制内外两种青年资源，等等。再如怎样打破原有的严格按照行政区划建设团组织的条条框框，实现青年聚集在哪里，团组织就建在哪里；如何联合建团、区域建团、依托建团、流动建团，实现流出地与流入地团组织在联系、服务方面的有效衔接；如何运用互联网创新基层团组织建设和基层工作，都需要我们不懈求索。

四是整体上围绕中心、服务大局的情况是好的，但也存在着与社会的快速发展以及社会对团组织的要求不适应问题。在“5·12”抗震救灾工作中，呼伦贝尔市团委是内蒙古自治区共青团系统唯一一个获得“全国抗震救灾先进团组织”荣誉称号的单位。海拉尔区团委书记崔雪松同志亲自到所辖各个学校去做组织发动工作。在接受急难险重任务的时候，主要领导必须冲上去，没冲上去就是失职。近两年来，全市涌现出了一大批围绕中心、服务大局开展团的工作的好典型，如莫旗团委组织的志愿者服务队，扎兰屯团委率先开展的农村青年创业计划项目、牙克石团委倡导的团旗插进社区活动等。从这个意义上讲，呼伦贝尔市团干部的主流是好的，大家的主观能动性是积极的。我国正处在一个社会转型时期，经济体制深刻变革，社会结构深刻变动，利益格局深刻调整，行政体制改革步伐加速，政府职能从审批管制转向公共服务，更加强调遵循和体现满足市场与社会需求的基本导向。新形势下，共青团组织需要更多地从构建社会主义和谐社会的大背景出发，进一步增强承担政府青少年事务的意识和能力，不断开发在社会管理和公共服务领域发挥作用的工作项目，使共青团的工作方式适应社会发展、工作效果满足社会需求。而目前一些同志还没有深刻认识到社会变革给共青团事业带来的机遇和挑战，仍然习惯于计划经济时代行政化的动员方式，传统的开大会、发文件的工作方式和说教式、灌输式的思想教育方式，共青团特有的工作没有做好，和其他组织共有的工作没有做出共青团的特色，团组织的战斗力普遍弱化，组织特性在减弱。把共青团工作置于全市甚至全党工作整体格局中去思考和谋划的能力还有待提高。如何看待全局，如何看待地区经济、社会发展，如何在引领、服务青少年的实践中把党的要求和具体的工作结合起来，还需要有一个长期实践、总结提高的过程。把引领工作、组织工作、服务工作、维权工作和全市的工作大局结合起来，是一项专门的工作本领，也是一门领导艺术，至关重要。

五是整体上守纪律、讲正气、顾大局，但违规作业、本位主义、个人主义仍然存在。过去团市委机关出现了个别不胜任工作、违反工作纪律的同志，经党组反复研究，调离了个别同志。处理这类问题，要做过细的思想政治工作，以正面帮助教育为主，要从党性原则出发，严肃纪律，敢抓敢管，不能搞无原则的一团和气、中庸哲学、好人主义。有的团组织把活动搞成郊游野聚、休闲娱乐，全无一点思想教育的内容；有了问题只强调客观因素而不查找主管因素；有的组织看到问题不指出，有了错误不批评；有的对团员青年不敢严格管理，等等。这些现象不是一朝一夕形成的，要求各级团组织切实认识到加强党性锻炼、增强党性修养还有很漫长的路要走，甚至是一门终身的功课，必须时刻自觉维护党内生活的原则性和严肃性，立足于解决思想、工作、作风上的突出问题，大力倡导开展批评与自我批评的良好风气。作为团委书记、党组书记，抓班子、带队伍，责任重大，必须把党组的作用发挥好，管好自己的人，看好自己的门，不出重大恶性事故，不出破坏全局、影响恶劣的事件，这一点至关重要。

为什么要在取得“两连冠”的时候做出这样的基本判断？保持清醒的头脑是继承光荣传统、立足新起点、更上一层楼的最重要前提。继承团的光荣传统，以“三年联建”系统化推进的新成果开创全市共青团工作新局面，必须做好四个方面的工作。

7.1 创新创业，继承光荣传统

五四运动后 90 多年的历史，几代人前仆后继、用血与火的不懈奋斗将科学与民主的真理播撒神州大地；新中国 60 多年的社会主义建设实践，一代代共产党人始终坚持实践实践再实践，创新创新再创新，形成了邓小平理论、“三个代表”重要思想和科学发展观等重大战略思想，不断推动党在指导思想上的与时俱进，使社会主义和马克思主义在中国大地上焕发出勃勃生机。伟大的时代召唤青年，宏伟的事业造就群英。90 多年来，呼伦贝尔各族青年的奋斗实践始终与祖国和民族的命运紧密相连。一代又一代有志青年在中国共产党的领导下，在“爱国、进步、民主、科学”的五四精神指引下，为民族的独立与复兴、为国家的建设与发展、为人民的安康与幸福贡献着青春力量，刻下了深深的青春印迹。

90 多年来呼伦贝尔青年的成长发展历程说明，呼伦贝尔青年的每一点成长进步无不带有思想解放、改革创新的鲜明印记，呼伦贝尔青年每取得的一点成绩，都是因为与民族的解放、国家的独立和人民的富强，改革开放和现代化建设同步并轨。90 多年来，一大批热血青年艰苦奋斗、不屈不挠；一大批青年勇士不怕牺牲、抛洒热血；一大批青年突击队员冲锋在前、勇挑重担；一大批新长征突击手立足本职、奉献力量；一大批青年人才勤奋刻苦、奋发向上。20 世纪 30 年代苏炳文将军的抗日义旗，40 年代鄂伦春姑娘占柱梅的英雄事迹，60 年代为抢救集体牛群而牺牲的蒙古族青年铁龙，70 年代知识青年的榜样张勇、“擒特英雄”布和础鲁，80 年代为抢救落水儿童而献身的达斡尔族姑娘敖英、身残志坚的刘海峰，90 年代青年牧民带头人、新左旗白音诺尔嘎查团支部书记斯仁达喜，“中国青年五四奖章”获得者、扎兰屯市雅尔根楚中学团委书记郭圣文等，就是呼伦贝尔青年的优秀代表。1979—2008 年，呼伦贝尔有 1 250 人受到市本级的表彰、516 人受到自治区团委的表彰、25 人受到团中央的表彰。一代又一代各族团员青年用火红的青春树立起的人生路标，成为建设呼伦贝尔、发展呼伦贝尔的不竭动力。实践证明，呼伦贝尔各族团员青年在各个历史时期的奋斗历程，是沿着中国共产党指引的方向，与实践相结合，与家乡建设相结合，与人民群众相结合，在中国特色社会主义道路上健康成长、阔步前进的历程。

当前，我们正站在新的历史起点上，推动科学发展、促进社会和谐的伟大实践为广大青年发挥作用创造了广阔的空间和舞台；解放思想、改革创新为广大青年建功成才提供了强大的动力和精神武器。全市各族团员青年要继承和发扬优良传统，续写一代又一代呼伦贝尔青年的骄傲和光荣，就必须继续解放思想，坚持改革创新，以敢为人先的锐气和勇气，努力争当解放思想的先锋和实践科学发展观的排头兵，为呼伦贝尔实现美丽发展双赢，转型升级同步，富民强市并举，全面建设小康社会作出更大的贡献。这是我们的使命，也应成为我们的追求！

7.2 突出重点，推进“三年联建”工作

立足于对当前呼伦贝尔共青团工作的“五个基本判断”，提出基层组织建设年、青年就业创业实践年、作风建设加强年“三年”联建，以系统的观点分析和解决共青团工作中所存在的问题和

矛盾。其着眼点在于系统化、创造性地使团中央近三年来一系列重大论断在呼伦贝尔团的工作中付诸实践，即从新世纪、新阶段党和国家事业发展的大局出发，解决共青团组织的根本属性、工作目标、主要内容、运行机制和具体措施问题，尤其是通过系统论的要素整合效应，实现部分的集合大于整体，从而真正实现团的组织功能，巩固党执政的青年群众基础。

运用系统科学的理论和方法，提出“三年联建”系统工程有利于全市各级团组织客观分析当前工作中存在的各种突出问题，借助党政工作在基层形成的新格局和新成果使基层团建与党建紧密结合，围绕市场经济条件下社会各类组织的根本任务和根本功能，找准基层团的工作的切入点，根据青年喜欢的沟通、交流、联络和聚集的新方式，探索和创新基层团组织建设的有效载体和途径，从而善于把工作成效转化为组织建设成果，找到推动团建的有效途径。从实践来看，坚持以系统的观点认识和落实“三年联建”，将为全面落实团十六大以来团中央书记处做出的一系列重大战略部署构架起一个完整的实施框架。

7.2.1 构建“三年联建”系统工程的基本思路

一是集合效应。坚持思想建设、组织建设和作风建设的有机结合，把制度建设贯穿其中，发挥各子系统的整体大于部分的作用，形成 $1+1>2$ 的集合效益。二是整体化。坚持党建带团建，使团建纳入党建总体格局，从党政工作大局和党执政的阶级基础的宏观角度来进行思维，用整体的观念看待“三年联建”，探索诸要素之间互动发展的结合点，以实现全面发展。三是最优化。“三年联建”系统工程要求整合与协调各个子系统，克服发展过程中的障碍，以实现“三年联建”的有效运行。在操作中坚持以服务能力建设为重点，以服务促建设，以服务求活跃；坚持与时俱进，以创新的精神和发展的观点，研究新情况，解决新问题。

7.2.2 “三年联建”系统工程的内涵

构建“三年联建”系统工程应以系统工程的运筹方法、信息方法、控制方法等分析“三年联建”的目标、结构、评估、体制、机制等子系统。根据系统工程的时间、信息、控制、反馈、结构、要素、功能、同构、同态、分解、协调等概念来阐述“三年联建”各方面的内涵。“三年联建”系统工程是由内部诸要素有序构成的整体，是由诸要素之间的有序循环形成良性互动的动态发展系统。着眼于互补和协调，积极控制其要素之间的相互矛盾导致的结构失衡，以从全面、整体的角度进行发展。

“三年联建”系统是由目标协调、结构整合、量化评估、体制完善、机制优化五个子系统所组成的。

1. 目标协调子系统

目标协调子系统是实现“三年联建”的宗旨和根本，它所解决的是“工作方向”问题。在基层组织建设年方面，以提高基层团组织服务能力为核心，以不断扩大基层团组织的有效覆盖为基础，以切实加强团干部队伍建设为关键，以制度建设为保障，不断提高基层团组织的服务能力、凝聚能力、学习能力和合作能力，进一步增强基层团组织的吸引力、凝聚力和战斗力，把基层团组织建设成为政治坚定、组织巩固、具有内在活力的坚强集体。在青年就业创业实践年方面，以城乡待业青年、应届大中专毕业生、毕业未就业大中专学生、返乡青年农民工、农村牧区“两后生”等青年为重点服务对象，以培养青年就业创业能力为基础，以创造就业岗位、促进青年就业为目标，以推进小额贷款发放、建立见习基地为平台，充分发挥共青团的社会组织和动员优势，帮助不同领域青年解决就业创业难题，激励他们自强不息，奋发有为，为呼伦贝尔市打造自治区新的经济增长极、实现美丽与发展双赢作贡献。在作风建设加强年方面，以“政治上过硬、作风上扎实、自律上严格”为总方向，改进工作方法，增强服务意识，提高工作效率，通过连续三年改进和加强作风建设，实现“三个明显提高”：一是团员青年业务水平有明显提高；二是团委机关服务质量有明显提高；三是群众对共青团工作认可度有明显提高。

2. 结构整合子系统

结构整合子系统是“三年联建”的具体内容，它所解决的是“工作状况”问题。包含巩固完善基层组织体系，不断扩大团组织对团员青年的有效覆盖，推进基层团组织制度建设，不断增强基层团组织的内在活力；构建整体推进机制，推动团的基层组织全面活跃；加强团员教育管理，建设一支能够充分发挥模范带头作用的团员队伍；加强团干部队伍建设，培养造就“党放心、青年满意”的基层团干部队伍。培训城镇待业青年、应届大中专毕业生、毕业未就业的大中专学生、返乡青年农民工、农村牧区“两后生”，创建青年就业创业见习基地，提供见习岗位，帮扶青年获取创业小额贷款，建立青年就业创业基金，帮助青年成功创业，组织青年创业服务团队下基层开展相关志愿者活动，为青年就业创业提供信息、技术、营销等方面服务。这几方面的具体内容包括了横向与纵向、整体与局部的相互依存、相互补充、相互作用的辩证关系。

3. 量化评估子系统

量化评估子系统是对“三年联建”程度的评价，它所解决的是“发展标准”问题。包括团组织在学校、国有企业、机关事业单位团组织中占比，在农村牧区和社区团组织中占比，在“两新”团组织中占比；青年就业创业方面相关指标等等。量化评估子系统首先是强调工作程度，在提高工作质量的基础上，更好地协调各要素的“度”，进而掌握长久保持的可持续度，这三个度的有机统一，才能进一步实现共青团的整体工作目标。

4. 体制完善子系统

体制完善子系统是通过制度的完善来确保“三年联建”的落实，它所解决的是“发展动力”问题，这个子系统要求高度重视，精心组织；重点突出，整合资源；结合实际，有序推进；强化督查，严格考核；广泛宣传，营造氛围，以此来落实“三年联建”。

5. 机制优化子系统

机制优化子系统是通过发展机制的优化使得“三年联建”以最有效的形式运行，它所解决的是“发展效率”问题。(1) 建立联席会议制度，及时交流工作进展情况和工作经验，分析解决工作中出现的新问题、新难点，提出解决方案；(2) 建立数据统计及信息通报制度，每月进行全市范围内团组织促进青年就业创业工作的数据统计，在一定范围内通报，在媒体上及时推广典型做法，指导工作；(3) 建立考核奖励制度，联合有关部门表彰共青团系统优秀单位和先进个人，把“三年联建”工作作为考核的重要指标，确保工作部署在基层得到全面落实。这个子系统是一个有效的运行流程，“三年联建”要求建立健全科学的决策机制，合理的决策为“三年联建”注入驱动力量，不同的动力导致“三年联建”的平衡与失衡。通过建立合理的协调机制，可以把失衡现象缩小到可控制的范围。

在“三年联建”诸子系统当中，体制完善子系统和机制优化子系统衍生于结构整合子系统，但又是后者有效、规范运转的支撑条件，是实现“三年联建”目标协调子系统的黏合剂。量化评估子系统通过评价“三年联建”的程度，及时明晰工作的阶段，纠正工作中的缺失，以保证工作过程的科学性，实现“三年联建”的目标。

7.2.3 “三年联建”系统工程运行的保障体系

一是思想保障。各级团组织要加强学习，不断增强“三年联建”系统工程、协调推进的意识。在团的各项事业发展过程中要不断转变不适应和不符合工作要求的思想观念，坚持解放思想，实事求是。

二是组织保障。各级团组织要加强领导，落实责任，把“三年联建”的落实摆在更加突出的位置，纳入重要日程，坚持不懈地抓紧抓好抓出成效。要把落实“三年联建”同本地区本部门的实际结合起来，认真研究制定本地区本部门本单位实施“三年联建”的具体方案，理清思路，明确任务，落实职责，完善措施。要建立“三年联建”的量化评估指标体系。

三是队伍保障。落实“三年联建”不仅要提高团干部掌握“三年联建”的能力和水平，而且要不断优化共青团系统工作人员的业务水平。从提高干部队伍能力培养入手，培养一支政治坚定、业务过硬、保障有力、风清气正的干部队伍，为“三年联建”提供有力的队伍保障。到村任职高校毕业生100%兼任所在村团组织书记或副书记；有到村任职高校毕业生的乡镇100%建立到村任职高校毕业生团组织；市、县两级100%建立到村任职高校毕业生联谊会等联系机制。对基层团干部、青年骨干以及各类青年社团、自组织负责人进行系统培训，并将这项培训定期化、常态化。

四是制度保障。制度建设具有根本性、全局性和稳定性。要加快形成与落实“三年联建”相适应的制度。加快制定加强“两新”组织团建、流动团员管理与服务、推荐优秀团员作党的发展对象、加强共青团干部队伍建设等文件，对党建带团建作出更加系统的制度性安排，把团建纳入党建考核目标责任书，把团员和团干部培训纳入党的培训体系，依托基层党的活动阵地和远程教育体系开展团的活动，同步建设党团组织。建立党委（常委会）专项研究共青团和青年工作制度，建立企业党建带团建工作考核办法和评分标准。

五是经费保障。争取各旗市区政府根据部门预算的有关规定，按照本地区 6 岁至 28 岁青少年人口数每人每年不低于 0.3 元的标准划拨共青团和青年工作经费。将关注青少年健康成长列入为民所办的十件实事之一，每年青少年教育活动专项经费应达到青少年人均 3 元的标准。力争为团支部书记每月发放 100 元补贴。

7.3 从当代青年价值观切入，继续解放思想

价值观是青年精神心理活动的中枢系统，是青年人生和事业中最重要的精神追求、精神支柱和动力所在。青年的思想行为、价值观念的演变，从一个侧面反映了整个社会现代化进程的步伐。改革开放、发展社会主义市场经济，使青年追求主体自由的自觉意识大大增强，并且，国际政治环境的动荡和中国国际地位的上升、国际文化交流的发展，不仅开阔了青年的眼界，而且大大强化了青年的历史责任感。主体意识增强促进了当代青年思想意识不断走向成熟，他们生活结构日趋合理，生活时间日趋有序，生活内容日趋丰富，生活空间日趋扩展，社会参与意识、责任感、自主自立自强自爱自尊意识、法治意识、竞争意识、公平

意识、效率观念、求知欲望、开拓精神等现代化的行为标准和价值取向更加突出地表现出来。他们的公共关系意识日益强化，交往行为更趋文明，交往动机讲究互惠互利原则。把自我价值导向与他人价值导向有机融合，利益促使了主体自愿地确立有利于他们和社会的关系，强调人际间的真诚与信任，从而符合活动的社会目的性，这是社会发展的必然结果。自我实现是青年价值观的主体定位，然而这种自我实现具有很强的社会性和整体性，反映时代潮流的主导价值观越来越被青年所认同与接受，主导价值观也将在一定条件下吸纳青年价值观中有积极意义的成分，使社会主流意识因得到青年文化的反哺而走向年轻，形成主流文化多样化发展的态势。

基于对当代青年价值观在时代发展中深刻变化的分析，共青团面临着新的发展形势、发展理念和发展动力等带有根本性、原则性的问题。解放思想是推动一切工作的“总阀门”。解放思想是永恒的、普遍的，又是历史的、具体的。在不同的时期、不同的阶段，面对不同的任务，解放思想的领域和重点也有所不同。必须紧紧围绕推进共青团事业科学发展这一主题，继续解放思想、努力改变主观方面的“不适应”、破除客观方面的“不符合”，不断研究新情况、解决新问题。

7.3.1 在强化理论武装上下工夫

继续解放思想，首先要武装思想。中国特色社会主义理论体系是马克思主义中国化的最新成果，是全党全国各族人民团结奋斗的共同思想基础。用中国特色社会主义理论体系武装全党、教育人民，就是促进继续解放思想。在新的发展阶段强化理论武装，要坚持用邓小平理论和“三个代表”重要思想特别是科学发展观武装党员干部，深入开展学习实践科学发展观活动，真正把思想和行动统一到科学发展观上来，坚持用科学发展观指导客观世界和主观世界的改造。一要坚持全面系统地学习科学发展观，深刻认识科学发展观的科学内涵、精神实质和根本要求，不断增强贯彻落实科学发展观的自觉性和坚定性。二要坚持用科学发展观改造主观世界，从不符合科学发展观要求的思想观念中解脱出来，使科学发展观真正内化为世界观和方法论，转化为行为准则和自觉行动。三要坚持用科学发展观指导实践、推动工作，不断提高运用科学发展观分析问题、指导实践的本领，努力把科学发展观转化为衡量工作的标杆、破解难题的利器、谋划工作的指南，转化为推动科学发展的思路、促进科学发展的措施、有利于科学发展的体制机制，推动经济、社会又好又快发展。

7.3.2 在更新思想观念上下工夫

从认识论角度看，解放思想既是一个不断认识未知事物、从必然王国到自由王国的过程，也是一个从各种既有的已经不合时宜的认识中摆脱出来的过程。一是要坚决转变“满”的观念。连续两年全区名列第一，一些同志产生某种优越感，甚至骄傲情绪，这种缺乏忧患意识的表现，最终会导致不思进取。各级团干部必须增强忧患意识，否则，不但不能当好排头兵，反而连原有的地位和优势也会丧失。二是要坚决破除“平”的意识。个别同志抱有“无过便是功”的心态，得过且过，饱食终日，无所事事，这是一种很危险的思想倾向，“泾溪石险人兢慎，终岁不闻倾履人。却是平流无石处，时时闻说有沉沦。”党性和时代进步性都要求共青团组织树立前瞻眼光。不树立世界眼光，就不能预见工作压力，就不能应对工作对象、工作内容的变化。自治区党委副书记任亚平同志作为共青团战线的老领导，在 2009 年 2 月自治区团委十二届二次全委会上的讲话言犹在耳：“不是共青团出干部，而是当时组织在选拔共青团干部的时候，把最优秀的年轻同志放在这个岗位上培养，最后你成长起来了，是组织培养的结果，是一个人成长规律的必然；你没发展起来，第一说明组织看错了人，更重要的是你这个人主观不努力。”三是要坚决克服“懒”的习惯。干部、干部，要义在‘干’。党的干部，干事创业是第一位的。仕而不勤，人必受弊。不尽责就是失职，无作为就是过错。在共青团工作岗位上只有老老实实干事，踏踏实实工作，才能够赢得同志的信任，不辜负组织的培养。四是要坚决反对“庸”的倾向。这个“庸”是“庸俗化”的“庸”。庸俗化问题在共青团系统的党内生活中不同程度存在。出现团内生活庸俗化，好人主义是一个重要原因。好人主义说到底是个人主义，凡事以个人利益为中心，怕个人利益受损失，就是不怕党的事业受损失。共青团系统的同志们必须自觉维护党内生活的原则性和严肃性，正确对待批评，认真开展自我批评。

7.3.3 在创新体制机制上下工夫

一要立足于解决发展的新问题，二要立足于当前经济社会发展形势去思考共青团的工作和建设，三要立足于时代发展趋势前瞻团的建设和事业的发展，四要立足于把建设性的思考转化成为制度。具体讲，一是要查找问题，把制约事业发展的主要问题找出来；二是要深入思考调研，破解这些问题的对策是什么？形成解决问题的初步方案；三是要科学论证，不仅要集中团内的智慧，还要借助社会的力量，包括社会机构、社会组织、高等院校、科研院所论证和修订方案；四是要组织实施；五是要总结提高。在团建创新方面，对共性的问题，团市委要牵头抓，对下级团委和基层团组织，要大力鼓励和推动。共青团在利益多元化的社会格局中能够代表和影响青年的数量和程度决定了共青团在社会生活中的地位和价值。体制机制创新，体现在工作实践中就是要抓好两个服务。一方面要大力推动工作方式的创新，充分运用互联网、移动通信等现代科技手段，发挥好文化育人的作用，更好地动员组织青年；大力推动自身建设的创新，适应社会结构和青年群体发生的重大变化，创新团的组织方式，合理设置团的组织，扩大团的工作覆盖面，把更多的青年纳入团的组织体系中来，不断增强团组织的凝聚力、影响力和战斗力。另一方面要大力推动工作思路的创新，紧紧围绕党政工作大局，主动适应改革发展的深入推进，精心谋划，整合资源，事业化推动共青团工作发展；协助政府做好青少年事务，引领广大青年积极参与经济社会建设，有效延伸团组织的手臂，加强对青联、少先队工作的指导，发展和培育各类青年社团，广泛搭建平台，更多地覆盖和辐射各类青年组织。共青团传统的工作项目只有通过创新才能激活，新的工作领域只有通过创新才能开拓，各种各样的问题也只有通过创新才能解决。

7.4　突出青年主体性，加强工作落实

如果说解放思想是推动各项工作的“总阀门”，那么加强作风建设就应该是打开“总阀门”的那只手。手的力量越强，阀门的开放度才会越大，思想解放和改革创新才会更加深入。团的工作动态发展，时代性强，每一名团干部必须树立强烈的事业心和责任感，以实干为风格，以干成为标准，在抓根本、打基础、管长远的事情上多下工夫，通过脚踏实地的行动、扎扎实实的努力，使各项工作落到实处，取得实效。

7.4.1 切实转变工作理念

把相信青少年、依靠青少年、为了青少年作为谋划工作的立足点。全心全意为人民服务是党的根本宗旨，青少年路线是党的根本工作路线。三年来，团市委党组在每年年初研究全年工作之时，首先进行团情调查，全面、深入地了解和把握广大青少年的愿望和要求，在此基础上提出思路和措施。同时，通过召开全委会等方式，对广大团干部进行宗旨意识和青少年观念教育，强化其事业心和责任感，努力做到心系青少年、服务青少年。

把解决青少年的所想、所急、所需作为开展工作的切入点。只有坚持从青少年的所想、所急、所需入手，解决问题才能更有针对性，开展工作才能更有实效性。团市委坚持通过各种途径了解青少年的所想、所急、所需，并把它们作为开展工作的切入点：组织团干部定期到基层特别是到贫困农村牧区和困难企业调查研究、蹲点挂职；实行工作联系点制度，团市委机关领导干部和机关各部门都负责联系一个社区、嘎查村或企业，拓宽青少年反映问题的渠道。

把充分发挥青少年的积极性、主动性、创造性作为推进工作的着力点。人民群众是社会实践的主体，是全面建设小康社会、构建社会主义和谐社会的根本力量。推动科学发展、促进社会和谐，必须充分发挥青少年的积极性、主动性、创造性。团市委在推进工作的过程中，注重保障青少年的知情权、参与权、监督权，努力调动青少年的积极性、主动性、创造性。积极搭建青少年参与平台，广泛听取各方面的意见和建议。

7.4.2 切实转变工作作风

从马克思主义认识论来看，“具体抓，抓具体，抓住不放，一抓到底，抓出成效”是人们科学地认识世界、成功地改造世界的一个必不可少的关键环节，是辩证唯物主义和历史唯物主义世界观的根本要求，是一种“求是”精神。善抓落实是个人素质的重要体现。想不想抓落实、能不能抓落实、善不善抓落实，是对一个人实际的领导、组织、管理、协调等能力的检验。实干就是能力，落实就是水平，干成干好事是硬道理。抓好落实是一种观念，体现的是对自己、对事业、对工作的态度和看法；抓好落实是一种创新，必须不断突破老观念、老套路、老办法，应对新挑战、解决新问题、取得新成效；抓好落实是一种责任，必须牢固树立抓好落实是本职、不抓落实是失职、抓不好落实是不称职的责任意识；抓好落实还是一种意志，必须有愚公移山精神，“咬定青山不放松”，既乘势而上，又百折不挠，既善抓大事，又乐做小事。

1. 统筹兼顾抓落实

科学发展观的根本方法是统筹兼顾。一要统筹好团市委机关和基层团组织的关系，特别要注意加强团市委机关建设。二要统筹好重点工作和一般工作的关系，学会弹钢琴，一个时期围绕一个重点来开展和带动其他工作，形成清晰的工作思路。三要弄清具体情况，研究具体办法，分析具体变化，解决具体问题，其核心要求是“具体化”，任务要具体，措施要具体，要求要具体，责任要具体，领导要具体。团干部要到基层去，到一线去，到现场去，做到亲力亲为，不能停留在一般号召上。要结合具体实际，抓住具体问题，制定具体措施，落实具体责任，实施具体制度，把工作进行细化量化，分解到人、落实到每个时间段。四要在经常上下工夫，抓住那些制约、影响和决定发展全局的主要矛盾和矛盾的主要方面不放松，在解决重点问题、难点问题面前不畏缩，要按照问题不解决领导不离岗，事情不办妥人员不离开，工作无效果责任追究不放过的要求抓落实，做到持之以恒、常抓不懈。五要强调工作效果，既要抓紧抓实，又要抓出成果，以成效看结果，以实绩论英雄。

2. 重在基层抓落实

坚持“五到”，即“心到”、“口到”、“眼到”、“手到”、“脚到”。“心到”，就是要用心工作，勤于思考，善于分析问题和解决问题；坚决克服不思进取、无所用心、无所事事、得过且过的现象。“口到”，就是要经常深入基层宣讲解读党的政策法规，走访问候青年，做好青年群众的思想工作；坚决制止有令不行、有禁不止、欺上瞒下、阳奉阴违的行为。“眼到”，要着眼全局，把握工作中的主要矛盾和矛盾的主要方面；要盯住具体事项，深入基层真抓实干；要善于发现青年群众的所需、所求、所盼、所怨；坚决克服眼睛朝上、漠视群众疾苦、事不关己高高挂起的现象。“手到”，就是要下到基层，深入青年群众，亲自动手解决各种问题，帮助和指导群众干好工作。坚决克服以会议贯彻精神、靠文件落实工作、弄虚作假、做表面文章的现象。“脚到”，就是要经常深入基层，亲临现场，多搞调查研究，及时了解和掌握工作动态，及时发现和解决实际问题；坚决克服工作不务实、不深入基层、拈轻怕重、互相推诿的现象。

3. 盯准问题抓落实

要大力倡导发现问题是能力、揭露问题是党性、正视问题是素质、解决问题是政绩的良好风气，敢于揭短亮丑，敢于正视问题、解决问题。很多事并不在于问题的本身，而在于对待问题的态度。如果对发生的问题大事化小、小事化了、弄虚作假、隐情不报，就会使一个问题变成两个问题，使小问题变成大问题，使当前可以解决的问题变成遗留问题，不但会败坏风气，还可能埋下隐患。如果态度正确，敢于正视问题，勇于揭露矛盾，措施得力，就能使坏事变好事、教训变财富，就能使问题变成推动各项建设前进发展的动力。对一些重点难点问题，团的各级领导要亲自出面做工作，亲自解决问题，亲自化解矛盾，不能推托，更不能把矛盾上交。

4. 健全机制抓落实

抓落实有一个组织领导的问题。一是制定抓好落实的科学决策。科学决策是抓好落实的依据。每项决策，都要按照有关法律法规、上级政策和议事决策程序进行，团组织的每项决策，必须不折不扣地执行和落实，坚决杜绝以个人好恶为标准。二是完善抓好落实的体制机制。体制机制是抓好落实的保障。要进一步健全完善抓好落实的各项制度和运行机制，用制度抓落实，把任务分解到具体事，落实到具体人，使常规工作常态化、重点工作项目化、特殊工作应急化。三是营造抓好落实的良好氛围。要及时发现抓好落实的典型，使各项工作学有榜样、赶有目标，使真抓实干者感到光荣、浮躁虚夸者感到汗颜、业绩突出者得到重用、碌碌无为者无法立足，真正体现有岗位必有作为，有作为才有地位。四是创造抓好落实的有利条件。有利条件是抓好落实的基础。要为抓好落实提供必要的设施、条件，一切为抓好落实“开绿灯”。五是加强抓好落实的督促检查。各级团组织要制定抓落实的各种具体规章制度，特别要建立健全岗位目标管理责任制、工作台账管理制度和工作月（周）调度制度，把工作进行细化量化分解到人，并实行工作调度、督促落实、检查评比，建立奖优罚劣激励机制，真正做到“一项工作，一名领导，一队人马，一套措施，一抓到底”，完善“决策目标——执行责任——考核监督”工作机制。

新的形势、新的任务，激励着我们奋勇前行。春天，让我们共同起步，给自己的人生发一份辩证思维、理性作为、科学创业的请柬，不辜负组织的培养，不辜负团的岗位，不辜负青年的信任，不辜负领导的期望。春天，让我们集结再出发，把时间和精力更多地投入到工作和学习中，以更加昂扬的斗志、更加科学的方法、更加扎实的作风，圆满完成2010年的各项工作任务。春天，让我们为远航壮行，立足新起点，更上一层楼，为党的事业、祖国的召唤、青年的期待，谱写呼伦贝尔共青团事业的新篇章！

8. 为欠发达民族地区全面振兴贡献青春力量

面对前所未有的机遇与挑战，共青团的光荣传统和呼伦贝尔青年运动的光辉历程，赋予我们与时俱进的勇气；各级党组织的热情关怀和广大青年的坚定支持，赋予我们不辱使命的信心和决心。我们要始终不渝地按照党的要求，以解放思想、务实创新，朝气蓬勃、只争朝夕的精神状态，凝聚引领一代又一代呼伦贝尔各族青年，沿着中国特色社会主义道路，永远跟党前进！自市第一届团代会召开八年多来，一届团市委以巩固和扩大党执政的青年群众基础为目标，以服务全市经济社会发展为中心，抓基层、打基础、抓落实，不断扩大团的影响，充分发挥组织青年、引导青年、服务青年和维护青年合法权益的职能，书写了新世纪呼伦贝尔共青团事业发展的崭新篇章。

（1）理想信念教育取得新进展。民族精神代代传、我与祖国共奋进、我与草原同发展、增强团员意识等教育活动，五四精神代代传老中青座谈会、青年群英会、少年军校等重大活动影响广泛。全市有近 5 万名学生参与了 18 岁成人教育系列活动，2 万多名学生接受了军政训练。创建市级爱国主义教育基地 50 个。“三下乡”、“四进社区”社会实践活动在城乡各地普遍开展，青少年践行社会主义荣辱观蔚然成风。

（2）促进经济发展作出新贡献。开展农村牧区青年增收成才行动，共培训农村牧区青年2万余人次，百万青年出草原行动，带动转移就业1万余人。近20万人次青少年参与到保护母亲河行动中，种植各类树木180万株，全市已有青年生态园、青年林106处，总面积超过3.2万亩。保护呼伦贝尔草原青年促进会累计投入120万元，围封沙化、退化草原7.8万亩。创建市级青年创业基地46处，培养青年科技星火带头人476人。创建市级农村牧区青年科技示范基地51个，年均为青年提供就业岗位439个。

(3) 服务青少年拓展新途径。建设青年中心80个，建立青少年书屋26家。广泛开展对弱势青少年群体的帮扶工作，累计筹集帮困资金和物资合计400万元。希望工程活动进一步深化，全市八年共筹集助学资金278.81万元，救助贫困生3 549人，争取希望小学建设资金225万元，建设希望小学6所，残疾儿童听力恢复中心1处。青少年维权工作逐步规范，开通"12355"青少年维权热线及网上心理救助平台，成立市级青少年法律援助中心1个。创建市级优秀"青少年维权岗"106个。

(4) 团的建设取得新成绩。坚持党建带团建，紧跟党建发展步伐，实施基层团建基础工程，八年来共推荐2 728名优秀团员青年加入党组织。创建市级以上"五四红旗团组织"567个。村嘎查和社区建团率达到100%。适合建团的"两新"组织建团率超过70%。加强团干部作风建设和教育培训，八年来共培训团干部近3 000人次。信息化建设步伐加快，开通了呼伦贝尔青年网网站、希望工程网站，各直属团委全部开通共青团网站。2009年，又开通了自治区首家少先队网站，成功改版《呼伦贝尔青年》杂志，有效延伸了团的工作宣传手臂。

(5) 青年外事作用明显加强。2008年7月，"瞩目正北方，助力内蒙古"东部省市知名青年企业家走进呼伦贝尔活动，落地签约项目4个，缔约额达到3.1亿元。组织青少年6次出访俄罗斯、蒙古、韩国、日本等国家。2008年7月，“蓝天、白云、绿草地，友谊、合作、长相依”走进日本国活动，为促进中日文化交流起到了积极作用。

（6）全团带队呈现新气象。认真贯彻落实“贴近心灵、服务立队、快乐体验、健康成长”的少先队工作理念，先后举办了八荣八耻树新风活动，特色雏鹰争章活动，各民族少年儿童羊城手拉手活动，红领巾心向党系列活动，人大代表、政协委员与全市少年儿童代表面对面活动等各具特色的实践活动和文体活动，为少年儿童快乐成长提供了广阔舞台。少先队组织自身建设也不断加强。

八年多来，全市注册青年志愿者5.7万名，社区青年志愿者服务站达到122家，成立青年志愿者服务队2 000余支。汶川大地震发生后，各级团组织同广大青少年共募集资金160多万元支援抗震救灾工作，心理援助志愿者于承军、团干部高炎先后到地震灾区开展帮扶工作，团市委荣获自治区唯一一家“全国抗震救灾先进团组织”荣誉称号，实践了“哪里有需要，哪里就有团徽闪光”的青春誓言。

八年多来，全市开展了市级首届杰出青年卫士、首届青年五四奖章评选表彰活动，连续开展三届十大杰出青年、“杰出青年企业家”评选表彰活动，发现和树立优秀进城务工青年、青年岗位能手、青年星火带头人、优秀共青团员、优秀团干部、青年创业致富带头人等青年典型700余人。评选表彰市级青年文明号271个，自治区级青年文明号51个，国家级青年文明号15个。创建国家级先进集体55个，团市委先后荣获“全国保护母亲河行动先进集体”、“服务农村青年增收成才奖”、第二届中国青少年社会教育“银杏奖”优秀团队、“2007年中国青年丰田环境保护奖”等荣誉称号；原团市委书记吕建伟同志、刘长顺同志，团市委组宣部部长白春艳同志先后荣获“全国优秀共青团干部”荣誉称号；新左旗牧民满达呼巴雅尔等45人荣获“全国青年五四奖章”等国家级荣誉。八年多的奋斗历程，是一曲拼搏创造、激情奉献的青春之歌，是一段与时俱进、自我超越的青春之旅，更是一部开拓创新、追求卓越的青春诗篇。

回顾一届团市委以来的历程，我们更加深刻地认识到，共青团只有坚持党的领导，才能保持正确的发展方向，真正做好党的助手和后备军；只有坚持服务大局，才能与祖国共奋进、与地区同发展；只有坚持开拓创新，才能引领青年勇立时代潮头，担负历史责任；只有坚持竭诚服务，才能凝聚和感召青年，巩固党执政的青年群众基础；只有坚持解放思想，才能永葆共青团蓬勃生机，迸发无限青春活力。推动呼伦贝尔共青团事业科学发展，必须始终坚持理念先行，善于将党的要求转化为推进共青团工作的思路，凝聚共识，形成合力；必须始终坚持把思想教育放在首位，为党的事业发展源源不断地输送新鲜血液；必须始终坚持围绕中心、服务大局，把共青团工作放在全局中谋划和推进；必须始终坚持巩固基础、活跃基层，把共青团在党的青年工作中的核心作用落到实处；必须始终坚持开放合作，动员一切可以动员的积极力量共同做好青年工作；必须始终坚持改革创新，用发展的眼光、发展的思路、发展的办法解决共青团事业前进中遇到的问题。

回顾一届团市委以来的历程，我们必须清醒地注意到，伴随着经济体制的深刻变革，党的历史方位发生了变化，从计划经济条件下的执政党向市场经济条件下的执政党转变，社会结构的深刻变动，利益格局的深刻调整，思想观念的深刻变化，使当代团员青年也发生着深刻的变化。面对这些新情况、新问题，全市各级共青团干部必须有清醒的认识，要认清所处的历史方位，努力提升共青团组织的服务能力、凝聚能力、学习能力和合作能力，全面履行共青团组织的基本职能和完成教育青年、服务青年的重要任务，在新的起点上不断开创呼伦贝尔共青团工作的新局面！

8.1 共青团组织要发挥四个作用

当前，呼伦贝尔市正站在新的历史起点上。新的历史起点来之不易，发展任务仍然艰辛繁重。按照美丽与发展双赢的正确思路，打造自治区新的增长极，是自治区党委对呼伦贝尔的战略定位，是呼伦贝尔推进全面振兴的大好机遇，是全市人民坚定不移的奋斗目标，更是呼伦贝尔共青团的光荣使命。全面实现团的总体功能，着力增强基层团组织对青年的吸引和凝聚，是服务青年成长的必然要求，是呼伦贝尔市共青团事业的时代主题。

一是要做用马克思主义中国化最新成果武装青年的引导者，构筑和巩固社会和谐的共同思想基础；二是要做动员青少年参与和谐社会建设的组织者，最大限度地激发青少年的参与热情和创造活力；三是要做帮助青少年解决实际问题的服务者，让广大青少年共享改革开放和经济社会发展的成果；四是要做代表青少年合法权益的维护者，最大限度地实现好、维护好、发展好广大青少年的根本利益。

8.2 共青团组织要做到五个适应

（1）坚持工作内容与青年的思想动态和现实需求相适应。要及时调整工作内容和工作思路，跟踪青年的思想动态和现实需求，抓住团员青年的“兴奋点”，把握形势的“热点”，科学地设计工作内容，创造性地开展工作，高效地完成新时代赋予共青团工作的历史使命。

（2）坚持活动覆盖与日益开放的社会生活环境相适应。要打破旧有模式，大胆实践创新，充分发挥网络“引导、教化、发起、动员和组织”五大功能，用新平台拓展空间，用新形式凝聚人心，不断开拓联系青年、凝聚青年的新渠道，为实现团组织对青年的无缝覆盖创造可能。

（3）坚持工作方式与市场经济倡导的服务理念相适应。要把团的事业放到社会主义市场经济的大环境下去思考、去策划、去发展，通过市场化运作方法，建立各种物质依托和机制保障，使团的各项事业遵循市场经济规律，丰富服务项目，强化服务手段，构建服务体系，增强服务能力，提高服务水平。

（4）坚持组织设置与青年的群体结构和流动变化相适应。要积极探索联合建团、区域建团、依托建团、流动建团等各种有效的团建模式，“组织随青年走，团因青年设”，努力形成纵向到底、横向到边、齐抓共管、整体推进的工作体系，使团组织更加适应社会发展和青年变化，拥有更大的覆盖面和影响力。

（5）坚持制度健全与完善自身建设和实现高效工作的要求相适应。要牢固树立基层第一、制度为先的观念，建立健全制度设计、制度执行、制度创新、制度监督的责任制，明确责任主体、责任分工、考核方式、责任追究等内容。形成团的组织部门牵头抓总、各部门齐抓共管、全团上下共同加强团的基层组织制度建设的良好局面。

8.3 呼伦贝尔共青团未来五年工作规划

今后五年，全市共青团工作的主要任务是：高举中国特色社会主义伟大旗帜，深入贯彻落实党的十七大、团的十六大精神，全面践行科学发展观，把建设一个有强大凝聚力的共青团作为工作主线，有效实现总体功能，高度重视和加强团的基层组织建设和基层工作，力争使团的基层组织网络覆盖全体青年，使团的各项工作和活动影响全体青年。进一步解放思想、立足基层、务实创新，拓宽工作视野，树立世界眼光，努力把共青团建设成体现先进性和群众性，具备服务力和凝聚力的青年组织；进一步树立人本思想，强化人文精神，努力把共青团机关建设成团结务实、忠诚奉献、严谨高效、活泼幸福的团队，团结带领全市各族团员青年争当实践科学发展观的排头兵，为打造自治区新的经济增长极，实现呼伦贝尔全面振兴建功立业。

8.3.1 加强教育引导，推进思想凝聚

中国特色社会主义伟大旗帜，是当代中国发展进步的旗帜，是全党全国各族人民团结奋斗的旗帜，是当代中国青年运动的旗帜。共青团坚持正确的政治方向，就要始终高举中国特色社会主义伟大旗帜，坚定不移地走中国特色社会主义道路，深入贯彻落实科学发展观，打牢团结奋斗的共同思想基础。

（1）坚持用科学发展观武装青年。要以大学生骨干、团干部和青年知识分子为重点群体，以学习党的十七大精神和马克思主义中国化的最新成果为主要内容，深入实施“青年马克思主义者培养工程”，推动科学发展观在青少年中的广泛传播。以纪念改

革开放 30 周年、新中国成立 60 周年、建团 90 周年为契机，在青少年中大力开展中国特色社会主义理论体系宣传教育及实践体验活动。引导广大青少年正确认识呼伦贝尔市走生态文明之路和又好又快发展之路的制度安排，切实增强落实科学发展观的自觉性和坚定性。

（2）坚持用社会主义核心价值体系引领青年。适应青少年在不同成长阶段的规律特点和发展需求，注重人文关怀和心理疏导，在少年儿童中开展以“好习惯伴我快乐成长”为主题的好习惯养成行动，在中学生中开展以“公德、公益、公民”为主题的“成人预备期教育”，在大学生中开展以理想信念教育为重点的“大学生人生发展导航”，在职业青年中开展以职业理想教育为重点的“青年职业生涯导航”，努力构建相互衔接、环环相扣、持续推进的青少年思想道德建设体系，在多元的社会思想中唱响教育引导青年的主旋律。深化社会主义荣辱观教育，以重大活动、重大事件和重大节庆为契机，通过 18 岁成人仪式、手拉手、“四进社区”等丰富多彩的道德实践活动，促进知荣辱、讲正气、促和谐文明风尚的形成。探索运用信息网络载体健全开展社会主义核心价值体系教育的长效机制，努力掌握利用网络教育引导青少年的主动权。

（3）坚持用社会主义先进文化培育青年。着眼于满足广大青少年日益增长的精神文化需求，进一步加强青年文化建设。按照建设民族文化大市的要求，充分认识和把握草原文化的大尺度、宽视野和大气、高贵、快乐的特质，遵循文化公平、发育多样性和文化均衡发展的原则，挖掘和传承民族文化和历史文化、草原文化和森林文化、游牧文化和狩猎文化、农垦文化和知青文化、地方文化和异域文化的内涵，为打造“呼伦贝尔文化”品牌作出贡献。以开展富有时代特色和民族特色的校园文化、社区文化、广场文化、企业文化、乡村文化和网络文化为重点，继续面向农村牧区和社区青少年援建青少年书屋，加强团属青少年文化活动阵地建设。大力开展青少年的对外交流。深化青年文明号、青年文明社区创建，加强青年文明礼仪知识教育，大力倡导时代新风。大力发展健康向上的青年网络文化，提高青年网络文化产品和服务的供给能力。

（4）用解放思想的精神造就青年。深入持久地推进解放思想学习讨论活动，大力弘扬以爱国主义为核心的民族精神、以改革创新为核心的时代精神，遵循不同年龄段青少年的成长规律和发展需求，积极配合学校和家庭，整合社会力量，广泛开展各类主题教育实践活动，引导青少年从小培养与改革开放相适应的创新锐气和开拓精神。发扬共青团组织“开风气之先”的光荣传统，与时俱进，在解放思想中提升境界，在转变观念中开阔视野，在改革创新中再立新功，推动工作思路创新、工作方式创新、自身建设创新，不断增强自我更新、自我发展的动力。通过继续解放思想，进一步巩固政治性，扩大社会性，增强工作特性，实现共青团事业统筹协调、科学发展。

8.3.2 加强组织动员，推进事业凝聚

事业认同是感召青年、凝聚青年的前提。全市各级团组织要围绕中心、服务大局，最大限度地把广大青年的智慧和力量引导到呼伦贝尔实现美丽与发展双赢，在科学发展中崛起的崭新实践中。

（1）引领青年在服务经济又好又快发展中作贡献。一是围绕以新型工业化引领产业结构调整，促进资源型产业、非资源型产业协调发展，深入推进青工创新创效活动。组织青年职工积极参与企业技术、管理、服务和营销等方面的创新实践活动，以深化

“青工技能振兴计划”为载体，以推行“青工技能培训”为突破，抓好职业培训、导师带徒、技能竞赛等活动，组织青年职工为打造三大基地、发展壮大十大产业集群，在产业优化升级中再造经济基础贡献才智。二是围绕社会主义新农村牧区建设，全面深化青春建功新农村新牧区行动。以促进农村牧区青年增收为核心，实施新型农牧民科技培训项目，举办科技培训，着力培养一批“有文化、懂技术、会经营”的新型青年农牧民。整合城市资源为农村牧区提供信息、技术、项目、资金、岗位等方面服务，着力培养农村牧区青年致富带头人、青年科技星火带头人。培育青年经济合作组织，举办青年创业特色经济现场会，扶持农牧林区青年发展特色经济。逐步加大青年就业创业基金投入力度，争取贴息贷款，大力建设青年就业创业服务基地。三是围绕发展新型服务业，广泛开展青年科技创新行动。大力培育创新型青年人才，激励青年开展科技创新实践，在重点产业、重点工程、重点攻关项目中勇挑重担。四是围绕推进新型边境区域合作，有针对性地开展“青年企业家地方行”等活动。充分发挥青联、青企协联系广泛的优势为地方经济发展招商引资，凝智聚力，在完善呼伦贝尔市全方位、多层次、宽领域的对外开放格局中发挥积极作用。

（2）引领青年在服务生态文明建设中作贡献。牢记胡锦涛总书记关于“要切实保护好内蒙古这块辽阔草原，保护好大兴安岭这片绿色林海，为建设祖国北方重要生态屏障作出贡献”的重要指示，坚定不移地走生态文明建设之路，构筑北疆生态屏障。按照市委市政府创建国家级生态市的战略部署，围绕促进资源节约型、环境友好型社会建设，切实加强青少年生态文明教育，广泛开展“绿色消费运动”，在青少年中积极倡导节约型的生产方式和消费模式。继续抓好青少年环保队伍建设，深化保护母亲河行动，建设青少年生态项目工程、创建青少年绿色家园、开展湿地保护行动。大力开展“节能减排青少年行动”，倡导青年企业家实行清洁生产，引导青年科技人员开发和推广节能减排先进技术。采取多种形式弘扬生态文化、倡导绿色消费、普及生态科学知识、加大宣传力度。

（3）引领青年在服务和谐社会建设中作贡献。积极参与“六个一”幸福指数工程等社会事业建设，引导青年在教育、医疗卫生等事业发展中发挥积极作用，不断提高幸福指数，为构建和谐的城乡关系、区域关系、地企关系、民族关系、干群关系作出贡献。广泛开展和谐创建活动，做大做好“希望工程”等社会认同度高的品牌工作，大力帮扶困难家庭学生继续学业，深入开展“青春暖流”情系外来务工青年行动，高度关注农民工子女的服务引导和农村牧区留守少年儿童的帮扶工作。进一步健全志愿服务体系，拓展服务领域，创新服务方式，动员和组织广大青年等更多社会公众积极参与扶贫、济困、救灾、助学等志愿服务活动，引导更多的社会资源参与发展志愿服务事业，既注重开展形式多样的志愿服务活动，也注重加强事关志愿者事业发展的机制、制度建设，更要注重志愿者文化的培育，在全社会大力弘扬志愿者精神，把青年志愿者行动打造成引导广大青少年参与和谐呼伦贝尔建设的宽广平台和加强青少年思想道德建设、培养青少年现代公民素质的有效载体。

8.3.3 加强扶持帮助，推进服务凝聚

竭诚服务青年是共青团全部工作的出发点和落脚点。要从青年最关心、最直接、最现实的具体利益问题入手，努力为青少年提供多领域、多层次的有效服务，把服务青年的工作做深做细做实。

（1）服务青少年素质拓展。广泛开展青少年读书活动，帮助青少年养成勤奋学习，不断求知的良好习惯。全面深化少先队雏鹰争章、大中学生素质拓展计划、心理健康课堂等各种素质教育活动，促进青少年综合素质的提高。抓住培养、凝聚、举荐、配置等人才开发的关键环节，着力构建以各类青年组织、青年社团为基础，以阵地为依托，以活动为载体的青年人才工作格局。建立健全青年人才评价体系和激励机制，加大青年典型选树力度，广泛开展青年五四奖章、十大杰出青年等各类青年典型评选表彰活动，努力形成覆盖各个领域、各个层次、各个行业青年人才的表彰体系，建立起有效创新激励机制。

（2）满足青年多元化创业需求。通过树立青年创业就业典型等方式，帮助青年树立正确的就业观念，引导青年崇尚自主创业。以高校毕业生为重点，深入实施青年就业创业计划，努力建立既与政府就业和再就业工作体系相衔接，又充分体现共青团特色的青年就业创业工作体系。加强青年就业创业基地建设，强化对青年的就业技能和创业能力培训。积极争取党政和社会各界支持，努力为青年提供信息、技术、资金、项目等帮助，引导青年经营管理和科技人员带头创业，扶持下岗青年自主创业，帮助高校毕业生自立创业，鼓励有成就的外出务工青年回乡创业，促进全民创业局面的形成。

（3）构建多方支持体系。整合配置资源，是共青团组织增强自身实力服务青年具体需求的有效方式。要树立开放的工作理念，争取党政系统的重视和支持，充分重视和发挥市青联、市青企协等外围组织的功能，凝聚社会各界青年精英，建立社会化运作模式。要力图使活动项目化、项目社会化，借鉴国外非政府组织的成功运作经验，建立良性运转的社会化工作模式。基层团组织要努力促进工作力量的社会化，构建一支由团干部、青少年工作者、志愿者和社会爱心人士共同组成的青少年工作队伍；努力实现工作资源的社会化，积极整合来自党政、社会和团内体系的人力、物力、财力，以及政策资源、宣传资源，实现资源优化配置；努力推动工作方式的社会化，通过开放、灵活、多样的方式，发挥品牌效应，强化市场意识，树立经营理念，探索建立“责任共担、利益共享”的合作机制。

（4）构建动态反馈系统。要把一切为了团员青年、一切依靠团员青年的理念贯穿共青团工作的始终。在动态反馈系统中，了解广大团员青年思想状况、工作需求、生产生活中所出现的问题等，做到了解青年的需求，照顾青年的特点，注重青年的感受，使青年的意愿在工作中得到充分尊重和体现。运用动态反馈系统检测计划是否精确，实施项目是否达标，一是要开展自上而下的调研活动，通过问卷、座谈会、个别谈心等方式，主动走进青年，全面地分析和认识青年；二是要通过自下而上的现场办公、青年咨询热线等，为青年提供沟通的渠道，鼓励青年向上反映问题。

8.3.4 加强权益维护，推进制度凝聚

共青团作为党领导的先进青年的群众组织，作为党和政府联系青年的桥梁和纽带，必须在维护全国人民总体利益的同时，切实代表和维护好青少年的具体利益。运用法制手段，深化重点项目，强化基础建设，着力优化青少年成长环境，促进广大青少年健康成长。

（1）全面推进维权工作制度化建设。加大《未成年人保护法》、《预防未成年人犯罪法》的贯彻落实力度，增强全社会依法保护青少年健康成长的法律意识。及时把握青少年较为普遍的利益诉求，使青年合法权益在社会利益格局中得到反映、尊重和体

现。积极推动党委政府和企事业单位、社会组织作出有利于青少年成长发展的决策。积极参与执法检查、法律监督和社会监督，把涉及青少年的法律法规、政策和决策落到实处。深入开展青少年法制宣传，增强社会各界维护青少年权益的自觉性、主动性，提高青少年的法律意识和守法用法的能力。

（2）畅通青少年利益诉求渠道。深化未成年人保护行动，针对重点侵害青少年权益的问题，配合有关部门开展专项整治。深化优秀青少年维权岗创建活动，努力拓展创建领域，提高有关部门和社会公众的参与度。加快“12355”服务台建设步伐，完善内部运行、维权联动、激励约束等机制，提高服务台法律援助、心理辅导、维权咨询等方面的运行效率。配合有关部门做好重点群体的管理、帮教工作，有效预防青少年违法犯罪。

（3）不断强化维权工作基础保障。资源与需求之间的落差，是共青团服务青年面临的主要矛盾；提高资源整合与配置水平，是增强服务能力的关键环节。要千方百计扩大资源总量，尽可能满足代表和维护青少年合法权益的需求。根据“服务靠需求配置最合理”的原则，建立健全青少年诉求表达机制、利益协调机制、矛盾调处机制、权益保障机制，把有限的资源用在青少年最需要解决的问题上，实现服务的专业化、个性化、日常化和持久化。不断培育和壮大青少年维权的工作力量，招聘青少年事务社会工作者，共同致力于青少年权益保护工作。

8.3.5 加强基层组织建设和基层工作，贯彻落实“两个全体青年”要求

广泛吸引青年、凝聚青年，一是靠先进思想，二是靠对青年合理利益诉求的尊重和服务，三是靠对青年特有的兴趣满足，四是靠第一线团干部的人格魅力和对青年的感情。

1. 着力扩大覆盖面，不断增强凝聚力，构建城乡互联、动态开放的青年组织体系

一是深化基层团建基础工程。大力推进创建五四红旗团委活动、“三级联创”活动，完善基层团建整体推进机制。以“争红旗、创特色”活动和“一团一品”工程为抓手，推动农村牧区、国有企业、学校、机关事业单位团的基层组织全面活跃，夯实传统领域团的组织基础。以共青团为圆心向外，青联、社团中心、少先队等共青团直接领导的青年群众组织作为第一层；大中学生社团、城乡青年中心、社区青年中心等共青团发育和扶持的青年社团作为第二层；大量青年民间组织、网上虚拟组织等为第三层，构建“同心多层”的组织体系，扩大对青年的有效联系和覆盖。突出共青团组织的核心主导作用，注重通过不同层次的组织形态把更多的青年有效整合成组织化力量，实现“多层”围绕“同心”。

二是深化团建创新工程。加大在“两新”组织团建力度，大力推行联合建团、行业建团、楼宇建团、园区建团等多种建团方式。在农村牧区，进一步加强苏木乡镇团委的辐射带动作用，加强青年经济合作组织建团，探索“村校联建”、“村企联建”、“村村联建”等有效的联建模式，实现资源共享。在城镇社区努力形成以街道团工委为核心的街道社区组织网络，进一步扩大团组织覆盖面。

三是加强青联、少先队组织建设。发挥青联组织人才荟萃、联系面广的优势，加大吸收团体会员力度，为加快呼伦贝尔经济建设和社会发展服务。按照“全团带队”的要求，要进一步加强对少先队组织的领导，健全少先队的各级工作机构，加强辅导员队伍建设，抓好团队衔接和推优入团工作。积极开展少年军校、夏令营、手拉手、雏鹰争章等以体验教育为基本途径的各项活动，引导少年儿童自学、自理、自护、自强、自律，努力做中国特色社会主义事业的合格建设者和可靠接班人。

2. 坚持分类指导，不断增强创造力，扎实做好团的基层组织建设和基层工作

（1）层级推进，全程覆盖，多重覆盖。积极适应经济社会发展和青年发展，适当区分各层级团组织的职责定位，既上下协同，又各负其责，市级团组织重在规划指导，旗市区和市属团组织重在整合牵动，基层团组织重在操作执行，避免出现“层层提口号、上下一般粗”的现象。进一步聚焦重点领域，完善团的工作布局，把学校团队工作摆在基础性战略位置，把企业共青团工作作为改革突破口，把社区共青团工作作为重要生长点，总体规划，协调推进，实现全程覆盖、多重覆盖。一是农村牧区团组织建设和工作要以促进生产发展、帮助青年致富、鼓励青年敢闯敢试为结合点，以农村牧区青年不甘于现状、渴望有新的发展为根本动力，紧紧围绕新农村牧区建设的根本任务来开展工作。要根据农村牧区青年联络和聚集的新方式，大胆探索统筹城乡的团建模式。大胆探索在现有合作组织建团和通过直接建立农村牧区青年合作组织建团的模式。二是企业团组织建设和工作要以服务企业生产经营为前提，找准服务企业与服务青年的结合点，把解决青年职工思想问题放在首位，善于把党团组织的政治主张转化为青年职工易于接受的工作理念。要面向普通青年，努力帮助青年职工解决成长发展中遇到的实际困难和问题。三是学校团组织建设和工作必须切实摆在基础性战略地位，围绕学校育人的目标体系，找准共青团工作的切入点。要根据青年学生喜欢的沟通、交流、聚集方式来探索新的组织建设模式。要抓好青年学生思想工作的结合点，把爱国主义和社会主义结合起来，把民族精神和时代精神结合起来，把个人成就和社会责任结合起来，注重探索系统的、有理论说服力的、有实践支持的结合方式，注意对学生个人价值的尊重，把教育引导和帮助他们成长结合起来。四是社区团组织建设和工作要根据社区的根本任务和功能属性研究把握切入点，注重借助党建工作协调委员会、社区工作站等新格局和新成果，探索团建的新载体、新途径。要在社区内团组织联建的基础上，充分发挥青少年社会工作者、青年志愿者的作用，把他们的热情、精神和专长、服务时间有机结合，通过社区团组织制度化和组织化的安排转化为长效服务机制。

（2）坚持创新工作运行体系。进一步探索整体联动机制，以共青团组织联合体、网络共青团组织等作为创新形态，突破单位、地域和条线的限制，通过组织优化、业务重组、资源整合等途径，实现组织的网格化运行。进一步完善快速动员和响应机制，利用网络特性创新活动方式。进一步健全项目论证、实施和评价机制，坚持社会化运作、品牌化经营、事业化发展的项目推进方式，探索科学有效的评价方法，发挥品牌项目的辐射和带动作用。

（3）牢固树立服务基层意识，深化服务基层工作。要凝聚全团力量，把资源向基层倾斜，把活动放在基层，把更多的目光投向基层，把更多的资源配置到基层，在项目、资金、人才、信息等方面，为基层团组织开展工作提供有力的指导和支持。结合团中央两年内下派挂职团干部 2 800 人的举措，以固本强基管长远为着力点，按照“上下联动，完善措施，创新机制，常抓不懈”的方针，利用两年的时间开展团干部基层联系点工作。在全市团总支书记以上的 1 000 余名团干部中，开展“进千家门、知千家情、解千家难”千名团干部百日下基层活动，了解掌握基层团组织、团员青年的总体情况和实际困难，切实解决团员青年反映最强烈的问题，把服务青年落到实处。

3. 着力提高整体素质，不断增强战斗力，建设团结务实、忠诚奉献、严谨高效、活泼幸福的共青团组织

建设一个有强大凝聚力、战斗力的共青团，要把思想观念从“就团论团”的框框中解放出来，善于以全团视野和世界眼光观察、谋划呼伦贝尔青年工作，注意研究国内外青年组织、非政府组织的工作理念、运作模式和工作方法，提升呼伦贝尔市共青团组织的综合能力和现实影响力。

（1）加强能力建设，不断强化服务大局、服务青年、服务社会的实际能力。按照“忠诚党的事业、热爱团的岗位、竭诚服务青年”的要求，遵循“高进、严管、优出”的原则，加强团干部队伍建设。全市团干部牢固树立全局意识、全团意识、开放意识、基层意识和服务意识，按照“把解放思想、思路扩开作为一种状态，把目标高远、眼界打开作为一种追求，把突破自我、手脚放开作为一种境界，把博采众长、心胸敞开作为一种品格，把谋事做事、步子迈开作为一种习惯”的五项要求，切实提升学习研究能力、战略思维能力、把握政策能力、科学决策能力和执行落实能力。一要坚持解放思想、实事求是、与时俱进的思想作风，不断提高团的创新能力；二要坚持理论联系实际的马克思主义学风，通过个体学习，改善心智模式，实现自我超越，激发群体智慧，建立共同愿景，切实把学习成果转化为谋划工作的思路、促进工作的措施、开展工作的本领，不断提高团的学习能力；三要坚持真抓实干、务求实效的工作作风，牢固树立宗旨意识和大局意识，坚决反对形式主义、官僚主义和本位主义，增强工作的责任感和紧迫感，不断提高团干部的执行能力；四要坚持发扬民主、团结共事的领导作风，不断提高团的科学决策能力；五要坚持健康正派的生活作风，加强党性锻炼，防微杜渐、严格自律，不断提高团干部的表率能力。

（2）提高全团的执行力，脚踏实地抓落实。执行力是团组织的战斗力，也决定着对青年的吸引力和凝聚力。提高执行力就是要不打不折地贯彻上级组织的各项决策，对于上级团委的工作部署，尤其是涉及全面长远的工作部署，要认真、全面、准确、创造性地予以落实。提高执行力，一是要把上级精神与本地区、本单位实际相结合，因地、因时、因事地提出具体落实措施，有的放矢地开展工作。二是要对认准的事情，坚持不懈地抓，直到形成氛围，形成惯性，取得最大效益。三是要坚决克服形式主义，多做抓基层打基础的事情，创造经得起实践、青年和历史检验的新业绩。四是要认真了解团员青年对共青团的认可和评价，加强对工作的督促检查，形成科学考评体系。

（3）培养系统工作能力，在实践中坚持和运用统筹兼顾的方法。团组织本身是一个动态的系统。我们在判断、分析和处理问题的实践中，要充分考虑时间的继起性、空间的并存性、原因的多样性和问题的发展性。要坚持系统地考虑问题、设计活动，基层的制度、组织、服务要保持其持续性和系统性。统筹青年工作各方面，要把体现政治属性和承担社会职能结合起来，把服务大局和服务青年结合起来，把维护国家和人民的根本利益与代表和维护青年的具体利益结合起来，把面上工作活跃与基础工作扎实结合起来，把现实生活中的青年工作和网络虚拟空间中的青年工作结合起来。要兼顾青年群体各类别，既要凝聚组织体系内的青年，增强他们的组织归属感，又要凝聚传统体制外的青年，把他们纳入组织影响的范围中；既要凝聚优秀青年，发挥他们促进经济社会发展的积极作用，又要关注弱势青年，解决他们生存发展中面临的实际困难。以更开放的气度、更宽广的胸襟凝聚起更多奋斗在呼伦贝尔这片热土上的年轻人。

展望全面建设小康社会的新世纪，事业任重道远，前景无限光明。党和人民对共青团寄予厚望。在市委和自治区团委的有力领导下，具有光荣传统的呼伦贝尔各族青年，一定会继续高扬五四精神的伟大旗帜，矢志追求，不懈奋斗！一定能够在与祖国共奋进、与呼伦贝尔同发展的奋斗实践中，为呼伦贝尔在科学发展中崛起作出新的更大的贡献！在呼伦贝尔走好生态文明之路和又好又快发展之路、打造自治区新的经济增长极的伟大征程中谱写更加壮丽的青春之歌！凝聚引领全市团员青年，向着理想、向着未来、向着胜利，奋勇前进！

9. 与呼伦贝尔学院青年学子交流实录[①]

一

一场严肃的学术活动是不能以评委的行政职务来决定它的标准的。几位评委老师一定要我来点评这一场辩论赛，作为学生，在老师面前只能是汇报，对师弟师妹们而言只能是交流。学术活动是社会活动的一个特殊类型，它在很大程度上为其他社会活动提供典范。学术活动是一种理性的活动，平等对话、尊重论据、克服偏见、诚实守信等等在学术领域体现得更多一些。具体包含以下成分：一是问题。学术活动是旨在解决问题的活动。二是真理。学术活动中的问题是通过具有真理性的知识得到解决的。三是论证。问题是学术活动的起点，真理是学术活动的终点，沟通两端的环节是论证。四是诚信。由问题、真理和论证所构成的学术活动过程，离不开诚信保障。

呼伦贝尔学院的春风秋雨量裁着时光，今天的学院已蔚成大观。依然记得我的班主任吴鸿雁老师的教诲："你们一定要抓紧时间储备知识，做一个对社会有用的人。"今天看到师弟师妹们在辩论赛上的精彩表现，我强烈地感受到了母校严谨的学风，虽

---

① 2010年5月3日至22日，呼伦贝尔学院举办大学生辩论赛，作者应邀担任评委，并和青年学子们进行了互动交流。

然立校时间较短，但老师和同学们一直在坚持、在努力，这使我感到信心倍增。

二

辩论赛集道德涵养、文化积累、知识结构、逻辑思辨、心理素质、语言艺术、整体默契、仪表仪态为一体，既有逻辑纷争，又有理论对抗，更有价值取舍，是高水平的、综合素质的较量，是口语表达的最高形态。马克思说过，真理是由争论确立的。辩论的过程，也正是人们探求真理、宣传真理、捍卫真理的过程。辩论赛的魅力在于论理、思辨、交锋，其要害在于：一是“理”上要站得住脚，也就是谢松龄馆长所说的“安营扎寨”。二是在氛围营造上，要有充足的知识储备，营造对己方有利的氛围。三是在情感表达上，要运用适度、适量的情感为完善的内容服务。四是在文辞表达上，要凭借逻辑严密的说理和声情并茂的文辞表达，取得立论的主动。

孔子说：“质胜文则野，文胜质则史，文质彬彬，然后君子。”大意是朴实多于文采就野蛮，文采多于朴实就虚伪，只有将朴实和文采有机地结合的人，才是真正的君子。中国经典之美是简约的、高华的、确实的、朴直的，同时也是圆融的、博大的、深雄的。中国当代著名学者范曾说，博大深雄、简洁高华，是中国文字本身带给文化人的无与伦比的稀世之宝。唇枪舌剑、剑拔弩张时，要求对方必须回答“是”或“不是”，似乎与我们血液中的文化传统相悖。

三

评价善恶的标准究竟是效果还是动机？辩论是对知识储备、心理素质、临场能力等综合素质的考量。逻辑分学术逻辑、现实逻辑和历史逻辑。本场辩论中同学们所涉及的秦始皇究竟是善还是恶的问题、解放战争动机和结果的问题、抗美援朝战争应从动机还是从结果去认识的问题，都与价值判断标准有关。评价的标准要还原学术本来面貌，要看站在生存层面还是站在社会层面上去评判价值。

事物是辩证统一的，是相互联系的，又是不断发展的，要用发展的眼光辨证地看双方辩题。善与恶属于道德范畴，是伦理行为对道德目的的效用性。马克思主义伦理学认为，在道德评价中，判断行为善恶的标准是从合乎历史必然性的社会或阶级利益中引申出来的道德原则和规范。由此我们认识到，评价行为善恶的最高标准就是人及人类的自由发展和总体利益。

四

诚信究竟靠法律约束还是靠道德约束？文学院的同学论述“法”的精神，外国语学院的同学评说道德的力量，很值得期待。中华民族历史长河中，仁、义、礼、智、信等传统文化要素闪烁着恒久的光辉，照耀着人类文明进程。道德作为软实力的重要部分，支撑着中华民族的脊梁。法的精神体现为法律和地理、地质、气候、人种、风俗、习惯、宗教信仰、人口、商业之间的关系，其多重价值闪耀着人类理性的光芒。

我认为青年尤其是广大学子要利用有限的时间多掌握一些科学知识和生存技能。这样既丰富了自己，也对社会有用。口才和辩才必须以知识为基础。所谓“心无物欲乾坤静，腹有诗书气自华”。针对诚信的养成这一辩题，我认为，对“诚信养成靠法律约束”一方而言，要从法的精神以及人类社会的三大矛盾来破题。三大矛盾即人与自然、人与社会、人与自身的矛盾。三大矛盾演进过程中不乏道德的力量，不乏法律的约束。无论是中国古代社会法律的约束，还是近代西方社会三权分立精神，道德和法律总是各领风骚。因此，辩论的关键在于抓住要害。对“诚信养成靠道德自律”一方而言，既可从学术角度讲，也可从现实角度讲。如台湾恢复死刑的问题，既可以为正方所用，也可以为反方所用，关键看如何利用这一观点。另外还可以从历史的角度研究道德的力量，温总理的枕边书《沉思录》中讲到了很多有关道德的内容，阐述了灵魂与死亡的关系，解析了个人的德行、个人的解脱以及个人对社会的责任，要求常常自省以达到内心的平静，要摒弃一切无用和琐屑的思想，正直地思考。

五

11 年前，我从呼伦贝尔学院毕业时，荣获了 1999 年度“呼伦贝尔学院优秀毕业生”荣誉称号。这个荣誉我将终身珍视，因为这是母校对于我两年学习生活的肯定，也是老师和同学们对我的鼓励和希望。为了这一次与母校师生的交流，我准备了 10 年。母校培养了我，哺育了我，我无以为报，仅以这种形式回报我的母校、恩师和同学。期冀我这些年来的工作和学习历程，对大家的人生有所启迪。

一个哲学家启发一个时代的历史已经过去了。21世纪的今天，信息时代的发展靠已觉悟的群体推动。作为当代青年、新世纪的学子，应以昂扬的精神面貌融入社会主流政治，为国家发展、社会进步、人类文明作贡献。同学们问我，青春、理想和奋斗三者之间有什么关系？我认为，人的一生敢不敢想，肯不肯做，能不能成功，有没有虚度光阴，就是青春、理想、奋斗三者间的逻辑关系。每个人都曾拥有青春，青年时代是人生读书、立志、奠基的时代，这一时期树立什么志向，拥有什么理想，付出了怎样的努力，抛洒了多少汗水，决定了一个人一生的收获。

我生长在一个普通家庭，母亲是小学教师，父亲是技术人员。在我的印象中，他们没有任何社会应酬，每天日出而作，日落而息，年复一年。13年前，做中学学生会主席的我，是同龄人中的佼佼者。因此，当我拿到呼伦贝尔学院录取通知书时，心里真是百感交集。不能去名城、名校，人生从哪里起航？到了呼伦贝尔学院，班主任吴鸿雁老师第一次与同学们见面时讲："两年的时间非常短暂，一定要夜以继日地读书，否则将一事无成。因为，无论是学校的牌子，还是系统学习的时间，你们都无法与本科院校学生相比。"老师的话振聋发聩。在两年时间里，我们45名同学全方位锻炼专业技能，全天候发奋读书，自发组织了辩论赛、课前演讲及近一年的试讲，能力素质得到大幅度提高。

六

作为一名青年，应该胸怀理想，如对专业的执著，对社会的贡献，对天下兴亡的牵系。理想应该从人生的奋斗起步。没有脚踏实地的奋斗，不会成就精彩的人生。无数脚踏实地奋斗的人，把握住了机遇，获得了成功。

人类社会的矛盾，概括起来有三大类。第一，人与自身的矛盾，这主要表现在两个方面，一是肉体，二是心灵，如生、老、病、死、怨憎会、求不得、爱别离、五阴炽盛等。第二，人与社会的矛盾，这主要表现为物质生存和精神生存两方面。第三，人与自然的矛盾，就是生存的矛盾、物质需求的矛盾、生活环境的矛盾。人类社会始终伴随着三大矛盾，人的生命也伴随着这三大矛盾。我们就是在分析矛盾、解决矛盾的过程中起始了生命，展开了人生。因此，当我们选择“青春·理想·奋斗”这个主题的时候，它的背后是国家、荣誉和责任。

七

学生 A：首先感谢冯方祥书记以学长的身份，给予学弟学妹们的教诲。刚才您说到奋斗起步的问题，我们作为大学生，从学校到社会应当怎样起步？

答：中学毕业时，老师曾嘱咐我们：“许多成绩优异的同学在大学毕业之后有落魄江湖之感，因为他们在学校是天之骄子，可走出校门后一如凡人，甚至一生都寂寂无闻。”其原因是思想观念分异。在校园里，学生为祖国和未来读书，进入社会后，要在实现自身价值的过程中为社会公众服务。服务需要本领。作为社会人，将面对纷繁复杂的人际关系，工作岗位的疑难杂症，这都是社会常态。学生走上工作岗位后，要端正心态、虚心学习，从扫地、打水、擦桌子等细节做起，熟悉业务工作，熟悉人际关系。只有尽快切入社会、融入社会，才能有效服务社会。

当前，就业形势很严峻，大学生毕业后不能立即就业。因此我们鼓励大家创业。创业需要本领。本领从何而来？一是在学校积累的专业知识。二是对社会的正确认识。三是自身特长与社会需要的有机结合。四是人格魅力，包括诚信品质、奉献精神、协同关系、协作本领等，以此赢得社会的尊重。就业和创业之间的过渡期怎么对待？我想，在离校之前大家应该有心理准备，即为实现下一步目标进行心理调适和必要准备。如考研、考公务员、考事业单位等，都需要积累和准备。打算创业的同学，首先要挑选创业环境。为了扶持包括大学生在内的广大青年就业创业，团市委成立了呼伦贝尔青年创业基金，申请基金要经项目选择、导师辅导、资金分配以及后续指导过程，大家可与团市委青工农牧部联系，也可直接与呼伦贝尔市青年创业促进会联系，它们一定会给大家一个满意的答复。通过自身努力去寻找商机的同学，要通过媒体、网络及所处的环境寻找机遇。这些技术上的方式方法，称之为“用”，是青年走入职场必须研究的问题。还有一个根本原则和方法，称之为“体”，即原则性问题。青年要努力把“体”和“用”结合起来，成就精彩人生。

八

学生 B：师兄您好！我是文学院的学生，首先，我代表文学院的学弟学妹欢迎您回到母校。就业是大学生最关注的话题，您对大学生就业选择有什么建议？

答：社会从单一向多元嬗变。大家要结合自身特点选择就业。我建议理论功底扎实的同学考研，因为社会分工越来越细密，所需人才越来越高、精、尖，只有在学业上再上一层楼，选择岗位的机会才会更多。由于家庭条件、自身成绩、个人志向等因素的差异，不想再继续深造的同学，可以选择参加公务员考试或事业单位招考；思维活跃、协调能力强、融入社会意识强的同学可以选择创办自己的企业。当然这需要一个过程，但不管选择哪条路，只要树立了目标，就要付出长期的努力。

九

同学 C： 很荣幸能够来到现场和学长交流。我想，大学生活包括学习、工作、情感三方面，请问如何脚踏实地对待这几个方面的问题？

答： 这个问题很有深度。脚踏实地对待学习、工作、情感问题，是大学生应有的风范。什么是脚踏实地？讲一讲我自身的经历，希望能给大家一点启发。1999 年，我的老师推荐我到市政府做秘书。工作中，我总是认真琢磨我的引路人邱世魁秘书长修改的每一份文件，他修改过的文件我都要再抄写一遍，看他修改了哪部分。1999 年底，“三讲”教育开始，我承担读书体会、转段总结等大量文字任务，手都磨出了茧子。那时我们经常加班加点写材料，一加班就是一两个月，刚刚写完的一稿，很可能连提纲都被推翻，重新写。一天只能睡两三个小时，但从没有人抱怨，从没有人叫苦叫累，反而觉得这是领导的信任，都竭尽全力地完成好任务。虽然领导交给我的任务很重，我也感到压力很大，但我坚持一次又一次地修改，一次又一次地完善。久而久之，起草文件便成了熟练工种。脚踏实地的过程其实就是效益最大化、工作最优化的过程。

在生活上、感情上，什么是脚踏实地？每个人都有爱的权利，对自己的人生都有规划和定位。当年我的班主任老师曾建议我在事业基本成型时，再谈恋爱、成家。30岁的时候，我遇到了我的妻子，遇到了愿意和我携手走过人生的人。当然，这是我的个例。我相信同学们都具备慧眼，能够找到自己的真心伴侣。当你准备和自己的另一半共同走过漫长人生的时候，要先考量自己是否成熟起来了，价值观是否成型了。我想这也是一种脚踏实地。

十

同学D：冯学长好！请问我们该如何规划大学生活？您是如何规划自己的大学生活的？

答：共青团组织要赢得青年的魅力和吸引力来自哪里？很重要的一点，就是对青年职业生涯的规划和设计，包括培养青年适应未来职业生涯的能力。职业生涯规划是指个人和组织相结合，在对一个人职业生涯的主客观条件进行测定、分析、总结研究的基础上，对自己的兴趣、爱好、能力、特长、经历及不足等各方面进行综合分析和权衡，结合时代特点和自身的职业倾向，确定最佳职业奋斗目标，并为实现这一目标作出行之有效的安排。大学时期是培养人生职业生涯能力的起步时期。规划大学时期的生活，应该有这样一个前提：对于在校大学生来讲，学习是第一任务。学习知识是培养能力的基础。大学有我们人生、职业生涯所需的土壤和养分。课堂上的学习为我们构建完整的知识结构提供了保障。如果没有相对完整的知识结构，提高能力素质也就无从谈起。既然选择了读大学，第一，要把知识学到手；第二，上大学意味着对接社会，因此要利用各类社会实践，了解展开职业生涯的环境。第三，要提高人际交往能力。第四，要树立良好的品德，包括真诚、善良、包容、协作以及尚美、质朴、确实、深雄等深层次的文化精神。第五，要学会做人，学会做有用的人，学会做成功的人。大学生的职业生涯规划，一年级为初探期，应积极参加学校组织的活动，提高沟通能力，提高交流技巧；二、三年级为定位期，要积极参加学生社团锻炼能力，检验知识技能，提高责任感、主动性和受挫能力，并有选择地辅修其他专业知识。四年级为冲刺期，目标应锁定在收集职位信息，提高求职技能，锻炼独立解决问题的能力，并确定自己是否考研。规划职业生涯要从自己的性格、爱好出发，通过对相关方面知识的掌握和实践，针对自己缺乏的素质，在学习中有意识地补充。

十一

同学 E：请问您怎么看待大学生高分低能的说法？您认为大学生应不应该逃课？母校留给了您什么？

答：大学生高分低能是客观存在的。5 月 6 日至 9 日，团中央举办全国地市级团委书记专题研讨班，团中央书记处第一书记陆昊同志讲到："千万不要迷信学历，不是说学历高，能力就高，素质就高，品行就好，关键是看这个人的综合素质和适应工作环境的能力怎样。"既要分数高，又要能力强，需要实践。把分数转化为实际能力是一种本领。如学历史的同学能够通过史实，揭示规律，就能得高分；而鉴别历史的能力和由历史规律衍发对社会实践的指导、对现实世界的关怀，却是一种能力。

我读大学的时候，学校要求很严格，每节课都要签到，课时不够就不能参加期末考试，挂了课就影响毕业。而且，我想大学生逃课原因有二：一方面，是由于课堂缺乏吸引力；另一方面，是自主参加“社会实践”了。我希望逃课的同学是去图书馆研究其他的课程了，去网上查找需要的学习资料了。有些学者、大师也并非都是在课堂上教出来的！如钱学森、钱钟书、梁漱溟等。

呼伦贝尔学院给了我太多。第一，责任。上学的第一天老师就对我们讲：“你们是未来的人民教师。今天耽误了一堂课，将来就可能耽误一个学生的一生，因此要对自己负责，对他人负责，对社会负责。”谢松岭馆长是当年中文系的党总支书记，负责学生工作、党务工作。每次义务劳动时，她都亲自挥锹与同学们一起干，每天早来晚走，她教给我们的正是责任。第二，光明。1998届召开毕业典礼时，老院长秦光中正式告别教学生涯，他饱含深情地说：“希望同学们走入社会后，不会感觉社会太大、无所归依，不要试图以一己之力扭转社会，而是要学会适应社会。希望同学们做正直的人，走光明的路，永远看到前面的康庄大道。”走上社会后，大家会经受很多考验。说话漫不经心、旁若无人接听电话等小毛病都可能成为让同事反感的大问题。因此，修身、养性、立德是大学生的必修课。第三，鼓励。走上工作岗位后，每当我遇到困难就去找老师、王志书记、朱院长、雅梅书记，每一次，他们都想方设法帮我解决。因此我有一种义不容辞的责任，就是在我从事青年工作的时期，和同学们进行一次交流，把我的所思、所想、所见、所闻告诉大家，供大家参考。

十二

同学 F： 您在大学时期的理想是什么？您是怎样将其付诸实践的？我是建工学院土木工程专业的学生，您能给我一些建议吗？我要为未来做哪些准备？

答： 1997 年 9 月 6 日，我接到呼伦贝尔学院录取通知书。9 月16 日，我到学校报到。接到通知书的那几天，我的心情一片灰暗，毕竟在我人生的第一学历上要永远地写上“专科”两个字。在住了二十多年的那间房子里，我对父亲说：“大学毕业要回来当老师。”父亲告诉我：“你可能当不成老师，因为我没本事，没熟人。”没有本事是什么概念？就是没有社会关系。当时满洲里的师范生分配难，一是没有岗位，二是有岗位没社会关系也无法就业。因此，当时觉得能当上老师是我最大的幸福。幸运的是，毕业后，在班主任老师的力荐下，我到海拉尔市政府工作，三个月后单位留下了我，远远超出了我大学时的理想。

土木工程专业就业方向包括建筑工程单位、工程监理部门、建筑行业管理机关。如果知识储备够用，毕业后可直接进入社会参加实践；如果这方面还有差距，那么要清楚自己的人生定位是什么，工作想做到什么深度，然后有针对性地加以充实。我衷心地期待将来在某个城市建设项目上，看到在座同学的公司，看到大家旗下的企业。

十三

学生 G： 我觉得现在并不是我们在选择大学，而是大学在选择我们。上大学这条路不是我们完全自愿的，而是一种潮流。从中考到高考，一旦有人退缩，大家就会用异样的眼光看他。如果做出一番成就还好，否则大家就会瞧不起。我觉得自己已经成了学习的奴隶，学习成了一种负担。我们把青春奉献给了学习，但是理想却被学习所束缚，怎么奋斗？现在的大学生动手能力比较差，不知这是我们自身问题，还是老师、学校的问题，抑或是教育体制的问题？

答：人生各种幸福之间的差别必定小于各种痛苦之间的差别，痛苦是独特的。因此，看一个人要看他的痛苦期，而不是幸福期。的确，是大学选择了你，可是你也在选择大学。同龄人中那些付出得更多、天分更高的人，考上清华、北大了，你说这是清华、北大选择了他还是他选择了清华、北大？非自愿上大学是假话。我家兄弟两个，哥哥没有考大学，选择了上班。可是十几年来，他不停地参加考试，公务员考了六次，直到他 35 周岁的时候，他终于考入满洲里市人事局，成为一名公务员。为了拿到自考专科和本科毕业证，他努力了八年，痛苦期长不长？痛苦和幸福是辩证的。

你说自己成为了学习的奴隶，我也曾有同感。我上高中时，学校文体活动很丰富，但是为了学习，我不得不放弃一些感兴趣的活动。我国教育资源有限，所以要通过高考制度遴选那些有学习能力和潜质的同学去接受更高等的教育。60 年前，中国是一个积弱积贫的半殖民地半封建国家，偌大的中国放不下一张平静的书桌。今天，我们再不用为国家富强、民族独立、人民幸福而抛头颅、洒热血。呼伦贝尔学院培养不出优秀学生吗？是你没努力，不是学校不行。看看我们的那些老师，多么优秀！当年我的老师一面教课，一面读书，几乎全都考上了博士。能简单地说这个学院没有学术氛围吗？

人生有幸福，也有痛苦，还要承担责任。责任不仅仅是国家兴亡、社会变革，还有对父母的责任，对子女的义务。

十四

学生 H：师兄，你好！我来自旅游管理与地理科学学院。感谢你用自己的成长经历为我们答疑解惑。当今社会是一个竞争的社会，机遇与挑战并存，“大学生毕业等于失业”是我们共同面临的苦恼。现在很多校园企业为大学生提供了就业机会，也就是俗称的“近亲就业”。一方面，我们庆幸有这样的就业机会，另一方面，社会在质疑这种就业机会的公平性。如果我们毕业后遇到这样的机会，应怎样对待？

答：近年来，为了满足大家接受高等教育的需求，国家施行了高校扩招政策。扩招的结果是大学毕业生骤增，与有限的社会工作岗位需求形成了矛盾，很多同学毕业后面临失业、待业。这是客观事实。看待客观事实要理智，要冷静。

温总理格外关注高校毕业生就业问题，鼓励高校毕业生到基层工作，到农村做大学生村官，尽量自己创业，创造精彩人生。刚才同学问到“近亲就业”的问题，我认为有了近亲就业的机会，我们首先要感恩。近亲就业是个案，不是普遍现象。如果每个人都能创业成功，都能为身边的人提供就业岗位，一可以化解社会矛盾，二可以缓解自己的人生压力。大家一定要从现在开始规划好自己的职业生涯，为将来储备知识和能力。同时，大家要格外珍惜精神传承。中华民族生生不息、源远流长，靠的是文化传承。中华民族历来讲究同胞之谊、乡泽之谊、同学之谊、师生之谊。因此，我们鼓励那些有能力的企业家为自己的校友提供就业岗位，缓解压力，促进社会和谐。

十五

学生I：师兄，你好！我是文学院新闻班的。因为专业的关系，我的问题可能比较敏感，希望你不要介意。第一个问题，大学毕业生低端就业算不算奋斗方向？第二个问题，我们怎样才能比“官二代”、“富二代”领先？

答：低端就业是一种择业心态，值得尊重。没有掌握高端就业本领的人选择低端就业，说明他正视人生；拥有高超本领的人选择低端就业，说明他脚踏实地；家境贫寒的人选择低端就业，说明他发愤图强；家境殷实的人选择低端就业，说明他笃实敦正。

如何与“官二代”、“富二代”竞争？第一，如选择低端就业，则很难碰到“官二代”、“富二代”，无所谓竞争。第二，如碰到“官二代”、“富二代”，说明你通过了艰难的选拔过程，进入到了一个相对高端的群体当中，要挺直腰板做人，百邪不侵。第三，“官二代”和“富二代”当中有好人，有高素质的人，择其善者而从之。与善人居，如入芝兰之室，久而不闻其香，即与之化矣；与不善人居，如入鲍鱼之肆，久而不闻其臭，亦与之化矣。白沙在涅，与之俱黑。且不说“官二代”、“富二代”，就说同样都在市场里摆摊卖菜，动脑筋、态度好的人一定效益好；无所事事、不讲诚信的人，则永远不会成功。

竞争的方法是什么？一是自身本领过硬；二是选择正确的努力方向；三是相信自己。自从人猿相揖别，竞争就伴随着人类社会。因此我们要客观、理性地看待竞争，要有底气地参与竞争。

十六

学生 J： 学长，你好！我来自计算机科学技术学院。大学毕业后我们首先要面临生存问题，那么当初的理想该不该坚持？如何坚持？如不该坚持，要以什么方式寻求其他理想？

答： 解决毕业后的生存问题，“啃老”是一个办法。可是大家都有良知，父母已经为我们做了太多太多！我们不能再向他们苛求什么。不苛求的前提是自己能生存。如何生存？到机关就业是生存，选择创业是生存，端盘子、洗碗是生存，当导游、做小工也是生存。要学会生存，学会求知，学会健体，学会爱心。

理想怎么坚持？我认为应从低端就业开始。远大的理想和脚踏实地的努力从来都相伴而生。中华民族也从不乏为民请命、舍身求法、舍生取义的人，他们很好地把理想和奋斗结合在了一起。理想是底线，是精神，是航标。理想只能从今天的努力开始，从现在做起。

如何取得人生的成功？我认为要具备以下十要素中的绝大部分优点。一是很强的目的性或目标性；二是很强的意志力或者信念；三是很强的抗高压能力；四是全力以赴的精神和工作方法；五是克制力及自信心；六是高标准要求自己；七是追求效果或结果导向；八是专业与精简化方法；九是克服狭隘的自尊心；十是永不枯竭的行动力量。我们要牢记的是，成功不会自己找上门来，成功是成功人士历尽艰辛，用智慧和劳动逐渐创造出来的，创造的过程也是成就一个人自身的过程，人自身成功到什么程度，事业就能成功到什么程度。

十七

学生 K：师兄，你好！我来自音乐系。听了您的一席话，我有很多感慨。从高中到大学，学音乐一直受人瞩目，很多人羡慕我们能歌善舞，但是也有人用异样的眼光看我们。学艺术不像学文学、学历史，通过努力就可以达到理想。我们该怎样坚定自己的人生信念，去弥补专业上的差异？

答：我在学院上学的时候，音乐系有二十多位同学，他们都是天之骄子。他们的无伴奏混声合唱《森林之声》、《打起手鼓唱起歌》在内蒙古大学生艺术节上获得了二等奖，为呼伦贝尔学院赢得了荣誉。专业的差异确实客观存在。音乐系的同学想要成就精彩人生，只有一条路，那就是勤学苦练。不论学声乐、器乐，学民族唱法，还是美声唱法，需要的都是功夫。专业化的差异并不影响个人的成功，只是在你选择之初，就已决定了你的发展方向。正如艾略特所说：海浪呼唤，风呼唤，我的出发本身包含着我的结局。

十八

学生 L：师哥，你好！我是音乐系的学生，专业是音乐学，毕业后的就业方向是教师。现在我的想法很多，既想考研，又想考导游，又想回到家乡山东。感觉很迷茫。不知你大学时有没有这种情况？希望能给我一些建议。

答：付出总有回报。学习音乐学，要搞研究，需要有扎实的理论功底，更重要的是实践。你的想法很好，但理想必须和奋斗结合起来。幻想什么都做的人最后肯定一事无成。在做事情上，多年来我有一点感受很深，就是“取法乎上，仅得其中；取法乎中，勉为其下。”一个人制定了高目标，最后仍然有可能只达到中等水平，而如果制定了一个中等目标，最后有可能只能达到低等水平。无论是治学还是立事，一定要志存高远，并为之努力奋斗，才有可能实现奋斗目标。当然，任何志向都需要时间作保障。一定要抓紧时间学习和实践。

大学时期，我任学院学生会主席、中文系学生会主席、中文系 97 级中文班班长兼团支部书记，还担任学院邓小平理论学习小组组长、青年志愿者服务总队队长等职务。那时，每天要做的事情很多。课间到团委请示工作，午饭后要到教室商量开展活动的事情。两年间，我组织和主持艺术节、迎新晚会、大合唱比赛等大型活动十几场。而且课业还不能放松。时间不够怎么办？争分夺秒，夜以继日，所以我的收获很大。我讲这段经历想说明一个道理：一个人究竟确立了什么理想，为理想倾注了多少心血，是决定事业成败的关键。

十九

学生 M：学长，你好！我是来自俄罗斯语言学院的大一学生。从初中到高中，我最大的感受就是老师们的素质有很大差别；从高中到大学，我最大的感受就是同学关系很重要。我特别容易受外界干扰，因此在处理学习、生活、人际关系方面，感到很迷茫。有时不知道怎样才能坚持自己的看法。希望你能给予指点。

答：这个问题我在大学时也遇到过，我的老师是这样回答的："菩提本无树，明镜亦非台；本来无一物，何处惹尘埃。"人生各阶段有各阶段的目标，只要把有限的时间和精力投入到奋斗目标上，就能够避免一切不必要的干扰。当你向着目标迈进的时候，会发现校园的春风秋雨都是最美的音符。

念我母校，惠我实多；忆我师长，情深意长。呼伦贝尔学院，谢谢您！我们的青春曾在这里闪光，我们的血液曾在这里沸腾。青春、理想、奋斗，国家、荣誉、责任，纵是千磨万砺，记忆的沟回不会平展。走遍天涯海角，心中永远眷恋母校——我青春的驿站！

永铭深恩，情满呼院！

附　录

附一　团市委大事记
（2008 年 3 月—2010 年 4 月）

2008 年

3 月 12 日　团市委召开干部大会，市委组织部副部长王国才宣布任免职通知并作重要讲话。市委决定，冯方祥同志任团市委书记、党组书记，刘长顺同志不再担任团市委书记、党组书记。

3 月 24 日　全市群团工作会议在海拉尔召开，市委副书记孙震到会发表重要讲话。

3 月 25 日　共青团呼伦贝尔市一届八次全委（扩大）会议在海拉尔召开。团市委书记冯方祥代表团市委常委会向全委会作《以加强能力建设为切入点，引领全市团员青年为实现呼伦贝尔在科学发展中崛起不懈努力》的工作报告。会议要求，全市各级团组织要以加强能力建设为切入点，以深入开展团员青年解放思想大学习、大讨论活动为重点，全方位夯实组织基础，引领广大团员青年为实现呼伦贝尔在科学发展中崛起贡献青春力量。

3 月 31 日　团市委书记、党组书记冯方祥主持召开 2008 年第一次党组（扩大）会议，听取各部室工作汇报，研究安排年度工作要点及近期重点工作。副书记陈高山、何伟、伏鸿峰出席会议。

4月17日　全市服务农牧林区青年转移就业创业活动启动，市领导孙震、马连芳、王国林、李灿良出席启动仪式。市委副书记孙震、副市长王国林作重要讲话。团市委书记冯方祥向全市团员青年发出倡议，副书记何伟主持启动仪式。活动期间，38家企业为农牧林区青年提供就业岗位439个。

4月19日—20日　“三元杯”蒲公英第八届（2008）青少年优秀艺术新人选拔赛在市民族少年宫举行。

4月　全市共青团系统为青年农牧民开通就业创业金色通道，有组织地向北京、广州、威海、大连等发达地区输出劳务，使全市5.5万农牧区青年实现转移就业。

4月，团市委开展“我优秀所以我入团，我入团我更优秀”团员意识主题教育活动。

4月19日　根河市满归镇发生火灾，团市委紧急动员机关同志及青企协会员单位支援受灾地区。19日晚，团市委书记、党组书记冯方祥主持召开2008年第二次党组会议，研究决定紧急采购救援人员所需被褥并于第一时间运抵灭火一线。副书记陈高山、何伟、伏鸿峰参加会议。20日，团市委机关捐赠的100套被褥运抵根河火场。

4月22日　自治区第一家盟市级少先队网站呼伦贝尔少先队网启动运行。自治区团委书记胡达古拉发来贺信，市领导孙震、宋照明、万路出席启动仪式，市委副书记孙震致辞。自治区团委副书记、少工委主任陈晓东，少工委副主任石墨在呼和浩特市通过网上连线参加活动。

4月25日　“我关注·我成长·我发现·我思考——人大代表、政协委员与全市少年儿童面对面”活动在海拉尔举行，市政协副主席万路出席并讲话。

4月28日　保护呼伦贝尔草原青年促进会获“2007年中国青年丰田环境保护奖”。团市委申报的“呼伦湖南岸草原沙化治理项目”获得“项目资助奖”。

4月28日　纪念五四运动89周年暨建团86周年“五四精神代代传”全市老中青座谈会在海拉尔举行。市领导孙震、李华、达喜扎布出席，老战士、老领导、老团干及优秀青年群体代表、奥运火炬手代表、基层团干部代表和团市委机关全体同志参加座谈，市委副书记孙震作重要讲话，团市委书记冯方祥主持并致辞。与会同志共同栽植了纪念树，并联合发出《致全市团员青年倡议书》。

4月29日　在团中央“全国优秀共青团员、全国优秀共青团干部”评选中，团市委组宣部部长白春艳荣获“全国优秀共青团干部”荣誉称号（中青发［2008］14号）。

4月30日　《呼伦贝尔青年》改版为双月刊。改版后《呼伦贝尔青年》面向全市团委、团总支、支部，青年文明号单位及青联、青企协会员广泛发行，并报送市四大班子领导，市直各部门及各旗市区委、政府，直属部门副处级以上领导审阅。

5月4日　市委书记曹征海为“呼伦贝尔2008青年群英会暨优秀团员青年、英模代表优秀重点企业行”活动题词：“提高素质，深入实践，为实现呼伦贝尔全面振兴奉献青春”。

5月4日　纪念五四运动89周年暨建团86周年大会在海拉尔召开。市领导孙震、马连芳、郑俊、达喜扎布及市直相关部门负责同志出席大会，市委副书记孙震作重要讲话。大会对呼伦贝尔市首届杰出（优秀）青年卫士，青少年维权岗、杰出（优秀）青年创业致富带头人、青年星火带头人、优秀进城务工青年等127个先进集体和147名先进个人予以表彰。当晚举行了文艺演出，市领导孙震、马连芳、郝桂娟及部分离退休老同志、老领导观看演出。

5月4日　在自治区团委“全区杰出（优秀）共青团员、共青团干部”评选中，呼伦贝尔市敖其尔被评为“全区杰出共青团员”，张保全、图力吉尔、张颖、崔珊珊、温明惠、何旭阳、闵洁等被评为“全区优秀共青团员”。崔雪松被评为“全区杰出共青团干部”，苗大勇、诺敏、周博、夏玉杰、凤英等被评为“全区优秀共青团干部”。

5月6日　《呼伦贝尔日报》刊发团市委书记冯方祥署名文章《以组织能力建设为切入点，引领全市团员青年为呼伦贝尔在科学发展中崛起奉献青春力量》。

5月9日—10日　“呼伦贝尔2008青年群英会暨优秀团员青年、英模代表优秀重点企业行”活动举行。自治区主席助理黄·阿拉腾别力格，市委副书记、市长罗志虎，市委常委、副市长白志远接见全体与会同志，白志远发来书面讲话，团市委书记冯方祥作总结讲话。活动期间，全体与会代表先后参观了呼伦贝尔市金新化工有限公司、东能化工有限公司、神华宝日希勒能源有限公司及伊敏煤电有限责任公司。陈高山、何伟、伏鸿峰、包君花等同志全程参加活动。

5月13日　团市委书记、党组书记冯方祥主持召开2008年第三次党组会议，研究部署“5·12”抗震救灾工作。陈高山、何伟、伏鸿峰、包君花等同志参加会议。

5月14日　团市委机关全体同志和呼伦贝尔学院团员青年率先向地震灾区捐款，募集首批款项5万余元。

5月17日　由团市委、市信息办、市残联主办的“共享信息化成果，共绘现代化生活”世界电信日和信息社会日暨为地震灾区群众献爱心活动在海拉尔举行。副市长王宝成出席活动并宣布启动令，政府副秘书长许佐主持启动仪式。

5月23日　在“心系灾区——呼伦贝尔市大型募捐活动”现场，团市委、市公安局政治部、武警呼伦贝尔市支队、武警呼伦贝尔市森林支队、市少年宫联合表演大型合唱《让世界充满爱》。团市委书记冯方祥代表全市共青团系统向灾区捐款。

5月23日　全市广大青少年通过捐款捐物、举办赈灾义演等形式，募集救灾款项137.851 83万元。其中，115.813 73万元通过市民政局和红十字会等渠道送往灾区，22.038 1万元通过自治区团委送往灾区。

5月31日　“与灾区少年儿童心手相连”庆六一文艺演出在海拉尔举行，市领导马连芳、王宝成、达喜扎布及市直相关部门负责同志观看演出。

6月7日　共青团第十六次全国代表大会呼伦贝尔市代表冯方祥、郭志英、敖慧茹、关凯丹赴京参会。市领导孙震、宋照明、达喜扎布，团市委陈高山、何伟、伏鸿峰、包君花等到机场送行。市委副书记孙震作重要讲话。

6月8日　团中央书记处书记陆昊亲切接见团十六大内蒙古代表团，并与冯方祥、郭志英、敖慧茹、关凯丹等同志合影留念。

6月9日　全国人大常委会副委员长乌云其木格在人民大会堂亲切接见团十六大内蒙古代表团，并合影留念。

6月9日　全国政协副主席陈奎元接见冯方祥、郭志英、敖慧茹、关凯丹等呼伦贝尔市团十六大代表，并亲切交谈。

6月10日　团中央书记处书记贺军科参加内蒙古代表团分组讨论，冯方祥同志重点围绕欠发达少数民族地区如何贯彻落实团十六大精神作了发言。

6月13日　共青团第十六次全国代表大会圆满完成各项议

程，胜利闭幕。呼伦贝尔市代表郭志英（达斡尔族）当选为团中央候补委员。

6月16日　第六届中国青少年儿童艺术英才大赛呼伦贝尔赛区选拔赛开赛，来自全市的500余名青少年参赛。

6月16日　呼伦贝尔市青年志愿者于承军圆满完成地震灾区心理健康援助工作，返回海拉尔。期间，根据于承军同志工作表现和本人要求，经青少年心理康复援助专家志愿团临时党支部大会集体讨论，吸收于承军同志为中共预备党员。

6月20日　团市委副书记何伟深入团市委包扶点鄂伦春自治旗大杨树镇东升村开展包扶工作，并送去价值3万余元的电视机、VCD机和科普书籍。

6月23日　“激扬青春万里路，领略草原三十年辉煌”北京大学2008暑期社会实践团一行17人抵达呼伦贝尔，开展为期9天的实践调研活动，副市长王国林会见实践团并讲话。

6月29日　“全团带队、推优入团暨市民族少年宫附小2008届毕业典礼”大会在海拉尔召开，向建党87周年献礼。团市委书记冯方祥出席大会并讲话，副书记陈高山主持大会，市民族少年宫主任包君花作工作报告，副书记何伟、伏鸿峰及市直相关部门负责同志、优秀毕业生家长代表参加了会议。

当晚，市领导孙震、德玉庆、王宝成、达喜扎布和离退休老同志、老战士代表共同观看市民族少年宫草原小百合艺术团纪念建党87周年汇报演出。

6月30日　共青团呼伦贝尔市一届九次全委（扩大）会议在海拉尔召开，团市委书记冯方祥出席会议并讲话。会议学习传达了共青团第十六次全国代表大会精神，总结了呼伦贝尔市共青团系统抗震救灾工作阶段性成果，听取了各旗市区团委2008年上半年工作汇报和下半年工作思路。陈高山、何伟、伏鸿峰、包君花等同志出席会议。

7月5日　第五届全市中小学生迎奥运航模、车模、船模比赛在海拉尔举行，市人大常务副主任宋照明出席并讲话。冯方祥、陈高山、伏鸿峰、包君花等同志全程参加活动。

7月8日　全国政协常委、团中央书记处书记王晓在呼伦贝尔开展法律职业队伍建设调研。期间，亲切接见了呼伦贝尔市基层团干部、团员青年和青年志愿者代表，并以座谈会的形式进行了工作调研。座谈会在亲切、愉快的氛围中持续到深夜，王晓同志在座谈会结束时作重要讲话。团中央权益部部长李晓豹同志陪同，冯方祥、陈高山、何伟、包君花及团市委机关部分同志参加座谈会。

7月12日—14日　"瞩目正北方，助力内蒙古"——共青团东部省市知名青年企业家走进呼伦贝尔经贸考察活动举行，来自京、津、沪、浙、苏、鲁、粤、闽等省市的120位同志在自治区团委书记胡达古拉、副书记张晓兵陪同下，赴海拉尔区、满洲里市、陈旗、鄂温克旗等地，重点考察了金新化工有限公司、神华宝日希勒能源有限公司及伊敏煤电有限责任公司等资源节约型、环境友好型企业。期间，市委书记曹征海，市委副书记、市长罗志虎分别会见考察团一行，并介绍了呼伦贝尔经济社会发展概况。市领导孙震、段志强、宋照明、张秀、郝桂娟、王伟等分别会见或陪同考察。部分企业与呼伦贝尔市签署了对俄贸易、农产品加工、绿色食品加工、旅游等方面的合作意向，总签约额达3.1亿元。

7月14日　团中央授予呼伦贝尔市青年志愿者协会"中国青年志愿者工作组织奖"，授予阿荣旗那吉镇小剪刀青年志愿者服务队"中国百个优秀志愿服务集体"荣誉称号（中青发[2008] 20号）。

7 月 17 日　团中央授予团市委“全国抗震救灾先进团组织”荣誉称号，这是内蒙古自治区唯一获此殊荣的单位。

7 月 15 日—20 日　团市委、市少工委、市民族少年宫组织市草原小百合艺术团 33 名代表赴日本大阪、京都、东京等地开展“蓝天白云绿草地，友谊合作长相依”青少年文化交流活动。

7 月 30 日—8 月 8 日　团市委书记冯方祥率调研组深入阿荣旗、扎兰屯市、莫旗、鄂伦春旗、根河市、额尔古纳市、陈旗、牙克石市等地调研，了解基层团组织实际工作，宣讲团十六大精神。副书记何伟、伏鸿峰及机关部分同志随同调研。

7 月 23 日　团市委书记、党组书记冯方祥主持召开 2008 年第四次党组会议。会议讨论并原则通过关于全国冬夏令营基地原址财产质押、置换工作方案。会议决定，一次性了结拖欠四川籍农民工叶启春工程款，同时一次性发放该基地应予以解决的职工买断工龄款。副书记陈高山、何伟、伏鸿峰参加会议。

8 月 4 日—8 日　团市委、市少工委举办 2008 呼伦贝尔市第五期少年军校。团市委书记冯方祥看望了少年军校全体师生并讲话，副书记何伟、伏鸿峰陪同看望。

8 月 5 日　全团加强基层组织建设和基层工作电视电话会议召开，团市委冯方祥、陈高山、何伟、伏鸿峰、包君花及团市委机关全体同志、各旗市区团委书记在海拉尔分会场参加会议。

8 月 7 日　《中华儿女·青联刊》刊发团市委书记冯方祥在京参加团十六大期间接受《中华儿女》杂志社记者的专访文章，题为《我永远是共青团的一员》。

8 月 16 日　团市委书记冯方祥率机关同志看望奥运小将张莹莹父母，并授予张莹莹“呼伦贝尔青年五四奖章”。

8 月 22 日　“中国青年丰田环境保护奖”获奖项目——呼伦湖南岸草原沙化治理项目区建成揭碑仪式在新右旗贝尔苏木草原沙化

项目区举行。中国国际青年交流中心合作部部长陆铁钧、合作部项目官员曹阳，丰田汽车（中国）投资有限公司粟田弘毅、程雅琴、小川桃子出席启动仪式，陆铁钧、粟田弘毅讲话。副书记陈高山主持仪式并讲话。

8月29日　扎兰屯市农村青年创业计划正式启动，团市委书记冯方祥出席并作重要讲话。扎兰屯市两批项目共发放小额贷款116.5万元，标志着全市共青团系统青春建功新农村新牧区活动取得阶段性成果。

9月2日　团市委书记冯方祥赴新左旗开展牧区共青团工作调研。何伟、伏鸿峰、包君花及机关部分同志随同调研。

9月4日　呼伦贝尔市首度争取到“新起点”小额爱心基金1万元，10名贫困青少年获得资助。

9月7日　团市委书记、党组书记冯方祥主持召开2008年第五次党组会，专题研究在呼伦贝尔市中心城新区选址建设全国冬夏令营呼伦贝尔基地新址的有关问题。会议决定，将议定事项以《关于在新区选址建设全国青少年冬夏令营呼伦贝尔基地有关问题请示》（呼团字〔2008〕77号）报告市委、市政府。陈高山、何伟、伏鸿峰、包君花等参加会议。

9月18日　团市委发出通知，号召全市广大团员青年参加“继续解放思想，推动科学发展，全力打造自治区新的经济增长极”大学习大讨论活动。

9月22日　按照团中央和自治区团委的部署，呼伦贝尔市第一批派驻旗市区团干部陈高山、于明涛、孙伟华，分别到鄂温克旗、额尔古纳市、陈旗开展为期半年的驻点工作。

9月24日　全市共青团系统继续解放思想推动科学发展暨呼伦贝尔精神大学习大讨论座谈会在海拉尔召开，团市委书记冯方祥作重要讲话。会议下发了《全市共青团系统继续解放思想推动科学发展大学习大讨论活动实施方案》。

9月25日　在自治区团委、自治区综治委等12个部门联合举办的第六届“内蒙古杰出（优秀）青年卫士”评选活动中，呼伦贝尔市宋波、贾铁鹏、杨春燕被评为“内蒙古优秀青年卫士”（内团联发［2008］18号）。

9月27日—30日　自治区团委副书记、自治区青联主席张晓兵在呼伦贝尔市调研基层团组织建设和基层工作。市委副书记孙震会见，并就加强党建带团建和基层团的工作与调研组交换意见。冯方祥、陈高山、何伟、伏鸿峰、包君花等同志陪同调研。

10月6日　经团市委党组研究决定，张超同志兼任全国冬夏令营呼伦贝尔基地主任（即法定代表人），兰永臣同志兼任副主任。

10月8日　团市委组织召开“厉行勤俭节约、反对奢侈浪费”专题民主生活会。团市委书记、党组书记冯方祥主持会议并发言，副书记、党组成员陈高山、何伟参加会议并发言。

10月9日　团市委书记冯方祥赴新右旗专题调研牧区基层团组织建设和基层工作。副书记何伟、伏鸿峰等随同调研。

10月15日　市委副书记、市长罗志虎在《关于在新区选址建设全国青少年冬夏令营呼伦贝尔基地有关问题的请示》（呼团字［2008］77号）上批示：“青少年活动场所建设相关部门应予支持。”

10月15日　市委专题听取团市委党组关于加强基层组织建设的工作汇报。

10月16日　团市委开展呼伦贝尔精神表述语征集活动。活动共收到作品300余件，从中遴选出“以人为本、科学发展”，“团结务实、严谨高效”，“致力和谐、开放包容”等38件报送市委宣传部。

10 月 17 日　自治区首家特殊青少年维权基地在呼伦贝尔市看守所挂牌成立，标志着呼伦贝尔市保障未成年人健康成长、预防未成年人犯罪的社会工作体系初步形成。

10 月 22 日—25 日　市民族少年宫主任包君花率草原小百合艺术团赴宁波参加第二届少儿服饰文化周活动。

10 月 24 日　《呼伦贝尔日报》辟专版刊发《共青团眼中的呼伦贝尔精神》。

10 月 31 日　团中央书记处书记贺军科在团中央机关与来自呼伦贝尔市、鄂尔多斯市、乌海市及巴彦淖尔市的四位团干部座谈，并寄语内蒙古基层团干部，“崇高的事业激励我们永远前行”。鄂温克旗团委书记布和代表内蒙古牧区团干部参加座谈。

9 月—11 月　“12355”青少年维权服务热线共受理咨询并成功维权 53 例，团市委与政法系统联手强化维权机制，预防青少年违法犯罪、保护未成年人合法权益工作取得初步成效。截至 11 月，全市政法系统已创建各级青少年维权岗 50 家。

11 月 13 日—12 月 3 日　应团市委、市青少年心理健康教育基地、崧园心理学校邀请，团中央《知心姐姐》杂志心理健康教育报告团在呼伦贝尔市开展“关爱孩子心灵成长，关注孩子生存智慧”主题巡回报告。

11 月 14 日　共青团系统大学习大讨论活动进入查摆剖析阶段，收回《继续解放思想，推动科学发展，全力打造自治区新的经济增长极大学习大讨论活动青年调查问卷》1 800 余份。

11 月 14 日　全国冬夏令营呼伦贝尔基地职工大会在市委二号楼四楼会议室召开，一次性发放职工工龄买断款。至此，该基地历史遗留的职工安置问题得到彻底解决。团市委书记冯方祥到会并讲话。

11 月 20 日　团市委书记、党组书记冯方祥主持召开学习实践科学发展观专题民主生活会。与会同志结合述职述廉，深入查找问题，剖析思想根源，明确了努力方向。副书记、党组成员陈高山、何伟及机关全体党员参会。

同日，市委决定，陈高山同志任新巴尔虎左旗副旗长；白春艳同志任市工商联副主席、党组成员、市总商会副会长；诺敏同志任团市委副书记、党组成员。

11月21日　自治区团委副书记刘春带队调研考核呼伦贝尔共青团年度工作，先后深入海拉尔区、鄂温克旗、牙克石市、扎兰屯市调研考核。冯方祥、何伟、伏鸿峰、包君花等同志分别陪同。

11月27日—12月10日　团市委组成三个调研组分赴呼伦贝尔市9个乡镇苏木团委、2个办事处团委、1个高校团委、5个企业团委、5个中学团委、15个嘎查村团支部、12个社区团支部、10个青年中心、4个“两新”组织、2个小学少先队组织进行调研。先后召开21次座谈会，走访36位基层党政领导，127位社会各界人士，与379位团员青年座谈。发现基层团组织建设和基层工作的好做法、好经验、好典型40多个，存在问题20多处，形成调研报告21篇。

12月1日　团市委书记冯方祥和机关部分同志赴甘肃省天水市甘谷县，代表全市广大团员青年向地震灾区六峰镇中心小学、八里湾杨家坪小学、上坪小学、毛河小学、张家沟小学、十里铺小学捐赠价值7.8万元的课桌椅、文具及电脑、打印机等教学设备。天水市甘谷县委、县政府向团市委赠送了“草原春风暖，冀里桃李香”锦旗。

12月8日　市委副书记、市长罗志虎为筹备召开的市二次团代会题词，殷切寄语呼伦贝尔共青团：“团结带领各族青年，为呼伦贝尔的发展奉献青春、智慧和力量。”

12 月 9 日　团市委书记、党组书记冯方祥主持召开 2008 年第六次党组会议，研究团市委机关人员调整、调动和各部室分工问题。副书记、党组成员何伟、诺敏参加会议。

12 月 29 日　市委决定，包君花同志为团市委党组成员、市少工委主任、市民族少年宫主任。

2009 年

1 月 12 日　市青年创业促进会会长赵山根主持召开市青年创业促进会全体会议，通报了 2008 年工作情况，并对下一步工作做出安排部署，对工作人员提出具体要求。冯方祥、诺敏同志参加会议。

1 月 14 日　由团市委、市少工委、市电视台、内蒙古卫视少儿频道联合举办的《花开草原——2009 呼伦贝尔少儿春节晚会》录制完成。晚会实况于春节期间在内蒙古卫视少儿频道、呼伦贝尔电视台播出。内蒙古广播网对该活动进行了报道。

1 月 16 日　全市共青团系统“真情助困进万家”结对仪式在海拉尔举行。市国税稽查局等 8 家青年文明号集体与贫困学生结成帮扶对子并送去慰问金 4 000 元。团市委书记冯方祥出席并讲话，副书记诺敏主持会议。内蒙古新闻网对该项工作进行了报道。

2 月 13 日　国家民政部民间组织管理局网、清华大学网、创业开始网刊发《为青年搭建创业平台，呼伦贝尔市青年创业促进会将在近期扶持 50 个创业项目》文章。

2 月 20 日　团市委在自治区团委十二届二次全委会上被评为“2008 年度全区共青团工作实绩突出单位”第一名。海拉尔区团委行业协会团建项目获 2008 年度“全区优秀团建创新项目”协会团建工作创新奖，鄂温克旗团委基层团干部系统培训工作获

2008年度“全区优秀团建创新项目”团干部教育培训工作创新奖。

2月20日　市委、市政府授予团市委“2008年度社会治安综合治理及安全稳定创建先进单位”荣誉称号（呼党字［2009］12号）。

2月23日　自治区团委副书记高润喜同志深入莫旗开展“保增长、惠民生、进百县、促落实”调研工作，并就共青团工作进行调研。在与基层团干部座谈时，高润喜同志围绕如何贯彻落实好自治区团委十二届二次全委会精神发表了重要讲话。自治区团委白海林、李成广、黄·那仁朝克图一同调研，冯方祥、包君花、诺敏分别陪同调研。

2月24日—26日　政协呼伦贝尔市第二届委员会第三次会议在海拉尔召开，团市委副书记何伟当选为市政协第二届常委会委员。

2月25日—27日　呼伦贝尔市第二届人民代表大会第三次会议在海拉尔召开，团市委书记冯方祥当选为市二届人大常委会委员。

3月2日　团市委书记、党组书记冯方祥主持召开2009年第一次党组（扩大）会议。会议研究了县处级后备干部推荐工作，2008年度直属团委实绩考核情况，全国冬夏令营呼伦贝尔基地资产处置及历史遗留问题解决方案，团市委一届十次全委（扩大）会议议程等事宜；学习传达了自治区团委十二届二次全委会，市二届人大三次会议、市政协二届三次会议精神。何伟、包君花、伏鸿峰、诺敏等同志参加会议。

3月2日　第二批派驻旗市区团干部诺敏、汪国峰、朱广宇分赴新左旗、新右旗、牙克石市，开展为期半年的驻点工作。

3月5日　呼伦贝尔市青年志愿者服务基地挂牌成立，团市委副书记诺敏出席并讲话。同日，青年志愿者在市特教中心进行了志愿服务。

3月7日　共青团呼伦贝尔市一届十次全委（扩大）会议在海拉尔召开，团市委书记冯方祥作重要讲话，副书记伏鸿峰代表团市委常委会向全委会作题为《服务青年就业创业，加强基层组织建设，为打造自治区新的经济增长极做贡献》的工作报告。会议研究决定用三年左右的时间在全市共青团系统扎实开展基层组织建设年、青年就业创业实践年、作风建设加强年“三年联建”工作。中国共青团网等媒体对会议作了报道。

同日，团市委举办“共青团送战友、踏新程暨三八节联谊”活动，市委副书记孙震出席，并向刚刚调离共青团战线的老团干陈高山、白春艳、苗大勇、郭志英、李明、李政等同志赠送纪念杯。

3月10日　《呼伦贝尔日报》开辟《抓基层、打基础、抓落实，全市共青团创新工作亮点纷呈》专版，全面回顾报道了2008年呼伦贝尔市共青团系统工作。

3月10日　在市委、市政府关心下一代工作“五有”创优标兵单位和先进集体评选中，市民族少年宫被评为“全市关心下一代工作‘五有’创优标兵单位”（呼党字［2009］21号）。

3月12日　呼伦贝尔市青少年心理健康实验校在海拉尔区第五中学挂牌成立，团市委副书记诺敏出席并讲话。新华网等媒体先后进行报道。

3月14日　团市委举行仪式，迎接捐赠造血干细胞成功归来的呼伦贝尔学院青年教师祝琳琳。团市委副书记诺敏到机场迎接并讲话。

3月17日　全团促进青年就业创业工作电视电话会议召开，团市委机关全体同志、各直属团委书记在海拉尔分会场参加会议。

3月19日　市委授予团市委办公室“2008年度全市党委系统督查工作先进集体”荣誉称号，授予朱广宇同志“2008年度全市党委系统督查工作先进个人”荣誉称号（呼党字［2009］24号）。

3月23日　市委、市政府授予团市委“2008年度全市定点包扶工作先进集体”荣誉称号（呼党字［2009］28号），团市委副书记诺敏代表团市委领奖。

3月24日　团市委学习实践科学发展观动员大会在海拉尔召开。团市委党组决定，以“高举团旗跟党走，美丽发展生力军”为主题，进一步丰富和完善基层组织建设年、青年创业实践年、作风建设加强年“三年联建”的工作思路，以围绕中心、服务大局的工作实绩和凝聚、服务青年的具体成效作为学习实践活动的检验标准。团市委书记、党组书记冯方祥作动员讲话，何伟、伏鸿峰、包君花、诺敏等同志参加会议。

3月24日—25日　团市委书记、党组书记冯方祥主持召开2009年第二次党组（扩大）会议。会议研究通过全市共青团系统第二批深入学习实践科学发展观活动方案；听取并原则同意宣传部纪念五四运动90周年、建国60周年宣传报道方案及近期刊物、网站工作；听取并原则同意学少部纪念建队60周年工作方案及年度工作安排；听取并原则同意组织部关于迎庆活动具体工作方案及近期工作安排；研究确定了团代会组织筹备工作方案；研究确定了后备干部人选；研究通过了入党积极分子人选；听取全国冬夏令营呼伦贝尔基地工作情况汇报，研究决定了产权出让及新址建设相关事宜。何伟、伏鸿峰、包君花、诺敏等同志参加会议。

3月25日　第四届“呼伦贝尔市十大杰出青年”评选活动

拉开帷幕。活动由呼伦贝尔市委组织部、市委宣传部、市委统战部、团市委、市人事局、市广播电视局、呼伦贝尔日报社、市电视台、市人民广播电台、市青年联合会、市青年创业促进会11家单位联合举办。

4月3日　市民族少年宫环节干部竞争上岗动员大会召开。团市委书记冯方祥作动员讲话，团市委党组成员、市少工委主任、市民族少年宫主任包君花主持会议并宣读《竞争上岗工作方案》。市民族少年宫全体干部职工参加会议。

4月7日　团市委书记冯方祥赴呼和浩特参加全区共青团加强基层组织建设和驻点干部工作会议暨促进青年就业创业工作会议，并签订《青年就业创业工作目标责任状》。

4月16日　全市共青团系统青年就业创业见习基地创建工作拉开帷幕，首批成立青年就业创业见习基地78家。团市委书记冯方祥出席额尔古纳市青年就业创业见习基地启动仪式并讲话，副书记何伟出席活动。

4月21日　团市委保护呼伦贝尔草原青年促进会荣获第四届中国“母亲河奖”组织奖。全国人大常委会副委员长严隽琪出席颁奖仪式并讲话，全国政协副主席孙家正为团市委书记冯方祥颁奖。

4月23日　第二届呼伦贝尔杰出（优秀）青年卫士人选公示。活动由团市委、市法院、检察院、公安局、司法局、财政局、国税局、地税局、工商局、武警呼伦贝尔市支队、武警大兴安岭森林支队联合开展。经各系统层层把关，认真推荐，组委会召开全体成员会议，以无记名投票方式，遴选出杰出青年卫士10名，优秀青年卫士22名，通过《呼伦贝尔日报》等媒体向社会公示。

4月24日　中国共青团网站等媒体刊发《团呼伦贝尔市委

班子赴额尔古纳专题调研青年就业创业工作》的消息。

4月27日　全市共青团系统“三年联建”工作暨青年就业创业责任目标签状座谈会在海拉尔召开。团市委书记冯方祥作重要讲话，副书记何伟主持会议，并与各旗市区团委签订《青年就业创业目标责任状》。

4月28日　呼伦贝尔市纪念五四运动90周年大会在市政府礼堂召开。市领导孙震、朱炳文、赵立华、张毅、李华、斯琴、郝桂娟及老领导赵山根、高秀敏、卜永和、宝音、鲍喜等出席大会，市委副书记孙震作重要讲话。团市委书记冯方祥代表全市各级团组织发言，副书记何伟主持大会，党组成员、市少工委主任、市民族少年宫主任包君花，副书记诺敏分别宣读表彰决定。大会向荣获“全区十大杰出创业青年”称号的胡凯颁发了证书，对全市优秀团组织、优秀团干部、优秀青年岗位能手及获得青年创业奖的先进集体和个人进行了表彰。

当晚，纪念五四运动90周年文艺演出在市政府礼堂举办。市领导孙震、赵立华、李华、郝桂娟，市关工委、离退休老领导赵山根等观看演出。

4月30日—5月7日　中国共青团网连续发表呼伦贝尔市共青团系统纪念五四运动90周年活动消息7则。

5月2日　在2008年度“中国好少年好儿童”评选活动中，呼伦贝尔市王玲玲、王天予、高可目、周佳文、张弛、萨茹拉、赵宇、高莹、李想、张瑜、李佳航、董靖怡、陈美杉、刘文瑞等14名同学获2008年度“全国好少年好儿童”荣誉称号。

5月4日　自治区团委授予武警内蒙古总队呼伦贝尔市支队团委“全区五四红旗团委标兵”荣誉称号；授予鄂温克旗巴彦塔拉乡团委、满洲里市富豪房地产开发有限责任公司团委、海拉尔区铁路第一中学团委、莫旗尼尔基第一中学团委“全区五四红旗团委”荣誉称号；授予市民族少年宫团总支、市电视台团支部、呼伦贝尔学院物理与电子信息学院团总支、武警呼伦贝尔森林支队阿荣旗大队七中队团支部等“全区五四红旗团支部（总支）”荣誉称号。

5月4日　在内蒙古自治区青年研究会第十届优秀科研成果评选中，冯方祥同志撰写的《加强基层基础工作，在推进农村牧区改革发展中充分发挥团组织的作用》获一等奖、《青少年学生文化素质教育规律及关键问题探析》获优秀奖；白春艳、朱广宇同志撰写的《呼伦贝尔市基层组织建设和基层基础工作调研报告》获三等奖（内青研字［2009］3号文件）。

5月5日　《呼伦贝尔日报》刊发《纪念五四远动90周年，促进青年就业创业，为打造自治区新经济增长极奉献青春智慧力量》专版。

5月6日　内蒙古政府网、《呼伦贝尔日报》头版头条刊发长篇通讯《一个平台、两大载体、三年联建，呼伦贝尔市共青团组织打造青年就业创业直通车》，集中报道呼伦贝尔市共青团系统促进青年就业创业工作具体做法。

5月7日　《内蒙古日报》头版刊发新闻通讯《呼伦贝尔市各级团组织推出一系列载体和平台为年轻人打造就业创业“直通车”》，报道呼伦贝尔市共青团系统促进青年就业创业工作。

5月7日　中国共青团网报道满洲里市团委促进青年就业创业工作的消息。

5月7日　自治区团委授予团市委副书记何伟2008年度“全区杰出共青团干部”荣誉称号；授予扎兰屯市团委戎纹萱2008年度“全区杰出共青团员”荣誉称号；授予于明涛、李晓明、曙光、李政、徐惠德、韩金凤、孟凡娜、曾庆钧2008年度“全区优秀共青团干部”荣誉称号；授予哈斯图雅、王一丹、姜静、蒋馨博、刘雷、辛颖、蔡云峰、郭朋大2008年度“全区优秀共青团员”荣誉称号（内团发［2009］6号）。

5月12日　团市委开展“铭记历史、缅怀同胞——‘5·12’汶川大地震周年祭”活动，全市各级团组织开展了不同形式的纪念活动。中国共青团网等媒体报道了活动情况。

5月18日　中国共青团网报道扎兰屯市团委成立家庭教育咨询中心、青少年心理健康教育指导中心，切实为青少年健康成长服务的消息。

5月19日　保护母亲河网刊发长篇通讯《内蒙古自治区保护呼伦贝尔草原青年促进会科学固沙力保“草原之肾”》。

5月20日　团市委组织全市各级团组织参加团中央小额贷款项目远程网络视频培训。

5月23日—27日　“山水相连·友谊长青”中蒙少年儿童国际大联欢活动在海拉尔举行。市领导段志强、马连芳、马国起，蒙古国东方省教育局局长阿·杜丽玛苏荣及蒙古国驻呼伦贝尔人员代表出席开幕式。市委常委、海拉尔区委书记段志强致辞。蒙古国东方省13名少年儿童及呼伦贝尔市近百名少年儿童进行了为期4天的友好交流活动。新华网、中国共青团网、内蒙古新闻网等媒体先后刊发消息报道活动盛况。

5月30日—6月5日　自治区团委副书记刘春、统战部部长任霄、学校部副部长于海成在呼伦贝尔市调研考核上半年共青团工作。调研考核组先后赴海拉尔区、根河市、鄂伦春旗等七个旗市区，就服务青年就业创业、加强团的基层组织建设等工作进行实地调研。冯方祥、伏鸿峰、包君花、诺敏及相关同志分别陪同。

5月30日—6月6日　新编校园励志话剧《托起明天的太阳》在海拉尔首演。该剧由中国青少年发展服务中心、中国少年先锋队红领巾艺术团等单位联合推出，先后在海拉尔区、牙克石市等地演出十余场次，近万名少年儿童观看。

6月3日 市青年创业促进会举办首期创业青年培训班，会长赵山根出席并讲话。海拉尔区就业局指导老师宋丽霞讲授了SYB课程，来自13个旗市区的35名创业青年接受了为期5天的培训。

6月4日 自治区团委副书记刘春为国家级青年就业创业见习基地——呼伦贝尔市贝尔饮服集团揭牌。冯方祥、伏鸿峰、包君花、诺敏参加仪式。

6月10日 由市委组织部、市工商联、团市委联合主办，呼伦贝尔学院承办的“青春·理想·创业”系列讲座首场报告会在呼伦贝尔学院举办，团市委副书记何伟出席报告会，创业青年于森作首场报告。

6月12日—15日 《中国青年报》驻内蒙古记者站站长李玉波先后在扎兰屯市、阿荣旗、莫旗、鄂伦春旗实地采访青年创业典型。团市委宣传部、青工农牧部负责同志陪同采访。

6月13日 第六届中国青少年儿童艺术英才大赛呼伦贝尔赛区选拔赛开幕。来自全市10个旗市区500余名青少年参加比赛。内蒙古新闻网等媒体报道了活动消息。

6月26日 全国冬夏令营基地新址在呼伦贝尔市中心城新区奠基。基地新址规划占地面积25 000平方米，建筑面积17 800平方米。建成后将成为我国北方唯一的冬夏令营相结合、团队系统校外教育和实验实训基地相结合的综合性基地。冯方祥、何伟、包君花、诺敏等同志出席奠基仪式。

6月30日 由团市委、市青联承办的第五届“思想草原”文化之旅大型系列讲座在呼伦贝尔市举行。第29届世界奥林匹克运动会组织委员会执行副主席蒋效愚、国学专家于丹、著名主持人白岩松、纳森等四位专家学者分别在陈巴尔虎草原呼和诺尔景区和海拉尔第二中学作了专题讲座。自治区团委书记胡达古拉、自治区青联秘书长格更图雅及市领导曹征海、安国通、朱炳文、赵立华、段志强、王伟、张秀、马连芳、谷盛成、特格喜等出席。内蒙古政府网、《内蒙古日报》、内蒙古广播网等12家媒体报道了活动盛况。

7月3日　经团市委党组、市青年企业家协会研究决定，推选王延年、王成立等六位优秀企业家参加中国青年企业家协会第十届大会。王延年、王成立顺利当选中青企协理事。

7月4日　经团市委党组研究，市委组织部批准张超同志任团市委社团联络中心主任，其木格同志任副主任。

7月8日—17日　受团中央委派，团市委书记冯方祥作为中国政府青年代表团副总团长兼公务员分团团长，率中国青年代表团对韩国进行了为期10天的友好访问。

7月7日　中国青年创业国际计划总干事谷丽萍在北京会见市委书记曹征海，市委常委、秘书长王伟。双方就呼伦贝尔市加入中国青年创业国际计划项目、设立呼伦贝尔地区项目办公室、帮助呼伦贝尔市青年创业等事宜进行了广泛深入的探讨。

7月8日　团市委向全市团员青年发出号召，以实际行动支援岭东洪涝灾区。团市委系统干部职工率先向岭东遭受洪涝灾害地区捐款10 060元。包君花、诺敏同志参加捐款仪式。

7月14日　《中国青年报》刊发该报驻内蒙古记者站站长李玉波采写的长篇通讯《扶起一个，带动一批，“农村青年创业计划”致富林区青年》，集中报道呼伦贝尔市共青团系统促进青年就业创业工作做法。

7月16日　天津市塘沽区青联代表团在呼伦贝尔市考察。考察团先后参观访问了海拉尔区、满洲里市、鄂温克旗，并与市青联结为友好协会。副书记何伟、诺敏陪同考察。

7 月 19 日　团市委机关迁至呼伦贝尔中心城新区行政中心 14 楼，翌日开始办公。

7 月 28 日　团市委书记、党组书记冯方祥主持召开 2009 年第四次党组（扩大）会议，传达中央及自治区关于“7·5”事件精神；总结上半年工作并研究安排下半年工作；通报率中国政府青年代表团访问韩国情况；研究全国冬夏令营基地新址建设事宜。团市委党组成员、机关各部室同志、三级单位班子成员参加会议。

7 月 31 日—8 月 4 日　自治区团委副书记张晓兵在呼伦贝尔市基层组织建设联系点进行工作调研。冯方祥、何伟、包君花、诺敏等同志分别陪同。

7 月 31 日　中国共青团网报道了新巴尔虎左旗团委举办务工青年培训班的消息。

8 月 2 日　上海市团委副书记邓小东在自治区团委宣传部部长李中增陪同下，率世博志愿者工作部在呼伦贝尔市学习考察。邓小东一行先后考察访问了海拉尔区、满洲里市、陈旗、新左旗、鄂温克旗。冯方祥、何伟、包君花等同志陪同。

8 月 5 日　市委决定，授予团市委“2008 年度工作实绩突出领导班子”荣誉称号，授予冯方祥同志“2008 年度优秀领导干部”荣誉称号（呼党字［2009］46 号）。

8 月 12 日　自治区团委书记胡达古拉在自治区团委办公室主任郑东波陪同下，到呼伦贝尔市进行为期六天的考察调研。冯方祥、何伟、包君花、诺敏等同志陪同调研。

8 月 16 日　原团中央常委、浙江团省委书记，现嘉兴市委副书记、政法委书记鲁俊率嘉兴市考察团到呼伦贝尔市参观考察。自治区团委书记胡达古拉、办公室主任郑东波及市领导王伟、张秀、马连芳等分别会见。冯方祥、包君花、诺敏等同志陪同考察。

8月19日 中国共青团网报道新右旗团委以培训带动就业、拉动就业的消息。

8月19日 中国青年网、中国劳动力市场网等媒体分别报道呼伦贝尔市青年就业创业见习基地工作消息。

8月25日 中央深入学习实践科学发展观活动官方网站报道了呼伦贝尔市共青团系统全力促进青年就业创业的消息。

8月30日—9月3日 自治区团委副书记高润喜在呼伦贝尔市参加全区社会治安综合治理工作会议暨综治委全体会议。期间，高润喜同志深入鄂温克旗、海拉尔区就青年就业创业和基层组织建设进行调研并作了重要指导。

9月1日 第三批派驻旗市区团干部何伟、娜仁、张磊分赴鄂伦春旗、海拉尔区、阿荣旗，开展为期半年的驻点工作。

9月1日—7日 市青联常委金鑫鑫、崔雪松、周博、李晓明应邀出席在俄罗斯乌兰乌德市举办的“青年——首府的脉搏”论坛。该论坛由俄罗斯乌兰乌德市政府、市杜马青年议院和青年学者委员会联合举办。

9月2日 团市委保护呼伦贝尔草原促进会秘书长汪国峰随中国青年访日交流团出访日本，参观考察了东京市、爱知县、四日市、三重县、大阪等城市。

9月8日 市委书记曹征海为YBC呼伦贝尔市（试点）办公室暨呼伦贝尔市青年创业促进会题词：“扶持青年自主创业，投身家乡美丽发展”。

9月9日 中国青年创业国际计划（YBC）呼伦贝尔市（试点）办公室暨市青年创业促进会正式揭牌成立。YBC总干事谷丽萍，YBC执行总干事、全国导师委员会主席杨华东，YBC项目主任邹叔君等全国办领导和市领导曹征海、罗志虎、德玉庆、魏国楠、王伟、于德荣、郝桂娟，市青年创业促进会会长赵山根及相关部门负责同志参加揭牌仪式。市委书记曹征海与YBC执行总干事、导师委员会主席杨华东共同为YBC呼伦贝尔（试点）办公室暨呼伦贝尔市青年创业促进会揭牌。团市委书记、市青年创业促进会副会长冯方祥代表全市各级团组织作表态发言，副书记诺敏主持揭牌仪式。

9月16日　团市委书记、党组书记冯方祥主持召开2009年第五次党组会议，团市委党组成员参加会议。会议研究决定了市青联一届三次主席会议议程；讨论了市青联一届三次常委会议议程；讨论了《市青联一届三次常委会议工作报告》。

9月18日　第四届“呼伦贝尔市十大杰出青年”组委会会议在新区行政中心召开，组委会主任、团市委书记冯方祥主持会议。组委会在发动社会各界广泛投票的基础上，经评审委员会严格认真把关，以无记名投票的方式决定20位候选人获得提名。《呼伦贝尔日报》、市电视台等媒体进行了为期七天的公示。

9月21日　呼伦贝尔市青年联合会一届三次主席会议、一届三次常委会议在海拉尔召开。会议根据《中华全国青年联合会章程》的规定，选举冯方祥为市青年联合会主席，增选王林山、包君花、刘晓、陈海涛、苏剑、贺连云、诺敏、栾洪文、潘利民九位同志为副主席。会议还增补了秘书长、副秘书长、常委人选。市青联副主席刘长在主持会议，新当选的市青联主席、团市委书记冯方祥发表讲话，市青联副主席诺敏作工作报告。

9月21日　在自治区团委、教育厅、人事厅、少工委联合开展的自治区第十届“十佳少先队辅导员”、第六届“十佳少先队志愿辅导员”、“优秀少先队辅导员”评选中，呼伦贝尔市王绍珍被评为“十佳少先队辅导员”；张宝胜、杜成琴被评为“十佳少先队志愿辅导员”；李春焕、王萍、仉宁、于宏军、钱智远、李敏、沈笑宇、李艳文、邵华、张凤霞、全永红、曾晓霞、张晶、金晓玲、周宇环被评为“优秀少先队辅导员”（内少联发［2009］7号）。

9月22日　在自治区团委、教育厅、自治区少工委联合开展的2009年度自治区少先队“红旗大队”评选中，海拉尔区铁路第一小学、海拉尔区呼伦小学、扎兰屯市实验小学、扎兰屯市文化小学、扎兰屯市繁荣小学、新右旗乌尔逊学校、新右旗第一小学、新旗希望小学、陈旗民族小学、陈旗特泥河学校获自治区少先队“红旗大队”荣誉称号（内少联发［2009］8号）。

9月25日　团市委与市民族少年宫合唱队演唱的《在灿烂的阳光下》、《青春圆舞曲》获呼伦贝尔市第一届民间合唱节一等奖。

9月29日　在自治区团委、教育厅、广播电视局、自治区少工委、北方新报社联合开展的第十一届自治区“十佳少先队”、“优秀少先队员”评选中，呼伦贝尔市王琳被评为“十佳少先队员”；高鑫、刘雨恒、杨旭、侯亚星、宋傲梁、宋明倩、孙铭萱霖、张佳宁等被评为“优秀少先队员”（内少联发［2009］9号）。

9月30日—10月3日　呼伦贝尔市玉珠、何奇、孟鑫欣、鄂家瑞、特吉、苏玉秀六名“三少”民族少年儿童在北京参加团中央和首都国庆60周年北京筹委会群众游行指挥部联合主办的“我爱我祖国——中华各民族青少年同心营”活动。

10月13日　全市各级少先队组织开展丰富多样的主题教育活动，隆重纪念建队60周年。

10月13日　在团中央、教育部、全国少工委联合开展的“全国优秀少先队集体”评选中，新右旗第一小学少先队大队、陈旗民族小学六（2）中队荣获“全国优秀少先队集体”荣誉称号（中青联发［2009］25号）。

10 月 20 日　团市委书记、党组书记冯方祥主持召开团市委第六次党组（扩大）会议，听取了各部室 2009 年度工作要点落实情况汇报；听取并研究了组织部关于贯彻落实党的十七届四中全会精神工作的汇报。团市委书记冯方祥作重要讲话，团市委党组各成员、机关全体同志参加了会议。

10 月 20 日　呼伦贝尔市首家“警营青年移动书屋”在武警呼伦贝尔支队挂牌成立。中国移动呼伦贝尔分公司无偿提供了价值 5 万元的图书。团市委书记、市青联主席冯方祥同志出席仪式并致辞，副主席朱玉东、刘长在、王林山、包君花、陈海涛、贺连云、诺敏、栾洪文参加仪式。

10 月 22 日　“新起点”小额爱心基金在呼伦贝尔市第二次发放，14 名家庭困难、身体残疾的青少年分别获得 1 000 元爱心基金。呼伦贝尔市是全区受资助人数最多的盟市。

11 月 2 日　第四届“呼伦贝尔市十大杰出青年”评选揭晓，金鑫鑫、李岩岭、王延辉、孙德华、达林台、那顺、何菊、杨春福、范红枫、孟旭光十名同志当选本届“全市十大杰出青年”，马立军等十名候选人获得提名奖，授予为保护和挽救人民群众生命财产安全作出重大贡献的武警市支队三大队七中队“青年英雄集体”荣誉称号，授予为救落水群众英勇牺牲的蒙古族战士郜忠利“青年英雄个人”荣誉称号。

11 月 9 日—14 日　市青年创业促进会会长赵山根率队在鄂伦春旗、大兴安岭农垦集团、莫旗、阿荣旗、扎兰屯市开展 YBC 服务站建设工作，同时重点考察了创业青年项目点。

11 月 10 日　共青团与人大代表、政协委员面对面活动在海拉尔启动。同日，在呼伦贝尔日报网站开设专栏，收集广大团员和青少年建议。团市委副书记诺敏出席活动。

11 月 19 日　由团市委、市青联筹建的武警呼伦贝尔支队军地两用人才培训基地在市工业学校挂牌成立。团市委书记、市青联主席冯方祥出席并讲话。市青联副主席何伟、包君花、诺敏、王林山、栾洪文等出席揭牌仪式。

12 月 13 日—16 日　自治区团委副书记高润喜在宣传部部长李中增、权益部部长庞大庆、组织部部长助理苏日的陪同下，在呼伦贝尔市调研考核全年工作。调研考核组先后深入到扎兰屯市、阿荣旗、海拉尔区、满洲里市，实地了解考核学校、社区、乡镇的基层组织建设和基层工作。冯方祥、何伟、伏鸿峰、包君花、诺敏等同志分别陪同。

12 月 14 日　市青年创业促进会第一期少数民族青年创业培训班在海拉尔开班，市青年创业促进会会长赵山根、团市委副书记诺敏出席开班仪式并讲话。21 名鄂伦春、鄂温克、达翰尔、蒙古族创业青年参加了培训。

12 月 14 日—18 日　团中央志愿者工作部副部长皮钧在扎兰屯市驻点调研，团市委副书记何伟陪同。

12 月 30 日　经团市委党组研究，市委组织部批准朱广宇任团市委组宣部部长，张磊任团市委青工农牧部部长，王浩然任团市委社团联络中心副主任。

2010 年

1 月 18 日　自治区团委召开十二届三次全委会，团市委在 2009 年度全区共青团工作实绩考核评比中再次排名第一，并且是唯一一家同时荣获“青年就业创业工作示范奖”和“基层组织建设工作示范奖”的单位。

1 月 25 日—27 日　内蒙古师范大学青年政治学院副院长胡雪梅、基础部主任康灵姝在呼伦贝尔市开展工作。

2 月 5 日　团市委 2010 年“真情助困进万家”活动在海拉

尔启动。团市委书记冯方祥率队到海拉尔区呼伦办事处、靠山办事处，为贫困学生李强、黎明、黎祥送去慰问金及生活用品。

2 月 9 日　市委、市政府授予团市委“2005—2009 年度全市安全稳定创建先进单位”荣誉称号（呼党字〔2010〕11 号）。

2 月 28 日　市委决定，何伟同志任牙克石市副市长；伏鸿峰同志任呼伦贝尔市经济技术开发区管委会副主任。

3 月 1 日　市委、市政府授予团市委“2009 年度全市定点包扶工作先进集体”荣誉称号（呼党字〔2010〕22 号）。

3 月 5 日　在自治区少工委五届五次全委会上，市少工委被评为全区少先队工作达标创优活动标兵单位及全区少先队重点工作示范单位。团市委书记冯方祥、市少工委主任包君花和市少工委组成人员、总辅导员，各旗市区团委书记、少工委主任在海拉尔分会场参加会议。同日，团市委书记、市青联主席冯方祥，市青联秘书长于明涛赴呼和浩特参加内蒙古青年联合会十届五次常委会。

3 月 5 日　团市委、市少工委在全市开展“德、能、勤、俭——学习品德、锻炼能力、鼓励勤奋、倡导节俭”学雷锋活动。

3 月 9 日　团市委发出通知，号召全市广大团员青年和少先队员深入开展保护母亲河行动，共同倡导低碳生活。

3 月 18 日　全国企业共青团工作电视电话会议召开，团市委机关全体同志、部分直属团委书记在海拉尔分会场参加会议。

3 月 29 日　共青团呼伦贝尔市一届十一次全委（扩大）会议在海拉尔召开，市委副书记孙震出席并作重要讲话。团市委书记冯方祥作总结讲话，副书记诺敏代表团市委常委会向全委会作了题为《以“三年联建”系统推进的新成果开创全市共青团工作新局面》的工作报告，并代表团市委党组与各旗市区团委签订了《2010年全市共青团青年就业创业工作目标责任状》，党组成员、市少工委主任、市民族少年宫主任包君花主持会议。会议表彰了海拉尔区、鄂伦春旗、牙克石市、新左旗、扎兰屯市、阿荣旗等工作实绩突出的集体和个人。

3月31日　市政府授予团市委“全市信息化工作先进集体”荣誉称号（呼政字［2010］43号）。

3月26日—4月1日　团市委紧急动员全市团员青年和少先队员为西南旱区捐款，共募集善款35万余元支援西南旱区。

4月1日　第四批派驻旗市区团干部包君花、付延峰、陈众、温丽娟分赴满洲里市、根河市、扎兰屯市、莫旗，开展为期半年的驻点工作。

附二　赴韩国访问考察报告①

韩国国土面积9万多平方公里，4 800万人口，人均GDP 2万美元，是我国广东、江苏、山东三省的GDP总和，而人口只有三省的1/5，面积是三省的1/6，经济的发达和高效可见一斑。访问团走遍了韩国东南六道十多个城市，考察政府机关、访问知名大学、调研大型企业、观览旅游产业、体验“韩流”文化、接触各界青年，切身体会到半个世纪以来韩国产业发展加速与生态环境保护之间同频共振的有益实践，目睹了系

① 2009年7月8日至7月17日，作者作为中国政府青年代表团副总团长兼公务员分团团长，随中国青年代表团196人赴韩国，进行为期10天的友好访问。

统的产业发展规划带来多元产业领先世界的震撼业绩，感受到韩国传统文化的深远影响，感受到韩国政府及韩国青少年对中韩友好事业的热切期望。

一、访韩基本情况

中韩建交以来，根据两国签署的友好协议，每年派遣一定数量的青年互访。这次中国青年代表团由来自国内经济、文化、教育、新闻等各界优秀青年和青年工作者代表组成，代表团共 196 人，设总团 1 个，分团 6 个。

共青团中央十分重视此次访韩活动。不仅为此次出访配备了得力的工作人员，还在出发前进行了为期两天的培训，详细介绍了韩国基本情况和有关事项，邀请韩国驻华大使进行讲演，团中央书记处书记卢雍政亲自欢送并作重要讲话。韩国政府也十分重视此次访问，代表团在韩期间，韩国政府妥善安排代表团行程，并指派工作人员全程陪同，所到之处均受到韩国政府部门、社会团体及群众的热情接待。

代表团在韩期间参加了丰富多彩的活动，与韩方进行了广泛、深入的交流。代表团总团及公务员分团先后访问了韩国仁川、首尔、龙仁、清州、抱川、荣州、巨济、浦项、庆州、釜山、济州等地，拜会了韩国外交通商部亚洲局、保健福祉家庭部、巨济市厅、济州道厅，拜访了韩国国会部分议员和京畿道厅部分官员，参观了韩国独立纪念馆、青瓦台总统府、国会议事堂、国家博物馆、国家植物园、铁原郡非武装地带、第 13 次亚太经济合作组织（APEC）领导人非正式会议中心世峰楼，以及韩国 SK、浦项制铁等著名企业，并通过讲座、论坛等形式就中韩关系发展与青年角色、绿色成长与青年就业等议题同韩国学者、青年进行了交流。

二、对韩国的认识和了解

回顾10天来的见闻，总体上感到韩国在许多方面的确做得很好，值得我们认真学习和借鉴。

印象之一是遍野铺绿，注重环境保护与治理。韩国从北到南，所到之处给人印象最深的是环境整洁，山清水秀，空气清新。无论是通都大邑，还是乡村渔港，无论是工厂学校，还是旅游胜地，到处绿树掩映，花团锦簇。不论是低山丘陵，还是高山大川，处处郁郁葱葱，无一处裸露的山地。韩国重视保护森林，政府规定的采伐量相当低，允许采伐量仅占年生长量的11%。韩国森林覆盖率高达68%，是世界平均水平的2.2倍，很少有发展中国家森林覆盖率能与韩国相比。韩国的人均绿化面积为3 500平方米，根据联合国公布的2003年人均绿化面积显示，美国人均绿化面积2 000平方米，欧洲人均绿化面积1 800平方米，中国人均绿化面积仅有4～5平方米。看得出，韩国在环境保护和治理方面下了不少工夫。以首尔为例，近些年推行的“绿色革命”使城市面貌大为改观，首尔已成为国际大都市仿效的对象。其中，最有名的是清溪川的治理工程。清溪川曾经是一条流经首尔市中心的重要河流，但随着城市发展，清溪川污染日重一日，几乎不可收拾，急功近利的人们索性将它遮盖起来，在上面建成清溪川高速公路，成为地下水道的清溪川渐渐淡出首尔人的记忆。自2002年起，清溪川得到治理，变成了清澈晶莹的城市景观水道。清溪川的成功整治，让首尔居民找回了失落的城市历史。以“花园工厂”来形容世界著名钢铁企业——浦项制铁公司再合适不过了。公司每一项投资中都会安排7%～8%的资金专门用于环境保护，公司环境监测中心全天候测报厂区和车间空气质量。工厂97%的污水经过处理后得到了循环利用。韩国人的环境保护意识还体现在日常生活中。韩国几乎没有一次性生活用品。韩国的宾馆不供应一次性拖鞋、牙膏、牙刷、刮胡刀。韩国的大小餐馆都不使用一次性碗筷，甚至不使用木制碗筷，消毒湿纸巾不多见，餐巾纸也是薄薄一层。首尔街头的路灯隔一盏亮一盏，等天彻底黑了才“华灯齐放”。韩国的商店一般不供应免费塑料袋，垃圾处理费随袋征收，谁多扔垃圾谁就得多花钱。垃圾经自动分类后，放进政府统一出售的垃圾袋，再放到指定地点运走。

印象之二是现代化程度高。浦项制铁（POSCO）、三星重工等世界知名企业代表了韩国产业现代化的方向，是韩国经济的主要增长点，是全球认可的关键性工业。韩国拥有世界上最大的造船厂，世界第三的半导体产业，世界第四的数字电子产业，世界第五的纺织、钢铁与化工产量。1962年起，韩国着手发展经济，其产业政策导向每十年左右调整一次：60年代实施出口导向战略，重建人力资本基础，扶持战略产业发展；70年代发展重工业和化学工业，实施“新村运动”逐步实现了经济高速增长，跻身新兴工业国行列；80年代成为国际市场上一支有较强竞争力的力量，90年代把进入发达国家行列作为目标，创造了举世瞩目的“汉江奇迹”，向世人展示了巨大的经济成就。韩国随时随处都在创新。韩国的移动通信、石化、数码电子、半导体、钢铁等诸多领域拥有领先世界的先进技术。浦项制铁公司门前的“资源有限、创意无限”八个大字给人以强烈震撼。在文化、政治领域甚至日常生活中，韩国人也愈发显示出独创精神。如，韩国是第一个举办奥运会、APEC会议的亚洲国家，首次在亚洲举行的世界杯足球赛也是由韩国和日本合办的。

印象之三是朴素诚信。韩国的车多，但绝大多数为国产车。韩国的绿化面积大，但却很少看到天鹅绒草坪，绝大多数为普通草，因为韩国的人工很贵，种草要考虑维护成本。在前往铁原郡参观DMZ的途中，我们看到乡村的道路和沟渠边都有绿化，种着豆子、玉米以及向日葵等，没有一处裸露的泥土，且最大限度地利用了土地。马路的护栏很简单，路沿和路面很朴素，但整洁干净。当代表问到在市场拍卖中如何防止集体压价现象时，他们说：根本就没想过这个问题，这是个成熟的市场，没有人会这么做。诚信观念大大降低了市场管理成本，成就了韩国品牌战略。

印象之四是文明儒雅。韩国人很有礼貌，不论是空乘人员、政府陪同人员，还是宾馆、商场、酒店的服务员，总是面带微笑，耐心而又热情，给人以温文尔雅的印象；城市街道十分干净，几乎看不见垃圾箱，公共汽车站牌下人们自觉排队，路上人车各行其道。通过和志愿者交流，得知韩国是个名副其实的"礼仪之邦"，讲究长幼尊卑，几乎到了"无礼寸步难行"的地步。韩国人浓厚的礼仪风尚和良好的社会秩序，源于多方面原因：一是深受儒家文化熏陶，十分看重礼节。二是形成了系统规范的礼仪教育，礼仪教育是韩国学生的必修课。三是归功于严格细致的管理，表现在社会生活的各方面，街头不设垃圾箱，是为了最大限度减少行人制造垃圾；红绿灯是生命线，必须遵守，只要是绿灯，车辆就不让行人，所以行人过马路都是步履急促。

印象之五是重视教育，重视青年。韩国之行使我们亲身体验到志愿服务的力量。韩国十分重视对青少年的培养和教育，无论是政府官员，还是社会人士，都有一个共同的观念：要使青少年尽其所能地开发自我潜力，要树立青少年健全的价值观，鼓励青少年为承担家庭、社会和国家责任而努力。韩国政府还通过立法确定青少年培养工作的目标、方针和政策。政府、学校、家庭和社会团体齐抓共管，形成了有利于青少年健康成长的良好氛围。韩国的社会团体、青少年活动各具特色。青少年委员会对青少年社会团体予以支持和指导。各青少年团体开展政治、经济、文化、教育和社会服务等方面活动的积极性都很高。在各类活动中，青少年志愿服务活动最为活跃。韩国政府和教育部门鼓励青少年参与各种志愿服务活动，鼓励青少年通过参加志愿服务认识社会、了解社会、适应社会、服务社会，培养青少年为他人、为社会服务的精神。各级学校将参加志愿服务活动作为青少年社会实践活动的重要方式，引导青少年学生参加志愿服务活动。访问期间，承办单位韩中文化青少年中心（未来林）只有一名工作人员陪同，大部分工作都由大学生志愿者具体负责。从落实接站大巴、飞机等交通工具，入住酒店、旅社等食宿安排，到组织欢迎宴会、仪式及演出，充当礼宾和翻译，事无巨细，他们都做得井井有条、恰到好处，充分展示了韩国青年充沛的活力和较强的工作能力。10 天的朝夕相处，两国青年结下了深厚友谊，双方认识到，把青年交流作为发展中韩关系的重要举措具有深远寓意。

印象之六是十分重视文化产业发展。韩国将文化产业确定为 21 世纪国家经济支柱产业。从 20 世纪末的流行音乐，到近年韩剧、韩服、韩食的风行……正逐步汇成一股锐不可当的“韩流”。在 10 天的行程中，我们无时无处不在感受着“韩流”的冲击，切切实实体会到了“韩流”的魅力。从有形文化传播到无形文化保护，都是韩国文化的题中应有之义。著名的景福宫、石窟庵、佛国寺及全州、光州、济州岛上小小庙宇、衙门旧址，都得到了悉心呵护。千年古城庆州，是一个没有屋顶的博物馆。发源于中国端午节的江陵端午祭，被联合国教科文组织正式确定为“人类传说及无形遗产著作”；成均馆大学 600 年来一直未中断的祭孔活动——“释奠大祭”，也被韩国政府确定为“第 85 号无形文化”并加以保护，吸引了儒家文化发源地——中国的许多学者前去考察学习。韩国政府积极推动文化产品出口，积极支持影视、网络游戏等文化产品输出，将以中国、日本为重点的东亚地区作为目标市场，开发适销对路的文化产品。构筑海外营销网，利用网络、国外代理商，开发直销、合作经销等多种手段，为韩国文化产品走向世界开辟途径。电子游戏业被确定为韩国的国家战略产业后，自1998年以来产值翻了一番。韩国在经济发展中始终牢牢抓住人力资源开发环节，把教育放在优先地位。为提高国民科学文化素质，韩国实行教育“高投资”政策。韩国是世界上教育投资最高的国家之一，其教育投资占政府预算的1/5以上。韩国很重视文化人才培养。1996年5月6日，韩国开发研究院（KDI）向政府提交了一份题为《21世纪韩国经济的构想与发展战略》的报告，其中有关文化人才培养的课题有：培养创造型人才，建立新型劳资关系；培养新的国民意识等。KDI提出，为培养创造型人力资源，韩国将继续推进教育改革，提高学校运营的自律性，扩大开放，提高人才市场的效率性。除了韩国中央政府每年对发展文化产业的支持性投资以外，地方政府也十分重视文化产业人才的培养。近年在忠清道创办了相当于大学本科的传统文化学校，开设文化遗产、文物管理、科学保护、传统工艺美术等六个系，对培养文化产业专门人才发挥了重要作用。

三、几点体会和启示

（一）从长计议，持之以恒固生态本

在原始发展时期，人们崇拜、依附自然；在农业文明时期，人们利用、改造自然；在工业文明时期，人们控制、支配自然，以自然的“征服者”自居，结果，环境被污染，自然被破坏。正如英国学者杜德利·西尔斯在《发展的含义》一文中指出的，“有增长，无发展”，这对社会是有害无益的。用资源和环境堆砌起来的工业化，让人们得到了不少，同时也失去了很多，为找回失

落的东西，人们不得不付出更大的代价。以人为鉴，可以明得失。我市在国家级生态建设示范区的基础上，适时作出了美丽与发展双赢的战略部署，把生态建设作为经济发展的前置条件，社会建设的基本主题、环境协调发展的总抓手，举全市之力，从长计议，整体推进，使美丽与发展双赢成为全市上下的共同心声和自觉行动。

（1）靠完整的规划统领生态建设。发挥规划的龙头作用，重视规划修编工作，形成横向到边、纵向到底的规划体系。从功能定位的角度，着眼于把呼伦贝尔建设成为东北地区乃至全国重要生态功能区块和绿色屏障的战略定位，委托中国环境科学院等部门编制《生态建设总体规划》，同时还要编制《生态人居规划》、《生态城市规划》，旗市区乃至乡镇苏木要编制生态旗市区、生态乡镇苏木建设规划。从产业发展的角度，编制生态农牧业、生态工业、生态旅游、生态文化四大类专项规划。从开发建设的角度，编制城市建设、矿产开发、山林开发控制性详规。通过这一系列层次分明、相互配套的规划共同构成生态建设的宏伟蓝图，使建设更加规范有序。

（2）靠完善的政策激励生态建设。进一步完善《呼伦贝尔市生态建设实施意见》，出台《生态建设专项资金使用管理办法》，在财政预算中安排专项资金用于生态建设，并要求各旗市区安排配套资金用于生态建设。编制印发《生态旗市区建设实施办法》，明确目标任务，规定奖励额度。建立生态利益补偿机制，财政每年安排专项资金用于公益林草地补偿；对已开发成旅游景点的生态林草地，鼓励林牧户以生态资源入股的形式参与分红。创造“动钱不动山，利润再调节”的分配机制，保证山林草场经营的长期稳定。财政要每年投入资金，采取以奖代补的形式，发动群众开展乡镇苏木、村庄嘎查环境整治。

（3）靠扎实的动作推进生态建设。一个切入点：把村庄环境整治作为工作的切入点，把“改路、改厕、改水、改线、改房和美化环境”这“五改一化”作为村庄环境整治的主要内容，从集镇所在地到偏远村，从中心村到自然村，分步建设，逐步推进。政府采取以奖代补的形式，整治一个、验收一个、奖励一个。一个突破口：将垃圾和污水作为突破口，让老百姓慢慢地体会生态的内涵。垃圾集中收集，统一中转，资源化处理。设计建设小型分散的生活污水处理项目，如生物膜处理、生态湿地处理、氧化沟处理、厌氧处理等，因村而宜。

（4）靠科学的机制保障生态建设。一是建立科学的考评机制。积极探索绿色 GDP 考核，改单一的经济考核为综合考核，不仅考核经济增长，还考核社会发展，特别是资源指标和环境指标。同时，实行个性化考核，按不同旗市区在发展生态工业、生态农业、生态旅游方面肩负的不同使命，提出不同的目标要求，引导旗市区完成各自任务。二是建立严格的项目评估机制。为了保护，学会放弃。要始终在总量控制的前提下，坚持“点状布局、集约开发”的原则。

（5）靠有效的载体推动生态建设。着力于推进生态环保建设，力争每年推出一个载体。启动以“加快建设、凝聚人心、树立形象、促进发展”为目标，突出生态主题，以创全国卫生城市、文明城市、文化先进城市和建设全国山水园林第一城为主要内容的“三创一建”工作，以及自治区级卫生城、文明城市、最佳人居环境和生态旗市区创建，解决突出问题，推动环境保护与生态建设工作上层次。

（6）靠生态立市实现生态强市。固生态本是前提，创生态业是核心，最终目的是富民强市。要大力发展生态经济。努力把绿色环境、绿色资源转化为现实生产力。一要创新发展生态农业。

制定生态农业产业化发展总体规划，出台鼓励生态高效农业发展的政策。构建立体化生态农业开发格局，建立绿色农产品基地。如在山地开发有机产品、在平原种植无公害作物、在河网养殖优质水产品等。二要大力发展生态工业。以资源节约型、清洁生产型、生态环保型为导向，通过倾斜技改资金、优惠进入专业工业园、实行最严格的环保前置审批和落实“三同时”等措施，提升传统产业、培育新兴产业，大力发展生态工业。一方面为循环经济发展奠定基础，另一方面积极引进和培育新医药、新材料、食品加工、电子信息等新兴产业。三要加速发展生态旅游。依托良好的自然生态环境，开发旅游亮点，推出特色旅游项目，建设重要旅游设施。四要积极培育生态文化。高度重视生态文化对生态建设的支撑作用。要个性化设计生态文化。邀请专家学者编制生态文化建设规划，围绕生态主线，链接历史文化、物产文化、源头文化、影视文化、现代科技文化。重点发展草原文化、森林文化、狩猎文化等反映人与自然和谐共进的呼伦贝尔特色文化。要社会化发展生态文化。大力开展绿色饭店、绿色学校、绿色社区、绿色企业、生态村创建，社会化推进生态文化建设。要国际化提升生态文化。以中俄蒙文化节、中俄蒙商品旅游节、中俄蒙青少年节庆为纽带，开展活动，扩大呼伦贝尔生态文化的影响力。五要扎实建设生态人居。充分发挥良好生态环境的比较优势、毗邻俄蒙的区位优势和城市化进程总体落后的后发优势，加快推进城镇化、城乡一体化步伐，精心打造生态人居名市。实施绿色精品工程建设，高标准建设城市绿化系统，通过拆墙增绿、搬迁辟绿、见缝插绿、垂直挂绿、屋顶造绿，使城内绿草成片，绿树成荫，大力提高城市绿化覆盖率和人均公共绿地面积。以环境优美苏木乡镇和生态嘎查村创建为载体，典型引路，整体推进。

（二）薪火相传，以人为本创文化产业

过去，文化产业在我国仅是一个与文化事业相对应的概念，人们只看到文化的意识形态性，而漠视文化的商品性和产业功能，因而制约了文化产业的生机和活力。随着市场经济的发展，文化的功能逐步丰富多样，逐渐显示出产业性质的一面。文化的形成、绵延和演绎虽有自身内在逻辑和独特规律，但又不能不受包括自然环境、社会环境和历史传统等外在因素的强烈影响。在一定的历史—社会—文化条件下，文化显现出一定的继承性、延续性，更具有适应性、综合性和时代性的特点。时代性和绵延性是一个民族文化活力的象征。任何文化都是变动不居的，都是在对政治、经济和社会发展作出回应的基础上获得了生存空间和发展动力；同时它也对政治、经济和社会发展产生巨大的影响。

（1）理念上要高度重视文化产业。文化产业的发展是现代科学技术和经济发展的必然要求。当今世界正处于经济、政治文化大变革、大融合的时代，人类社会正朝着一个全新的方向即知识经济时代发展。文化产业与知识经济具有天然的内在联系，文化与技术、经济和社会发展之间出现了深刻的互渗关系，文化已成为巨大的经济资源。文化产业作为一种涵盖精神生产的产业，它在知识经济时代起着主导作用，支撑着整个知识经济发展。同时，文化产业作为文化发展的载体，它是整个文化发展的重要组成部分。科学发展观要求，在全面建设小康社会中，要经济、政治、文化全面发展，物质文明、政治文明和精神文明整体推进。在整个社会发展内容体系和文明价值目标体系中，文化始终是一个十分重要的方面。此外，它还扮演着为其他方面和整个社会提供思想保障、精神动力和人文环境的重要功能角色。没有文化的发展就谈不上全面、协调、可持续发展；忽视文化的发展，不仅会使社会发展的内容和价值目标体系残缺不全，而且会影响经济、政治的发展，影响到物质文明和政治文明建设。发展文化产业是落实科学发展观的具体体现，应该引起高度重视，放心、放胆、放手抓。

（2）组织上要严密规划文化产业。文化产业的发展离不开政府的合理规划，无论是组织管理、人才培养、资金支持还是生产经营都需要政府引导。应建立文化产业研发基地，优化组合文化产业资源，发展集约经营，建立文化产业链，形成规模优势，提升文化产业发展的整体实力。为扶持产业做大做强，充分发挥其社会效益，政府的扶持和投入既是必要的，也是必需的。在韩国，这种投入既表现为政府制定大量促进产业发展的文化法规和经济政策，如利用税收、信贷等经济杠杆实行的多种产业优惠、奖励政策和措施，也表现在直接的资金供给，如不断加大政府文化产业投入，及文艺振兴基金、文化产业振兴基金、电影振兴基金、出版基金等各类专项基金的设立。在我市文化产业发展中，政府部门应发挥积极作用，设立专门统筹机构，制定文化产业规划，完善产业经济政策，提供财政支持，实行外引内联，打破行业界限，在组织管理、人才培养、资金支持、生产经营等方面加强机制建设，对文化产品的研发、制作、经销、出口实施系统扶持。

（3）结构上要重点突出文化产业。应建立科学的文化发展观，理清对外文化交流新思路，探索对外文化工作新模式，大力发展对外文化交流和贸易，壮大文化产业。“和谐世界”理念强调文明的多样性，也赋予中华文明和中国文化新的历史责任与时代坐标，要求我们以卓有成效的工作，尽快形成自尊自信、开拓进取的对外文化发展战略，提高中华文化的国际地位和影响力。韩国的经验已经证明，文化产业可以成为经济发展的核心推动力，并通过政府和业界的共同努力加以实现。在我国，要达到这一目标，首先要在思想上、产业组织和队伍建设上打破旧的体制束缚，提高文化产业比重，形成自己的特色。

（4）体制上要深入改革文化产业。抓住文化体制改革这一根本切入点，解决体制问题，推动文化产业发展。要充分发挥文化经济人和中介组织在市场培育中的作用，建设具有全国影响力的文化产品专业市场和文化生产要素市场。营造公平的市场竞争环境，打破地方壁垒，逐步形成统一开放、竞争有序的文化市场体系。要把发展文化产业与满足人民群众日益增长的精神文化需求相结合，与相关产业发展相结合，与旅游业发展相结合，与贫困地区群众的脱贫致富相结合。大力发展民办文化产业，除了国家明令禁止社会力量进入的文化领域，其他文化领域要打破所有制限制，全面向社会资本开放。

（5）资金上大力扶持文化产业。韩国在文化产业领域的奖励和基金支持值得一提，针对影像、游戏动画和音乐等重点文化产业，设有总统奖、文化观光部奖、文化产业奖等。我国各级财政要视财力安排专款，设立“文化产业发展专项资金”，并制定相应的使用和管理办法，采取贴息、补贴、奖励等方式支持文化产业发展。各级政府应制定相应政策和措施，在财政投融资、税收、土地、工商管理和价格以及资产管理和经营等方面支持文化产业的发展。

（6）方法上要多层次促进文化产业。文明多样性是人类社会的基本特征，也是人类文明进步的基本动力。各种文明都以自己的方式为人类文明进步作出了积极贡献。应该以平等开放的精神，维护文明的多样性，加强不同文明的对话和交流，协力构建各种文明兼收并蓄的和谐世界。我国应打破单纯依靠政府组织文化交流的状况，调动各方面积极性，形成中央与地方相结合、官方与民间相结合、政府间交流与商业演展相结合、文化外交与对外经贸相结合的新格局，全面、立体和不断地实施中国文化的“走出去”战略。牢记国家和平发展的外交大局，配合国家重大外事活动和对外文化宣传，提升对外文化工作的境界，拓展对外文化交流的领域，促进对外文化交流的发展，实现对外宣传、对外文化交流和对外经贸工作的统一。加快发展涉外文化产业，重视对外文化贸易。扩大与世界各国的国际交流，认真调研国际文化市场走势，了解其市场需求和准入政策，打造有国际知名度的文化产品和品牌，尽快形成有竞争力的中国文化产业出口贸易基地；建立多层次对外文化交流格局，促进文化产业国际化。

（7）人才培养上要有力支撑文化产业。重视文化教育、重视知识和人才是促成现代化的关键性因素，是世界进入知识经济时代谋求发展的最根本措施。长期以来，我们在文化和文化产业的研讨乃至重大决策中，几乎很难听到经济学、管理学界的专家学者，或来自产业经营、投资金融方面人员的声音，更不用说具有理工专业背景的技术人才的见解。再加上传统学校教育中过早的文理分科，承担21世纪文化产业发展重任的文化队伍出现严重的知识偏门和缺失。在现有的情况下，我们要以更宽容的姿态重新定义文化产业人才，在更宽广的视野里培养文化产业人才，只有这样，才可能拥有一支适应新世纪使命的文化产业人才队伍。

（三）统筹规划，深入推进社会主义新农村建设

（1）正确理念的引导。韩国的新村运动始于农村但并不局限于农村，它实际上是韩国政府治国安邦的一剂良药。在新村运动中，韩国政府把对国民的精神启蒙和道德的重塑贯穿始终，灌输“勤勉、自助、协同”的精神，鼓励国民艰苦奋斗，奋发有为，努力去创建美好家园，并结合传统价值观，着力培育国民勤奋、诚信、节俭、自助、平等、合作等健康向上的生活态度，以此提高国民的综合素质，从而为强国兴邦打下坚实的基础。纵观引导韩国新村运动的理念，它是系统的、鲜活的。它不仅有建设美好家园的明确的奋斗目标（物质层面），更有实现其奋斗目标所需要的“勤勉、自助、协同”的精神（精神层面），而这种新的道德、精神则是韩国政府在国民传统价值观的基础上根据当时国情的需要从群众中概括、提炼出来的，再灌输到民众中去，进而形成一种新的国民精神。在当时的韩国，最缺乏的还不是物质，而是精神。因此，重塑的道德精神和新的价值观对韩国国民的精神启蒙和引导作用是巨大的，由此把新村运动从一个高潮推向另一个高潮。目前，我国正在努力建设社会主义新农村。新农村建设实质上是我国解决“三农”问题的一场伟大的社会变革运动。“生产发展、生活宽裕、乡风文明、村容整洁、管理民主”20个字，为我们勾画了农村美好的未来。为实现这一蓝图，精神层面的东西不可或缺。马克思说过，理论一经群众掌握了，就会变成物质力量。从韩国的经验看，精神层面的引导是十分必要的，而且作用巨大。我们应当掀起思想解放的大讨论，针对存在的畏难情绪、无所作为的心态、等靠要的思想，大力倡导自力更生、奋发有为、自强不息、开拓开放的人文精神，大力推动社会主义新农村建设。

（2）把握重点、逐步推进。一要循序渐进。我国新农村建设是一项庞大的系统工程，任重而道远。在推进过程中，不搞小而全，不搞齐步走，要把握重点，采取先易后难、由小及大、逐步推进的工作方式，从群众最急需、感受最强烈的小事、实事做起，并务求成功，以增强政府的公信度，进而增强群众改变落后面貌的信心和决心。二要突出重点。韩国新村运动是从十大“民心工程”抓起，逐步完善，最终取得成功的。在新农村建设中，我们应从基础设施建设（还包括产业发展）抓起，以此为新农村打下坚实基础。三要以点带面，逐步扩展。韩国新村运动没有采取总体规划、整体推进的方式，而是结合各村庄的实际，根据村民的迫切需要，因地制宜，以点带面（指导者带动），逐步扩展的。

（3）政府主导，健全机制。一是要引起各级领导的高度重视，主要领导要亲自抓，要建立起各级领导机构并形成系统，把建设新农村的方针政策和各项工作真正落到实处。二是要对农业农村实行政策倾斜，要有一系列扶持农业农村全面振兴的经济、社会、文化、教育的配套措施。三是政府要切实加强对新农村建设的指导，选派年富力强的干部到镇村蹲点，参与规划和指导，就地协调解决推进工作中遇到的诸多困难和问题，并注意在农民中培养积极分子（即类似韩国的“指导者”），以榜样的力量去推动新农村建设。四是要充分发挥农民的主体作用。韩国新村运动的实质是农村大变革的群众运动，变革的主体是农民，没有农民以主人翁的态度投身于新村运动，仅仅靠外界的努力是不可能成功的。因此，要在政府指导下，由农民自觉组织起来，推举负责人，选定实施项目，确定筹资办法，开展符合本村实际的创建工作。五是要广泛动员社会各界共同关注并参与新农村建设，为之献计出力。总之，“政府主导、农民主体、干部服务、社会支持”才是社会主义新农村建设成功的有效的工作机制和方法。

（4）打牢农村工业化、城市化发展的基础。一是要积极推进农村工业化、城镇化发展战略。农村工业化，可以为新农村建设提供资金和物资技术支持，可以为农村转移出来的劳动力提供用武之地，可通过“农村人”在城里工作回赠农村增加农民收入，不断提高城市化率；而农村工业化的发展又必须依托于农村小城镇的发展，没有农村的城镇化，也不可能有农村工业化。总之，工业和城镇的发展，是新农村发展的基础。二要积极实施城乡统筹战略。我国已进入“以工促农、以城带乡”的历史阶段，要从实际上而不是口头上加大工业反哺农业、城市支持农村的力度，否则，城乡齐发展、共繁荣的局面是不可能出现的。三要扫清农村人口转移的体制性因素。要扫清农村劳动力和农村人口转移的障碍，在户籍制度、就业准入、技能培训、子女入学、社会保障、创业扶持等方面要城乡统一平衡，以促进农村富余劳动力和农村人口的快速转移。

（5）建立农协组织、科技体系的支撑体系。一是要大力发展农村合作经济组织。大力发展农村合作经济组织对于调整农业结构、增强农业效益、提高农民的组织化程度具有重要作用。二是要切实加强各级农业科技体系建设，努力构建服务功能强、覆盖面积广、发挥作用好的基层农技服务体系，在加强科研院所科技攻关的同时，要在农业科技教育普及推广上下工夫，尽快把科技成果转化为现实的生产力，促进农民增产增收。三是要加快传统农业向现代农业转化的进程。韩国目前正大力发展“亲环境”农业，不仅要让人们吃上健康食品，还能增加农民收入（一般来讲，不施化肥、农药的农产品价格要比一般产品高2～3倍）。无论是从增强人民体质、满足市场需求看，还是从适应WTO规则的要求看，“亲环境”农业都是现代农业发展的方向。

（6）提供社会福利的全面保障。尽力采取有效措施，比如多方筹措资金，逐步加大农村社会保障和社会福利的投入；认真研究农村社会保障的内容和行之有效的办法，逐步扩大社会保障覆盖面；切实解决农民就医难、农民子女上学难等实际问题；要尽量多地组织社团和志愿者对农村弱势群体开展扶助和服务活动，以体现全社会的关爱。

这次韩国之行，在领略韩国风情、感受韩国文化的同时，我们深切体会到，两国人民的深厚友谊随着中韩两国青年朋友沟通交流的日益增多必将得到进一步深化。区域经济一体化已经成为全球的趋势，各国都十分重视全球的区域化交流。我国改革开放30多年来，经济实力不断增强，国民生产总值平均以每年10%的速度增加，引起世界各国的普遍关注和重视。目前，我国正在全面建设小康社会、和谐社会，正在不断深化改革开放的成果。作为毗邻的两国，合作的机会越来越多，前景一片大好。中韩两国人民都将目光投向了青少年，青少年是国家和民族的未来，是国家建设的生力军，是社会发展最大的创造力。不断加强中韩两国青少年间的交流，对两国的合作与发展都具有重要意义。此次访韩之行，我深感作为一名中国青年、政府机关工作者，要为发展我国经济、提高综合国力、实现国富民强努力工作、多作贡献，使我国跻身世界强国之林；要珍惜中韩两国人民特别是青年一代的友谊，为增进两国友好、合作、共进贡献力量。

参考文献

[1] 胡锦涛. 高举中国特色社会主义伟大旗帜，为夺取全面建设小康社会新胜利而奋斗——在中国共产党第十七次全国代表大会上的报告. 求是，2007 (21)

[2] 胡锦涛. 推动科学发展，促进社会和谐. 中国行政管理，2007 (9)

[3] 胡锦涛. 在同团中央新一届领导班子成员和团十六大部分代表座谈时的讲话. http://www.gqt.org.cn/leaders/200806/t20080615_77301.htm

[4] 江泽民. 在中央民族工作会议暨国务院第三次全国民族团结进步表彰大会上的讲话. 见：中共中央文献研究室. 十五大以来重要文献选编. 中册. 北京：人民出版社，2001

[5] 李长春. 在中国共产主义青年团第十六次全国代表大会上的祝词. http://www.gqt.org.cn/16da/news/200806/t20080610_76649.htm

[6] 王兆国. 在会见团十六届中央委员会全体委员时的即席讲话. http://www.gqt.org.cn/leaders/200806/t20080615_77306.htm

[7] 李瑞环. 学哲学用哲学. 北京：中国人民大学出版社，2005

[8] 李瑞环. 务实求理. 北京：中国人民大学出版社，2010

[9] 李瑞环. 辩证法随谈. 北京：中国人民大学出版社，2007

[10] 贺国强. 加强领导干部学风建设，做到学以致用. http://news.xinhuanet.com/lianzheng/2007-05/09/content_6076897_2.htm

[11] 陈奎元. 学习马克思主义民族理论，正确认识新时期的民族问题. 见：西藏的脚步. 北京：中共中央党校出版社，1999

[12] 陈奎元. 正确地理解民族文化的内涵，大力发展社会主义的民族文化. 见：西藏的脚步. 北京：中共中央党校出版社，1999

[13] 陈奎元. 落后地区更要解放思想. 见：西藏的脚步. 北京：中共中央党校出版社，1999

[14] 费孝通. 中华民族多元一体格局. 北京：中央民族学院出版社，1998

[15] 胡春华. 新时期青年思想政治工作的载体. 人民日报，2000-06-27

[16] 胡春华. 深入学习贯彻党的十六届六中全会精神，奋发有为推动共青团事业实现新发展——在共青团十五届五中全会上的讲话. http://www.gqt.org.cn/ccylspeech/200701/t20010116_13101.htm

[17] 胡春华. 深入学习贯彻胡锦涛总书记重要讲话精神，切实加强新形势下团干部作风建设——在共青团中央常委（扩大）会议上的讲话. http://www.gqt.org.cn/documents/zqf/200703/t20070322_14602.htm

[18] 胡春华. 深入学习贯彻党的十七大精神，努力为党做好新形势下的青年群众工作——在共青团十五届六中全会上的讲话.

http://www. gqt. org. cn/documents/ccylspeech/200801/t20080107_56962. htm

[19] 胡春华. 在全国城市共青团工作会议上的讲话. http://www. gqt. org. cn/695/gqt_tuanshi/newcentury/zyjhhwznew/tzyjhhwz/200903/t20090318_192043. htm

[20] 胡春华. 在全国农村共青团工作会议上的讲话. http://www. gqt. org. cn/695/gqt_tuanshi/newcentury/zyjhhwznew/tzyjhhwz/200903/t20090318_192037. htm

[21] 瓦尔特·艾萨德. 区域科学导论. 陈宗兴译. 北京：高等教育出版社，1991

[22] 刘国光. 中国经济改革和发展的新阶段. 北京：经济管理出版社，1996

[23] 张金锁，康凯. 区域经济学. 天津：天津大学出版社，2005

[24] 张毅. 老少边穷地区：发展缓慢、差距大. 调研世界，2004 (6)

[25] 朱庆芳，吴寒光. 社会指标体系. 北京：中国社会科学出版社，2001

[26] 吴桃. 用科学发展观构建中国民族政策体系——全面建设小康社会下的民族政策体系. 中央民族大学硕士学位论文，2005

[27] 方创琳. 区域发展战略论. 北京：科学出版社，2002

[28] 孙贯华. 区域经济发展阶段与欠发达地区发展研究——以菏泽为例. 山东大学硕士学位论文，2004

[29] 魏后凯. 中国地区发展差异及其协调机制. 经济管理，1997 (3)

[30] 于光远. 少数民族地区经济和少数民族经济. 银川：

宁夏人民出版社，1983

［31］王希恩．当代中国民族问题解析．北京：民族出版社，2002

［32］吴晓波．激荡三十年．北京：中信出版社，2008

［33］吴晓波．跌荡一百年．北京：中信出版社，2008

［34］施正一．民族经济学导论．北京：民族出版社，1993

［35］吴仕民．中国民族政策读本．北京：中央民族大学出版社，1998

［36］李小三．领导哲学要略．北京：中央文献出版社，2007

［37］和平，王军．世界青年运动史论．北京：中央编译出版社，2008

［38］江广平．青年与国际政治．北京：中央编译出版社，2008

［39］赵继伦，李焕青，孙友．精神文明的时代审视．北京：人民出版社，2004

［40］施正一．论科学的理论思维方法．北京：民族出版社，2004

［41］王军．行与思．北京：人民出版社，2007

［42］张国才．团队建设与领导．厦门：厦门大学出版社，2005

［43］凡禹．领导素质的培养．北京：北京工业大学出版社，2010

［44］陈新汉，张艳芬．哲学与智慧．上海：上海大学出版社，2006

［45］何新．我的哲学思考方法与逻辑．北京：时事出版社，2008

[46] 祝和军. 读国学用国学. 北京：新世界出版社，2009

[47] 郁滨. 系统工程理论. 北京：中国科学技术大学出版社，2009

[48] 汪应洛. 系统工程学. 北京：高等教育出版社，1997

[49] 杨树达. 论语疏证. 南昌：江西人民出版社，2007

[50] 余世光. 当代中国的青年和共青团. 北京：当代中国出版社，1998

[51] 林强. 永远跟党走——与时俱进的青春足迹. 沈阳：东北大学出版社，2002

[52] 田杰. 青年工作理论概要. 北京：中国青年出版社，2003

[53] 孟庆国. 共青团工作理论. 呼和浩特：内蒙古人民出版社，2003

[54] 郭春和. 延安时期干部学风建设的启示. 求是，2008 (4)

[55] 张修学. 共青团学教程. 天津：天津人民出版社，1992

[56] 杨玉经. 宁夏回族自治区青少年发展状况蓝皮书. 银川：宁夏人民出版社，2005

[57] 陆昊. 高举中国特色社会主义伟大旗帜，团结带领广大青年为夺取全面建设小康社会新胜利而奋斗——在中国共产主义青年团第十六次全国代表大会上的报告. http://www.ccyl.org.cn/documents/zqf/200806/t20080624_78592.htm

[58] 陆昊. 迎接新挑战，开创新局面——在共青团十六届一中全会上的讲话. http://www.ccyl.org.cn/documents/zqf/200806/t20080624_78611.htm

[59] 陆昊. 以最大的决心支持和推动团的基层组织建设和

基层工作　切实增强对广大青年的吸引和凝聚——在全团加强基层组织建设和基层工作电视电话会议上的讲话. http://www.ccyl.org.cn/documents/zqf/200808/t20080813_86688.htm

[60] 陆昊. 在加强共青团宣传舆论阵地建设电视电话会议上的讲话. http://www.bjyouth.gov.cn/1djh/tzyld/244342.shtml

[61] 陆昊. 在学习胡锦涛总书记在纪念党的十一届三中全会召开 30 周年大会上的重要讲话座谈会上的讲话. http://www.gqt.org.cn/documents/ccylspeech/200901/t20090119_122438.htm

[62] 陆昊. 在全国共青团农村工作会议上的讲话. http://www.gqt.org.cn/documents/ccylspeech/200901/t20090119_122441.htm

[63] 陆昊. 在 2009 年全国城市战线共青团工作会议上的讲话. http://www.gqt.org.cn/documents/ccylspeech/200902/t20090218_135331.htm

[64] 陆昊. 在全团促进青年就业创业工作电视电话会议上的讲话. http://www.gqt.org.cn/documents/ccylspeech/200904/t20090408_214634.htm

[65] 陆昊. 在全团基层组织建设和基层工作研讨会暨全团组织工作会议上的讲话. http://www.gqt.org.cn/documents/ccylspeech/200904/t20090414_218596.htm

[66] 陆昊. 在中国青年企业家协会第十次会员代表大会上的讲话. http://www.gqt.org.cn/documents/ccylspeech/200911/t20091109_309533.htm

[67] 陆昊. 在学习贯彻胡锦涛总书记贺信精神座谈会上的讲话. http://www.gqt.org.cn/documents/ccylspeech/200911/

t20091105_308861. htm

[68] 陆昊. 在第三次全团加强基层组织建设研讨会上的讲话. http://www. gqt. org. cn/documents/ccylspeech/200911/t20091127_315635. htm

[69] 陆昊. 在分类引导青年试点阶段性工作会议上的讲话. http://www. gqt. org. cn/documents/ccylspeech/201002/t20100202_332987. htm

[70] 陆昊. 在全国共青团农村工作会议上的讲话. http://www. gqt. org. cn/documents/ccylspeech/201002/t20100220_335761. htm

[71] 陆昊. 在2010年全国城市共青团工作会议上的讲话. http://www. gqt. org. cn/documents/ccylspeech/201002/t20100209_335019. htm

[72] 陆昊. 在全团基层组织建设和基层工作研讨会暨全团组织工作会议上的讲话. http://www. gqt. org. cn/documents/ccylspeech/201005/t20100506_363957. htm

[73] 王晓. 在全国农村共青团工作会议上的讲话. http://www. gqt. org. cn/documents/ccylspeech/200801/t20080117_58120. htm

[74] 王晓. 在青年时尚文化专题研讨会上的讲话. http://www. gqt. org. cn/documents/ccylspeech/200812/t20081212_112918. htm

[75] 王晓. 在全国青联十届五次常委（扩大）会议上的工作报告. http://www. gqt. org. cn/documents/ccylspeech/200903/t20090327_204194. htm

[76] 王晓. 在中央企业青联二届三次全体会议上的讲话. http://www. gqt. org. cn/documents/ccylspeech/200906/t20090612_257060. htm

［77］王晓．在纪念全国青联成立六十周年座谈会上的致词．http://www.gqt.org.cn/documents/ccylspeech/200906/t20090602_251153.htm

［78］王晓．在全国青联十届六次常委（扩大）会议上的工作报告．http://www.gqt.org.cn/documents/ccylspeech/201004/t20100412_353585.htm

［79］贺军科．在2009年全国城市战线共青团工作会议上的讲话．http://www.gqt.org.cn/documents/ccylspeech/200902/t20090218_135267.htm

［80］贺军科．在全团基层组织建设和基层工作研讨会暨全团组织工作会议上的讲话．http://www.gqt.org.cn/documents/ccylspeech/200904/t20090414_218595.htm

［81］贺军科．在统筹城乡、青年白组织和互联网团建试点工作研讨会上的讲话．http://www.gqt.org.cn/documents/ccylspeech/200908/t20090826_286691.htm

［82］贺军科．在中国青年企业家协会第十次会员代表大会上的讲话．http://www.gqt.org.cn/documents/ccylspeech/200911/t20091109_309535.htm

［83］贺军科．在基层团建试点工作座谈会上的讲话．http://www.gqt.org.cn/documents/ccylspeech/200911/t20091130_316086.htm

［84］贺军科．在2010年全国城市共青团工作会议上的讲话．http://www.gqt.org.cn/documents/ccylspeech/201002/t20100209_335015.htm

［85］贺军科．在全团基层组织建设和基层工作研讨会暨全团组织工作会议上的讲话．http://www.gqt.org.cn/documents/ccylspeech/201005/t20100506_363959.htm

[86] 汪鸿雁. 在全团农村战线基层团建试点工作推进会上的讲话. http://www.gqt.org.cn/documents/ccylspeech/200912/t20091218_322225.htm

[87] 汪鸿雁. 在全国共青团农村工作会议上的讲话. http://www.gqt.org.cn/documents/ccylspeech/201002/t20100220_335757.htm

[88] 任亚平. 在共青团内蒙古自治区十二届二次全委会议上的讲话. http://www.nmyouth.org.cn/mem/2009-2/2009224112040.htm

[89] 任亚平. 在共青团内蒙古自治区十二届三次全委会议上的讲话. http://www.nmyouth.org.cn/mem/2010-1/2010120112732.htm

[90] 胡达古拉. 在全区共青团工作会议上的讲话. http://www.nmyouth.org.cn/mem/2008-1/200819115752.htm

[91] 胡达古拉. 在全区团组织传达贯彻团十六大精神电视电话会议上的讲话. http://www.nmyouth.org.cn/mem/2008-6/2008617170203.htm

[92] 胡达古拉. 在共青团内蒙古自治区十二届二次全委会上的工作报告. http://www.nmyouth.org.cn/mem/2009-2/2009224105819.htm

[93] 胡达古拉. 在全区共青团促进青年就业创业工作会议上的讲话. http://www.nmyouth.org.cn/mem/2009-4/20094131503 16.htm

[94] 胡达古拉. 在共青团内蒙古自治区十二届三次全委会上的工作报告. http://www.nmyouth.org.cn/mem/2010-1/2010l20112549.htm

[95] 张晓兵. 在全团加强基层组织建设和基层工作自治区

团委领导鄂温克旗联系点座谈会上的讲话

[96] 张晓兵. 在共青团内蒙古自治区十二届二次全委会上的总结讲话. http://www.nmyouth.org.cn/mem/2009－2/2009224105559.htm

[97] 刘春. 在调研考核2008年呼伦贝尔共青团工作座谈会上的讲话

[98] 刘春. 在呼伦贝尔市调研2009年上半年共青团工作时的讲话

[99] 陈晓东. 在自治区少工委五届四次全委会上的工作报告

[100] 高润喜. 在与莫旗基层团干部座谈时的讲话

[101] 高润喜. 在呼伦贝尔市调研考核2009年共青团工作时的讲话

[102] 曹征海. 和合加速论：当代民族经济发展战略研究. 北京：民族出版社，2005

[103] 曹征海. 在中国共产党呼伦贝尔市第二次代表大会上的报告

[104] 曹征海. 美丽与发展双赢——科学发展观在呼伦贝尔的实践与探索. 呼和浩特：内蒙古人民出版社，2009

[105] 曹征海. 在中国共产党呼伦贝尔市第二次代表大会上的报告

[106] 曹征海. 在中共呼伦贝尔市委二届十五次全委会议上的讲话

[107] 罗志虎. 在呼伦贝尔市第二届人民代表大会第三次会议上的工作报告. http://www.hulunbeier.gov.cn/zwgk/nr.asp? id＝18568

[108] 罗志虎. 在呼伦贝尔市第二届人民代表大会第三次会

议上的工作报告. http://www. hulunbeier. gov. cn/zwgk/nr. asp? id=39490

［109］团史纵览. 中国共青团网，2007-04-15

［110］共青团十六大报告学习辅导读本. 北京：中国和平出版社，2008

［111］浅议团干部的思想作风建设. http://www. ycgqt. org. cn/llyj/ShowArticle. asp? ArticleID=292

［112］中国国家统计局国民经济核算司. 中国国内生产总值核算历史资料. 大连：东北财经大学出版社，1997

［113］深圳青年发展状况蓝皮书. 深圳：海天出版社，2004

［114］李抒望. 加强领导干部的五种作风建设. http://theory. people. com. cn/GB/49150/49152/5425051. html

［115］李清印. 切实加强领导作风建设. http://www. people. com. cn/GB/guandian/26/20010830/547645. html

后　记

我衷心地感谢组织的培养，在我青春年华的最后阶段，让我在青春的事业中延长着青春；感谢所有帮助过我的领导、同事和朋友，是他们的亲手扶掖，使我在这难忘的事业里程中留下了一串扎实的足迹；我更感谢所有呼伦贝尔共青团人，是大家的众手播撒，使呼伦贝尔共青团在2008—2010年续写了辉煌，焕发了令我们自己都分外感动的光彩。

今年的夏，酷热难当。在气温高达40℃的天气里，翻看自己的青春岁月，别有一番滋味在心头。我祖籍山东，出生在祖国北疆。在呼伦贝尔生活、工作了34个年头，我的生命中一段重要的时光直接或间接地与共青团相关联。我深深地挚爱这块生我养我的土地，也诚挚地感谢组织的培养和党的教诲。因之，我的眼中常含着泪水。尤其是，作为全国300多个地市级团组织负责人之一，有幸与我的战友们在新世纪第一个十年，在祖国北疆大地践行科学发展观，脚踏实地做一点党的青年工作，这是我此生最可宝贵的财富。

团组织是每个有志青年励志图强、培育情操的人生驿站和社会课堂。从事共青团工作更是每个年轻干部增强党性、拓展思路、提升才干的实践舞台和加油站。一代代呼伦贝尔共青团人以追求卓越的志气、海纳百川的大气、聪颖睿智的灵气、引领潮流的勇气、开拓创新的锐气、团结奋斗的士气，推动了呼伦贝尔共青团事业不断向前发展。团旗指引下的岁月，共青团传授给我积极向上、敢于拼搏的精神，给了我实现自我价值与服务社会的机会。回首在共青团的800多个日日夜夜，有欢乐，有艰辛，有付出，有收获。在那些兢兢业业、加班加点工作的日子里，团市委机关的陈高山、何伟、包君花、诺敏、伏鸿峰、白春艳、于明涛、娜仁、张超、朱广宇、张磊、其木格、兰永臣、汪国峰、王浩然、付延峰、陈众、温丽娟、苏诺尔、孟里昂、周金励、栾美莹、马刚……老的、新的、走的、留的各位同志支持我、帮助我、理解我、信任我，与我并肩战斗，给予我莫大的鼓励。本书的出版，既是为了纪念这段不寻常的日子，也是为了感谢在共青团一起工作的同志们，同时也供大家在深入研究民族地区共青团工作时作参考。

本书从分析民族地区社会发展的新要求、新时期民族地区共青团工作面临的新形势、团员青年的新特点着手，从理论和实践两个方面综合阐述了科学发展观指导下的新时期民族地区共青团工作，并试图揭示其中的规律。书中收录了我在各类会议、活动中的部分讲话，反映了我在共青团工作的一些理论思考与实践探索，汇集时作了必要的修改、删减，力求准确直观地记录我在呼伦贝尔市团委的工作经历。

本书参考、借鉴了相关领导和同行以及理论界学者的有关成果，无法一一引例说明，在此表示衷心的感谢。全书由苏诺尔同志修改统稿，张磊、付延峰、陈众、孟里昂等同志就书中所涉材料的采编整理做了大量工作，在此一并感谢。由于时间和水平的原因，本书对民族地区共青团工作的研究尚处于起步阶段，错讹不妥之处在所难免，衷心希望得到大家的批评指正。再次感谢所有给予我关心、支持的领导、同事、亲朋、师长们。我还想通过这本书告诉关心我的领导和朋友们：我会继续努力。

冯方祥

2010年7月10日于呼伦贝尔

图书在版编目（CIP）数据

科学发展观与民族地区共青团工作实践/冯方祥著．—北京：中国人民大学出版社，2010

ISBN 978-7-300-13033-0

Ⅰ.①科… Ⅱ.①冯… Ⅲ.①中国共产主义青年团-共青团工作-研究-呼伦贝尔盟 Ⅳ.①D297

中国版本图书馆 CIP 数据核字（2010）第 223925 号

科学发展观与民族地区共青团工作实践

冯方祥　著

Kexuefazhanguan yu Minzudiqu Gongqingtuan Gongzuo Shijian

出版发行	中国人民大学出版社		
社　　址	北京中关村大街 31 号	**邮政编码**	100080
电　　话	010－62511242（总编室）		010－62511398（质管部）
	010－82501766（邮购部）		010－62514148（门市部）
	010－62515195（发行公司）		010－62515275（盗版举报）
网　　址	http://www.crup.com.cn		
	http://www.ttrnet.com(人大教研网)		
经　　销	新华书店		
印　　刷	涿州市星河印刷有限公司		
规　　格	158 mm×236 mm　16 开本	**版　　次**	2011 年 7 月第 1 版
印　　张	35.75 插页 5	**印　　次**	2011 年 7 月第 1 次印刷
字　　数	423 000	**定　　价**	90.00 元